Vom Igor-Lied bis Doktor Schiwago

Horst-Jürgen Gerigk

Vom Igor-Lied bis Doktor Schiwago

Lesetipps zur russischen Literatur

MATTES VERLAG HEIDELBERG

ISBN 978-3-86809-125-0
© Mattes Verlag Heidelberg 2018

Bibliographische Information Der Deutschen Bibliothek
Die Deutsche Bibliothek verzeichnet diese Publikation in der Deutschen Nationalbibliographie; detaillierte bibliographische Daten sind im Internet über http://dnb.ddb.de abrufbar.

Hergestellt in Deutschland

»Die Wahrheit ist häßlich: wir haben die Kunst,
damit wir nicht an der Wahrheit zu Grunde gehn.«
Friedrich Nietzsche,
Nachgelassene Fragmente, Frühjahr – Sommer 1888

Inhalt

VORBEMERKUNG
Ein kurzes Wort zu einer unendlichen Geschichte
13

ERSTES KAPITEL
Unterwegs im Kaukasus:
Michail Lermontows »Ein Held unserer Zeit«
17

ZWEITES KAPITEL
Zweimal Geschichte:
»Das Igor-Lied« und »Doktor Schiwago«
21

DRITTES KAPITEL
Ein Gespräch über Literatur
zwischen Gottfried Benn und Vladimir Nabokov
in einem Café am Kurfürstendamm Mitte der Dreißigerjahre
des 20. Jahrhunderts
29

VIERTES KAPITEL
Dostojewskijs »Schuld und Sühne«:
der »größte Kriminal-Roman aller Zeiten« (Thomas Mann)
35

FÜNFTES KAPITEL
Das Dreigestirn des russischen Romans:
Turgenjew, Dostojewskij, Tolstoj

56

SECHSTES KAPITEL
Das Wort zum Sonntag:
Tschernyschewskijs Roman »Was tun?«

61

SIEBTES KAPITEL
Aspekte des Religiösen:
(I.) Von Derschawins »Gott« zu Gogols »Wij«
(II.) Von Leskows »Klerisei« zu Ostrowskijs »Wie der Stahl gehärtet wurde«

63

ACHTES KAPITEL
Drei Erzählzyklen:
Puschkins »Geschichten des verstorbenen Iwan Petrowitsch Belkin«,
Turgenjews »Aufzeichnungen eines Jägers« und Babels »Reiterarmee«

69

NEUNTES KAPITEL
Das Kunstwerk ohne Künstler:
René Fülöp-Millers Dokumentation
»Der Heilige Teufel. Rasputin und die Frauen«

78

ZEHNTES KAPITEL
Lenins amerikanischer Freund:
John Reed und die »Zehn Tage, die die Welt erschütterten«

80

ELFTES KAPITEL
Epos der Angst:
Andrej Belyjs Meisterwerk »Petersburg«

82

ZWÖLFTES KAPITEL
Die Kunst Gogols:
»Der Mantel«, »Die Heirat« und »Die toten Seelen«
125

DREIZEHNTES KAPITEL
Transzendentale Obdachlosigkeit:
Tschechows »Schwarzer Mönch« und »Die Dame mit dem Hündchen«
136

VIERZEHNTES KAPITEL
Drei Komödien der besonderen Art:
Gribojedows »Verstand schafft Leiden«, Gogols »Revisor«
und Tschechows »Möwe«
142

FÜNFZEHNTES KAPITEL
Russische Geschichte als Tragödie:
Puschkins »Boris Godunow« – Dichtung und Wirklichkeit
von Karamsin bis Musorgskij
155

SECHZEHNTES KAPITEL
Deutsche Gedichte von russischen Dichtern:
Alexej Tolstoj und Karolina Pawlowa
158

SIEBZEHNTES KAPITEL
Russische Literatur in amerikanischer Perspektive:
ein Gegengewicht zur Interpretation innerhalb der Sowjetunion
162

ACHTZEHNTES KAPITEL
Wahnsinn als verweigerte Anpassung:
Sologubs Roman »Der kleine Dämon«
168

NEUNZEHNTES KAPITEL
Totalitärer Staat: Nein und Ja!
Samjatins »Wir« und Gladkows »Zement«
200

ZWANZIGSTES KAPITEL
Große Liebe ohne Happy End:
Puschkins Versroman »Jewgenij Onegin« aktualisiert »Tristan und Isolde«
245

EINUNDZWANZIGSTES KAPITEL
Swetlana Geiers Sammelband »Puschkin zu Ehren«:
Statt einer russischen Literaturgeschichte
250

ZWEIUNDZWANZIGSTES KAPITEL
Die Prostituierte als literarische Gestalt:
Sonja Marmeladowa (Dostojewskij) und Jekaterina Maslowa (Tolstoj)
253

DREIUNDZWANZIGSTES KAPITEL
Musik als Literatur:
»Beethovens letztes Quartett« (Odojewskij),
»Die Sänger« (Turgenjew), »Die Kreutzersonate« (Tolstoj),
»Bahnhofskonzert« (Mandelstam)
257

VIERUNDZWANZIGSTES KAPITEL
Die Russen in Berlin:
Nabokovs Roman »Maschenka«
263

FÜNFUNDZWANZIGSTES KAPITEL
»Nekropolis«:
Kommentare zum Fin-de-siècle von Wladislaw Chodassewitsch
265

SECHSUNDZWANZIGSTES KAPITEL
Lyrik in fremder Sprache:
Rilkes russische Gedichte
267

SIEBENUNDZWANZIGSTES KAPITEL
Ichentwürfe:
Strategien der Autobiografie von Awwakum bis Alexander Herzen
270

ACHTUNDZWANZIGSTES KAPITEL
Die Sprache spricht:
Futurismus – von Majakowskij über Chlebnikow zu Krutschonych
272

NEUNUNDZWANZIGSTES KAPITEL
Psychologie des Jugendalters, staatlich gesteuert:
Anton Makarenkos »Der Weg ins Leben«
und Karl Aloys Schenzingers »Der Hitlerjunge Quex«
275

DREISSIGSTES KAPITEL
Ein russisches Märchen:
Igor Strawinskys »Geschichte vom Soldaten«
279

EINUNDDREISSIGSTES KAPITEL
Abschied von gestern:
Iwan Bunins »Das Leben Arsenjews«
283

ZWEIUNDDREISSIGSTES KAPITEL
Parodien der Literatur:
Kosma Prutkow – gemeinsames Pseudonym
Alexej Tolstojs und der Brüder Shemtschushnikow
286

DREIUNDDREISSIGSTES KAPITEL
Was muss der Leser wissen?
Ein Gespräch ohne Ende zwischen einem Idealisten
und einem Skeptiker über Weltliteratur heute
291

Bibliographie

Erster Teil: Quellenangaben zu den einzelnen Kapiteln
295

Zweiter Teil: Weiterführende Literatur
323

Dritter Teil: Russische Lyrik in deutscher Übersetzung
359

Namenverzeichnis
361

Über den Autor
365

VORBEMERKUNG

Ein kurzes Wort zu einer unendlichen Geschichte

Russland ist für uns Deutsche ein Mythos, in dessen Zentrum sich die »Russische Literatur« befindet. Es fällt auf, dass trotz der furchtbaren Realitäten zweier Weltkriege das Interesse Deutschlands an der russischen Kultur niemals erloschen ist, so wie auch das Interesse Russlands an der deutschen Kultur seit Peter dem Großen alle politischen Krisen überstanden hat. Der kulturelle Referenzrahmen ist offensichtlich auf beiden Seiten mit dem politischen Referenzrahmen nicht identisch.

Die hier präsentierten »Lesetipps zur russischen Literatur« verstehen sich als Direktkommunikation mit der Aura des »Mythos Russland«; denn es kommt darauf an, gegenüber dieser Aura die für unsere Zeit adäquaten Antennen zu entwickeln und aufzustellen. Dass dabei sinnstiftende politische Implikationen mitschwingen werden, steht außer Frage. »Was mit der Feder geschrieben wurde, kann auch das Beil nicht auslöschen«, lautet ein russisches Sprichwort, und der politische Bezug liegt auf der Hand.

Rein formal gesehen, bedeuten »Lesetipps zur russischen Literatur«, dass hier keine »Geschichte« der »Russischen Literatur« geliefert wird, sondern ein stets überraschender Zugriff mitten ins Zentrum der literarisch gestalteten Sachverhalte.

»Lesetipps« wollen Teil eines Gesprächs mit dem Leser sein, eines sokratischen Gesprächs mit Scherz, Satire, Ironie und tieferer Bedeutung im Horizont der zu findenden Wahrheit, die die Bedingungen ihrer Möglichkeit immer wieder neu konstituiert. »Lesetipps« scheuen sich nicht, persönlich zu werden, den Leser gleichsam beiseite zu nehmen, sie wollen Begeisterung vermitteln, aber auch, wo nötig, scharfe Kritik äußern, haben dabei aber durchgehend ein anderes Motiv als ein Lehrbuch, das nur Beweise und Widerlegungen kennt. Das heißt: »Lesetipps« leben von der Freude am Text, lassen aber auch Abneigungen ungemildert zu Wort kommen. Wer sich auf »Lesetipps« einlässt, weiß im Voraus, dass hier all das in den Blick kommt, was auf irgendeine Weise »literarisch« auffällig wurde, wozu auch Texte gehören wie René Fülöp-Millers Rasputin-Biografie »Der Heilige Teufel« oder John

Reeds »Ten Days That Shook the World«, ein Dokument, das 2017 seinen hundertsten Geburtstag feiern kann, heute anders gesehen wird als »damals« und gerade darin seine Aktualität besitzt.

Die üblichen Literaturgeschichten berichten systematisch und belehrend über den Verlauf einer Nationalliteratur – »von den Anfängen bis in unsere Gegenwart« – unter Einschluss auch weniger bedeutender Autoren, soweit sie für ihre Zeit typisch gewesen sind. Und immer bleibt dabei die Chronologie des unendlichen Panoramas in Kraft, denn »Geschichte« soll ja hier immer »Historie« sein, Nachforschung, »wie es wirklich gewesen ist«.

Frei von solchem Hintergrund sind die hier präsentierten »Lesetipps«, denn sie isolieren den einzelnen literarischen Text, befreien ihn öffentlich aus dem Zugriff seiner angestammten Kontexte und erläutern das, was an ihm hier und jetzt zum Ausdruck kommen will und kommt, wenn wir nur genau genug hinsehen mit dem Sinn für das Künstlerische.

»Lesetipps« wollen den Sinn wecken für die Artistik der literarischen Kunst. Die Meister aus Russland finden hier ihre wahre Arena und zeigen, was sie können: am Boden, am Trapez, als Fliegende Menschen ohne Netz. Und die Zirkuskapelle spielt den »Einzug der Gladiatoren«: denn genau das macht die Begeisterung aus, mit der Leseratten und Büchernarren ihre Droge aufspüren. Jeder literarische Text schafft sich seine eigene Arena, in der er auftritt. »Zirkus« entführt, wie jeder weiß, hier und jetzt aus der Alltäglichkeit und garantiert »Menschen, Tiere, Sensationen« an Ort und Stelle. Denn lesen lässt es sich überall, ob im Großraumwagen des ICE oder zuhause im Bett: immer aber entführt uns die Dichtung unmittelbar in ihre eigene Welt, die mit unserer alltäglichen Empirie so gut wie nichts zu tun hat, weil sie sie verwandelt hat und damit ganz ihren Zwecken unterstellt, die auf künstlerische Wirkung ausgerichtet sind.

Anders ausgedrückt: Es kommt darauf an, das Medium Literatur vor der »taxonomischen Reduktion« zu bewahren. Hierzu ist es nötig, die lebendige Aura der Texte von der Fessel gelehrter Einordnungen zu befreien, die das lebendige Phänomen zum »Symptom« erstarren lassen. Erst unmittelbar »poetologisch« betrachtet, wird ein literarischer Text zum gelungenen Kunststück eines Artisten, der vor unseren Augen zeigt, was er kann. »Historische« Sicht kann dabei als eine solche durchaus zum Thema der Literaturwissenschaft werden, wie etwa die aufschlußreiche Rezeption der russischen Literatur in den USA nach 1945, der Zeit des »Kalten Kriegs«, als nur außerhalb Russlands eine neutrale Betrachtung der russischen Literatur möglich war. So kann auch Rezeption zum »Lesetipp« werden.

Die verborgene Voraussetzung für eine unbeirrt »poetologische« Sicht liegt darin, dass alle Literatur eine Welt aufstellt und die Bedingungen, unter denen dies möglich ist, selber ins Werk setzt, so dass diese »ins Werk gesetzte Welt« nun unmittelbar da ist und von uns nachvollzogen wird, ohne dass wir dazu Literaturwissenschaft zu studieren hätten. Ja, die Literaturwissenschaft hat ihrerseits diesen natürlichen Nachvollzug zu studieren, um ihren Gegenstand nicht zu verfehlen.

In solcher Perspektive ist der Dichter der Hermeneut, nicht wir, die sein Werk interpretieren. Dem Dichter nämlich, und nur ihm, untersteht die Verständnislenkung, der wir gehorchen müssen, um adäquat zu verstehen. Er hat immer schon verstanden, was er uns zu verstehen gibt. Kurzum: »Lesetipps« sind die trojanischen Pferde, die, als solche unerkannt, in den Festungen der Konventionen unserer alltäglichen Gegenwart Abgründe bloßlegen und Höhenflüge vornehmen, alle Sicherheiten beseitigen: als verdeckte Ermittler eines ursprünglichen, inzwischen zivilisatorisch verdrängten Menschenbildes.

»Lesetipps«, die befolgt werden, befreien die »ahistorischen Paradigmen« der großen Literatur von den Fesseln des Zeitgeistes, der die Provokationen der Tradition nur domestiziert zulassen möchte.

Fazit: »Lesetipps« verführen zum Abenteuer der Interpretation, kultivieren die Freiheit des Gedankens in einem Denkraum, der keine Verantwortung kennt, sondern nur die Reize des Ungewöhnlichen und des Unmöglichen, deren Veranschaulichung allerdings angewiesen bleibt auf die geläufigen Realitäten der Welt, wie sie ist. Kurzum: Diese Lesetipps sind nichts anderes als das Tischlein-deck-dich für Wissenshungrige im Wunderland der russischen Literatur.

In ihrer Essaysammlung mit dem programmatischen Titel »Against Interpretation« besteht Susan Sontag darauf, dass für den adäquaten Umgang mit literarischen Texten eine »Liebeslehre der Kunst« (erotics of art) die Voraussetzung sei: als kultivierte Sensibilisierung für die »Erotik« des Künstlerischen, das unabhängig ist von Moral, Religion und Zeitgeist. Auf dieser logischen Ebene bewegen sich die »Lesetipps«. Sie wollen verführen und wissen: »Die Wahrheit ist häßlich: *wir haben die Kunst*, damit wir nicht an der Wahrheit zu Grunde gehn« (Nietzsche).

Heidelberg, im November 2017

ERSTES KAPITEL

Unterwegs im Kaukasus: Michail Lermontows »Ein Held unserer Zeit«

Lermontows »Ein Held unserer Zeit« könnte mit Recht beanspruchen, der schönste Roman der russischen Literatur zu sein. Die frische Höhenluft des Kaukasus liegt über seiner Landschaft und über seinen Gestalten, von denen Petschorin, der Held, dem Leser immer näher gebracht wird, bis schließlich auch sein vom fiktiven Autor präsentiertes »Tagebuch« das Rätsel dieser Persönlichkeit nicht lösen kann. Wir haben es mit einem erzähltechnischen Meisterwerk zu tun, als hätte Lermontow das »Dreigestirn des russischen Romans«, Turgenjew, Dostojewskij und Tolstoj, zur Mitarbeit gewinnen können. Und es ist bezeichnend, dass Dostojewskij in den »Dämonen« mit der Darstellung seines rätselhaften Stawrogin auf Lermontows Erzähltechnik für die Darstellung Petschorins zurückgreift.

Des weiteren ist es kein Zufall, dass sich Nabokov zu einer seiner besten literaturkritischen Arbeiten durch Lermontows Roman inspiriert sieht: mit seinem »Foreword« zur englischen Übersetzung, die er zusammen mit seinem Sohn Dmitri Nabokov angefertigt hat (»A Hero of Our Time«, Oxford 1984, »The World's Classics«).

Auf zwölf Seiten erläutert Nabokov Lermontows Meisterwerk, demonstriert mit seiner Analyse zunächst mehrere Unterscheidungen, die erst durch nachträgliche Reflexion feststellbar sind, um dann die auffällig positive Anmutungsqualität des Textes zu begründen. Das heißt: Nabokov orientiert sich programmatisch an den vom Text gesteuerten Wahrnehmungen des Lesers während der Lektüre: Lermontows struktureller Kunstgriff bestehe darin, dass er dem Leser Petschorin schrittweise immer näher bringt, bis Petschorin schließlich selber zum Erzähler wird (»Tagebuch«), als er bereits gestorben ist. Fünf Geschichten werden uns erzählt: »Bela«, »Maxim Maximowitsch«, »Taman«, »Prinzess Mary«, »Der Fatalist«. Die ersten zwei erzählt Lermontows Ich-Erzähler als fiktiver Autor, der das Ganze zusammenhält. Die letzten drei erzählt Petschorin selbst: in seinem hinterlassenen »Tagebuch«.

Nabokov erläutert, dass die Reihenfolge, in der die fünf Erzählungen vorliegen, nicht der Reihenfolge der in ihnen berichteten Ereignisse entspricht.

Der Leser hat also die tatsächliche Reihenfolge der Ereignisse selber zu rekonstruieren, um sich Klarheit zu verschaffen.

Nabokov hat die tatsächliche Reihenfolge der Ereignisse, wie folgt, rekonstruiert: Um 1830 wird der Offizier Grigorij Petschorin abbeordert: von Petersburg in den Kaukasus – und gerät per Zufall in die Hafenstadt Taman, nordöstlich der Krim. Was er dort erlebt, schildert die dritte Geschichte des Romans: »Taman«.

Nach einer Zeit militärischer Einsätze in Scharmützeln mit den Bergvölkern trifft Petschorin am 10. Mai 1832 in dem kaukasischen Kurort Pjatigorsk ein: zur Erholung. In Pjatigorsk und in Kislovodsk, einem benachbarten Kurort, sieht er sich in dramatische Ereignisse hineingezogen, die dazu führen, dass er einen Offizierskollegen am 17. Juni im Duell tötet. Diese Ereignisse werden von ihm selbst erzählt: in der vierten Geschichte, »Prinzessin Mary«.

Am 19. Juni sieht sich Petschorin abkommandiert in eine Festung der Region Tschechnja (im Nordosten des Kaukasus), wo er erst im Herbst eintrifft (warum so spät, wird nicht erläutert). Dort trifft er auf den jungen Hauptmann Maxim Maximowitsch. Dies wird in »Bela« berichtet, der ersten Geschichte.

Im Dezember desselben Jahres (1832) verlässt Petschorin für vierzehn Tage die Festung, um in einer Kosakensiedlung nördlich des Flusses Terek zu leben, wo er das Abenteuer erlebt, das er in der fünften (und letzten) Geschichte beschreibt: »Der Fatalist«.

Im Frühjahr 1833 entführt er ein Tscherkessenmädchen, das viereinhalb Monate später von einem Banditen ermordet wird. Im Dezember 1833 verlässt Petschorin Georgien und kehrt nach Petersburg zurück. Das wird in »Bela«, der ersten Geschichte, erzählt.

Vier Jahre später, im Herbst 1837, begegnen Lermontows Erzähler und Maxim Maximowitsch in der Stadt Vladikavkas zufällig Petschorin, der inzwischen in den Kaukasus zurückgekehrt ist, jetzt unterwegs nach Persien. Dies wird in der zweiten Geschichte des Romans, »Maxim Maximowitsch«, erzählt.

Im Jahre 1838 oder 1839 stirbt Petschorin auf dem Rückweg aus Persien: wahrscheinlich unter den Umständen einer Voraussage, dass er an den Folgen einer unglücklichen Ehe sterben werde. Genaues ist nicht zu erfahren. Petschorins Tod wird im »Vorwort« des Erzählers (1840) zu dessen »Tagebuch« ganz beiläufig erwähnt.

Und Nabokov fasst zusammen: Die tatsächliche Chronologie der Ereignisse, die Petschorins Leben ausmachen, ist den Erzählungen »Taman«,

»Prinzess Mary«, »Der Fatalist«, »Bela« und »Maxim Maximowitsch« (in dieser Reihenfolge) zu entnehmen.

Nabokovs Zugriff lässt deutlich werden, auf welch ein erzähltechnisches Abenteuer sich der junge Lermontow eingelassen hat. Als »Ein Held unserer Zeit« komplett vorliegt (1840), ist Lermontow 25 Jahre alt. Und natürlich ist zu fragen, ob sich jeder Leser die Mühe macht, Lermontows hintersinnige Verschachtelungen seines Helden so detailliert zu entschlüsseln, wie das Nabokov getan hat.

Zwar hat Nabokov auch Kritik anzumelden: Petschorin sei keine originelle Schöpfung, sondern zusammengesetzt aus Rousseaus Saint-Preux (aus »Julie ou la nouvelle Heloise«), Goethes »Werther«, Chateaubriands »René« und Constants »Adolphe« sowie den Helden Byrons. Auch sei die Prosa des jungen Lermontow noch nicht gefeit gegen sprachliche Klischees, die von Nabokov sorgfältig aufgelistet werden.

Solche Vorbehalte hindern aber Nabokov nicht daran, ziemlich unvermittelt, aber abschließend den »unverwüstlichen Charme dieses Buches« zu betonen (the everlasting charm of this book). Zu bewundern seien die mitreißende narrative Qualität des Romans, die außergewöhnliche Rhythmisierung der Spannungsträger und die Ausrichtung der Einzelteile auf die gezielte suggestive Wirkung des Ganzen auf den Leser. Außerdem habe Lermontow darauf geachtet, sich von seinem Helden zu distanzieren, der, wie Nabokov einfließen lässt, nicht mit soziologischen Kriterien adäquat analysiert werden könne. Soweit Nabokov.

Dem ist bestätigend hinzuzufügen: In einer Zeit, als die erzählende Prosa in Russland noch in den Kinderschuhen steckte, hat der junge Lermontow den ersten russischen Roman geliefert und damit, ohne es zu ahnen, eine große Tradition eröffnet. »Ein Held unserer Zeit« demonstriert auch dem Leser von heute, worin die Lust am Text besteht.

Die Art, wie Lermontow seinen Helden in den Vordergrund rückt, impliziert auf seiten des Lesers ein bewegliches Sehen. Mit Hilfe verschiedener Perspektiven werden immer neue und überraschende Charakteristika der Persönlichkeit Petschorins sichtbar gemacht. Trotz komplizierter Eingliederung der entscheidenden Informationen gelingt es Lermontow, die Eingängigkeit des Erzählten durchgehend zu garantieren. Die von Lermontow perfekt ins Werk gesetzte Verständnislenkung macht diesen Roman damit zum Musterbeispiel für die Kommentarunbedürftigkeit großer Literatur. Wer »Lesen« lernen möchte, sollte bei Lermontow in die »Schule« gehen.

Die dritte und längste der eingeschobenen fünf Erzählungen, »Prinzess Mary«, befindet sich genau in der Mitte des Romans und erfordert eine besondere Analyse. Petschorin ist der Erzähler und schildert in seinem Tagebucheintrag, wie er seinen Offizierskollegen Gruschnitzkij im Duell tötet. Dieses Duell ist allerdings ein ganz besonderes Duell, denn Petschorins Gegner planten, ihm eine Pistole ohne Ladung zukommen zu lassen, während Gruschnitzkij mit scharfer Ladung antreten sollte. Petschorin aber durchschaut die Intrige und tötet Gruschnitzkij.

Im Russland des 19. Jahrhunderts war für die adlige Oberschicht das Duell anerkanntes Ritual zur Wiederherstellung verletzter Ehre. Ja, sowohl Puschkin (1837) als auch Lermontow (1841) fanden ihren Tod im Duell. Vor Lermontow hatte Puschkin bereits mehrfach ein Duell literarisch dargestellt: in der Erzählung »Der Schuss«, in seinem Versroman »Jewgenij Onegin« und in der historischen Erzählung »Die Hauptmannstochter«. Mit Petschorins Duell reiht sich Lermontow ein in diese Tradition. Danach verliert das Duell in Russland seine Verbindlichkeit, wird zum ungeglaubten Relikt vergangener Zeiten, was die Autoren Turgenjew (»Väter und Söhne«), Tolstoj (»Krieg und Frieden«), Dostojewskij (»Die Dämonen«), Tschechow (»Das Duell«), Kuprin (»Der Zweikampf«) und Artzibaschew (»Sanin«) jeweils auf ihre Weise zum Ausdruck bringen. Mit der Oktoberrevolution des Jahres 1917 verschwindet das Duell aus dem russischen Leben. (Scholle 1977)

Schlusswort

Am Anfang des russischen Romans stehen Puschkins »Jewgenij Onegin« (1825–1832) und Lermontows »Ein Held unserer Zeit« (1840). Puschkin führt den Versroman im Stile Byrons auf den Gipfel – man denke nur an sein Vorbild »Childe Harold's Pilgrimage« (1812–1818) –, und mit Lermontow beginnt der russische Prosaroman, der wenig später mit Turgenjew, Dostojewskij und Tolstoj sein »Dreigestirn« erhält. Es fällt auf, dass beide »Helden«, Puschkins Onegin und Lermontows Petschorin, ihren Namen von russischen Flüssen beziehen: »Onega« und »Petschora«. Wie Naturgewalten brechen sie mit ihren Stromschnellen über die russische Literatur herein: einsame Helden, die ihr Milieu hinter sich lassen und ihren Lesern weltweit zu Identifikationsfiguren werden: über die Zeiten hinweg.

ZWEITES KAPITEL

Zweimal Geschichte: »Das Igor-Lied« und »Doktor Schiwago«

Das Igor-Lied

»A Stranger in Paradise«: auch mit diesem Song wurde Frank Sinatra weltberühmt. Die wenigsten aber wissen, dass die Melodie aus den sogenannten »Polowetzer Tänzen« übernommen wurde, die von Alexander Borodin (1833–1887) komponiert wurden: Teil seiner Oper »Fürst Igor« (Uraufführrng 1890), der Vertonung des »Igor-Lieds«. Die Oper blieb unvollendet und fand posthum in der Fassung von Nikolaj Rimskij-Korsakow und Alexander Glasunow ihre gültige Vollendung. Die Handlung spielt im Jahre 1185.

> »Ein kühner, allseits beliebter Fürst setzt durch einen unbesonnenen Feldzug das Schicksal seiner Heimat und das Vertrauen seines Volkes aufs Spiel. Die Einheit des russischen Fürstenbundes mißachtend, zieht er allein gegen den mächtigen Gegner, verliert die Schlacht und öffnet dadurch tatarischen Feinden die Tore zum eigenen Land. Viele sind betroffen: die den Fürsten Igor bejubelnden und seiner Frau treu ergebenen Bojaren, der durch Fürst Galizki verführte Pöbel, die durch Igors Schuld in Gefangenschaft geratenen russischen Krieger, Mädchen und Frauen sowie die vom Krieg gezeichneten Bewohner Putiwls. Sie alle erkennen die traurige Wahrheit dieses Heereszuges. Der Fürst geht einen schweren Weg der Erkenntnis, des Verzichts und der Einsicht« (Neef 1989, S. 100).

Die Oper hat vier Akte, einen Prolog und einen Epilog. Das Libretto hat Borodin selbst geschrieben: auf der Grundlage des »Igor-Lieds«. Im zweiten Akt kommt es zu den »Polowetzer Tänzen«: die heidnischen Polowzer haben die Stadt Putiwl besetzt und feiern ihren Sieg. Die Tochter des Chans Kontschak verliebt sich in Wladimir, den Sohn des Feindes. Chan Kontschak bietet Fürst Igor die Freundschaft an. Igor lehnt ab. Um Igor zu erheitern, befiehlt der Chan die schönsten Mädchen herbei: »Tanz und Chor der Polowzer«. Die Mädchen umschmeicheln Igor. Und die Männer der Polowtzer zeigen den Fremden ihre kriegerischen Künste.

Die »Polowetzer Tänze« haben es dazu gebracht, separat als Ballettmusik aufgeführt oder konzertant präsentiert zu werden. Instrumental mit Chor arrangiert, hat ihr zentraler Refrain schließlich, wie eingangs erwähnt, auch Frank Sinatra in Hollywood erreicht.

Mehrfach wurde das »Igor-Lied« ins Deutsche übersetzt, zuerst 1803 (sic!) von Johann Gottfried Richter. Von 1902 bis 1904 übersetzte Rainer Maria Rilke »Das Igor-Lied«. Untertitel: »Eine Heldendichtung«. Veröffentlicht wurde Rilkes Übersetzung aber erst posthum, im Jahre 1953. 1923 erschien Arthur Luthers Übersetzung »Die Mär von der Heerfahrt Igors«. 1965 folgte Harald Raabs Übersetzung: »Das Lied von der Heerfahrt Igors« und 1968 die Übersetzung von Hans Baumann: »Das Lied vom Heerzug Igors, des Svjatoslavsohnes, des Oleg-Enkels«. An die 14 Übersetzungen ins Deutsche lägen inzwischen vor, vermerkt Ludolf Müller im Jahre 1989, anlässlich seiner eigenen Übersetzung unter dem Titel »Das Lied von der Heerfahrt Igors«. Solche Verbreitung einer altrussischen Dichtung im deutschen Sprachraum ist zweifellos erstaunlich. Daran hat offensichtlich auch der wachsende Erfolg der Oper »Fürst Igor« mitgewirkt.

In Russland selbst kennzeichnet das lebhafte öffentliche Interesse an Text und Oper die jeweils aktuelle Tendenz der Selbstfindung einer Nation in Auseinandersetzung mit einem fernen historischen Ereignis, dessen allegorische Bedeutung für die Gegenwart auf der Hand liegt.

Doktor Schiwago

Von der Konfrontation mit der eigenen Geschichte, wie sie Boris Pasternak in seinem Roman »Doktor Schiwago« geliefert hat, wurde die russische Öffentlichkeit offiziell ausgeschlossen. Der Roman konnte in Russland nicht publiziert werden, weil er der sowjetischen Ideologie nicht entsprach, und erschien deshalb 1957 auf Russisch im Verlag Feltrinelli in Mailand. Ein solches Verbot zur Zeit des »Kalten Krieges« hatte allerdings sofortigen Weltruhm zur Folge, was den Machthabern im Kreml offensichtlich erst klar wurde, als es zu spät war.

Im Jahre 1958 erhielt Boris Pasternak den Nobelpreis für Literatur »für seinen bedeutenden Beitrag zur Dichtung der Gegenwart und zur großen russischen Erzählertradition«, wie es offiziell hieß. Ebenfalls 1958 erschien die deutsche Übersetzung von Reinhold von Walter im S. Fischer Verlag, Frankfurt am Main. Ein Bestseller: schon im ersten Jahr wurden 260 000 Exemplare verkauft.

Und natürlich konnte Hollywood nicht tatenlos zusehen: 1965 erschien der Film »Doctor Zhivago« bei Metro-Goldwyn-Meyer, Produktion Carlo Ponti, mit einem exzellenten Drehbuch von Robert Bolt. Regie: David Lean; Musik: Maurice Jarre. Mit Omar Sharif in der Titelrolle, Geraldine Chaplin als Tonya, Julie Christie als Lara, Alec Guinnes als Yevgraf und Rod Steiger als Komarovsky. »Halliwell's Film & Video Guide« (ed. John Walker, London: Harper Collins 1997, S. 213) fasst, wie immer, die Handlung in einem einzigen Satz zusammen: »A Moscow doctor is cought up in World War I, exiled for writing poetry, forced into partizan service and separated from his only love.«

Pasternak selbst hat den Film nicht mehr erlebt. Er starb am 30. Mai 1960 zu Hause, von seinen Landsleuten entehrt. Der Sowjetische Schriftstellerverband hatte ihn ausgestoßen. Und hätte er den Nobelpreis in Stockholm entgegengenommen, so wäre seine Rückkehr nicht mehr möglich gewesen. An Nikita Chrustschow schrieb er einen Brief, in dem es heißt: »Ich bin durch meine Geburt, mein Leben und mein Werk mit Russland verbunden. (...) Russland zu verlassen, würde für mich den Tod bedeuten.«

Worin aber besteht die politische Anstößigkeit seines Romans? »Doktor Schiwago« enthält weder die Provokationen eines Samjatin, die den Roman »Wir« berühmt werden ließen, noch einen gezielt antisowjetischen Referenzrahmen, wie er für Solschenizyns »Ein Tag im Leben des Iwan Denissowitsch« typisch ist. Sehen wir uns nun Pasternaks Konstruktionen genau an.

Bereits 1954 hat Pasternak mit einer Anmerkung in der Zeitschrift »Znamja« zu einer Auswahl der »Gedichte Jurij Schiwagos« auf seinen Roman aufmerksam gemacht, der damals noch nicht fertig war:

> »Der Roman wird in diesem Sommer wahrscheinlich fertig werden. Er umfasst die Zeit von 1903 bis 1929 und enthält einen Epilog, der sich auf den Großen Vaterländischen Krieg bezieht. Der Held Jurij Andrejewitsch Schiwago ist Arzt. Ein nachdenklicher Mensch, ein Wahrheitssucher, künstlerisch begabt. Unter seinen nachgelassenen Papieren und Aufzeichnungen aus jüngeren Jahren befanden sich Gedichte, aus denen ein Teil hier veröffentlicht wird. Die vollständige Sammlung der Gedichte wird das letzte Kapitel des Romans bilden.«

In Kenntnis des veröffentlichten Romans können wir heute sagen: Die Gedichte Jurij Schiwagos waren entstehungsgeschichtlich der Ausgangspunkt des Romans und sind lebensgeschichtlich der Endpunkt der Existenz des Arztes Dr. Schiwago. Es sind Liebesgedichte der besonderen Art. Insgesamt 25. Wer den Roman aufmerksam liest, weiß, zu welchem Zeitpunkt der Handlung das jeweilige Gedicht gehört, was sich im Detail eindeutig klären lässt. Denn: »Doktor Schiwago« ist der Roman eines Lyrikers, und deshalb ist hier die gesammelte Lyrik des letzten Kapitels die Hauptsache des Romans. Ja, man darf sagen: Wer diese Akzentsetzung nicht begreift, hat die Botschaft des Romans nicht verstanden.

Was bislang allerdings unerkannt geblieben ist: »Doktor Schiwago« hat Dantes »Vita Nuova« zum Vorbild. Auch Dante hat einen Liebesroman geschrieben. Und das vor seiner »Göttlichen Komödie«.

Dantes autobiographisch eingekleidete Geschichte einer großen Liebe besteht aus 43 nummerierten Kapiteln unterschiedlicher Länge mit insgesamt 29 in den Prosatext eingegliederten Gedichten, von denen manche aus zwei unterschiedlichen Teilen bestehen. Das erste Kapitel ist von allen das kürzeste und lautet:

> »In jenem Abschnitt des Buches meiner Erinnerung, vor dem nur wenig Lesenswertes aufgezeichnet ist, findet sich eine Überschrift, die da lautet: Incipit vita nova. Unter solcher These habe ich die Worte niedergeschrieben, die ich in diesem Büchlein wiederzugeben mir vorgenommen; und sofern nicht alle insgesamt, so doch sinngemäß.«

Das bedeutet: Dante nimmt auf ein bereits fertiges Manuskript seiner Erinnerungen Bezug, das er uns aber nicht vorlegt. Was er uns vorlegt, ist eine Nacherzählung dieses Manuskripts, die allerdings erst da einsetzt, als sein »neues Leben« beginnt, weil alles, was er zuvor erlebt und schriftlich fixiert hat, gar nicht erzählwürdig ist. Die Begegnung mit »Beatrice« ist es, mit der sein »neues Leben« beginnt. Und mit dieser Begegnung beginnt deshalb seine Nacherzählung, die allerdings nicht wörtlich all das wiederholt, was er schon aufgeschrieben hat, sondern den »Sinn« seiner Worte. Wir werden also nun als Leser zu Zeugen eines Manuskripts, das vor unseren Augen entsteht. Wir sehen dem schreibenden Dante also regelrecht über die Schulter auf sein hier und jetzt entstehendes Manuskript. Damit sichert Dante »diesem Büchlein« das Lebendige einer unmittelbaren Gegenwart,

Was wird erzählt? Die Verwandlung des Ich-Erzählers durch die Liebe. Durch die Begegnung mit Beatrice ist er plötzlich ein anderer als der, der er vorher war. Beatrice ist neun Jahre alt, als er sie zum ersten Male sieht, er selbst ebenfalls. Gleichaltrig blickt sie ihn an, und er ist von ihrem Blick entzückt,

Das »neue Leben« besteht aus immer neuen Phasen und Aspekten der Liebe: jeweils selbsterlebt. Dante liefert hier eine vollendete Phänomenologie der Liebe: vom Ich-Erzähler festgehalten in Prosa und in Versen. Das heißt: aus der Prosa der empirischen Wirklichkeit geht immer wieder das begeisterte Gedicht hervor. Wir erleben hier als Leser die Semantisierung der Form: »neues Leben« ist begeisterndes Gedicht.

Dargestellt wird nicht »eine« Liebesbeziehung, sondern Liebe als solche. Und das geht nur am Beispiel einer bestimmten Liebesbeziehung. Und deswegen können bei Dante »Gedanken«, »Beziehungen« und »Situationen« sprechen. Das Besondere ist hier immer sofort ein Allgemeines. »Vita Nuova« ist in allem auch gleichzeitig ein Lehrgedicht über das Dichten.

In unserem Zusammenhang aber geht es ausschließlich um die Beziehung der Gedichte zu dem ihnen jeweils vorausgehenden Prosatext, aus dem sie assoziativ hervorgegangen sind und aus dem sie, vor unseren Augen, erneut hervorgehen: nun als Reinschrift.

Wenden wir uns einem herausragenden Beispiel zu: dem Tod Beatrices. Wie wird er geschildert? Wie könnte er geschildert werden? Als Bericht eines Augenzeugen? Erwartet? Unerwartet? Als Gerücht, das zunächst nicht geglaubt wird? War sie krank? Hat sie gelitten? Starb sie allein? Wer war bei ihr? Nichts davon!

Kapitel 29 meldet den Tod Beatrices. Es beginnt mit einem Bibelzitat in lateinischer Sprache, das auf Deutsch lautet:

>»Wie liegt die Stadt so wüst, die voll Volks war! Sie ist wie eine Witwe, die eine Fürstin unter den Heiden war; und die eine Königin in den Ländern« (Klagelieder Jeremias, 1.1).

Sofort im Anschluss daran schreibt der Ich-Erzähler:

>»Ich war noch mit diesem Lied beschäftigt und hatte erst die obenstehende Strophe beendet, als der Herr der Gerechtigkeit die Holdseligste unter das Panier der gebenedeiten Jungfrau Maria rief, deren Name mit höchster Ehrfurcht in den Gebeten der seligen Beatrice so oft genannt worden war.«

Das ist zweifellos ein Meisterstück euphemistischen Erzählens. Zudem wird die Neugier des Lesers auf die Folter gespannt:

>»Und wiewohl es vielleicht manchem als natürlich erschiene, wenn ich jetzt etwas über das Hinscheiden sagen würde, so möchte ich dies doch aus drei Gründen nicht tun.«

Er will, um sich nicht selber loben zu müssen, andere darüber berichten lassen. Nur über eine bestimmte Zahl möchte er nun etwas sagen, denn diese Zahl habe der Verstorbenen auf besondere Weise entsprochen. Das nächste Kapitel (Kapitel 30) ist deshalb eine Abhandlung über die Zahl »Neun«.

»Doch wenn man eingehender darüber nachdenkt, so ist – nach untrüglicher Wahrheit – sie selber diese Zahl neun gewesen. Ich sage das als Gleichnis und verstehe es also: Die Wurzel aus neun ist drei, weil diese Zahl ohne jede andere mit sich selbst vervielfacht neun ergibt, so wie wir deutlich sehen, dass drei mal drei neun sind. Wenn aber die Drei durch sich selbst die neun bildet und wenn der Schöpfer der Weltwunder die Dreizahl in sich birgt, nämlich Vater, Sohn und den Heiligen Geist, welche drei in einem sind, dann ist diese Frau von der Zahl neun begleitet, damit uns offenbar werde, sie selber ist neun, das heißt ein Wunder, dessen Wurzel allein die herrliche Dreifaltigkeit ist.«

Kapitel 31 zeigt den Ich-Erzähler weinend in der »verödeten Stadt«, die »jeder Würde beraubt«, »gleich einer Witwe« zurückblieb, weil nun die »Holdseligste von dieser Welt Abschied genommen hatte.« Er aber berichtet an die Ersten im Lande »über ihren Heimgang«. Man sieht: Das Wort »Tod« wird vermieden.

Wo aber bleibt das Gedicht, auf das wir warten, weil wir ja mit dem Erzählverfahren inzwischen vertraut sind? Es folgt im 32. Kapitel als eine Kanzone, die sich über drei Seiten erstreckt (dem Anlass entsprechend, das längste aller Gedichte), eingeleitet mit den Sätzen:

»Nachdem meine Augen lange Zeit geweint hatten und so müde geworden waren, dass sie meine Traurigkeit nicht mehr zu lindern vermochten, gedachte ich, mich durch Klageworte zu erleichtern. Ich beschloss daher, eine Kanzone zu schreiben, in der ich unter Tränen von ihr reden wollte, um deretwillen solch großer Schmerz meine Seele zerstört hatte.«

Es bleibt aber nicht bei dieser Kanzone von 6 Strophen. Es folgt im 33. Kapitel noch ein »Sonett« zum selben Thema.

Dieses Sonett wird von einem Freund beim Ich-Erzähler bestellt: für eine andere »jüngst Dahingegangene«. Der Ich-Erzähler erfüllt die Bitte des Freundes, weil er bemerkt, dass »einzig und allein von der Gebenedeiten« die Rede war. Sein Freund soll aber meinen, er schreibe das Sonett für eine ganz andere.

Was kommt mit solch exquisiter Eingliederung der beiden Gedichte (Kanzone und Sonett) in die Lebensumstände des Ich-Erzählers zum Ausdruck? Dante lässt uns, die Leser, zu Zeugen dafür werden, wie aus der besonderen Wirklichkeit individuellen Daseins die Allgemeingültigkeit der Dichtung hervorgeht. Trauer als eine solche über eine Jungverstorbene – das ist es, was von diesen beiden Gedichten vermittelt wird: als Teilhabe, die den Leser hier und jetzt mit einschließt.

Im Vergleich mit Pasternaks Roman »Doktor Schiwago« lässt sich nun feststellen: Wenn Dante in »Vita Nuova« die Gedichte seines Ich-Erzählers immer an Ort und Stelle unterbringt, wo sie aus dessen Lebenswirklichkeit hervorgehen, so verlagert Pasternaks Roman die Gedichte Jurij Schiwagos in das letzte Kapitel. Hintereinander gelesen, belegen sie, metaphorisch überhöht, die verbotene Liebe zwischen Jurij Schiwago und Lara Antipowa. »Doktor Schiwago« ist somit der Roman eines Lyrikers. In seinen Gedichten hat sich Jurij Schiwago verewigt, inspiriert von seiner Liebe zu Lara, die zu seiner Muse wurde.

Im Zentrum des Romans geht es um die Liebesgeschichte eines verheirateten Arztes, Jurij Schiwago, mit einer ebenfalls verheirateten Frau, Lara Antipowa. Nur für kurze Zeit erleben sie das Idyll einer ungestörten Zweisamkeit inmitten der politischen Wirrnis des Bürgerkriegs zwischen »Revolution« und »Gegenrevolution«. Danach werden sie durch den Lauf der Dinge für immer getrennt. Lara sieht ihren Jurij nur noch als Leiche wieder.

Innerlichkeit und Außenwelt stehen sich in diesem Roman unversöhnlich gegenüber. Und darum kann Jurij Schiwago die Wirklichkeit seiner Seele (die für einen ewigen Augenblick mit Lara real wurde) nur in seinen Gedichten vor einer Zerstörung durch die Außenwelt retten. Die Haupthandlung mit dem so kurzen Idyll zwischen Jurij und Lara im Zentrum wird von verschiedenen Nebenhandlungen flankiert, die ausnahmslos von Unglück und Tod erzählen.

Pasternaks Konstruktion der Außenwelt verdient besondere Aufmerksamkeit, denn hier zeigt sich sein gattungspoetisches Bewusstsein. Er konstruiert »Krieg und Frieden« auf völlig andere Weise als Tolstoj in seinem Hauptwerk dieses Titels, mit dem »Doktor Schiwago« so oft in Beziehung gesetzt wurde. Tolstojs Absichten sind jedoch völlig andere als die Pasternaks, und darüber darf die Identität der Thematik nicht hinwegtäuschen. Tolstojs Hauptpersonen, Pierre Besuchow und Natascha Rostowa, kommen am Ende im Schoße der von ihnen gegründeten Familie programmatisch zur glücklichen Ruhe. Pasternaks Roman kennt solche Ruhe nicht. »Politische Geschichte« wird in »Doktor Schiwago« völlig anders in den Blick gebracht: nämlich als Kontrastfolie für die Innenwelt der geschilderten Charaktere, deren Frustrationen das eigentliche Thema der Darstellung sind. Alle scheitern sie am Konflikt mit der Realität, der von ihren Wunschvorstellungen geprägt wird. Ein solches Menschenbild hätte weder ein Dostojewskij noch ein Tolstoj unterschrieben, sehr wohl aber Turgenjew als menschenfreundlicher Pessimist, der, selber bekennender Atheist, seine »Lebende Reliquie« (aus den »Aufzeichnungen eines Jägers«) einen tröstenden Christus imaginieren lässt.

Pasternaks Erzähltechnik als Gedächtniskunst ist von Andreas Guski anschaulich gekennzeichnet worden: »Doktor Schiwago«, so erläutert Guski,

»ist seiner ganzen poetischen Struktur nach auf ein Speichern und Erinnern bewahrungswerter Kulturbestände angelegt. Die zentrale Funktion von Bildern und Sentenzen in diesem Roman erklärt sich nicht zuletzt daraus, dass sich beide durch ein besonderes Maß an ›Merkbarkeit‹ auszeichnen. (...) Gedächtnisfunktionen erfüllt Pasternaks Roman darüber hinaus kraft der intertextuellen Bezüge, die ihn mit der russischen wie europäischen Literatur- und Geistesgeschichte verbinden. Eine weitere Speicherfunktion kommt dem Text für das ›Erfahrungsgedächtnis‹ des Autors zu. Dies meint weniger die Verarbeitung der persönlichen Erlebnisse und Erinnerungen als eine Zeitzeugenschaft, die unter den Bedingungen der strukturellen Amnesie des Stalinismus in veröffentlichter Form nicht mehr möglich war. (...) Zum Erfahrungsgedächtnis gehört aber auch die Bezeugung von Schlüsselereignissen wie Bürgerkrieg, Kollektivierung, Terror, Krieg und Nachkriegszeit. Die hierarchisch höchste Gedächtnisleistung des Textes ist seine kulturelle Selbstverortung innerhalb der Tradition christlichen Schrifttums« (Guski 2007, S. 422–423).

Dem ist nun hinzuzufügen: Auch Dantes »Vita Nuova« ist Gedächtniskunst, die sich selber zum Thema wird, indem die Erinnerung an die verstorbene Beatrice gespeichert, bewahrt und durch Nacherzählung hier und jetzt lebendig gehalten wird. Und das fixierte feste Destillat in diesem Vorgang sind die Gedichte – was auch für die Gedichte Jurij Schiwagos gilt.

Schlusswort

»Das Igor-Lied« und »Doktor Schiwago«: zweimal Geschichte. Das erste Mal definiert eine verlorene Schlacht als historisches Ereignis alle beteiligten Individuen als politisch handelnde Charaktere, die in dieser Funktion veranschaulicht werden. Das zweite Mal liefert die politische Geschichte nur die historisch-konkrete Kontrastfolie für das kurze Idyll einer ganz intimen Liebesgeschichte, die als eine solche zur Hauptsache wird.

DRITTES KAPITEL

Ein Gespräch über Literatur zwischen Gottfried Benn und Vladimir Nabokov in einem Café am Kurfürstendamm Mitte der Dreißigerjahre des 20. Jahrhunderts

Vorbemerkung

Gottfried Benn lebte von 1886 bis 1956, Vladimir Nabokov von 1899 bis 1977.

Von 1921 bis 1937 lebt Nabokov in Berlin (Halensee, Charlottenburg, Wilmersdorf, Schöneberg), wo er 1925 Vera Slonim heiratet, eine russische Jüdin. 1937: Flucht aus Nazi-Deutschland mit Frau und Sohn: von Berlin über Prag nach Paris und im Juli nach Südfrankreich – 1940: am 28. Mai Ankunft in New York.

Gottfried Benn wird 1932 Mitglied der Preußischen Akademie der Künste, Abteilung Dichtung. Von 1933 bis 1934 gerät Benn vorübergehend in den Bannkreis der nationalsozialistischen Ideologie und veröffentlicht die Aufsätze »Der neue Staat und die Intellektuellen« (zuerst Rundfunkrede vom 24. April 1933, danach in »Berliner Börsenzeitung« vom 25. April 1933) sowie »Kunst und Macht« (1934). 1935 verlässt er Berlin, lässt sich am 1. April rekrutieren und ist als Oberstabsarzt in der »Wehrmachtinspektion Hannover« tätig. Am 7. Mai massive Angriffe gegen Benn im »Schwarzen Korps« und im »Völkischen Beobachter«. Im Sommer 1937: Versetzung nach Berlin, wo er als Versorgungsarzt tätig ist. Ende des Jahres bezieht er seine Wohnung in der Bozener Straße. 1938 heiratet Benn am 22. Januar Herta von Wedemeyer aus Hannover. Am 18. März: Ausschluss aus der Reichsschrifttumskammer und Schreibverbot.

Das heißt: Nabokov, bereits 1917, kurz nach der Oktoberrevolution, dem Machtbereich der Sowjets entflohen, im Mai 1919 in England eingetroffen (wo er am Trinity College der Universität Cambridge Russische und Französische Literatur studiert), lernt in Berlin die Praxis des sich etablierenden Nationalsozialismus aus nächster Nähe kennen und entflieht in die USA, während Benn, nach kurzer Bejahung des Nationalsozialismus, in Kenntnis von dessen Praxis eine Kehrtwende vollzieht. Resultat: Schreibverbot.

Fazit: Beidemal handelt es sich um einen Dichter, der inzwischen zu Recht weltweit anerkannt ist und verehrt wird – der eine hauptsächlich als Lyriker, der andere hauptsächlich als Romancier. In Berlin aber sind sie sich niemals begegnet. Keiner der beiden wusste etwas vom anderen. Und deshalb bietet es sich an, dass wir uns vorstellen, wie ein Gespräch zwischen ihnen ausgesehen hätte, wenn sie sich begegnet wären. Nehmen wir an, im »Kempinski« am Kurfürstendamm hätten sie sich verabredet: Gottfried Benn ist schon da, und soeben kommt Vladimir Nabokov herein, elegant gekleidet und 13 Jahre jünger als Benn, der soeben, am 2. Mai 1937, seinen 51. Geburtstag gefeiert hat.

Nabokov: Es freut mich sehr, dass wir uns nun doch noch persönlich kennenlernen. Meine Koffer sind gepackt. Ich verreise.
Benn: Sie wollen Berlin verlassen?
Nabokov: Ja. Für immer. Zusammen mit meiner Frau und unserem Sohn Dmitrij. Es ist schrecklich: Wohin man blickt: Antisemitismus. Die USA sind das Ziel unserer Reise. Ich werde versuchen, an der Harvard University eine Stelle zu bekommen. Mein Landsmann Roman Jakobson ist ja bereits dort. Werde Vorlesungen über russische Literatur, aber auch über französische und englische Literatur ausarbeiten. Von der deutschen Literatur steht Franz Kafka auf meinem Programm.
Benn: Ich kann Sie verstehen. Werde aber in Berlin bleiben. Dem Schreibverbot, das sich ankündigt, zum Trotz. Ich denke, die Situation wird sich ändern.
Nabokov: Sie sehen, wohin das führt: mit dem Teufel zu paktieren.
Benn: Im Ausland könnte ich mich nicht wohlfühlen. Es gibt auch eine innere Emigration. Werde ein Doppelleben führen.
Nabokov: Das könnte ich nicht. Habe Lenins Russland so schnell wie möglich verlassen und dessen Soldaten als »Affen in Schaftstiefeln« bezeichnet.
Benn: Ich kann leider kein Russisch. Liebe aber die russische Literatur. Habe ein längeres Gedicht über Raskolnikow geschrieben, unter dem Titel »St. Petersburg – Mitte des Jahrhunderts«. »Schuld und Sühne« schätze ich sehr.
Nabokov: Das verstehe ich nicht. Dostojewskij ist ein minderwertiger Autor, geschmacklos und sentimental. Denken Sie nur an die Szene, als die Hure und der Mörder die Bibel lesen. Kann man das verzeihen? Das ist schlechte Kunst, also gar keine. Das Beste, was Dostojewskij geschrieben hat, ist sein früher Roman »Der Doppelgänger«. Den aber hat er bei Gogol abgeschrieben. Meine Favoriten, das gebe ich gerne zu, sind Puschkin und Tolstoj.
Benn: Gut. Dann sollten wir uns über Puschkin und Tolstoj unterhalten. Habe über »Probleme der Lyrik« einen wichtigen Aufsatz geschrieben.

Nabokov: Meine theoretische Position könnte man als eine Fortsetzung der Ansichten der russischen Symbolisten bezeichnen: Andrej Belyj, Alexander Block, Valerij Brjusow.

Benn: Ich muss gestehen, diese Namen höre ich jetzt zum ersten Mal.

Nabokov: Das liegt daran, dass die Sowjets den russischen Symbolismus nicht wahrhaben wollen und diese vorrevolutionäre Epoche aus dem russischen Geistesleben regelrecht verdrängt haben. Der russische Symbolismus betont die Realität der Transzendenz, eine Realität, die sich über der empirischen Wirklichkeit befindet und von unserer »Einbildungskraft« erfasst wird. Realiora anstatt realia!

Benn: In der deutschen Literatur spricht man von der »Literatur des Finde-siècle« – mit Rilke, Hofmannsthal und Stefan George. Es folgte der »Expressionismus«, dem ich selber auch angehöre. Der expressionistische Künstler, so sagt man, gibt die Schreie wieder, die die Dinge ausstoßen würden, wenn sie nicht stumm wären.

Nabokov: Das gefällt mir.

Benn: Habe leider nur sehr wenig von Ihnen gelesen. Werde ich nachholen. Kürzlich las ich Ihren Roman »Maschenka«. Die russischen Emigranten in Berlin – das haben Sie sehr gut dargestellt.

Nabokov: Bin ja auch einer von ihnen.

Benn: Wie ich hörte, haben Sie auch einen »Stadtführer Berlin« veröffentlicht. Den kenne ich noch nicht.

Nabokov: Das stimmt. »A Guide to Berlin« hat mir Spaß gemacht. Die deutsche Übersetzung ist gerade in Arbeit.

Benn: Wir sollten uns darüber unterhalten, aufgrund welcher Kriterien Sie einen literarischen Text interpretieren. Wie ich erfahren habe, halten Sie nichts von einer soziologisch orientierten Textauslegung.

Nabokov: So ist es. Die Soziologie wurde von Leuten und für Leute erfunden, die keinen Sinn für Ästhetik haben.

Benn: Ohne Sinn für Ästhetik. Solche Leute gibt es überall: sie lesen auch keine Gedichte, sondern nur Zeitung. Haben Zeitungsleser einen Sinn für Romane?

Nabokov: Gewiss, aber sie lesen Romane genau so wie ihre Zeitung: weil sie etwas über das Leben, wie es wirklich ist, erfahren wollen. Kunst aber hat mit dem Leben, wie es wirklich ist, nichts zu tun. Kunst errichtet ihre eigene Wirklichkeit. Das heißt: Um gelesen zu werden, habe ich den Leser zu täuschen und muss ihm einreden, dass ich eine wahre Geschichte erzähle, die wirklich passiert ist, eine Geschichte, die das Leben selbst geschrieben hat.

Benn: Darüber muss ich nachdenken. Ich habe nämlich vor, meine Erfahrungen als Arzt im Umgang mit unheilbar Kranken umzusetzen in eine Reihe von Berichten eines Arztes, den ich »Dr. Rönne« nenne. Aus der Sicht dieses Arztes erlebt der Leser die furchtbare Wirklichkeit der Krebsbaracken, eine Wirklichkeit, die unserer Öffentlichkeit verschwiegen wird. Also keine Täuschung des Lesers, sondern gezielte Konfrontation des Lesers mit einer autobiographisch fundierten unerträglichen Wirklichkeit.

Nabokov: Das ist zweifellos eine bedenkenswerte Perspektive. Ich meinerseits möchte Ihnen nun ein Romanprojekt vorstellen, das in meinem Kopf bereits völlig fertig ist, von dem ich aber bislang noch keine einzige Zeile geschrieben habe.

Benn: Ich höre zu.

Nabokov: Im Zentrum steht ein Mädchen, das genau 12 Jahre und 7 Monate alt ist. Ihre Mutter ist Witwe und vermietet in ihrem Hause immer ein Zimmer, das zur Zeit leersteht. In dieser Situation mietet sich ein Literaturwissenschaftler bei ihr ein, der sich bei der ersten Begegnung in die Tochter verliebt. Liebe auf den ersten Blick.

Benn: Und wie geht es weiter?

Nabokov: Ich frage mich, ob auch nur einer meiner zukünftigen Leser mein Erzählverfahren durchschauen wird. Erzählt wird in der Ich-Form. Und die Darstellung, das nehme ich mir vor, wird aussehen wie ein Tatsachenbericht. In Wirklichkeit aber ist alles, was dieser Ich-Erzähler erzählt, seine eigene unmittelbare Erfindung: beim ersten Anblick der Tochter. Er träumt einen Tagtraum. Das heißt: Mein Roman ist ein Gedankenspiel meines Ich-Erzählers, das mit dem Anblick der Tochter seiner Wirtin in Gang gesetzt wird und nicht mehr aufhört: über das Ende des Romans hinaus. Von diesem Gedankenspiel wissen weder Mutter noch Tochter etwas. Und der Leser wird zum Voyeur der geheimsten Hoffnungen und Ängste meines Ich-Erzählers, der, inspiriert von der Tochter, die er Lolita nennt, zum Dichter seines eigenen Untergangs wird und an gebrochenem Herzen stirbt, bevor ihn die Geschworenen auf den elektrischen Stuhl schicken können. Das heißt: Lolita ist seine Muse.

Benn: Das hört sich gut an. Wenn ich richtig verstehe, sind also nur Tochter, Mutter und Literaturprofessor real. Und alles andere, was dann passiert, ist reine Phantasie des Ich-Erzählers.

Nabokov: So ist es. Nur Humbert Humbert, Frau Haze und Dolores Haze – so heißen meine Gestalten – sind real. Alles weitere geht auf das Konto Humbert Humberts, der vor sich hin phantasiert. Er weiß ja gar nicht, dass er erzählt und dass wir, die Leser, sehen können, was er sich da ganz im Stillen ausdenkt.

Benn: Und wie sieht diese Phantasie dann aus: im Detail?

Nabokov: Jetzt, hier und jetzt, sehe ich die ganze Geschichte wieder vor mir, die ich im Namen meines Helden wirklich werden lasse. Alles, was geschieht, kennzeichnet das Bewusstsein meines Helden: so, wie ja auch in unseren Träumen die Außenwelt neu arrangiert wird. Puschkin hat dieses Verfahren in seinen »Geschichten des verstorbenen Iwan Belkin« in fünf Varianten vor Augen geführt. Mein Roman »Lolita« wird diese Tradition fortsetzen.

Benn: Ich muss gestehen, das ist mir zu abstrakt. Wie sieht denn Ihre Geschichte im Detail aus?

Nabokov: Ganz einfach: Ein Literaturprofessor, 40 Jahre alt, macht Urlaub in Neuengland, mietet sich in einer Kleinstadt im Hause einer Witwe eine möblierte Wohnung, um literarisch tätig zu werden. Als er die zwölfjährige Tochter zu sehen bekommt, passiert es. Liebe auf den ersten Blick. Das ist der objektive Rahmen. Was aber stellt unser Held sich vor in diesem Rahmen? Verbotener Wunsch und Einrede des Gewissens überlagern sich, bilden Interferenzen. Um in der Nähe der Kindfrau zu bleiben, müsste er deren Mutter heiraten. Diese wäre aber auf Dauer nur im Wege. So lässt er sie sterben und entführt die Kindfrau aus einem Ferienlager. Wohin mit ihr? Er bringt sie in einer Schule unter, die ausgerechnet nach dem Ausbund dekadenter Sinnlichkeit, Aubrey Beardsley, benannt ist. Nun aber setzt die Angst vor einem Rivalen um die Gunst der Kindfrau ein. Schon ist er da: ein Theaterdichter, der »amerikanische Maeterlinck«. Der Rivale ist der Doppelgänger unseres Helden: sein Mister Hyde. Gewiss wird er dem Helden die Kindfrau ausspannen. Und schon ist sie weg. Nur einmal noch sieht er sie wieder: inzwischen siebzehn und verheiratet: mit einem Simpel, der ausgerechnet Schiller heißt. Was tun? Da ist noch eine Rechnung offen: Der Rivale lebt noch. Nichts wie hin. Der Held ermordet seinen bösen Doppelgänger. Erschießt ihn bestialisch: Showdown. Und der Western lässt grüßen. Bevor er stirbt, muss der Doppelgänger noch ein Gedicht vorlesen, das der Held verfasst hat. Die einstige Kindfrau aber haucht ihr Leben im Wochenbett aus. Ihr Baby kommt tot zur Welt. Und was wird aus dem Helden? Landet er als Mörder auf dem elektrischen Stuhl? Nein, soweit kommt es nicht: Er stirbt an »Koronarthrombose«. Das Schicksal hat ihm das Herz gebrochen. Zuvor aber hat er, in der Untersuchungshaft, seine Geschichte aufgeschrieben, als Plädoyer an die Geschworenen, die in seinem Text immer wieder angeredet werden: »Lolita, oder das Bekenntnis eines Witwers weißer Rasse«. Die Kindfrau hat ihn zum Dichter gemacht: als seine Muse. Sein Werk wird bleiben. Was aus unserem Helden wurde, nachdem er aus seinem Traum erwacht ist, wird der Leser nie erfahren. Ob er seine Wirtin geheiratet hat? Wir wissen es nicht.

Benn: Ich gratuliere! Ihre kalkulierte Mixtur aus Verbrechen, Sexualität und Kitsch wird ein breites Publikum garantieren. Und ich möchte wetten, auch Hollywood wird sich dieses Intellektuellenkonfekt nicht entgehen lassen. Wenn Ihr Roman erscheint, werde ich zu Ihren ersten Lesern gehören.

Nabokov: An Hollywood habe ich auch schon gedacht. Aber zuerst muss ich meinen Roman noch schreiben. Die Welt in meinem Kopf muss wiedermal zur Welt auf dem Papier werden, um Welt in den Köpfen meiner Leser sein zu können.

Benn: Ich danke Ihnen für das Gespräch. Werde meinem Freund Friedrich Wilhelm Oelze davon berichten. Ihre Kindfrau wird ihn sehr interessieren. Ihnen und Ihrer Familie wünsche ich eine gute Reise ins Land der unbegrenzten Möglichkeiten. Wie schon erwähnt, ich bleibe in Berlin.

Nachtrag

Vladimir Nabokovs Roman »Lolita« erschien zuerst in englischer Sprache 1955 in Paris: The Olympia Press (= The Traveller's Companion).

Die Rönne-Geschichten befinden sich unter den Titeln »Gehirne«, »Die Eroberung«, »Die Reise«, »Die Insel«, »Der Geburtstag« in: Gottfried Benn: Gesammelte Werke in vier Bänden. Herausgegeben von Dieter Wellershoff. Wiesbaden: Limes Verlag 1962, Band 2, S. 13–60.

Als Klassiker des »Imaginären Gesprächs« seien empfohlen:

Landor, Walter Savage: Classical (Imaginary) Conversations. Greek, Roman, Modern. With Special Introduction by G. Mercer Adam. Washington & London: M. Walter Dunne Publisher 1901.

Joly, Maurice: Gespräche in der Unterwelt zwischen Machiavelli und Montesquieu oder Der Machiavellismus im XIX. Jahrhundert. Übersetzung aus dem Französischen von Univ.-Professor Dr. Dr. Hans Leisegang. Hamburg: Richard Meiner Verlag 1948 (= Neue Philosophische Bibliothek; Band 1).

VIERTES KAPITEL

Dostojewskijs »Schuld und Sühne«: der »größte Kriminal-Roman aller Zeiten« (Thomas Mann)

Vorbemerkung

Dostojewskij lebte von 1821 bis 1881. Sein Weltruhm beruht auf seinen fünf großen Romanen, auf der Erzählung »Aufzeichnungen aus einem Kellerloch« und dem Sträflingsreport »Aufzeichnungen aus einem Totenhaus« sowie auf dem Kurzroman »Der Spieler«. Die fünf großen Romane »Schuld und Sühne«, »Der Idiot«, »Die Dämonen«, »Der Jüngling« und »Die Brüder Karamasow« behandeln nur ein einziges Jahrzehnt der damals russischen Gegenwart: die Jahre 1864 bis 1874.

Von diesen acht Werken ist der Roman »Schuld und Sühne« als erster der großen fünf nicht nur Dostojewskijs populärstes Werk, sondern auch das bekannteste Werk der russischen Literatur überhaupt. Ja, Thomas Mann behauptet 1946 sogar, dieses Buch sei »der größte Kriminal-Roman aller Zeiten«, und Gottfried Benn schreibt 1948 ein ganzes Gedicht, drei Seiten lang, über Raskolnikow und Sonja »mit dem gelben Billett« unter dem Titel »St. Petersburg – Mitte des Jahrhunderts«.

Woran liegt das? Was ist der Grund dafür, dass gerade dieses Werk solch außerordentliche Verbreitung gefunden hat und auch heute noch in aller Welt gelesen wird – in Tokio wie in Paris, in London wie in Rom, in Oslo und in Zagreb, in Berlin und in Rio de Janeiro, von Petersburg und Moskau ganz zu schweigen?

Diese Frage möchte ich nun beantworten. Offensichtlich gibt es verschiedene Gründe dafür, ja ein ganzes Ensemble von Gründen, dass gerade dieser Roman seine Aktualität und Faszination bis heute nicht verloren hat. Genau 150 Jahre ist es her, dass dieser Roman in Petersburg erschienen ist. Und deshalb lautet mein Thema:

150 Jahre Raskolnikow: Ein Roman hat Geburtstag

Jeder der fünf großen Romane Dostojewskijs lässt sofort erkennen, aus welcher Werkstatt er kommt. Und doch hat jeder einzelne von ihnen ein besonderes Profil. Was aber alle fünf gemeinsam haben, das ist die Dehnung der Zeit.

Auf sechshundert bis tausend Seiten erzählt Dostojewskij immer nur von wenigen Tagen, die oft dicht hintereinander liegen. In »Schuld und Sühne« etwa wird eine Zeitspanne von nur fünfzehn Tagen geschildert, von denen aber nur neun Tage im Detail behandelt werden. In keinem anderen der fünf Romane ist die insgesamt geschilderte Zeitspanne so kurz. Durch solch eine Dehnung der Zeit wird es Dostojewskij möglich, körperliche Sonderzustände seiner Gestalten über Hunderte von Seiten wirklichkeitsschaffend ins Werk zu setzen. Raskolnikow, 23 Jahre alt, ist während der fünfzehn Tage, die er vor unseren Augen existiert, ständig krank: Er leidet an einem grippalen Infekt, verliert immer wieder das Bewusstsein und schläft sogar ganze drei Tage in seinem engen Zimmer hoch oben unterm Dach. Natürlich eine Anspielung auf Lazarus, der vier Tage scheintot daliegt, bis er von Christus auferweckt wird. »Schuld und Sühne« ist nicht nur die Geschichte eines Verbrechens, sondern auch die Geschichte eines kranken Mörders.

Für Dostojewskij ist der Mensch eine psychosomatische Einheit aus Körper, Seele und Geist: mit der besonderen Pointe, dass es Dostojewskij immer um den »intelligiblen« Menschen geht, nicht um den »empirischen« Menschen – ganz im Sinne Kants, der den »homo noumenon«, den freien Menschen, unterscheidet vom »homo phaenomenon«, dem determinierten Menschen.

Friedrich Schiller

Wie wir wissen, war Dostojewskij Zeit seines Lebens ein Verehrer Friedrich Schillers. So hat er schon sehr früh, zusammen mit seinem Bruder Michail, Schillers »Räuber« ins Russische übersetzt. Aber nicht nur das. Schillers Dissertation »Versuch über den Zusammenhang der tierischen Natur des Menschen mit seiner geistigen« (1780) wird schließlich zum impliziten Referenzrahmen der eigenen Werke Dostojewskijs. Wörtlich heißt es bei Schiller:

> »Die Schauer, die denjenigen ergreifen, der auf eine lasterhafte Tat ausgeht oder eine ausgeführt hat, sind nichts anders als eben der Horror, der den Febrizitanten schüttelt. (...) Die nächtlichen Jaktationen derer, die von Gewissensbissen gequält werden, und die immer von einem febrilischen

Aderschlag begleitet sind, sind wahrhaftige Fieber, die der Konsens der Maschine mit der Seele veranlasst. (...) Ist also nicht derjenige, der mit der bösen Laune geplagt ist und aus allen Situationen des Lebens Gift und Galle zieht; ist nicht der Lasterhafte, der im chronischen Zorn, dem Hass, lebt, sind nicht alle diese die größten Feinde ihrer Gesundheit?«

Und Schiller fasst zusammen: »Mit einem Wort: der Zustand des größten Seelenschmerzes ist zugleich der Zustand der größten körperlichen Krankheit.«

Das heißt, anders ausgedrückt: Wo der Geist unzulässige Befehle gibt und durchführt, reagiert die Seele im Konsens mit dem Körper – das Resultat ist körperliche Krankheit. Falsches Bewusstsein macht krank.

Was die Terminologie anbelangt, so dürfen wir nicht vergessen, dass Schiller Medizin studiert hatte und als »Regimentsmedikus« im Lazarett, in den Kasernen und bei den Veteranen Dienst tun musste. Er hatte zunächst ein Jurastudium begonnen, wechselte aber 1775 im Alter von sechzehn Jahren zur Medizin und legte drei Dissertationen vor, die sich mit psychosomatischen Problemen beschäftigten, aber von der Promotionskommission abgelehnt wurden. Nach dem Examen wurde Schiller 1780 als schlechtbezahlter Regimentsmedikus tätig. 1782 endete seine ärztliche Tätigkeit, und Schiller widmete sich der Literatur.

Mein ausführliches Schiller-Zitat sollte im Detail verdeutlichen, dass Dostojewskijs Menschenbild, das den Referenzrahmen seiner fünf großen Romane liefert, in unmittelbarer Schiller-Nachfolge konzipiert und literarisch verwirklicht wurde. Ja, Schillers berühmte Erzählung »Der Verbrecher aus verlorener Ehre« (1792) beginnt mit der Feststellung:

»In der ganzen Geschichte des Menschen ist kein Kapitel unterrichtender für Herz und Geist als die Annalen seiner Verirrungen. Bei jedem großen Verbrechen war eine verhältnismäßig große Kraft in Bewegung.«

Schiller pointiert hier gleich mit dem ersten Anschlag seine Überzeugung, dass das wahrhaft Exemplarische für das Wesen des Menschen nicht im Normalen und Vorbildlichen zu finden sei, sondern im Ausgefallenen, im Abseitigen, im Zerrbild: im Verbrechen. Sofort im Anschluss an die zitierte Passage heißt es:

»Wenn sich das geheime Spiel der Begehrungskraft bei dem matteren Licht gewöhnlicher Affekte versteckt, so wird es im Zustand gewaltsamer Leidenschaft desto hervorspringender, kolossalischer, lauter; der feinere Menschenforscher, welcher weiß, wie viel man auf die Mechanik der gewöhnlichen Willensfreiheit eigentlich rechnen darf und wie weit es erlaubt ist, analogisch zu schließen, wird manche Erfahrung auf diesem Gebiete in seine Seelenlehre herübertragen und für das sittliche Leben verarbeiten.«

Schiller will also als »Menschenforscher« durch Beobachtung der Zustände »gewaltsamer Leidenschaft« das Exemplarische der menschlichen Natur ergründen. Die dann folgende Geschichte vom »Verbrecher aus verlorener Ehre« ist die Geschichte eines Mörders, der sich schließlich der Polizei stellt, weil er seine Tat zwar durchführen konnte, obwohl er zunächst zögerte, aber dann seiner eigenen Tat nicht gewachsen war.

Christian Wolf, so heißt Schillers »Verbrecher«, könnte durchaus Anspruch darauf erheben, als Vorläufer Raskolnikows zu gelten, wenn auch die Umstände für Schillers Mörder ganz andere sind – sowie auch Umwelt und Milieu. Und doch ist der gestaltete Konsens zwischen Seele und »Maschine« in beiden Fällen ganz ähnlich.

Ich zitiere die Schilderung des Mordes bei Schiller. Christian Wolf erzählt in der Ich-Form. Er ist ein Wilderer, der seine illegale Beute verkauft und dadurch ständig Ärger bekommt. Auch sein Rivale um die Gunst der Johanna ist ein solcher Jäger, und Christian Wolf begegnet ihm eines Tages im Wald:

»Ich will anschlagen und abdrücken – aber plötzlich erschreckt mich der Anblick eines Hutes, der nur wenige Schritte vor mir auf der Erde liegt. Ich forsche genauer und erkenne den Jäger Robert, der hinter dem dicken Stamm einer Eiche auf eben das Wild anschlägt, dem ich den Schuss bestimmt hatte. Eine plötzliche Kälte fährt bei diesem Anblick durch meine Gebeine. Just das war der Mensch, den ich unter allen lebendigen Dingen am grässlichsten hasste, und dieser Mensch war in die Gewalt meiner Kugel gegeben. In diesem Augenblick dünkte mich's, als ob die ganze Welt in meinem Flintenschuss läge und der Hass meines ganzen Lebens in die einzige Fingerspitze sich zusammendrängte, womit ich den mörderischen Druck tun sollte. Eine unsichtbare fürchterliche Hand schwebte über mir, der Stundenweiser meines Schicksals zeigte unwiderruflich auf diese schwarze Minute. Der Arm zitterte mir, da ich meiner Flinte die schreckliche Wahl erlaubte – meine Zähne schlugen zusammen wie im Fieberfrost, und der Odem sperrte sich erstickend in meiner Lunge. Eine Minute lang blieb der Lauf meiner Flinte ungewiss zwischen dem Menschen und dem Hirsch mitten inne schwanken – eine Minute – und noch eine – und wieder eine. Rache und Gewissen rangen hartnäckig und zweifelhaft, aber die Rache gewann's, und der Jäger lag tot am Boden. Mein Gewehr fiel mit dem Schusse – «Mörder» ... stammelte ich langsam – der

Wald war still wie ein Kirchhof – ich hörte deutlich, daß ich «Mörder» sagte. Als ich näher schlich, starb der Mann. Lange stand ich sprachlos vor dem Toten.«

»Meine Zähne schlugen zusammen wie im Fieberfrost«: genau so wird Raskolnikow Anfang Juli in Petersburg von Schüttelfrost heimgesucht. Das heißt: Raskolnikows Krankheit – das ist reinster Schiller: Krankheit als falsches Bewusstsein. Der Arzt Sossimow erkennt das nicht, denn er weiß ja nicht, dass Raskolnikow ein Mörder ist. Seine Diagnose ist deshalb falsch.

Und noch etwas ist zu bedenken. 2006 veröffentlicht der Strafrechtler Heinz Müller-Diez (Saarbrücken) Schillers Erstfassung des »Verbrechers aus verlorener Ehre« unter dem ursprünglichen Titel »Verbrecher aus Infamie« (1786) mit einem Nachwort über »Kriminalitäts-, Sozial- und Strafrechtsgeschichte in Schillers Erzählung«. Darin heißt es:

»Mit seiner Erzählung hat Schiller an das lebhafte biografische Interesse angeknüpft, das für die Epoche der Spätaufklärung charakteristisch gewesen ist. Lebensbeschreibungen haben vornehmlich dazu gedient, Stoff für die Erforschung und das Verstehen des Menschen, gleichsam das empirische Material für eine «Seelenkunde» zu liefern. Dementsprechend sind Tagebücher, und autobiografische Berichte vor allem in der zweiten Hälfte des 18. Jahrhunderts an der Tagesordnung gewesen. Für solche Ansätze, die menschliche Natur, ihre Seelen- und Triebkräfte zu beobachten und zu erkunden, haben sich nach Auffassung vieler Zeitgenossen vor allem außergewöhnliche Lebensläufe, Biografien von Abenteurern, Verbrechern und Selbstmördern, angeboten. So ist denn auch in jener Zeit eine ganze Reihe von Fallsammlungen erschienen, die Lebensgeschichten von Straftätern ins Zentrum der Darstellung gerückt haben. Für diese ›Relationen‹ und Berichte ist über die Gewinnung allgemeiner Menschenkenntnis hinaus nicht zuletzt ein spezifisches kriminalpsychologisches Interesse maßgebend gewesen.«

Diese Zeitströmung, in die sich Friedrich Schiller nicht nur mit seiner Erzählung »Der Verbrecher aus verlorener Ehre« eingegliedert hat, konnte in der Folgezeit ein wachsendes öffentliches Interesse gewinnen. Ja, siebzig Jahre später hat Dostojewskij dieses öffentliche Interesse für seine eigenen literarischen Ziele genutzt. Anlässlich der vier Jahre, die er als politischer Häftling in einem sibirischen Zuchthaus verbringen musste, schrieb er seinen Sträflingsreport »Aufzeichnungen aus einem Totenhaus«, den er 1862 veröffentlichte (vollständig 1865). Unter Verbrechern in Sibirien wurde er von 1850 bis 1854 zum Kriminologen und missionarischen Christen, denn als einzige Lektüre war ihm dort das »Neue Testament« gestattet. Wörtlich heißt es: »Es ist anzunehmen, dass es kein Verbrechen gibt, das hier nicht seinen Vertreter gefunden hätte«. Und so wurden Kriminologie und Christentum die festen Säulen der literarischen Produktion Dostojewskijs. Seine fünf großen Romane haben in diesen Säulen ihren obsessiven Referenzrahmen. Mit dem ersten dieser fünf Romane, »Schuld und Sühne« (1866), praktiziert Dostojewskij seine neue Poetik, die bis zum Schluss seine zentrale literarische Produktion bestimmt. Dostojewskijs Poetik, die ich eine »machiavellistische Poetik« genannt habe, besteht aus sieben Forderungen, von denen sechs thematischer Art sind und die siebte formaler Art. Die sechs thematischen Forderungen sind: Verbrechen, Krankheit, Sexualität, Religion, Politik und Komik, formal zusammengehalten durch eine skrupellose Erzähltechnik, mit der dem Leser immer gleichzeitig etwas gezeigt und etwas vorenthalten wird, das er erraten muss.

Wenden wir uns nun, nach all diesen grundsätzlichen Überlegungen, dem Roman »Schuld und Sühne« zu. Worum geht es? Worin besteht die Situation Raskolnikows? Hier zunächst vorweg eine kurze Inhaltsangabe.

»Schuld und Sühne«

Schauplatz der Handlung ist das schwüle und staubige Petersburg Anfang Juli gegen Mitte der 60er Jahre des 19. Jahrhunderts. Die geschilderten Ereignisse verteilen sich auf nur zwei Wochen. Der Epilog schildert Raskolnikows Seelenzustand in Sibirien anderthalb Jahre nach der Verurteilung.

In der Einsamkeit eines engen, sargähnlichen Zimmers fasst der 23jährige Rodion Raskolnikow, der sein Jurastudium abgebrochen hat, den Entschluss, eine alte Wucherin umzubringen und auszurauben. Der geplante Mord wird jedoch zu einem ungeplanten Doppelmord, als Lisawjeta, die schwachsinnige und ständig schwangere Stiefschwester der Ermordeten, völlig unerwartet am Tatort erscheint. Ganz verstört verlässt Raskolnikow den Tatort mit einer Handvoll zufällig aufgeraffter Nichtigkeiten, die er auf einem verlassenen Hof unter einem Stein versteckt. Nach der Tat, die sich durch eine Reihe von Zufälligkeiten als perfektes Verbrechen erweist, sieht sich Raskolnikow der Tortur wachsender Isolation ausgesetzt. Er widersetzt sich zwar dem psychologischen Kesseltreiben des Untersuchungsrichters Porfirij Petrowitsch, wird aber schließlich durch den christlich inspirierten Zuspruch Sonja Marmeladowas, einer Prostituierten, dazu bewegt, sich der Polizei zu stellen. Raskolnikows Sprung in die Strafe lässt sein Geständnis zu einem Akt der Freiheit werden: Durch Annahme der Strafe (acht Jahre Sibirien) kehrt er in die menschliche Gemeinschaft zurück, die er durch sein Verbrechen verlassen hat.

Als Kontrastfigur zu Raskolnikow hat der 50jährige Gutsbesitzer Arkadij Swidrigajlow zu gelten, der seine Frau umgebracht hat, ohne dass dafür Beweise vorliegen. Er ist nicht motiviert, sich der Polizei zu stellen, und erschießt sich mit der letzten Kugel des dreischüssigen Revolvers seiner Frau. Einem zufälligen Zeugen sagt er, er verreise »nach Amerika«.

Dostojewskij ist mit Raskolnikow die exemplarische Darstellung des »bleichen Verbrechers« gelungen: »Gleichwüchsig war er seiner Tat, als er sie tat: aber ihr Bild ertrug er nicht, als sie getan war« – wie es Nietzsche in seinem »Zarathustra« 1886 nach Lektüre des »Raskolnikow« formuliert hat.

Eine solche Geschichte könnte erzähltechnisch auf ganz verschiedene Weise dargestellt werden. Etwa aus der Sicht des Untersuchungsrichters. Dann käme erst ganz zum Schluss heraus, wer der Täter ist. Viele Kriminalromane sind so strukturiert. In den USA ist dafür die Bezeichnung »Whodunit« üblich geworden, die 1930 von D. Gordon geprägt wurde, in »American News of Books«. Drei Wörter: who – done – it: zusammengezogen zu einem Wort. Ernst Bloch hat zu diesem Typus des Kriminalromans eine ganze Abhandlung verfasst, unter dem Titel »Philosophische Ansicht des Detektivromans« (1962). Man denke an Arthur Conan Doyles Sherlock Holmes, an Agatha Christies Hercule Poirot oder an Mickey Spillanes Mike Hammer. Alles Detektive mit der Frage: »Whodunit?«. Auch Edgar Allan Poes zu Recht so berühmte Erzählung »The Murders in the Rue Morgue«, die übrigens Dostojewskij gut bekannt war, ist ein Whodunit.

Dostojewskij jedoch hat keinen Whodunit geschrieben: Der »größte Kriminal-Roman aller Zeiten« wird aus der Sicht des Täters erzählt. Nicht in der Ich-Form wie Schillers »Verbrecher aus verlorener Ehre«, sondern in der dritten Person: erzählt von einem imaginären Erzähler, der, so will es Dostojewskij, unmittelbaren Zugang zu den geheimsten Gedanken, Befürchtungen und Hoffnungen Raskolnikows hat. Ja, dieser Erzähler liefert uns sogar Direktaufnahmen der vielen und schrecklichen Träume Raskolnikows, so dass wir am Ende Raskolnikow besser kennen als er sich selbst kennt, weil wir als Leser auch über das Bescheid wissen, was er verdrängt.

Aber nicht nur das. Wir sind bei Raskolnikows Verbrechen als Leser nicht nur mit dabei, sondern von Anfang an Parteigänger Raskolnikows. Mit seiner Erzählperspektive bringt es Dostojewskij fertig, dass wir nach der Erniedrigung Raskolnikows in der ersten Begegnung mit der Wucherin die Welt mit den Augen Raskolnikows sehen und die Tat, die er plant, befürworten. Ja, wir wünschen auch, dass nach der Tat der Untersuchungsrichter Raskolnikow nicht entlarven kann. Das heißt: Während des ganzen Romans sind wir als Leser auf der Seite des Täters.

Mit einem Wort: Der Leser dieses Romans spürt während der Lektüre, zu was er selber unter gewissen Umständen fähig sein könnte, und beginnt, über sich selbst nachzudenken. Zweifellos ist dies zumindest ein Grund für die Faszination, die diesen Roman auch heute noch kennzeichnet. Der Leser macht eine Erfahrung mit sich selbst, was bei der Lektüre eines Kriminalromans zweifellos selten ist.

Sehen wir uns nun an, wie Dostojewskij seine Hauptgestalt profiliert. Dies geschieht in Konfrontation mit dem Untersuchungsrichter Porfirij Petrowitsch, in Konfrontation mit der christlich inspirierten Sonja Marmeladowa sowie in Konfrontation mit dem skrupellosen Hedonisten Swidrigajlow.

Porfirij Petrowitsch repräsentiert das Strafgesetz, Sonja das Gewissen und Swidrigajlow den psychopathischen Triebtäter. Die Konfrontationen werden von Dostojewskij jeweils als Gespräch gestaltet. So gibt es drei große Gespräche Raskolnikows mit Porfirij Pretrowitsch und drei große Gespräche Raskolnikows mit Sonja.

Hierzu ist folgendes festzustellen. Hans-Georg Gadamer entwickelt in seinem Hauptwerk »Wahrheit und Methode« (1960) eine Theorie des Gesprächs. Das echte Gespräch verwandelt uns, wir kommen anders heraus, als wir hineingegangen sind. Wir müssen allerdings zuhören können und fähig sein, uns etwas sagen zu lassen. In einem echten Gespräch sind alle Teilnehmer gleichberechtigt – ohne Ansehen ihrer Herkunft und Bildung, denn es geht um die Wahrheit angesichts der gemeinsam diskutierten Sache. Auch die Interpretation eines literarischen Textes ist ein Gespräch; denn meine eigene Meinung wird dabei konfrontiert mit dem, was der Text zu denken gibt, so dass ich mich, von der Vernunft geleitet, durchaus von meiner eigenen Meinung als einem jetzt durchschauten Vorurteil distanzieren könnte. Ein echtes Gespräch ist selten. Die menschliche Gesellschaft sollte sich verpflichtet fühlen, es zu kultivieren.

Nun gibt es aber auch, wie Gadamer ausführt, drei sehr häufige Formen des Pseudogesprächs, bei dem nur einer das Sagen hat und der Gesprächspartner nicht wirklich zu Wort kommt. Es sind dies: das Prüfungsgespräch zwischen Prüfer und Prüfling, das therapeutische Gespräch zwischen dem Arzt und seinem Patienten und das Verhör vor Gericht zwischen Staatsanwalt und Angeklagtem.

Was aber hat das alles mit Dostojewskij zu tun? Antwort: Dostojewskij zeigt sich in seinen literarischen Werken sowohl als ein Meister des echten Gesprächs als auch als ein Meister des Pseudogesprächs. So sind etwa die

Gespräche zwischen dem Untersuchungsrichter und Raskolnikow Pseudogespräche, denn Porfirij Petrowitsch hat an der Persönlichkeit Raskolnikows gar kein Interesse, sondern sieht in ihm den Täter, der verhört zu werden hat, obwohl keine haltbaren Beweise gegen ihn vorliegen. Die Gespräche zwischen Raskolnikow und Sonja hingegen sind echte Gespräche, basieren auf gegenseitiger Zuneigung, die zur Liebe wird. Sonja nimmt Anteil am Schicksal Raskolnikows, das sie sofort erahnt, und begleitet ihn schließlich sogar nach Sibirien, wo er seine Strafe verbüßt.

In Porfirij Petrowitsch begegnet Raskolnikow dem Strafgesetz, in Sonja seinem Gewissen. Der russische Titel des Romans »Prestuplenie i nakazanie« ist zentriert im Strafgesetz. Auf Deutsch: »Verbrechen und Strafe«. Die im Deutschen am meisten verbreitete Titelform, »Schuld und Sühne«, ist zentriert im Gewissen Raskolnikows. Beide Titel »Verbrechen und Strafe« wie auch »Schuld und Sühne« haben ihre sachliche Berechtigung.

Die Gespräche zwischen Raskolnikow und dem Untersuchungsrichter sind keine echten Verhöre im juristischen Sinne, denn Raskolnikow wird ja nicht vorgeladen, um verhört zu werden. Er kommt selber zu Porfirij Petrowitsch (als der Mord längst die Runde machte und in der Zeitung zu lesen war, was vorgefallen ist) und erkundigt sich nach dem Verbleib seiner eigenen Sachen, die er bei der Wucherin versetzt hat (Teil 3, Kap. 5). Damit macht sich Raskolnikow allerdings verdächtig, und Porfirij Petrowitsch erahnt sofort: das ist der Täter und bleibt ihm auf der Spur, hat jedoch nichts gegen Raskolnikow in der Hand. Am Ende besucht er Raskolnikow sogar in dessen engem Zimmer. Zuvor hat er einen seiner Leute beauftragt, Raskolnikow auf der Straße »Mörder!« zu nennen und dann zu verschwinden. Raskolnikows wachsende Angst davor, gefasst zu werden, die ihm seine Umwelt zum Alptraum werden lässt, bekommt hier ein konkretes Gesicht, das ihm und uns, den Lesern, wie eine Halluzination vorkommt. Zweifellos ein äußerst kühner Kunstgriff Dostojewskijs. Porfirij Petrowitsch will Raskolnikow zermürben, damit er seine Tat gesteht. Letztendlich aber ist es Sonja, deren Zuspruch Raskolnikow dazu bringt, sich der Polizei zu stellen. Und das heißt: Nur das echte Gespräch verändert in einem positiven Sinne die Wirklichkeit, nicht das Pseudogespräch, das immer dem Irrtum und der Verkennung ausgesetzt bleibt. Allerdings ist zu bedenken: Nicht auf Grund sittlicher Einsicht, die klar und deutlich in das Bewusstsein träte, stellt sich Raskolnikow der Polizei, sondern unter dem Leidensdruck eines unerträglichen psychosomatischen Zustands. Dieser Leidensdruck hat zwar sittliche Einsicht zur Grundlage, diese tritt aber gleichsam vermummt auf – nämlich als körperliche Krankheit, die den Geist durch Bewusstlosigkeit und Desorientierung zur Ordnung ruft.

Raskolnikow kann sich zwar gegen die sittliche Einsicht sperren, nicht aber gegen das psychosomatische Geschehen der Krankheit, durch das ihn die Seele auf sein falsches Bewusstsein aufmerksam macht.

Es fällt auf: In den Gesprächen Raskolnikows mit dem Untersuchungsrichter ist zentral immer nur von der Ermordung der Wucherin die Rede, denn Raskolnikow hat eine Abhandlung veröffentlicht, die er längst vergessen hat, die aber vom Untersuchungsrichter aufgespürt und genau gelesen wurde. Titel: »Über das Verbrechen«. In dieser Abhandlung vertrat Raskolnikow die These: »Es gibt gewöhnliche Menschen und außergewöhnliche. Nur sie sind Menschen im eigentlichen Sinne des Wortes.«

Raskolnikow erläutert, dass »zum Beispiel alle Gesetzgeber und Führer der Menschheit von den ältesten Zeiten über Lykurg, Solon, Mohammed bis zu Napoleon und so weiter, ausnahmslos Verbrecher waren«, weil sie »das Gegenwärtige im Namen eines Besseren« zerstörten. Und Raskolnikow fügt hinzu:

> »Wenn nun ein solcher Mensch für seine Idee über Leichen gehen und Blut vergießen muss, so spricht ihm sein Gewissen hierfür doch das Recht zu, wie ich glaube – allerdings nur im Ausmaß und nach dem Wert seiner Idee.«

Und natürlich hört Porfirij Petrowitsch aufmerksam zu, denn hier spricht ja der von ihm erahnte Täter.

Innerfiktional wird damit auf ein Gespräch angespielt, das Raskolnikow einen Monat vor seiner Tat in einem Gasthaus zufällig mitangehört hat, ein Gespräch zwischen einem Studenten und einem Offizier. Der Student sagte mit Bezug auf die alte Wucherin:

> »Bring sie um und nimm ihr Geld ... Für ein Leben tausend Leben, gerettet vor Fäulnis und Zerfall; ein Tod und dafür hundertfaches Leben – das nenne ich ein einfaches Rechenexempel.«

So wird also die Ermordung der Wucherin gerechtfertigt, ja gefordert, ganz im Sinne Raskolnikows.

In Raskolnikows Gesprächen mit Sonja steht jedoch die Ermordung der harmlosen Lisawjeta im Zentrum, für die es keinerlei Rechtfertigung geben kann. Hier versagen die rationalen Argumente, die für die Ermordung der alten Wucherin ins Feld geführt werden.

Dostojewskij spart nicht mit sprechenden Details, als er die Untat Raskolnikows schildert (wir befinden uns im siebten Kapitel des Ersten Teils): Die

Wucherin hat ihn hereingelassen, und er hat ihr, wie angekündigt, sein neues »Pfand« mitgebracht, das fest eingewickelt ist: Wörtlich heißt es:

»Er durfte keinen Augenblick mehr verlieren. Er zog das Beil ganz heraus, schwang es mit beiden Händen, kaum noch bei Bewusstsein, und ließ es, fast ohne Anstrengung, fast mechanisch mit dem Rücken auf den Kopf der Alten niederfallen. Er hatte das gleichsam ohne jeden Kraftaufwand getan. Doch sobald er einmal zugeschlagen hatte, kehrte ihm auch seine Kraft zurück.

Die Alte hatte, wie immer, nichts auf dem Kopf. Ihr helles angegrautes, schütteres Haar, wie gewöhnlich stark mit Fett eingeschmiert, war zu einem Zöpfchen geflochten, das aussah wie ein Rattenschwanz; der Zopf war mit einem zerbrochenen Hornkamm festgesteckt, der hässlich von ihrem Hinterkopf abstand. Der Hieb hatte, da sie so klein war, genau ihren Scheitel getroffen. Sie schrie auf, aber sehr leise, und sackte dann plötzlich auf dem Boden zusammen, obgleich sie noch beide Hände zum Kopf heben konnte. In der einen Hand hielt sie noch immer das ›Pfand‹. Jetzt schlug er mit voller Wucht noch einmal zu und noch einmal, immer mit dem Beilrücken, immer auf den Scheitel. Das Blut strömte aus ihrem Kopf wie aus einem umgeworfenen Glas, und ihr Körper wälzte sich auf den Rücken. Raskolnikow trat zurück, ließ sie auf dem Boden liegen und beugte sich sogleich über ihr Gesicht: sie war schon tot. Die Augen standen weit offen, als wollten sie aus den Höhlen springen, und die Stirn und das ganze Gesicht waren krampfartig zusammengezogen und verzerrt.«

Man sieht: Dostojewskij, der Kriminologe als Dichter, ist hier in seinem Element. Raskolnikow sucht die Tote nach Schlüsseln ab und kriecht dann im Schlafzimmer unter das Bett, »da er wusste, dass alte Weiber ihre Truhen gewöhnlich unter dem Bett stehen haben. So war es auch: dort fand er eine ziemlich große Truhe von mehr als einem Arschin Länge«. Und weiter heißt es wörtlich:

»Plötzlich glaubte er aus dem Zimmer, in dem die Alte lag, Schritte zu hören. Er hielt inne und vermied jedes Geräusch. Doch es war nichts mehr zu hören; offenbar hatte er sich getäuscht. Da vernahm er deutlich einen unterdrückten Aufschrei, als hätte jemand leise und abgerissen gestöhnt und wäre wieder verstummt. Dann trat abermals Totenstille ein, etwa eine oder zwei Minuten lang. Er kauerte vor der Truhe, wagte kaum zu atmen und wartete, aber plötzlich sprang er auf, packte das Beil und lief aus dem Schlafzimmer.
In der Mitte des Zimmers stand Lisawjeta, ein großes Bündel unterm Arm,

und starrte entgeistert auf die ermordete Schwester, bleich im Gesicht wie ein Bettlaken und anscheinend außerstande zu schreien. Als sie ihn aus dem Schlafzimmer herausstürzen sah, begann sie zu zittern, sie zitterte wie Espenlaub, und ihr ganzes Gesicht verzerrten krampfhafte Zuckungen. Sie hob halb die Hand, öffnete den Mund, schrie aber noch nicht und wich langsam, rückwärts gehend, vor ihm in die Ecke zurück, während sie ihn starr und unverwandt ansah; aber noch immer schrie sie nicht, als fehlte es ihr an Luft. Er stürzte mit dem Beil auf sie zu; ihre Lippen verzogen sich kläglich, wie es bei ganz kleinen Kindern der Fall ist, wenn sie sich vor etwas fürchten, gebannt auf das blicken, wovor sie Angst haben und eben losheulen wollen. Und diese unselige Lisawjeta war dermaßen einfältig und ein für allemal verprügelt und verschreckt, dass sie nicht einmal die Hände hob, ihr Gesicht zu schützen, obgleich das in diesem Augenblick die natürlichste Gebärde gewesen wäre, denn das Beil war unmittelbar über ihrem Gesicht. Sie hob nur kaum merklich ihre linke Hand, die sie frei hatte, aber nicht bis zum Gesicht, und streckte sie langsam vor, ihm entgegen, als wollte sie ihn fortschieben. Der Schlag traf sie mitten auf den Schädel, mit der Schneide, und spaltete sofort den ganzen oberen Teil der Stirn, fast bis zum Scheitel. Sie brach zusammen. Raskolnikow war völlig außer sich, er griff nach dem Bündel, warf es wieder hin und eilte in den Flur.«

Was fällt an diesen zwei Schilderungen auf? Beide Opfer befinden sich in dem Augenblick, als sie ermordet werden, in einem Zustand der totalen Wehrlosigkeit. Dostojewskij veranschaulicht damit das freiheitliche Tun des Täters. Im Augenblick des Mordes befindet sich Raskolnikow im Sog des Bösen um seiner selbst willen und hat alle Theorie der Rechtfertigung vergessen. Mordlust erfasst ihn. Und deswegen gibt es bei Dostojewskij keine mildernden Umstände. Was die Opfer betrifft, so werden beide von Raskolnikow in einer für sie typischen Situation ihres Alltags fixiert: die Wucherin will gerade ein »Pfand« auswickeln, und Lisawjeta hat ein Bündel Wäsche unter dem linken Arm.

Auch in den anderen Romanen Dostojewskijs befinden sich die Opfer in der gleichen Situation wie in »Schuld und Sühne«. Man denke nur an Fjodor Karamasow, der aus dem hellen Fenster erwartungsvoll in den dunklen Garten blickt, wo er Gruschenka vermutet, als ihm von Smerdjakow hinterrücks mit einem gusseisernen Briefbeschwerer der Schädel eingeschlagen wird.

Kurzum: Dostojewskij veranschaulicht seine maßgebenden Sachverhalte immer systematisch, und das heißt: im Einklang mit der für seine fünf großen Romane geltenden anthropologischen Prämisse.

Die Systematik Dostojewskijs zu ermitteln und seine veranschaulichte Botschaft begrifflich zu dechiffrieren, lässt zweifellos die Lektüre des Romans »Schuld und Sühne« immer wieder neu zu einem besonderen Abenteuer der Interpretation werden, ganz abgesehen von der durchaus naiven Freude an der Geschichte eines Verbrechens, die uns nach allen Regeln der Kunst zum ungestraften Parteigänger eines Mörders werden lässt. Und doch steht ja das ganze Geschehen im Licht des Mottos, unter das ich meinen Beitrag stellen möchte:

Doch wehe, wehe, wer verstohlen
Des Mordes schwere Tat vollbracht.
Wir heften uns an seine Sohlen,
Das furchtbare Geschlecht der Nacht.

So heißt es in den »Kranichen des Ibykus« von Friedrich Schiller, der ja, wie zu zeigen war, für Dostojewskij eine eigene Kompetenz beanspruchen darf.

Kein anderer Roman Dostojewskijs summiert wie »Schuld und Sühne« die »Folklore« der Kriminalistik. Da ist der Täter, der, vom Tatort magisch angezogen, nach der Tat an den Tatort zurückkehrt – in der Realität und im Traum, ja den Tatort schon vor der Tat auskundschaftet, um sich »dann« erfolgreich zurechtzufinden. Da werden wir mit dem Auftauchen eines Unbekannten bei der Polizei konfrontiert, der sich zur Tat bekennt, obwohl er sie gar nicht begangen hat. Und da ist das lustvolle Interesse des noch anonymen Täters an den Zeitungsberichten über seine Tat, die er mit heimlicher Freude und Sorge zur Kenntnis nimmt.

Der Roman bietet aber auch Entdeckungen an, die in keinem Zusammenhang mit den kriminologischen Sachverhalten stehen. So taucht immer wieder in jeweils verschiedener Formulierung der Hinweis auf: »Wenn sich Raskolnikow später an diesen Augenblick erinnerte, dann stellte sich ihm alles in folgender Weise dar.«

Und »später«, das heißt: in Sibirien. Wenn wir diesen Hinweisen nachgehen, dann sind die sechs Teile des Romans Erinnerungsbilder Raskolnikows in Sibirien. Er blickt zurück auf das, was »damals« in Petersburg während der vierzehn Tage Anfang Juli passiert ist. Es könnten also durchaus noch weitere Erinnerungsbilder hinzukommen, etwa solche, die Raskolnikows Vergangenheit vor Einsetzen der Gegenwartshandlung des Romans betreffen. Der damit beschworene unendliche Kontext, aus dem uns nur ausgewählte Abschnitte referiert werden, macht die Eigenart der epischen Dichtung aus. Dostojewskij hat also seinen Roman als Epos gekennzeichnet, innerhalb dessen die dramatischen Szenen nur Einlagen sind, die nicht als gattungsbestimmend gelten dürfen.

Ich hatte mit dem Hinweis begonnen, dass »Schuld und Sühne« seit 150 Jahren ständig und überall mit Begeisterung gelesen wurde und gelesen wird. Und das ist auch tatsächlich so.

Zum Abschluss aber möchte ich nun auf einen russischen Autor zu sprechen kommen, der von unserem Roman überhaupt nichts hält und ihn nicht nur thematisch sondern auch stilistisch als völlig unbedeutend ablehnt.

Vladimir Nabokov

Es handelt sich um Vladimir Nabokov. Er kann Dostojewskij nicht leiden und äußert sich in seinen »Lectures on Russian Literature« ausführlich über »Crime and Punishment«, weil er den Erfolg dieses Buches nicht leugnen kann und offensichtlich deshalb besonders bösartig vom Leder zieht.

Vorweg einige Daten zu Nabokov. Er wurde 1899 in Petersburg geboren und starb 1977 in der Schweiz, wo er zuletzt in Montreux wohnte und in Lausanne in einem Krankenhaus starb. Seit 1941 lebte er in den USA, wo er als »poet in residence« zunächst bis 1948 am Wellesley College tätig war und dann von 1948 bis 1959 als Professor für Russische Literatur an der Cornell University lehrte. Ab 1959 freier Schriftsteller mit Wohnsitz in Montreux. Stanley Kubricks »Lolita«-Verfilmung (Great Britain 1962) brachte ihm Ruhm und Geld. Seine »Lectures on Russian Literature« erschienen posthum 1981 (London: Weidenfeld and Nicolson), herausgegeben von Fredson Bowers. Es handelt sich um eine sorgfältig dokumentierte Collage von bereits veröffentlichten Texten sowie unveröffentlichten Vorlesungsmanuskripten mit handschriftlichen Zusätzen, entsprechend locker formuliert (Nabokov »live«). Von seinen literaturwissenschaftlichen Monografien hat Nabokov selber herausgebracht: »Nikolai Gogol« (New York: New Directions 1944) und »Eugene Onegin. A Novel in Verse by Aleksandr Pushkin. Translated from the Russian, With a Commentary by Vladimir Nabokov. In four volumes« (New York: Random House, Pantheon Books 1964, Bollingen Series, Bd. 72).

In den »Lectures on Russian Literature« macht sich sein Ärger über »Crime and Punishment« an einem einziges Satz fest, den er zitiert und kommentiert. Der Satz lautet:

> »The candle was flickering out, dimly lighting up in the poverty-stricken room the murderer and the harlot reading together the eternal book.«

Auf Deutsch (in der Übersetzung von Swetlana Geier):

»Der Kerzenstumpf in dem verbogenen Leuchter war schon seit langem heruntergebrannt, und sein letztes trübes Flackern beleuchtete den Mörder und die Hure, die sich in diesem armseligen Zimmer so seltsam über dem Ewigen Buch zusammengefunden hatten.«

Wir befinden uns im vierten Kapitel des Vierten Teils, wo Sonja in ihrem Zimmer Raskolnikow die Lazarus-Geschichte aus dem elften Kapitel des »Johannesevangeliums« vorliest – mit ausführlichen Zitaten mitten im Text. Nabokov ist empört, und macht seine Empörung an dem soeben zitierten Satz fest, der, wie er schreibt, so »blödsinnig ist, dass er in der gesamten Weltliteratur kaum seinesgleichen findet« (»this singular sentence that for sheer stupidity has hardly the equal in world-famous literature«).

»Der Mörder und die Hure lesen das Ewige Buch – welch ein Unsinn. Es fehlt die rhetorische Verknüpfung zwischen einem scheußlichen Mörder und diesem unglücklichen Mädchen. Vorhanden ist nur die konventionelle Fusion von Schauerroman und Empfindsamkeit. Das ist ein billiger literarischer Trick, kein Meisterstück von Pathos und Frömmigkeit.«

»Weder ein echter Künstler, noch ein echter Moralist – weder ein guter Christ, noch ein guter Philosoph – weder ein Dichter, noch ein Soziologe« sollte eine solche Mixtur präsentieren. Auch sei die Motivation für Raskolnikows Verbrechen »verworren« (extremely muddled). Vier engbedruckte DIN A4-Seiten benötigt Nabokov, um seinem Ärger über »Crime and Punishment« Luft zu machen.

Wie sollen wir uns dazu stellen? Was ist Nabokov zu erwidern? Recht besehen, ist nämlich die von Nabokov inkriminierte Fusion von Mörder, Hure und Bibel bei Kerzenschein tatsächlich ein starkes Stück Kitsch. Und dabei auch noch typisch Dostojewskij. Denn drei wesentliche Elemente seiner Poetik kommen hier zum Tragen: Verbrechen, Sexualität und Religion. Zudem wird Raskolnikow auch in dieser Szene als psychosomatisch instabil gekennzeichnet. Also kommt auch noch Krankheit hinzu.

Nabokov verkennt die Funktion der von ihm inkriminierten Szene; oder er will, vielleicht, diese Funktion nicht wahrhaben. Dostojewskij arbeitet in seinen fünf großen Romanen immer wieder ganz gezielt mit Kitsch-Elementen, denn er schreibt ja für den Zeitungsleser, der, halbgebildet und stets am Tagesgeschehen interessiert, begierig auf große Gefühle ist, die unter die Haut gehen. Und Kitsch-Elemente sorgen zweifellos für Eingängigkeit und Akzeptanz, ohne dass dies dem Leser bewusst würde. Man darf nicht vergessen, dass alle fünf großen Romane Dostojewskijs als Fortsetzungsromane in Zeitschriften erschienen sind. Und weil Dostojewskij finanziell nicht so ausgestattet war wie Turgenjew oder Tolstoj, hatte er ganz besonders darauf zu achten, sein Lesepublikum inhaltlich und erzähltechnisch zu fesseln und damit die Verbreitung seiner literarischen Werke zu sichern, was ihm ja ganz offensichtlich gelungen ist.

Dass »Schuld und Sühne« weltweit einen so herausragenden Erfolg hatte, und das bis heute, liegt, wie ich meine, auch daran, und vielleicht sogar insbesondere daran, dass Dostojewskij hier ein ganz bestimmtes Verfahren praktiziert, das den Kitsch-Menschen im Leser freisetzt und zufriedenstellt.

Ich werde dieses Verfahren zunächst abstrakt kennzeichnen und dann zeigen, wie Dostojewskij es in »Schuld und Sühne« anwendet.

E. T. A. Hoffmann

Dostojewskij übernimmt dieses Verfahren von E. T. A. Hoffmann, den er von Jugend an liest und verehrt. Ja, ein amerikanischer Kollege, Charles E. Passage, hat sogar ein ganzes Buch mit dem Titel »Dostoevski, the Adapter: A Study in Dostoevski's Use of The Tales of Hoffmann« publiziert (1954), worin zu fast jeder Szene im Œuvre Dostojewskijs das Vorbild bei E. T. A. Hoffmann ermittelt wird. Natürlich geht Passage dabei zu weit, immerhin aber hat das Werk Dostojewskijs dazu den bedenkenswerten Anlass geliefert.

Das Verfahren, das ich meine, ist das »delegierte Phantasieren«. Ich habe in meinem kleinen Lehrbuch »Lesen und Interpretieren« (2002) dieses Verfahren ausführlich gekennzeichnet. Das »delegierte Phantasieren« besteht darin, dass der Autor eines literarischen Textes eine von ihm erfundene, also fiktive Person, in einer Zwangslage veranschaulicht, aus der sich diese Person durch kohärente Wunschvorstellungen zu befreien sucht. Es geht also um eine imaginäre Lebensbewältigung, zu der die Fakten der objektiven Zwangslage die Bausteine liefern.

Als Musterbeispiel mag in unserem Zusammenhang E. T. A. Hoffmanns Erzählung »Die Marquise de la Pivardiere« dienen, die 1820 erschienen ist.

Hier in aller Kürze der Sachverhalt: Eine junge Frau ist noch im Alter von 28 Jahren unverheiratet, weil sie den Maximen ihres Vaters gehorcht, die sich ganz auf die Vernunft gründen und sich gegen das Gefühl richten. Jetzt, drei Jahre nach dem Tod ihres Vaters, heiratet sie den Marquis de la Pivardiere, einen Mann »von mittelmäßiger Gestalt, trockenem Wesen« und »etwas unbehülflichem Geiste«, der »gleichgültig« ist »gegen das Leben«, weil er es in früherer Zeit vergeudet hat. In den Meinungen und Grundsätzen des Marquis glaubt Franziska (so heißt die nun schon nicht mehr ganz junge Frau) viel Ähnliches mit ihrem Vater zu finden. Franziska führt mit dem Marquis auf dem Rittergut Nerbonne ein »ruhiges, glückliches« Eheleben in völliger Gleichgültigkeit gegeneinander. Sie haben eine Tochter.

Schauplatz der Erzählung ist Frankreich um die Zeit der Eroberungskriege Ludwigs XIV. gegen die Pfalz (1688–1697). Der im Jahre 1688 ausbrechende Krieg veranlasst den Marquis, beim Militär zu dienen. Franziska ist jetzt allein zu Hause.

An dieser Stelle beginnt das »delegierte Phantasieren«. Franziska erkennt in ihrem neuen Beichtvater ihren verschollen geglaubten Verehrer aus der Jugendzeit wieder: Silvain Franziskus Charost, der jetzt ergraut und bleich hinter dem Gitter des Beichtstuhls in ihr wiederum seine Jugendliebe erkennt, deretwegen er Mönch wurde, weil sie ihm durch einen unbemerkten Schachzug ihres Vaters entzogen worden war. Zwischen Franziska und Franziskus entspinnen sich nun unschuldige gesellschaftliche Kontakte. Franziska bringt in Erfahrung, dass ihr Ehemann, der Marquis, in der Ferne seines Soldatenlebens ein anrüchiges Doppelleben führt. Als der Marquis eines Tages für kurze Zeit zu Hause erscheint, um sich Geld zu verschaffen, stellt sie ihn zur Rede und schließt sich danach im Zimmer ihrer neunjährigen Tochter ein. Am nächsten Morgen ist der Marquis verschwunden.

Die Marquise wird des Mordes an ihrem Ehemann angeklagt und ihr Beichtvater der Mithilfe verdächtigt. Vor Gericht beteuern beide ihre Unschuld. Aufgrund von belastenden Aussagen zweier Mägde und des Hausdieners beschließt man jedoch, »zur Tortur zu schreiten.« Da öffnen sich die Türen des Gerichtssaals, und der ermordet geglaubte Marquis de la Pivardiere tritt herein, um die »abscheuliche Klage«, die gegen die Marquise und Charost erhoben worden ist, zu widerlegen. Doch das Gericht glaubt ihm nicht und fordert, er möge seine Identität beweisen. Das bittere, verhöhnende Lächeln der Marquise legt den Verdacht nahe, dass sie das Erscheinen einer Person, die den Marquis de la Pivardiere spielen sollte, »vorher gewusst« habe und nun gespannt war, wie diese Person ihre Rolle spielen würde.

Der Schluss der Erzählung sieht so aus, dass die Identität des Marquis bewiesen und die Anklage gegen die Marquise und ihren Beichtvater fallengelassen wird. Die Marquise geht,»von tiefstem Gram entstellt«, für immer in ein Kloster, und der Marquis findet, nachdem er seinen Kriegsdienst wieder aufgenommen hat, in einem Gefecht mit Schleichhändlern den Tod. Vom Beichtvater Charost ist keine Rede mehr.

Das ist zweifellos ein wildes und wirres Zeug, das E. T. A. Hoffmann uns hier liefert, es sei denn, man durchschaut das Verfahren. Denn erst im Zugriff des »delegierten Phantasierens« erhalten Charaktere und Handlung ihr wahres Profil. Hier phantasiert Franziska als Kitsch-Mensch: eine unglückliche Ehefrau, eingekerkert in einer Vernunftehe. Aus dieser Zwangslage entwirft sie den verbotenen Wunsch ihrer Sehnsucht: Ihr Jugendfreund möge erscheinen, und sie würde zusammen mit ihm ihren ungeliebten Ehemann umbringen, der ja ohnehin ihre Treue nicht verdient hat, weil er in der Ferne ein unzüchtiges Doppelleben führt. Und schon ist er da: der neue Beichtvater, der – wie könnte es anders sein – ihretwegen ein Mönch geworden ist, weil er sich mit keiner anderen Frau einlassen wollte. Mit dem Erscheinen des Beichtvaters wird das Erzählte zur Setzung Franziskas.

Sobald wir dies realisieren, gliedern sich alle Details zum begriffsscharfen Psychogramm eines unglücklichen Bewusstseins, das den verbotenen Wunsch und die Einrede des wachen Gewissens in Charaktere und Handlung umsetzt – mit »Seiner Majestät, dem Ich«, als dem Autor und Regisseur im Zentrum, wie man mit Sigmund Freud sagen könnte. Allerdings hätte Freud darauf bestanden, dass hier, wie er es in seiner Abhandlung »Der Dichter und das Phantasieren« beschrieben hat, der Autor E. T. A. Hoffmann phantasiert, was aber nicht der Fall ist, wenn man das Verfahren des »delegierten Phantasierens« bedenkt.

Man könnte auch sagen: E. T. A. Hoffmann phantasiert im Namen der Marquise de la Pivardiere, die nicht einmal in Gedanken ihren Ehemann wirklich umbringen könnte, ihn deshalb vor Gericht wieder hervorzaubert und selber dann, »von tiefstem Gram entstellt«, für immer ins Kloster geht, wie es ihrem durch und durch narzisstischen Selbstverständnis entspricht. Das lesende Bewusstsein bewegt sich gegenüber einem literarischen Text automatisch auf verschiedenen logischen Ebenen. Das heißt: Auch einem Leser, der das Verfahren des »delegierten Phantasierens« nicht als ein solches wahrnimmt, wird sich der emotionale Appell der entsprechenden Passagen des buchstäblichen Sinns nicht verschließen.

Wenden wir uns nun »Schuld und Sühne« zu – mit der Frage: Wie hat Dostojewskij hier das Verfahren des »delegierten Phantasierens« zur Anwendung gebracht?

Delegiertes Phantasieren in »Schuld und Sühne«

Gehen wir sofort »in medias res«. Wir befinden uns im siebten Kapitel des Ersten Teils, als Raskolnikow kurz vor seiner Tat in seinem engen Zimmer einschläft. Nur zufällig wird er wach: es ist schon sieben Uhr, und er hat es eilig. Denn jetzt wird die Wucherin allein in ihrer Wohnung sein, ohne ihre Schwester. Es folgt die Tat, die in einen Doppelmord mündet.

An dieser Stelle, als Raskolnikow kurz vor seiner Tat in seinem engen Zimmer einschläft, beginnt das »delegierte Phantasieren«. Das heißt: Alles, was nun folgt, der Doppelmord sowie die Teile zwei bis sechs, einschließlich Epilog – wird von Dostojewskij als »Längeres Gedankenspiel« Raskolnikows gestaltet.

Was fällt auf? Raskolnikows enges Zimmer wird zum Mittelpunkt der Welt. Denn hier, in diesem Zimmer, das so klein ist, »dass er den Türhaken öffnen konnte, ohne sein Bett zu verlassen«, empfängt der Mörder nicht nur seinen Freund Rasumichin und den Arzt Sossimow, sondern auch Luschin, den Rechtsanwalt, Sonja, die Prostituierte, Swidrigajlow, den Gutsbesitzer, und auch den Mann, der ihn auf der Straße »Mörder« nennt, ja schließlich sogar den Untersuchungsrichter Porfirij Petrowitsch – von Mutter und Schwester ganz zu schweigen. Sie alle pilgern zu seinem überforderten Ich, vier Treppen hoch, bis ganz nach oben unters Dach. Das ist phantastisch.

Und phantastisch ist auch, dass Swidrigajlow direkt neben Sonja wohnt und Raskolnikows Geständnis in einer leeren Kammer zwischen seiner und Sonjas Wohnung mithört.

All dies kann nur in der narzisstischen Phantasie Raskolnikows zur Wirklichkeit werden, der in Ritualen von Aggression und Zerknirschung exhibitionistisch hin und her pendelt. Die von Nabokov inkriminierte Fusion von Mörder, Hure und Bibel wird in solcher Perspektive zur Selbstinszenierung Raskolnikows: Als frommer Christ liest er zusammen mit einer edlen Prostituierten das Neue Testament. Dostojewskij lässt hier den Kitsch-Menschen zum Dichter werden.

1959 hat Arno Schmidt in seinem Sammelband »Rosen und Porree« die These vertreten, dass alle literarischen Texte »Längere Gedankenspiele« sind: als erkennbare Reaktion auf eine implizite Zwangslage, die ermittelt werden müsse. Als exemplarisch für diesen Sachverhalt benennt Arno Schmidt die Kurzgeschichte »The Secret Life of Walter Mitty« von James Thurber, weil darin dieser Mechanismus offengelegt werde. Und Arno Schmidt gelangt zu der Formel: LG = EI plus EII. Das heißt: im Längeren Gedankenspiel vermischen sich immer objektive Realität (= Erlebnisebene I) und subjektive Realität (= Erlebnisebene II).

Was bedeutet das für Dostojewskijs Roman »Schuld und Sühne«, auf den Arno Schmidt nicht zu sprechen kommt? Es bedeutet, dass sich in Raskolnikows Längerem Gedankenspiel die objektive Situation vor seiner Tat mit ihrem gesamten Personenbestand als den Bausteinen wiederfindet: weiterverarbeitet zu dem, was von Raskolnikow gewünscht und gefürchtet wird. Raskolnikow, so darf man sagen, das ist Walter Mitty in Petersburg.

Das Erstaunlichste aber ist, und damit möchte ich meine Überlegungen abschließen, dass Nabokov seinen Welterfolg »Lolita« in der gleichen Weise als Längeres Gedankenspiel seines Helden inszeniert wie Dostojewskij »Schuld und Sühne«. Warum aber beschimpft Nabokov dann sein Vorbild? Wir wissen es nicht. Was wir aber wissen, weil wir es sehen, das ist Nabokovs Verfahrensweise in seinem Roman »Lolita«.

Delegiertes Phantasieren in »Lolita«

Hier die Geschichte: Ein Literaturprofessor, 40 Jahre alt, macht Urlaub in Neuengland, mietet sich in einer Kleinstadt im Hause einer Witwe mit Tochter eine möblierte Wohnung, um literarisch tätig zu werden. Als er die zwölfjährige Tochter zu sehen bekommt, passiert es: Liebe auf den ersten Blick. Alles, was nun folgt, wird von Nabokov als Gedankenspiel seines Helden angelegt, der in der Ich-Form erzählt: die Welt im Kopf als Photographie seiner Bewusstseinstätigkeit, als Großaufnahme seiner Innerlichkeit. Der Leser als Voyeur intimster Innerlichkeit.

Aus einer objektiven Situation, die soziopsychologisch exakt bezeichnet wird, lässt Nabokov die phantasierte Realität seines Helden hervorgehen. Verbotener Wunsch und Einrede des Gewissens überlagern sich, bilden Interferenzen. Was stellt sich Nabokovs Held vor? Um in der Nähe der Kindfrau zu bleiben, müsste er deren Mutter heiraten. Diese wäre aber auf Dauer nur im Wege. Also lässt er sie sterben und entführt die Kindfrau aus einem Ferienlager. Wohin mit ihr? Er bringt sie in einer Schule unter, die ausgerechnet nach dem Ausbund dekadenter Sinnlichkeit, Aubrey Beardsley, benannt ist. Nun aber setzt die Angst vor einem Rivalen um die Gunst der Kindfrau ein. Und schon ist er da: ein Theaterdichter, der »amerikanische Maeterlinck«! Man sieht: Der Rivale ist der erfolgreiche Doppelgänger des Helden. Gewiss wird er ihm die Kindfrau ausspannen. Und schon ist sie weg. Noch einmal sieht er sie wieder, inzwischen siebzehn und verheiratet, natürlich mit einem Simpel, der ausgerechnet Schiller heißt. Was tun? Da ist noch eine Rechnung offen. Der Rivale lebt noch. Nichts wie hin. Der Held ermordet seinen Doppelgänger. Erschießt ihn bestialisch. Bevor er stirbt, muss der Doppelgänger noch ein Gedicht verlesen, das der Held verfasst hat. Auch hier blüht der Kitsch, und die Handlung wird zum Schauerroman, kombiniert mit Empfindsamkeit. Sogar von einem »Dostojewskijschen Grinsen« (»Dostoevskian grin«) ist die Rede (Teil I, Kap. 17). Die einstige Kindfrau aber haucht ihr Leben im Kindbett aus. Ihr Baby kommt tot zur Welt. Und was wird aus dem Helden? Er müsste als Mörder auf dem elektrischen Stuhl landen. Doch soweit kommt es nicht. Er stirbt in der Untersuchungshaft an »Koronarthrombose«, und das ist Herzeleid. Zuvor aber hat er, als Plädoyer an die Geschworenen (»Gentlemen of the jury!«), seine Geschichte geschrieben: »Lolita or the Confession of a White Widowed Male«. Die Kindfrau hat ihn zum Dichter gemacht. So endet das Gedankenspiel des Helden angesichts der zwölfjährigen Tochter seiner Vermieterin.

»Schuld und Sühne« (1866) und »Lolita« (1955): zweimal ein Welterfolg. Zweimal »delegiertes Phantasieren«. Ob Nabokov bei Dostojewskij gelernt hat und seinen Meister deshalb verleugnet? Wir werden es nie erfahren.

FÜNFTES KAPITEL

Das Dreigestirn des russischen Romans: Turgenjew, Dostojewskij, Tolstoj

Turgenjew hat sechs Romane geschrieben: »Rudin«, »Am Vorabend«, »Das Adelsnest«, »Väter und Söhne«, »Rauch« und »Neuland«. Nur »Väter und Söhne« hat es mit seinem tragischen Helden Jewgenij Basarow zu Weltruhm gebracht und die europäische Nihilismusdiskussion bis heute inspiriert. Henry James rückte »Am Vorabend« an die Spitze und kennzeichnete Turgenjew als den »Dichter für Dichter« (the novelists' novelist). Andere bevorzugen »Das Adelsnest«. Ich selbst votiere für »Rauch«. »Neuland« fand ringsum das geringste Echo. In Deutschland ist es Eduard von Keyserling, der mit seinem Milieu der baltischen Adelsnester Turgenjew fortsetzt, in Österreich ist es Ferdinand von Saar mit »Requiem der Liebe und anderen Novellen«; und in Irland lässt William Trevor mit seinem Roman »Reading Turgenev« das russische Vorbild schon im Titel erkennen. In den USA ist es Owen Wister, der 1902 mit seinem Roman »The Virginian. A Horseman of the Plains« den Westernhelden einflussreich profiliert – und das in explizitem Rückbezug auf Basarow in Turgenjews Roman »Väter und Söhne«, dessen englische Übersetzung zur begeistert kommentierten Lektüre des »Virginian« gehört. Verfilmt wurde »The Virginian« 1914 (Regie: Cecil B. DeMille, Hauptrolle: Dustin Farnum), 1929 (Regie: Victor Fleming, Hauptrolle: Gary Cooper) und 1946 (Regie: Stuart Gilmore, Hauptrolle: Joel McCrea) – ab 1962 erfolgte die Verarbeitung zu einer Fernsehserie, desgleichen 2000, wodurch die klassische Geltung des von Owen Wister geschaffenen Helden in weitesten Kreisen verfestigt wurde. Dass für den »Virginian« Turgenjews Basarow das Vorbild ist, wissen bislang jedoch weder die Turgenjew-Experten noch die Westernspezialisten; und das Schlimmste ist, beide wollen es auch gar nicht wissen. In Russland ist es bezeichnenderweise der Emigrant Iwan Bunin, der sich zu Turgenjew bekennt, dem Aristokraten als Erzähler. Bezeugt nicht nur von Bunins »Das Leben Arsenjews«.

Dostojewskijs Weltruhm beruht in der Hauptsache auf seinen fünf großen Romanen: »Schuld und Sühne«, »Der Idiot«, »Die Dämonen«, »Der Jüngling« und »Die Brüder Karamasow«. Jeder der »großen Fünf« hat seine eigene Wirkungsgeschichte, was den Einfluss von Thematik und Erzählkunst auf andere Schriftsteller betrifft. Ohne »Schuld und Sühne« gäbe es nicht Julien Greens »Leviathan«, ohne den »Idiot« gäbe es nicht Gerhart Hauptmannns »Der Narr in Christo Emmanuel Quint«, ohne »Die Dämonen« gäbe es nicht Heimito von Doderers »Die Dämonen«, ohne den »Jüngling« gäbe es weder Hermann Hesses »Demian« noch Jerome D. Salingers »The Catcher in the Rye«, und ohne »Die Brüder Karamasow« weder Theodore Dreisers »An American Tragedy« noch Richard Wrights »Native Son« noch William Faulkners »The Sound and the Fury«. Und von Dostojewskijs »Großinquisitor« führt eine direkte Spur zum »Wohltäter« in Samjatins antisowjetischer Satire »Wir«. Erzähltechnisch gesehen, bleibt Dostojewskij für all seine Nachfolger das unerreichbare Vorbild, wenn auch er selber in Charles Dickens sein unerreichbares Vorbild gesehen hat. Als Kuriosum sei erwähnt, dass in der Sowjetunion »Die Dämonen« bis 1990 nicht als Einzelausgabe erscheinen durften: Der Marxismus-Leninismus konnte sein prophetisches Spiegelbild nicht ertragen und bekam Angst vor einem Roman. Welchem Schriftsteller gelingt schon solch ein Sieg!

Tolstoj hat insgesamt vier Romane geschrieben: Am Anfang steht die autobiographisch orientierte Romantrilogie »Kindheit«, »Knabenalter«, »Jugend«. Es folgen: sein Hauptwerk »Krieg und Frieden« (in vier Bänden) und »Anna Karenina« (in zwei Bänden) sowie schließlich »Auferstehung«, ein Roman, dessen Labyrinth der Behörden, wie sich nachweisen ließ, zum Vorbild wurde für Franz Kafkas »Schloss«. Ohne »Krieg und Frieden« gäbe es weder »Three Soldiers« von John Dos Passos, noch Ernest Hemingways »For Whom the Bell Tolls« und auch nicht Norman Mailers »The Naked and the Dead«. Mit »Krieg und Frieden« ist Tolstoj das Kunststück gelungen, Walter Flex (»Der Wanderer zwischen beiden Welten«) und Erich Maria Remarque (»Im Westen nichts Neues«) unter einen Hut zu bringen: Begeisterung für den Sieg in der Schlacht und Verachtung des bösen Zaubers des Militärs werden mit der gleichen Überzeugungskraft und Intensität gestaltet. Und doch bleiben die als vorbildlich konzipierten Kinderszenen im Epilog des Romans Tolstojs letztes Wort in Sachen »Krieg« und »Frieden«. Das heißt: Tolstoj nimmt seinen Leser fest an die Hand und lässt ihm keine Wahl.

Weltanschaulich gesehen, wollten alle drei, Turgenjew, Dostojewskij und Tolstoj, nichts voneinander wissen. Turgenjew, dem bekennenden Atheisten und Verehrer Schopenhauers, fiel im Gespräch mit dem missionarischen Christen Dostojewskij nichts mehr ein, grußlos gingen beide auseinander auf dem Bahnhof in Baden-Baden; und an den Kollegen Tolstoj schrieb Turgenjew kurz vor seinem Tod einen beschwörenden Brief, doch endlich zur Literatur zurückzukehren und sein Talent nicht in christlichen Traktaten wie »Meine Beichte« zu verschwenden. Dostojewskij und Tolstoj sind sich niemals persönlich begegnet, haben sich nur einmal von ferne gesehen; und es gibt zwischen ihnen auch keinen Briefwechsel. Dass sie sich inzwischen zu dritt im Jenseits zu einem Gespräch zusammengefunden hätten, ist auszuschließen.

Bei solcher Sachlage verwundert es nicht, dass Dostojewskij in seinem Roman »Die Dämonen« seinen Kollegen Turgenjew in der Gestalt des Schriftstellers Semjon Karmasinow nach allen Regeln seiner Kunst satirisch entkleidet. Der hochgewachsene Turgenjew wird hier zu einem Mann »von kleinem Wuchs, etwa vierzig Jahre alt, mit Stirn- und Scheitelglatze« und einem »kleinen, grauen Bart«, der einem irritierten Publikum seinen unverständlichen Text präsentiert: eine Liebesgeschichte mit Deutschland als Schauplatz. »Irgendeine Nixe piepste im Gebüsch. Gluck spielte plötzlich im Schilf Geige«, so lässt Dostojewskij den Auftritt Karmasinows referieren (Teil III, Kap. 1: Das Fest, Abschnitt 3).

Jenseits dieser Unterscheidungen und internen Abgrenzungen darf aber ohne Übertreibung festgestellt werden: Turgenjew, Dostojewskij und Tolstoj haben dem russischen Roman die klassische Prägung verschafft und damit seine bleibende Präsenz in der Weltliteratur. Das heißt: Jeder von ihnen hat auf seine Weise ein besonderes Verhältnis von Seele und Außenwelt zur höchsten Wirkung gebracht – und das mit einer jeweils typischen Erzähltechnik, wodurch die Leistung des »Dreigestirns« in ihrer Wirkung für jeden Leser wiederholbar hinterlegt wurde: als gezielte Verständlichkeit.

Im 16. Kapitel seines Romans »Rauch« hat Turgenjew seine Einschätzung der »conditio humana« in einem Emblem veranschaulicht. In einem Hotelzimmer in Baden-Baden kommt der Dialog zwischen den heimlichen Liebespartnern Irina Ratmirowa und Grigorij Litwinow auf seinen Gipfel, als Irina sich im Sessel zurücklehnt, ihr Gesicht mit beiden Händen bedeckt und fragt: »Sie ... lieben mich?« – und er antwortet, wobei er sein Gesicht immer mehr abwendet: »Ja ... ja ... ja ...« Der Erzähler aber vermerkt:

> »Im Zimmer wurde es totenstill, ein verirrter Schmetterling flatterte ängstlich umher und quälte sich ab zwischen Vorhang und Fenster.«

Turgenjews Liebesgeschichten kennen kein Happy End, denn die Seele ist ein verirrter Schmetterling zwischen Vorhang und Fenster: angesichts unerreichbarer Freiheit. Das ist die Botschaft des pessimistischen Menschenfreundes Iwan Turgenjew.

Eine völlig andere anthropologische Prämisse liegt den fünf großen Romanen Dostojewskijs zugrunde. Hier ist es der Begriff des »lebendigen Lebens«, der alle Schicksale profiliert, ein Begriff, in dem die Freiheit des Menschen wurzelt: die Freiheit, zwischen Gut und Böse unterscheiden zu können und sich moralisch zu verhalten – gemäß dem Sittengesetz, das sein Fundament im christlichen Glauben hat. Immer wieder führt Dostojewskij seine Gestalten in die Grenzsituation der »Schuld«, aus der sie durch Annahme der Strafe »erlöst« werden können. »Das Leben eines großen Sünders« – so heißt die Geschichte, die uns Dostojewskij unermüdlich in immer neuen Abwandlungen erzählt hat.

Eine wiederum ganz andere anthropologische Prämisse beherrscht die Romane Tolstojs, der als Philosoph der Institutionen die ritualisierten Erfolgsmechanismen der menschlichen Gesellschaft systematisch unter die Lupe nimmt. »Krieg und Frieden« liefert eine ganze Enzyklopädie der Institutionen, die den Menschen zu ihrer Sache machen und ihn von sich selber entfremden. Der Institution des Militärs, die den Einzelnen darauf abrichtet, zu töten (= Krieg), stellt Tolstoj die Institution der Familie entgegen, die in Pflege und Erziehung des Nachwuchses ihr Ziel hat (= Frieden). Tolstojs Hauptwerk, »Krieg und Frieden«, konfrontiert den bösen Zauber des Militärs, das den Helden in der Schlacht zum (romantischen) Ideal hat, mit dem Alltag des Familienlebens in den »Kinderszenen« des Epilogs. Der Roman erweist sich damit als programmatische Streitschrift gegen alle Romantik. Noch die Helden eines Puschkin (Onegin) und eines Lermontow (Petschorin) wollten vom Familienleben nichts wissen. Anna Karenina aber begeht Selbstmord unter einem Güterzug (sic!), als sie einsehen muss, dass ihre außereheliche Liebesbeziehung keine Zukunft hat. Tolstojs Botschaft: Das Nützliche überrollt das Schöne. Und Fürst Nechljudow im Roman »Auferstehung« akzeptiert seine gesellschaftliche Isolation, die er auf sich nimmt, indem er einer Prostituierten nach Sibirien folgt, für deren unverdientes Schicksal er sich zu Recht verantwortlich fühlt: die Utopie der »Auferstehung« findet nicht statt. Die Realität hat ihre eigene Sprache. Jenseits der Familie eröffnet sich das gesellschaftliche Abseits. Man darf nicht vergessen: aufgrund seiner Schilderung eines Gefängnisgottesdienstes im Roman »Auferstehung« ist Tolstoj exkommuniziert worden und gilt seitdem als der »exkommunizierte Prophet«. In Anwendung eines Bibelzitats lässt sich sagen: Tolstoj hatte hier keine bleibende Stadt, sondern die zukünftige suchte er. Die anthropologische Prämisse, die er literarisch gestaltet und damit festgeschrieben hat, war ihm nur eine Bahnstation auf seinem Weg in die offene Zukunft seines ständig vorauseilenden Ungehorsams.

Mit seiner Abhandlung »Was ist Kunst?« hebt Tolstoj die gesamte Weltliteratur (einschließlich seiner eigenen Meisterwerke) aus den Angeln, indem er zu bedenken gibt, dass jedes literarische Kunstwerk einem ganz bestimmten Kunstwollen unterliegt, das auch ganz anders sein könnte, was die belehrende Einschätzung der präsentierten Inhalte betrifft. Solche systematische Relativierung der künstlerischen Produktion findet sich weder bei Turgenjew, noch bei Dostojewskij.

Philosophisch gesehen, wäre hier auf die »Psychologie der Weltanschauungen« (1919) von Karl Jaspers zu verweisen, worin Tolstojs Relativierung ihre hermeneutische Rechtfertigung erhält (ohne dass darin auf Tolstoj Bezug genommen würde). Durch solche Relativierung wird jedoch die Botschaft der einzelnen einander widersprechenden Weltanschauungen nicht entkräftet, sondern im Gegenteil überhaupt erst erkennbar profiliert. Wenn Tolstoj mit seinen Antworten auf die Frage »Was ist Kunst?« gezielt »moralisch« vorgeht, so mindert das nicht im Geringsten das demonstrierte Prinzip seiner Erkenntnis, das auf die freiheitliche Willkür jeder Zuschreibung pocht und davon Gebrauch macht. Es kommt Tolstoj darauf an, dass sich jede Theorie ihres eigenen Probleminfekts bewusst wird, um dann in die immer schon laufende Diskussion einzusteigen, deren Referenzrahmen jede mögliche Position einschließt. Stichwort: Bewusstseinserweiterung.

Grundsätzlich ist nun festzustellen: Die anthropologische Prämisse ist niemals Thema des literarischen Textes. Sie muss vom Leser aus dem Verhalten und den Schicksalen der dargestellten Personen erschlossen werden. Das bedeutet: die Veranschaulichung der anthropologischen Prämisse ist das zentrale Instrument des Autors für die Verständnislenkung, mit der dem Leser ein jeweils ganz spezieller Erlebnisraum plausibel gemacht wird.

Die Leistung unseres »Dreigestirns« besteht darin, die Verständnislenkung perfekt »ins Werk gesetzt« zu haben. Turgenjew, Dostojewskij, Tolstoj: jedes ihrer Werke steht bereit, in »seine Welt« zu entführen, weil es die Bedingung der Möglichkeit dieser Welt nachvollziehbar veranschaulicht hat: und das hier und jetzt – unmittelbar verständlich über die Zeiten hinweg.

Ob »Adelsnest«, »Dämonen« oder »Anna Karenina«, gefordert ist kein gelehrtes Wissen, sondern nur, das natürliche Verstehen nicht durch sachfremde »Theorien« zu behindern. Falsches Wissen ist auch hier schlimmer als Ignoranz, weil es mit wissenschaftlichem Anspruch die Unwahrheit verteidigt. Beispiel: das Deutungsmonopol des Marxismus-Leninismus. Zentrale Aufgabe der Literaturwissenschaft ist es, adäquate Zugänge zum literarischen Text zu eröffnen.

SECHSTES KAPITEL

Das Wort zum Sonntag: Tschernyschewskijs Roman »Was tun?«

Vorbemerkung

Lenin hat immer wieder betont, Tschernyschewskijs Roman »Was tun?« (1863) sei sein Lieblingsbuch. Ja, Lenin selbst veröffentlichte 1902 eine umfangreiche Schrift mit dem Titel »Was tun? Die aktuellen Fragen unserer Bewegung«. Worin aber bestand die Faszination des Romans »Was tun?«

Aus heutiger Sicht, im Wissen um die verschwundene Realität der Sowjetunion, bleibt festzustellen: Tschernyschewskij hat eine Predigt geschrieben, eine Predigt zum Thema »Kommunismus als Religion«. Denn: Tschernyschewskij hat auf seine Weise »Erlösung« angeboten: den »neuen Menschen«, die den neuen Realitäten ihrer Umwelt sachgerecht begegnen wollten.

Es ging ihm um die Akzeptanz des »Kristallpalasts« der Londoner Weltausstellung als Ausdruck gelungener Zivilisation. Das zentrale Bild des »Kristallpalasts« wird in den Roman geschickt eingearbeitet: als »Traum« (Viertes Kapitel, Teil VIII).

»Was tun?«

Sehen wir uns also die Handlung des Romans an, wenn er denn überhaupt eine hat.

Gero von Wilperts Lexikon »Hauptwerke der Weltliteratur in Charakteristiken und Kurzinterpretationen« (Stuttgart 1993, S. 1433) stellt hierzu Folgendes fest:

> »In diesem Werk erhebt sich die radikalste Stimme eines revolutionären Sozialismus im vorsowjetischen Russland. In der sozialistischen Literaturwissenschaft erfreut sich das Werk daher einer fast byzantinischen, kritiklosen Wertschätzung. Die kaum romanhaft zu nennende Fabel ist ein didaktisches Programm, die Helden – vielfach lebenden Gestalten aus Tschernyschewskijs sozialrevolutionärer Umgebung nachgebildet –

praktizieren innerhalb des zaristischen Polizeistaates unbeirrt ihre Ideale: Frauenemanzipation, liberale Sexualität und jenen ›vernünftigen Egoismus‹, den der Verfasser an Feuerbach geschult und entwickelt hat. Für die Zensur (die das Romanpamphlet ohnedies nur irrtümlicherweise passieren ließ) ist das ganze Sujet ›äsopisch‹ verschleiert, d. h. es bedient sich eines parabolischen Ausdruckscodes (Rigorist = Revolutionär). Die Erzählstruktur wird dadurch freilich nicht – wie oft behauptet – ›originell‹, sondern maniriert, wo sie nicht dürftig ist. Übrigens hätte der Autor selbst als strenger Utilitarist im Künstlerischen jede formalistische Betrachtung seines Werks, fiele sie positiv oder negativ aus, schlechthin abgelehnt.«

Wie man sieht, möchte der Schreiber dieser Zeilen Tschernyschewskijs Roman am liebsten nicht einmal mit der Zange anfassen. Und doch entscheidet die Botschaft eines literarischen Textes niemals über dessen künstlerischen Rang. Allerdings konnte Hans-Georg Gadamer feststellen, dass die meisten Leser einem Werk, dessen Inhalt sie schätzen, automatisch auch künstlerische Größe zusprechen, und umgekehrt ganz spontan keine künstlerische Qualität bescheinigen, wo sie die Botschaft ablehnen.

Deshalb bleibt nun zu fragen: Was hat denn der Roman »Was tun?« erzähltechnisch geleistet? Worin besteht hier die Erzählkunst?

Zu Recht wurde immer wieder davon ausgegangen, dass im achten Abschnitt des Vierten Kapitels das erträumte Ziel aller Sehnsucht geschildert wird: der »Kristallpalast«, in dem die Menschheit mit allem, was sie zu ihrem Glück braucht, untergebracht ist. Die handelnden Personen werden durch ihre Nähe oder Ferne zu diesem Ziel und seinem Sog gekennzeichnet, so dass gleichsam kalendarisch ein nicht uninteressantes Panorama der verschiedenen Zugänge erkennbar wird. Zweifellos hat der Roman damit nicht zu leugnende erzähltechnische Qualitäten aufzuweisen.

Schlusswort

Zudem scheint es mir nicht statthaft, Tschernyschewskijs Roman auf dem Hintergrund dessen, was in der Sowjetunion aus dem Sozialismus geworden ist, zu verurteilen und abzutun. Als herausragendes Dokument und Konzentrat vergangener Ideologie verdient der Roman die Aufmerksamkeit nicht nur des Historikers. Wie wir wissen, hat Nikolaj Tschernyschewskij (1828–1889), weil er seine Weltanschauung öffentlich demonstriert hat, die Jahre 1864 bis 1883 im sibirischen Zuchthaus verbracht – wie es der zaristische Polizeistaat für richtig hielt.

SIEBTES KAPITEL

Aspekte des Religiösen:
(I) Von Derschawins »Gott« zu Gogols »Wij«
(II) Von Leskows »Klerisei«
zu Ostrowskijs »Wie der Stahl gehärtet wurde«

Vorbemerkung

William James ist es, der zur Vielfalt der religiösen Erfahrung die klassische Darstellung geliefert hat: »The Varieties of Religious Experience. A Study in Human Nature. Being the Gifford Lectures on Natural Religion Delivered at Edinburgh in 1901–1902«. Heute leicht greifbar: New York: The Modern Library 1999.

Von zentraler Bedeutung ist für William James der Begriff der »Erfahrung« (experience), der auch die Wahrnehmung des Unsichtbaren (Mystizismus) mit einschließt. Immer geht es um die Bedeutung des jeweils »Religiösen« für das Leben des Einzelnen. All diesen Überlegungen liegt eine zutiefst atheistische Position zugrunde, was auch für die »Religionssoziologie« eines Max Weber gilt, der von sich behauptet hat, er sei »religiös« absolut »unmusikalisch«. Als »Pragmatist« ist William James darauf aus, zu ermitteln, was es dem Einzelnen bringt, wenn er sagt und meint »ich glaube«. Und wenn aus dem Glauben Lebensenergie gewonnen wird, dann ist die Sache in Ordnung.

Luther sagt, der Glaube sei »ein Für-wahr-Halten dessen, was man nicht siehet«. Nietzsche sagt, Glauben heißt »Nicht-Wissen-*Wollen*, was wahr ist«. Und Dostojewskij vermerkt, wenn ihm jemand beweisen würde, dass die Wahrheit außerhalb Christi läge, und »wäre es wirklich so, dass die Wahrheit außerhalb Christi läge, ich würde lieber mit Christus bleiben als bei der Wahrheit.« Alle drei sagen ein und dasselbe: Der Glaube hat mit der empirischen Wirklichkeit unserer Außenwelt nichts zu tun. Und deshalb ist William James zuzustimmen, wenn er bedenkt, dass die Religion so viel wert ist, wie sie dem Menschen hilft, das Leben positiv zu ertragen und zu gestalten. Das Phänomen der religiösen Erfahrung überschreitet die Lehren der Konfessionen. Und wenn heute vom »Kommunismus als Religion« die Rede ist, so hat das durchaus seine Berechtigung.

Derschawin

Derschawins Gedicht »Gott« steht fest auf dem Boden der Realität. Gott existiert, und wir Menschen versammeln uns, um ihn zu loben.

> Du, größer als des Weltalls Weiten,
> Du Inbegriff der Allgewalt,
> Du, der du bist von Ewigkeiten,
> Gestaltlos, dreifacher Gestalt!
> Allgegenwärtiger, All-Einer,
> Der erdgebornen Menschen keiner
> Ermisst dich, ursachloser Geist:
> Von dir wird alles Sein durchdrungen,
> Gebaut, erhalten und umschlungen,
> Der du allein der Heil'ge heißt.

> Du bleibst verborgen, unzugänglich,
> Und meines inn'ren Auges Kraft
> Ist, dich zu schauen, unzulänglich,
> Ich ahne dich nur schattenhaft.
> Und doch kann ich dich dadurch preisen,
> In aller Schwachheit Dienst erweisen,
> Dass sich mein Herz im Lob ergießt,
> Dass Geist und Seele zu dir streben,
> Dass sie in deinem Licht verschweben,
> Dass dir des Dankes Träne fließt.

So lauten die erste und die letzte Strophe des Gedichts »Gott«, das aus insgesamt elf Strophen besteht, die das Verhältnis zwischen Mensch und Gott regelrecht »dramatisiert« gestalten. Das reflektierende Ich weiß: »Doch was bin ich vor dir? Ein Nichts!« – so heißt es in der sechsten Strophe. Ohne dieses »Nichts« aber gäbe es Gott nicht. Das ist Derschawins Pointe!

> Und endlich wagt mein Geist zu künden:
> »Ich bin – und also bist auch du!«

Mit diesem Gedanken, der in der siebten Strophe ausgesprochen wird, erweist sich Derschawins Gedicht als eine Ballade, die die Angewiesenheit Gottes auf den Menschen erzählt: ein Paradoxon, das im menschlichen Streben nach Erkenntnis seine Wahrheit hat.

Eine völlig andere Haltung zur Religion demonstriert Gogols Erzählung »Der Wij«.

Der Wij

Mit seiner Erzählung »Der Wij« (40 Seiten) liefert uns Gogol eine Gespenstergeschichte höchsten Ranges, die ihren zentralen Schauplatz, der Textsorte gemäß, in einer Kirche hat. Choma Brut, Schüler eines Priesterseminars aus der Klasse der »Philosophen«, wird von einem Kosakenhauptmann, dessen junge Tochter soeben gestorben ist, dazu abkommandiert, drei Nächte hintereinander am Sarge der Tochter die Totenwache zu übernehmen: in der Kirche. Dort kommt es zu unerklärbaren und unheimlichen Vorfällen: Die Tochter verlässt ihren Sarg und sucht als grüne Leiche mit toten Augen Kontakt zu Choma Brut, der jedoch einen imaginären Bannkreis um sich gezogen hat und Beschwörungen murmelt, wodurch die tote Tochter davon abgehalten wird, zu ihm vorzudringen, und wieder in ihrem Sarg verschwindet. In der dritten Nacht erscheint der Wij:

> »Mitten in der Stille sprang mit einemmal krachend der Sargdeckel auf, und die Tote erhob sich. Sie war noch entsetzlicher als das erste Mal. Ihre Zähne schlugen aufeinander, ihre Lippen waren wie im Fieber verkrampft, und wild aufheulend rief sie Beschwörungen. Ein Sturmwind erhob sich in der Kirche, die Heiligenbilder stürzten zu Boden, die zerbrochenen Fensterscheiben fielen von oben herab. Die Türflügel wurden aus den Angeln gerissen, und eine unübersehbare Schar von Ungeheuern kam in das Gotteshaus geflogen. Das entsetzliche Geräusch der Flügel und der scharrenden Krallen erfüllte die ganze Kirche. Alles flog und stürzte heran und suchte nach dem Philosophen.
>
> ›Führt den Wij herbei! Holt den Wij hierher!‹ ließ sich die Tote vernehmen. Und mit einemmal trat Stille ein. Von weitem ließ sich Wolfsgeheul hören, und bald wurden schwere Schritte laut, die durch die Kirche stapften. Auf die Seite schielend sah der Philosoph, wie man einen untersetzten, stämmigen, krummbeinigen Mann hereinführte. Er war über und über mit schwarzer Erde bedeckt. Wie knorrige, starke, noch mit Erde bedeckte Baumwurzeln liefen seine Arme und Beine vom Rumpfe weg. Mit schweren Schritten, stolpernd, stapfte er dahin. Seine langen Augenlider reichten bis zum Boden.
>
> Mit Entsetzen bemerkte Choma, dass das Gesicht aus Eisen war. Man führte ihn an der Hand und ließ ihn gerade dort stehen, wo Choma stand.
>
> ›Hebt mir die Augenlider – ich sehe nichts‹, sagte das Ungeheuer mit unterirdischer Stimme – und die ganz Schar stürzte herbei, um seine Augenlider zu heben.

>Blick nicht hin<, flüsterte eine innere Stimme dem Philosophen zu. Doch er hielt es nicht aus und blickte hin.
>Da ist er!< rief der Wij und streckte seinen eisernen Finger aus. Und allesamt stürzten sich auf den Philosophen. Besinnungslos brach er zusammen und gab vor Schrecken seinen Geist auf.«

Wir haben es hier mit einem Alptraum zu tun, einem Alptraum, von dem Choma Brut heimgesucht wird, weil er im christlichen Gehäuse seines Studiums im Priesterseminar alle Anfechtungen des Unerlaubten erfolgreich verdrängt. Zentrum des Unerlaubten aber ist neben dem Alkoholismus die Sexualität, das heißt: jede Beziehung zum weiblichen Geschlecht. Im Alptraum des Choma Brut, den uns die Erzählung »Der Wij« im Detail vor Augen bringt, bricht sich das Verdrängte vehement Bahn: in jeder Schenke wartet der Alkohol, in jeder Frau wittert er die mögliche Geliebte. Seine Wahrnehmung ist durchsetzt vom Unerlaubten. Sogar das junge Mädchen verlässt den Sarg, um sich Choma Brut eindeutig nähern zu können und ihn zu fangen, der sich in seine Beschwörungen zurückzieht. Eine alte Frau zwingt ihn, sie auf seinem Rücken zu transportieren, woraufhin er sie zwingt, ihn auf ihrem Rücken zu transportieren. Sie wird ihm dabei zur »Hexe« und ist plötzlich ein »wunderschönes Mädchen mit einer üppigen Haarflechte und langen dichten Wimpern«. In einem Dorf jagte man ihn hinaus:

> »Eine blitzsaubere junge Frau versetzte ihm mit der Schaufel einen ordentlichen Schlag über den Rücken, weil er es sich einfallen ließ, zu probieren, aus was für einem Stoff ihr Hemd und ihr Unterrock gemacht seien.«

Schließlich wird er die Geister, die er rief, um alle Konventionen zu zerstören (an der Spitze: der Wij), nicht mehr los, und er stirbt. Solche Selbstinszenierung aber zeigt, dass auch der Alptraum nicht frei ist vom Ruf des Gewissens.

Fazit: Die Religion ist hier ein Hemmschuh für Alkohol und Sex: ein gefundenes Fressen für Sigmund Freud, der sich allerdings, soweit ich sehe, mit dem »Wij« nicht beschäftigt hat.

Nachbemerkung: Gogol stellte seiner Erzählung die folgende Anmerkung voran: »Der Wij ist eine kolossale Schöpfung der Einbildungskraft des einfachen Volkes. Mit diesem Namen wird bei den Kleinrussen der Oberste der Gnomen bezeichnet, dessen Augenlider bis zur Erde reichen. Die ganze Erzählung entstammt der Überlieferung des Volkes. Ich wollte daran nicht das geringste ändern und erzähle sie fast ebenso einfach und schlicht, wie ich sie gehört habe.«

In seiner »Russischen Literaturgeschichte des 19. Jahrhunderts« vermerkt Dmitrij Tschižewskij: »Obwohl Gogol in einer Anmerkung versichert, dass die Novelle auf einer ukrainischen Legende beruht, geht der Inhalt in Wirklichkeit durch die Vermittlung einer Ballade Žukovskijs auf eine englische Ballade zurück (Die Hexe von Berkeley). Der Erdgeist ›Vij‹ ist in der ukrainischen Folklore völlig unbekannt.«

Die Klerisei

Wenden wir uns nun Leskows Roman »Die Klerisei« zu, der 1960 überraschenderweise in der »Fischer Bibliothek der hundert Bücher« (= Exempla Classica) erschienen ist, obwohl Leskow (1831–1895) innerhalb der russischen Literatur des 19. Jahrhunderts immer schon und auch heute noch im Schatten seiner Zeitgenossen Turgenjew, Dostojewskij und Tolstoj steht. Das »Nachwort« zu Band 16 der Exempla Classica schrieb Jurij Striedter (damals Konstanz, später Harvard). Darin heißt es:

»Die Vertrautheit Leskows mit seiner Heimat und seinem Volk in ihrer Vielfalt führt bei ihm zu einem Variationsreichtum an volkstümlichen Motiven, Typen und sprachlichen Nuancen wie wohl bei keinem anderen russischen Autor. Gleichzeitig gelangte bei ihm in einer Zeit, als in der russischen Prosabelletristik eindeutig die Gesellschaftsproblematik und die psychologische Analyse dominierten, das eigentlich Erzählerische (das Anekdotenhafte, die kunstvolle Stilisierung der Erzählweise) zu einer überraschenden und bis dahin unerreichten Entfaltung.

Leskow nennt die ›Klerisei‹ ausdrücklich eine ›Romanchronik‹ und gibt in ihr ein lebendiges Bild der russischen Provinzstadt mit ihren Sorgen und Vergnügungen, ihrer über allem lastenden Langeweile und ihren unterschiedlichen Typen. Die Polemik gegen die ›Nihilisten‹, die für Leskows frühe Romane kennzeichnend war, spielt noch immer eine beträchtliche Rolle, tritt aber zurück hinter der detaillierten Darstellung der Provinzgeistlichkeit, die hier zum erstenmal in der russischen Literatur Thema eines Romans wird und gleichzeitig die Reihe der zahlreichen Erzählungen Leskows über die orthodoxe Kirche, die russischen Sektierer, den russischen Glauben und Aberglauben einleitet.«

Wie der Stahl gehärtet wurde

Nikolaj Ostrowskijs Roman ist das schönste Beispiel dafür, dass und wie der Kommunismus zur Religion werden kann. Das Buch zu diesem Begriff hat

Michail Ryklin geschrieben: »Kommunismus als Religion. Die Intellektuellen und die Oktoberrevolution« (dt. Ausgabe 2008). Ostrowskijs Roman kommt in diesem Buch allerdings nicht vor.

Fragen wir also: Was wird in diesem Roman geschildert? Zuerst erschienen in der Zeitschrift »Molodaja Gvardija« von 1932 bis 1934, überarbeitete Erstausgabe Moskau 1935, gestaltet der Roman im Schicksal seines Helden Pawel Kortschagin dichterisch überhöht das Schicksal seines Autors Nikolaj Ostrowskij (1904–1936), der als Freiwilliger der Roten Armee im Kampf mit den Truppen der »Entente« 1920 schwer verwundet wurde und ab 1927, gelähmt ans Bett gefesselt und auf dem rechten Auge erblindet, zum Vorbild gelebter Hingabe an die Sache des Kommunismus wurde.

Gleb Struve verschafft in seiner »Geschichte der Sowjetliteratur« der Entstehung eines quasi-religiösen Kults der Verehrung die höchste Anschaulichkeit:

»Ein Sonderplatz gebührt ›Wie der Stahl gehärtet wurde‹ (1935) von Nikolaj Aleksejewitsch Ostrowskij (1904–1936). Wie Furmanows ›Tschapajew‹ und Serafimowitschs ›Eiserner Strom‹ gilt der Roman als klassisches Werk der Sowjetliteratur. Er ist, obwohl nicht in der ersten Person erzählt, eine Autobiographie und zeigt die Entwicklung und das Wachsen eines jungen Kommunisten aus dem Arbeiterstand, seine Kindheit, seine Rolle im Bürgerkrieg und seinen Beitrag zu den Anstrengungen des Wiederaufbaus. Der Held, Pawel Kortschagin, die Verkörperung des echten Kommunismus und revolutionären Heldentums, wurde – wenn man sowjetischen Quellen glauben darf – eine der populärsten Gestalten der sowjetischen Romanliteratur. Das Element des sozialistischen ›Elans‹, das als unentbehrlicher Bestandteil des sozialistischen Realismus angesehen wurde, spielte in Ostrowskijs ›Roman‹, in dem der Einfluß Gorkijs klar erkennbar ist, eine bedeutende Rolle. Der Erfolg des Romans war zum Teil auf das persönliche Schicksal des Autors zurückzuführen. Blind und bettlägerig in den letzten Jahren seines Lebens, kämpfte er heldenhaft gegen diese Leiden, diktierte seinen Roman, nahm großen Anteil am Leben und empfing Besuche. In Sotschi, dem kaukasischen Kurort, wo er lebte, wurde er fast zu einer Institution und zum Ziel frommer Wallfahrten. Inwieweit die im ganzen Volk verbreitete Popularität Ostrowskijs spontan war und welche Rolle dabei der absichtlich geschaffene Mythos spielte, ist schwer zu sagen.«

ACHTES KAPITEL

Drei Erzählzyklen: Puschkins »Geschichten des verstorbenen Iwan Petrowitsch Belkin«, Turgenjews »Aufzeichnungen eines Jägers« und Babels »Reiterarmee«

Jede Nationalliteratur hat ihre Erzählzyklen, mit denen sie innerhalb des eigenen Kulturraums wie auch außerhalb auf besondere Weise präsent ist, und das über die Zeiten hinweg.

Man denke nur an den Zyklus »Tausendundeine Nacht«, dessen endgültige Gestalt erst im 14. Jahrhundert in Ägypten entstanden ist. Die Erzählerin Scheherasade ist die Hauptperson des Rahmens, der das Ganze zusammenhält. Sie fasziniert den König Scherijar tausendundeine Nacht lang durch immer neue Märchen, Abenteuergeschichten und Fabeln, so dass er sie am Ende nicht hinrichten lässt und von seinem Frauenhass, ausgelöst von seiner ungetreuen Gefährtin, die er töten ließ, geheilt ist. Scheherasade gilt heute als die erste »Bibliotherapeutin«. In einer »Suite für großes Orchester« (op. 35, 1888) lässt Nikolaj Rimskij-Korsakow die Geschichten der »Scheherasade« sinfonisch zu Wort kommen (vom Komponisten auch für Klavier zu vier Händen übertragen). »Die Erzählungen aus den tausendundein Nächten« liegen uns heute vor als »vollständige deutsche Ausgabe in sechs Bänden zum ersten Mal nach dem arabischen Urtext der Calcuttaer Ausgabe aus dem Jahre 1839 übertragen von Enno Littmann« (Frankfurt am Main: Insel Verlag 1988).

Des weiteren sei an den »Decamerone« des Giovanni Boccaccio erinnert, an »L'Heptameron des nouvelles« der Marguerite de Navarre und an die »Novelas Ejemplares« des Miguel de Cervantes.

Im deutschen Sprachraum liefert uns das 19. Jahrhundert eine Fülle von Erzählzyklen. Da sind die »Fantasiestücke in Callots Manier. Blätter aus dem Tagebuche eines reisenden Enthusiasten« von E. T. A. Hoffmann sowie dessen »Serapions-Brüder«. Wilhelm Hauff veröffentlicht »Die Karawane«, »Der Scheik von Alexandria und seine Sklaven« und »Das Wirtshaus im Spessart«, Berthold Auerbach »Schwarzwälder Dorfgeschichten« und Gottfried Keller »Die Leute von Seldwyla« und »Das Sinngedicht«. Das 20. Jahrhundert beschert uns Bert Brechts »Geschichten von Herrn Keuner« und »Mein Jahrhundert« von Günter Grass.

Die englische Literatur ist mit den »Canterbury Tales« des Geoffrey Chaucer präsent – und die amerikanische Literatur mit Nathaniel Hawthornes »Twice Told Tales« und Herman Melvilles »Piazza Tales« sowie mit Sherwood Andersons »Winesburg, Ohio«. Die »Nick Adams Stories« von Ernest Hemingway werden posthum zu einer autobiographischen Chronik arrangiert, während James A. Micheners »Tales of the South Pacific« von der Exotik eines fernen Kriegsschauplatzes zusammengehalten werden. Auch Jean-Paul Sartres »Le Mur« ist in unserem Kontext zu nennen. Nicht zu vergessen Ovids »Metamorphosen« als ein für immer aktuelles Exempel der römischen Literatur.

In der russischen Literatur stehen als Prosazyklen Puschkins »Geschichten des verstorbenen Iwan Petrowitsch Belkin«, Turgenjews »Aufzeichnungen eine Jägers« und Babels »Reiterarmee« an der Spitze.

Immer geht es um mehr oder weniger kurze epische Einheiten (der Ausdruck »Kurzgeschichte« ist späteren Datums), die von einem Rahmen zusammengehalten werden. Dieser Rahmen kann jeweils einen völlig anderen Charakter haben, ja auch nur im Titel des Ganzen zu Wort kommen – wie etwa in den »Novelas Ejemplares«, wo der Titel den gesellschaftspädagogischen Appell programmiert, oder in »Le Mur«, wo der Titel den Grenzort zwischen Freiheit und Tod für alle fünf Erzählungen allegorisch kennzeichnet.

Puschkins »Geschichten Belkins« bestehen aus fünf Texten sowie dem Kommentar eines Herausgebers, der uns den Brief eines engen Freundes des Verstorbenen ungekürzt präsentiert, worin Belkin ausführlich gekennzeichnet wird. Dieses Vorwort des Herausgebers, als der hier Puschkin selbst vor uns hintritt, um seiner Dichtung die Aura des Tatsächlichen zu sichern, ist bereits ein Kunstwerk eigener Art.

Und wir erfahren: Die fünf »Geschichten« (russ.: povesti) stammen nicht von Belkin selbst, sie sind ihm erzählt worden, und er hat sie aufgeschrieben, weil sie ihm so gut gefallen haben.

Dostojewskij meinte später, das Wichtigste in den »Geschichten Belkins« sei immer Belkin selbst. Wie ist das zu verstehen, wenn Iwan Belkin doch gar nicht als der Verfasser dieser Geschichten zu gelten hat?

Dostojewskijs Bemerkung führt ins Zentrum der poetologischen Absicht Puschkins. Belkins Vorliebe für die Geschichten, die er sammelt, ist die Vorliebe des »Kitsch-Menschen« für heikle und gefühlsbetonte Situationen im Leben und in der Kunst.

Ja, Puschkin demonstriert mit den »Geschichten Belkins« die Einsicht, dass jede auf uns selbst bezogene Phantasietätigkeit den »Kitsch-Menschen« in uns freisetzt, seine »Majestät, das Ich«, wie Sigmund Freud gesagt hat, das »Ich«, das allerdings, vom »Über-Ich« gegängelt und vom »Es« zu Untaten verführt, immer nur zu leiden hat. Und deshalb begegnen uns in den »Geschichten des verstorbenen Iwan Petrowitsch Belkin« verbotener Wunsch und Gewissensangst in den sonderbarsten Kombinationen. All diese Geschichten haben die Struktur von Träumen, sind sprunghaft wie die Gedankenspiele unserer Innerlichkeit in Reaktion auf eine unerwünschte Außenwelt.

Doch nur die dritte dieser Geschichten, »Der Sargschreiner«, lässt dies explizit werden: denn dieser Sargschreiner träumt tatsächlich, dass ihn seine Toten besuchen und ihn zur Rede stellen, weil er ihnen für teures Geld billige Särge verkauft hat, die gar nicht, wie ausgemacht, aus Eichenholz sind. Ein Albtraum aus Tagesresten des Alltags eines Sargschreiners. Im Resultat eine Mischung aus Gewinnsucht und dem Gewissen eines ehrlichen Handwerkers. Hier ist klar, wer träumt und warum gerade dies geträumt wird. Und auch der Träumende weiß, warum er dies geträumt hat. Die vier anderen Hauptgestalten in Belkins Geschichten wissen nicht, dass sie träumen, denn ihr Bewusstsein wird beim Träumen von Puschkin »photographiert«, und dabei bleibt es. Sie werden nicht wach; und wir, die Leser, sind die »Voyeure« ihrer Traumwelten, aus denen uns ihre Lebenswelt anblickt.

Dem »Sargschreiner« vorgeschaltet ist »Der Schneesturm« und nachgestellt »Der Postmeister«. Im »Schneesturm« erträumt sich ein junges Mädchen den unbekannten richtigen Ehemann, den sie an Stelle des falschen, der ihr von den Eltern zugewiesen wird, heiraten möchte. Ihr Traumspiel ist Wunschwelt: Der Schneesturm, Russlands geläufige Realität, wird den »richtigen« zu ihr und den »falschen« in die Irre führen, so dass er gar nicht zur Trauung erscheinen kann. Was mit ihr geschieht, als sie aufwacht, erfahren wir nicht. Im »Postmeister« ist die Titelfigur das träumende Ich. Erträumt wird das positive Schicksal der Tochter – und sei es auch nach seinem Tod. Ein Vater fürchtet die Hochzeit seiner Tochter: es könnte der Falsche sein; und so malt er sich ein Happy End aus, das seine Befürchtungen widerlegt, und sei es auch erst nach seinem Tod. Beidemal, im »Schneesturm« und im »Postmeister«, ist das Geschehen auf geradezu fantastische Weise sentimental. Es träumt jeweils der »Kitsch-Mensch«: im jungen Mädchen und im alten Vater.

Auf andere Weise sentimental sind die Fügungen der ersten und der letzten der »Geschichten Belkins«: im »Schuss« und im »Fräulein als Bäuerin«. Beidemal gelangt die gnadenlose Realität auch im Gedankenspiel zur Herrschaft, so dass die Unmöglichkeit des Glücks beschworen wird: in grimmiger Bejahung des Unausweichlichen.

Mit den fünf »Geschichten des verstorbenen Iwan Petrowitsch Belkin« demonstriert Puschkin die Grundformen der Wirklichkeitsbewältigung: romantische Flucht (Schneesturm, Postmeister), realistische Anerkennung (Schuss, Fräulein als Bäuerin) und kommentarlosen Stoizismus (Sargschreiner). Antriebskraft ist in allen fünf Fällen die aus der Lebenswirklichkeit aufsteigende Angst, die jede feste Orientierung ausschaltet oder zumindest gefährdet. Iwan Belkin aber, der diese Geschichten ja gesammelt hat, erfreut sich ganz auf seine Weise an der Turbulenz der Ereignisse, womit Puschkin nicht zuletzt seiner naiven Leserschaft, die sich bis auf den heutigen Tag überall und immer wieder einfindet, ein künstlerisches Denkmal gesetzt hat. Er kann auf sie nicht verzichten und versorgt sie mit dem, was sie erfreut, derart gekonnt, dass auch der reflektierende Leser seine verlorene Naivität zurückgewinnt und bereitwillig zum »Kitsch-Menschen« wird.

Völlig anders liegen die Dinge in Turgenjews »Aufzeichnungen eines Jägers«, die aus insgesamt 25 Erzählungen bestehen. Nicht nur fehlt hier die Einleitung eines Herausgebers, der uns den »Jäger« schildern würde. Dieser Jäger ist nur mit dem präsent, was er erzählt. Und er erzählt in der Ich-Form. Das heißt: Turgenjew erschafft die Fiktion eines Tatsachenberichts. Schauplatz ist die russische Provinz in Orjol, in der unser Jäger unterwegs ist, oft zu Fuß mit seinem Hunde. Ein Schauplatz, der, wie Turgenjew wusste, auch dem russischen Publikum nicht geläufig war. Deshalb wird alles, was der Jäger schildert, auf spezielle Weise erläutert, denn es geht um die Erlebniswelt des einfachen Menschen: um Gutsbesitzer, deren Gesinde und die leibeigenen Bauern. An die Stelle der Innerlichkeit, die in Puschkins »Geschichten des verstorbenen Iwan Petrowitsch Belkin« den allgemeinverständlichen Referenzrahmen bildete, ist nun eine Außenwelt getreten, die ihre kommentarbedürftigen Eigenheiten hat, was die »Natur« betrifft, mit ihren Wäldern, Flüssen und Tieren, sowie die »Menschen«, die sich in ihr einrichten. Die Aufmerksamkeit des Lesers wird also hier ganz anders ausgerichtet als in Puschkins »Geschichten Belkins«, wo es zentral immer um das Psychogramm des Träumenden geht, dessen Gedankenspiel uns vom Autor vor Augen geführt wird.

Mit gutem Grund hat Henry James Turgenjews »Aufzeichnungen eines Jägers« mit Harriet Beecher Stowes »Uncle Tom's Cabin« verglichen. Die Amerikanerin rückte mit ihren Schilderungen das Schicksal der schwarzen Sklaven in den Südstaaten der USA ins Licht der Öffentlichkeit, während Turgenjew die strukturelle Gewalt analysierte, der sich in Russland die Leibeigenen ausgesetzt sahen.

Turgenjews »Jäger«, das ist der Dichter, der auf seiner Pirsch den unbewachten Augenblick »eräugt« wie der Jäger das Wild. Und die Beute, das sind die »Aufzeichnungen«: für uns, die Leser, hier und jetzt. Der Referenzrahmen der strukturellen Gewalt lässt auch scheinbar Harmloses zur kritischen Botschaft werden.

Man denke nur an die Erzählung »Das Stelldichein«. Die ersten Sätze lauten: »Im Herbst, um die Mitte des September, saß ich einmal in einem Birkenwäldchen. Seit dem frühen Morgen fiel ein feiner Regen, der zeitweilig mit warmem Sonnenschein abwechselte; das Wetter war unbeständig. Bald überzog sich der Himmel mit lockerem weißen Gewölk, bald klärte er sich plötzlich stellenweise für einen Augenblick auf, und dann zeigte sich zwischen den auseinander geschobenen Wolken das klare heitere Blau wie ein herrliches Auge. Ich saß da, blickte um mich und lauschte.« Es liegt auf der Hand, dass Turgenjew mit solcher Naturschilderung eine Allegorie des In-der-Welt-Seins entwirft. Der Jäger schläft ein: »Ich kann nicht sagen, wie lange ich geschlafen hatte, aber als ich die Augen aufschlug, war das Innere des Waldes ganz von Sonne erfüllt. (...) Ich wollte schon aufstehen und von neuem mein Jagdglück versuchen, als meine Augen plötzlich an einer reglosen menschlichen Gestalt hängenblieben. Ich sah genauer hin. Es war ein junges Bauernmädchen. Sie saß zwanzig Schritte von mir entfernt, hatte den Kopf sinnend gebeugt und beide Hände in den Schoß sinken lassen.« Ein junger Mann taucht auf, mit eiligen festen Schritten. Das Mädchen errötet, lächelt froh und glücklich. Er bleibt neben ihr stehen. »Neugierig beobachtete ich ihn aus meinem Hinterhalt. Ich muss gestehen, er machte auf mich keinen guten Eindruck. Er war allen Anzeichen nach der verwöhnte Kammerdiener eines jungen reichen Gutsbesitzers. Seine Kleidung verriet die Absicht, Geschmack und eine stutzerhafte Nachlässigkeit zu zeigen.«

Der Jäger belauscht, unbemerkt, das Gespräch der beiden. Die Erzählung endet mit dem Satz: »Ich war nach Hause zurückgekehrt, aber das Bild der armen Akulina ging mir lange nicht aus dem Sinn, und ihre Kornblumen, die schon längst verwelkt sind, bewahre ich noch heute.«

Das ist so schön und so traurig, dass es nur von Turgenjew sein kann. Was aber ist vorgefallen? Der Jäger wird in seinem Versteck zum Zeugen eines brutalen Abschieds: Das »Stelldichein« liefert einem eitlen Kammerdiener die Gelegenheit, sich mit gezielten Kränkungen von seiner jungen und hübschen Geliebten zu trennen, weil er eine Verbindung mit ihr nicht für standesgemäß hält und er sich alsbald in Petersburg eine angemessene Ehefrau suchen wird. Das ist paradox. Turgenjew stellt damit die strukturelle Gewalt als einen Infekt dar, der die Umwelt vergiftet: Der Diener hat sich, in ständiger Nähe seines Herrn, dessen Gesinnung zueigen gemacht, wird damit seiner eigenen Klasse untreu. Karl Marx hätte seine Freude an dieser Erzählung gehabt, denn Turgenjew veranschaulicht hier im Verhalten des Kammerdieners den Begriff des »falschen Bewusstseins«: Wer aufsteigt, darf nicht die Maximen derer übernehmen, die diesen Aufstieg verhindern wollten.

Der Dialog zwischen Kammerdiener und Bäuerin sei nun näher betrachtet. Turgenjew liefert hier auf engstem Raum ein psychologisches und soziologisches Meisterstück, ganz zu schweigen von der künstlerischen Bewältigung, bei der auch die auf ihre Weise teilnahmslose Natur mit einbezogen wird. Dem Jäger sind beide Personen unbekannt. Er muss ihre Situation und ihren Charakter aus dem erschließen, was sie sagen. Und so erfahren auch wir, die Leser, dass das Mädchen Akulina heißt und der junge Mann Wiktor Andrejewitsch. Kleidung, Physiognomie und geäußerte Emotionen sind die Grundlage der Kennzeichnung.

Akulina weint schließlich, weil Wiktor sie ablehnt: »Was willst du denn? Ich kann dich doch nicht heiraten? Das kann ich doch nicht.« Und Akulina fragt: »Und was soll denn aus mir werden?, Was wird mit mir armem Wesen geschehen? Einem Mann, den ich nicht liebe, wird man mich Verlassene geben. Ich armes Geschöpf!« Ihre Schwangerschaft wird von ihr nur angedeutet, aber nicht ausgesprochen. Wiktor steht eine Zeitlang vor ihr, zuckt die Achseln, dreht sich um und geht mit großen Schritten davon.

Zu Wiktors Kleidung und Physiognomie erfahren wir Folgendes:

> »Er trug einen kurzen, bis oben zugeknöpften Paletot, der sicherlich einst im Schrank des Gutsherrn gehangen hatte, eine rosa Halsbinde mit lila Enden und eine Schirmmütze aus schwarzem Samt mit goldenen Litzen, die tief in die Stirn gezogen war. Der runde Kragen seines weißen Hemdes rieb ihm unbarmherzig die Ohren und schnitt ihm in die Backen, und die gestärkten Manschetten bedeckten die ganze Hand bis zu den roten, krummen Fingern, an denen silberne und goldene Ringe mit Vergissmeinnichtblüten aus Türkisen prangten.«

Erborgt, wie seine Kleidung, ist auch sein Gesichtsausdruck:

> »Sein rotbäckiges, frisches und freches Gedicht gehörte zu den Gesichtern, die, soviel ich habe beobachten können, bei Männern immer Widerwillen hervorrufen und den Frauen leider sehr oft gefallen. Er bemühte sich offensichtlich, seinen groben Zügen einen verächtlichen und gelangweilten Ausdruck zu geben; fortwährend kniff er seine ohnehin winzigen, milchig-grauen Augen zusammen, runzelte die Stirn, zog beide Mundwinkel herab und gähnte gezwungen; mit achtloser, jedoch nicht ganz gekonnter Lässigkeit glättete er seine rotblonden, eitel geringelten Schläfenhaare oder zupfte an den gelben Härchen, die auf seiner dicken Oberlippe

sprossen – kurz, er benahm sich unerträglich albern und affektiert, und zwar erst, seitdem er das junge Bauernmädchen erblickt hatte, das ihn erwartete.«

Das dann folgenden Gespräch hat seine sprechende Eigenart darin, dass er sie duzt, sie ihn aber siezt. Über sie aber stellt der Jäger fest, noch bevor der junge Mann eingetroffen ist:

»Das saubere weiße Hemd, das am Hals und an den Handgelenken zugeknöpft war, schmiegte sich in kurzen, weichen Falten um ihren Körper. Große gelbe Glasperlen hingen in zwei Schnüren von ihrem Hals auf die Brust hinab. Sie war sehr hübsch. Ihr dichtes helles Haar, das von wunderschöner aschblonder Farbe war, trat in zwei sorgfältig gekämmten Halbkreisen unter einem schmalen hellroten Band hervor, das fast bis in die Stirn gezogen war, die weiß war wie Elfenbein. Der übrige Teil ihres Gesichtes wies jene ganz leichte goldene Sonnenbräune auf, die nur eine zarte Haut annimmt. Ihre Augen konnte ich nicht sehen – sie hob die Lider nicht, aber deutlich sah ich ihre schmalen hohen Brauen, ihre langen Wimpern. Sie waren feucht, und auf einer ihrer Wangen glänzte in der Sonne die ausgetrocknete Spur einer Träne, die erst an den leicht erblassten Lippen haltgemacht hatte. Ihr ganzes Köpfchen sah lieblich aus, selbst die etwas zu dicke und runde Nase verdarb den Eindruck nicht. Besonders gefiel mir der Ausdruck ihres Gesichtes: Er war so offen und sanft, so traurig und so voll kindlicher Ratlosigkeit der eigenen Traurigkeit gegenüber. Offenbar erwartete sie jemanden.«

Wie Turgenjews Kennzeichnungen Wiktors und Akulinas verdeutlichen, werden Sprache, Kleidung, Gesicht und Emotionen des Individuums durch dessen Ort innerhalb der Gesellschaft realistisch koordiniert. Das Bauernmädchen Akulina bekennt sich offen und ehrlich zu dem, was sie tatsächlich ist – und versinkt in Traurigkeit. Wiktor erborgt sich eine fremde soziale Identität und gerät dadurch in die Selbstentfremdung. Turgenjews »Aufzeichnungen eines Jägers« erfordern, um adäquat verstanden zu werden, die Einspurung des Lesers in den Referenzrahmen der strukturellen Gewalt, wie sie gegenüber den Leibeigenen regelrecht in der Luft liegt. Eine genaue Lektüre der Erzählung »Das Stelldichein« dürfte, was zu beweisen war, diese Einspurung vorbereiten.

Dass Turgenjews Künstlertum in der Darstellung struktureller Gewalt nicht zur Ruhe kommt, liegt auf der Hand. Die Grundlagen der Veranschaulichung liefern in den »Aufzeichnungen eines Jägers« die Natur, die gegenüber allem Menschlichen gleichgültig ist, und die Folklore, die sich einen eigenen und umfassenden Reim auf die bestehende Welt macht. Dies wird zum Beispiel in der Skizze »Die Beshinwiese« greifbar: Der darin von den Knaben beschworene Aberglaube impliziert auch den möglichen Kontext der strukturellen Gewalt. Fazit: Turgenjew befreit seine 25 »Aufzeichnungen« von aller Schematik, lässt aber gleichzeitig den gemeinsamen Referenzrahmen deutlich werden.

In einem wiederum anderen Referenzrahmen bewegt sich Isaak Babels »Reiterarmee«. Hier ist es ein historisches Ereignis, um das sich die insgesamt 35 Erzählungen gruppieren: Budjonnys Polenfeldzug. Zeit: 1920 (Lenin hat gesiegt). Schauplatz: zwischen Novograd-Wolynsk und Zhitomir (siehe Landkarte in: Heftrich / Kaibach 2014, Anhang). Perspektive: Ich-Erzähler Ljutov (Pseudonym Isaak Babels), jüdischer Intellektueller unter Kosaken, die aus Tradition vom Judentum nichts wissen wollen, was bereits Gogols Erzählung »Taras Bulba« dokumentiert hat. Hier nun Budjonnyjs Reiterarmee, beobachtet von einem Augenzeugen in der Aktion – und doch auch damit kein »realistischer« Erlebnisbericht, sondern eine Doku-Fiktion wie Dostojewskijs Sträflingsreport »Aufzeichnungen aus einem Totenhaus«. Jedes Detail wird zur Metapher: Der Mensch im Krieg – in diesem Fall mit einer Hauptperson, dem Erzähler, der seinen »Kameraden« entfremdet ist, die ihn, den Gebildeten mit Brille, nicht verstehen.

Ljutov wird zum exemplarischen Individuum in der Rolle des Mitmenschen. Er beobachtet, wird beobachtet und will sich, oft gegen seine eigenen Empfindungen, nichts zuschulden kommen lassen. Die wahren Zuhörer seiner Erinnerungen sind wir, die Leser hier und heute.

»Gegen Ende des Zyklus bezieht der Bebrillte, der bis dahin eher als passiver Beobachter in Erscheinung trat, zunehmend Position für die Opfer der Kosakenwillkür. Dreimal greift er ins Geschehen ein: er protestiert gegen die Verletzung des religiösen Gefühls der Zivilbevölkerung, verteidigt die Rechte der politischen Kriegsgefangenen und verficht schließlich einen regelrechten suizidalen Pazifismus Tolstojscher Prägung. Mit ungeladenem Revolver reitet er ins Gefecht gegen die Polen. ›Der Pole dich ja, aber du ihn nein ...‹, hält ihm der brutale Kosak Akinfiev fassungslos vor. Und Ljutov bestätigt: ›Der Pole mich ja (...) aber ich ihn nein ...‹ Dieses stenographische Bekenntnis zum Gewaltverzicht steht in direktem Widerspruch zum blutigen Vergeltungsethos von Budjonnyjs Kosaken, wie es sich in den Racheorgien eines Pawlischtschenko oder Prischtschepa niederschlägt.

Die ›Reiterarmee‹ – dieser Seufzer eines Intellektuellen, der an den Widersprüchen der Revolution verzweifelt – entsprach jedenfalls nicht der revolutionären Jubelprosa. Schon zu Babels Lebzeiten wurde der Zyklus von der Zensur verstümmelt, ehe er ab 1936 für mehr als zwanzig Jahre nicht mehr publiziert werden konnte. Eine weitgehend unzensierte Version erschien in Russland erst wieder 1990« (aus dem »Nachwort« von Bettina Kaibach, 2014, S. 834–835 und 836).

NEUNTES KAPITEL

Das Kunstwerk ohne Künstler: René Fülöp-Millers Dokumentation »Der Heilige Teufel. Rasputin und die Frauen«

Vorbemerkung

Der Terminus »Kunstwerk ohne Künstler« stammt von Friedrich Nietzsche, der als Beispiele benennt: »Jesuitenorden« und »Preußisches Offizierscorps«. Das heißt: Der Zusammenhang der Teile mit dem Ganzen sieht im »Orden« und im »Corps« so aus, als sei er von einem Künstler erschaffen worden. Ebenso ist es, wie sich zeigen lässt, mit dem Schicksal Rasputins. Als sibirischer Mönch, Wunderheiler und Freund der Zarenfamilie wird er ermordet: ein Schicksal, so zeitgerecht und ahistorisch zugleich, dass es wie von einem Dichter erfunden scheint. Und genau das führt uns die Dokumentation von René Fülöp-Miller vor Augen. Das Gleiche gilt für den »Report on the Assassination of President John F. Kennedy« (Chairman Earl Warren) und jene »Ten Days That Shook the World«, wie sie John Reed als Reportage fixiert hat. In all diesen Fällen wird die Wirklichkeit, wie sie ist, zu einem »Kunstwerk ohne Künstler«.

Grigorij Rasputin

»Ra-Ra-Rasputin, Russia's Famous Love-Machine«: mit dieser Schlagerzeile hat sich der »Heilige Teufel« noch in der Öffentlichkeit des 21. Jahrhunderts seine Anwesenheit erkämpft.

Die maßgebende Textgrundlage für Rasputins Existenz hat 1927 René Fülöp-Miller geliefert: mit seiner Monografie »Der Heilige Teufel. Rasputin und die Frauen« (Leipzig und Zürich: Verlag Grethlein & Co.). In 16 Kapiteln werden auf 440 Seiten Rasputins Leben und Taten sowie seine Zeit detailliert vor Augen geführt. René Fülöp-Miller erzählt unterhaltsam, so dass man über der Lektüre immer wieder vergisst, es mit einem Tatsachenbericht und nicht mit »Literatur« zu tun zu haben. Am Ende sind uns die Zarenfamilie und die Ermordung Rasputins so einprägsam gegenwärtig wie Raskolnikows Doppelmord und Anna Kareninas Freitod. Mit einem Wort: »Rasputin« gehört zur russischen Literatur wie auch John Reeds »Ten Days That Shook the World«, wenn auch beide »Realitäten« in den bisherigen »Geschichten der russischen Literatur« gar nicht vorkommen. (Natürlich darf man Grigorij Rasputin nicht mit dem Schriftsteller Valentin Rasputin verwechseln, der mit seiner Dorfprosa berühmt wurde.)

Grigorij Rasputins Geschichte ist seltsam genug. Ein sibirischer Mönch der »Chlysten« (russ. »chlyst« = Reitpeitsche) kommt nach Petersburg, kultiviert seinen Ruf als Wunderheiler und wird von der Zarenfamilie angeworben, den kleinen Sohn von dessen Bluter-Krankheit zu heilen. Rasputin übernimmt diese Aufgabe, wird als Scharlatan entlarvt und vom Fürsten Felix Jussupoff und dessen Getreuen umgebracht. Rasputins Affairen mit verschiedenen Frauen erweitern die Legendenbildung. Fürst Jussupoff hat seine Sicht des Geschehens zu Protokoll gegeben: »Rasputins Ende. Erinnerungen« (mit einer Studie von Boris Groys, 1990).

Im Verlag Steidl, Göttingen, erschien 1997 der Mini-Roman »Rasputin« (zuerst 1929) von Klabund (= Alfred Henschke, 1890–1928), angelegt als Drehbuch für einen Film, der allerdings nicht zustande kam. Und doch: Was nicht ist, kann noch werden, denn es liegt auf der Hand, dass Rasputins Leben und Sterben eine deutliche Affinität zur »Literatur« besitzen.

ZEHNTES KAPITEL

Lenins amerikanischer Freund: John Reed und die »Zehn Tage, die die Welt erschütterten«

Vorbemerkung

John Reed lebte von 1887 bis 1920. Geboren wurde er in Portland, Oregon. Gestorben ist er in einem Moskauer Krankenhaus an Typhus und wurde als einziger Ausländer an der Kreml-Mauer beigesetzt. Als Journalist kam er zu Weltruhm mit seinen drei umfangreichen Reportagen »Insurgent Mexico«, »The War in Eastern Europe« und »Ten Days That Shook the World«.

Vor seiner Karriere als Journalist hatte er, ab 1911 wohnhaft in Manhattan, Gedichte, zahlreiche Kurzgeschichten sowie Dramen veröffentlicht, und das in maßgebenden Zeitschriften wie »Poetry« und »The Masses«.

Zuvor hatte er an der Harvard University studiert, was aber nicht zu Kontakten zur sozialen Elite Neuenglands führte: er blieb ein Abenteurer, dessen bewegtes Leben schon früh zur Legendenbildung Anlass gab. In New York galt er 1913 als »Golden Boy of the Village«.

Der Erfolg seiner Reportage »Ten Days That Shook the World« (1918), zu deren amerikanischer Ausgabe Lenin und zu deren russischer Ausgabe Lenins Frau, Nadeshda Krupskaja, das Vorwort schrieben, führte dazu, dass John Reed die erste Kommunistische Partei der USA gründete.

Es ist nun an der Zeit, zu fragen, worin denn die Eigenart dieser Reportage inhaltlich und künstlerisch zu sehen ist.

Zehn Tage, die die Welt erschütterten

Reeds literarische Begabung hat ihr Zentrum in der Souveränität der Verständnislenkung. Er erzählt seine Reportage in der Ich-Form, als Augenzeuge, wobei immer wieder Erläuterungen zur Sache eingeschoben werden, um dem Leser den zentralen Bericht verständlich zu machen. Reed behält seinen Leser beständig im Auge, will ihn davon überzeugen, dass Lenin im Recht ist, und lässt nur die Tatsachen sprechen, die jetzt (während der späteren Niederschrift, datiert: New York, 1 January 1919) nach dem gregorianischen Kalender eingeordnet werden und nicht nach dem julianischen Kalender, der 1917 in Russland noch in Kraft war. Das heißt: Lenins Oktoberrevolution des Jahres 1917 hat aus heutiger Sicht im November stattgefunden. John Reeds »Preface« beginnt mit dem Satz:

> »This book is a slice of intensified history – history as I saw it. It does not pretend to be anything but a detailed account of the November Revolution, when the Bolsheviki, at the head of the workers and soldiers, seized the state power of Russia and placed it in the hands of the Soviets.« (S. 575)

Wenn John Reed mit seiner Reportage eine überprüfbare Dokumentation der geschilderten Ereignisse liefert, so darf das nicht darüber hinwegtäuschen, dass wir es nicht mit einem literarischen Text zu tun haben, sondern mit einem Tatsachenbericht, der seinen Sinn aus dem vom Verfasser John Reed mitgelieferten Referenzrahmen bezieht. Die adäquate Haltung zu diesem Text setzt voraus, dass wir den Verfasser John Reed als Teil der Wirklichkeit wahrnehmen, über die er berichtet. Die literarischen Qualitäten seines Textes werden dann zu Kunstgriffen der Überredung, denn John Reed legt alles darauf an, dass wir glauben, was er uns erzählt, und schließlich überzeugt sind: Ja, so könnte es gewesen sein. Das Kunstwerk, wo es ohne Künstler erscheint, weil es vom Leben selber geschrieben wurde, will anders wahrgenommen werden als ein literarischer Text.

»Zehn Tage, die die Welt erschütterten« sind ein historisches Ereignis, an dem wir teilnehmen, als wären wir mit dabei gewesen. Aus diesen »Zehn Tagen« aber ist die Sowjetunion hervorgegangen und lagert als schwarze Wolke über dem historischen Ereignis. Und doch werden wir Leser immer neu vom Optimismus eines John Reed ergriffen, der die Folgen seiner »Zehn Tage« nicht mehr erlebt hat.

ELFTES KAPITEL

Epos der Angst:
Andrej Belyjs Meisterwerk »Petersburg«

Einstieg

Belyj ließ seinen Roman »Petersburg« zunächst 1913/1914 im Almanach des Verlags Sirin erscheinen, danach, textidentisch, als Buchausgabe (1916). 1922 erschien die zweite Fassung auf russisch in Berlin: überarbeitet und um etwa ein Drittel gekürzt. Diese zweite Fassung konnte aber die erste nicht entthronen. Beide Fassungen sind heute gleichermaßen aktuell, obwohl Belyj selbst nur die zweite Fassung gelten lassen wollte und die erste als »Entwurf« gekennzeichnet hat. Meinen hier vorgelegten Ausführungen liegt die zweite Fassung zugrunde. Streng genommen existiert zwischen der ersten und der zweiten Fassung noch eine weitere, nämlich Nadja Strassers erste deutsche Übersetzung des Romans von 1919, die nach einer gekürzten Fassung des Originals vorgenommen wurde, die Belyj eigens für diese deutsche Übersetzung hergestellt hatte.

»Petersburg« – der Titel meint das Werk Peters des Großen: die phantastische Stadt, die 1703 mitten im finnischen Sumpf an der von Überschwemmungen bedrohten Mündung der Newa gegründet und installiert wurde. Dieses Werk, Sinnbild für die menschliche Kulturtat, die gegen das Chaos gerichtet ist, befindet sich allerdings inzwischen in einem bedenklichen Zustand, weil es unfähig ist, den Geist seines titanischen Gründers lebendig zu bewahren. Der Roman spielt im Jahre 1905.

Grundzüge der Handlung

Fassen wir die Handlung in wenigen Zügen zusammen: Im Jahre 1905 gelingt es dem Terroristenführer Nikolaj Lippantschenko, einen seiner Männer, den entlaufenen Politsträfling und ehemaligen Studenten Alexander Dudkin in direkten Kontakt zum Hause des einflussreichen Senators Apollon Ableuchow zu bringen, der kurz vor seiner Ernennung zum Minister steht. Der Senator soll durch ein Bombenattentat umgebracht werden.

Dudkin, der Beauftragte Lippantschenkos, knüpft aufgrund seiner kulturphilosophischen Interessen eine fast freundschaftliche Beziehung zu Nikolaj Ableuchow, dem Sohn des Senators. Der junge Ableuchow ist Student der Philosophie und geriet, getrieben von intellektueller Neugier, in revolutionär gesonnene Zirkel, wo er die Zerstörung aller Werte propagierte. Nicht nur das: Heimgesucht von einer Identitätskrise, hat er in einem unbedachten Moment einer Terroristengruppe das Versprechen übermitteln lassen, seinen Vater umzubringen. Die Motivation für dieses Verbrechen ist indessen keine politische: Nikolajs Vaterhass basiert auf der unerträglichen Vorstellung, dass er, Nikolaj, ein Produkt sexueller Lust ist. Es ist die Scham angesichts seiner Entstehung, die ihn zur politischen Gewalttat treibt. Allerdings vergisst Nikolaj sein schreckliches Versprechen sehr bald völlig und wird von dem zwielichtigen Agenten Morkowin, dem Vermittler des Versprechens, unter Druck gesetzt: Morkowin, der als Beamter der zaristischen Geheimpolizei insgeheim für die Terroristen arbeitet, droht, ihn im Namen der Legalität verhaften zu lassen, falls er nicht dem Verlangen der Terroristen nachkommt und seinen Vater umbringt.

Nikolaj erschrickt vor der Möglichkeit, zum Mörder seines Vaters zu werden, hat aber die Bombe, die ihm dazu von den Terroristen besorgt worden ist, von Alexander Dudkin entgegengenommen und im elterlichen Haus versteckt. Die Bombe explodiert schließlich im Arbeitszimmer des Senators, ohne dass jemand zu Schaden kommt.

Parallel zur Darstellung der nervösen Spannung des Senatorensohns, die sich ins Nichts entlädt, wird das Schicksal des von Alkoholdelirien zermürbten Alexander Dudkin vorgeführt, der plötzlich die unmenschlichen Zwänge seiner Partei empfindet und den Terroristenführer Lippantschenko im Namen Peters des Großen ermordet. Über dieser Tat verliert Dudkin den Verstand.

Diese beiden Hauptstränge der Handlung mit jeweils Nikolaj Ableuchow und Alexander Dudkin als Spannungsträger werden von einer Nebenhandlung begleitet, in der nicht die Politik, sondern die Liebe das Zentrum bildet. Die zutiefst unglückliche Liebesaffäre zwischen Nikolaj Ableuchow und Sofja Lichutina löst den Selbstmordversuch des von seiner Frau beherrschten Sergej Lichutin aus und expliziert die Affinität zwischen Anarchismus und Erotik.

Belyj verknüpft die zweisträngige Haupthandlung auch äußerlich mit der Nebenhandlung, indem der Auftritt Nikolajs in einem roten Domino den Senator Ableuchow in ein skandalöses Licht setzt, so dass er noch vor der Ernennung zum Minister in den Ruhestand geht. Zuvor gerät Lippantschenkos

Brief, worin Nikolaj Ableuchow die Ermordung seines Vaters befohlen wird, in die Hände Sofja Lichutinas, die das Ansinnen für einen Scherz hält und die Nachricht auf einem Kostümfest ordnungsgemäß weitergibt.

Die Handlung wird von Belyj, in konsequenter Dostojewskij-Nachfolge, auf einige wenige Tage Ende September und Anfang Oktober des Jahres 1905 zusammengedrängt. Der Epilog greift, wie es sich gehört, etwas weiter aus: bis ins Jahr 1913.

Aus diesem kurzen Abriss der Romanhandlung lässt sich bereits deren äußerst klarer Aufbau ablesen: Die Hauptgestalten sind Nikolaj Ableuchow und Alexander Dudkin, die Vertreter der jungen Generation in deren typischen Manifestationen. Diese beiden Hauptpersonen stehen im Kraftfeld der Auseinandersetzung zwischen der Legalität und dem »Untergrund«.

Die Legalität wird durch den Senator Ableuchow repräsentiert, der »Untergrund« durch den Terroristenführer Lippantschenko. Man kann sagen: Senator und Terroristenführer sind die Hauptgestalten des Hintergrunds; Nikolaj Ableuchow und Alexander Dudkin sind die Hauptgestalten des Vordergrunds.

Das Ehepaar Lichutin verdeutlicht in besonderer Zuspitzung die Polarität der Geschlechter und dient damit der Erläuterung der privaten Konfliktsituation der anderen vier Gestalten.

Die Schicksale sämtlicher Personen werden bezogen auf die beiden »beherrschenden« mythischen Figuren des Romans: auf Peter den Großen als das Sinnbild gelungener Identifikation mit dem grausamen Leben und auf Christus als das Sinnbild der Versöhnlichkeit und des weltüberwindenden Seelenfriedens.

Zur Kennzeichnung des in »Petersburg« vorliegenden Untergrunds seien hier zunächst die Gestalt des Senators und dessen Gegenkraft, der Terroristenführer Lippantschenko, analysiert. Dies ist nur möglich im Hinblick auf die Funktion Peters des Großen. Sobald die Explikation des Senators und die des Terroristenführers auf solchem Hintergrund vorliegen und damit die anthropologische Prämisse der Welt dieses Romans deutlich geworden ist, werden die beiden Hauptgestalten, Nikolaj Ableuchow und Alexander Dudkin, in den Blick gerückt. Mit der Erläuterung ihres Schicksals werden die inneren Voraussetzungen der im Roman sich aussprechenden Weltanschauung vollständig hervortreten, so dass die zusammenfassende Darstellung des Verhältnisses von Legalität und »Untergrund« unternommen werden kann.

Peter der Große und Nietzsches »künstlerische Kultur«

Beginnen wir zur Vorbereitung der Gegenüberstellung des Senators und des Terroristenführers mit einer kurzen Charakteristik der Gestalt Peters des Großen. Belyj formuliert die russische Situation des Jahres 1905 in aufmerksamem Rückgang auf die »halb mystische Bilderrede« der »Geburt der Tragödie aus dem Geiste der Musik«. Zur Verdeutlichung der denkerischen Ausgangsbasis Belyjs sei insbesondere auch auf Nietzsches Überlegungen zum »Griechischen Staat« verwiesen. Dort wird deutlich ausgesprochen, wie sehr jede Kultur zur Grausamkeit gezwungen ist, indem sie auf Sklavenarbeit angewiesen bleibt, auf das »Elend der mühsam lebenden Menschen«. Die Wahrheit, dass zum »Wesen einer Kultur das Sklaventum gehöre«, sei, so schärft uns Nietzsche ein, eine Qual, die der »prometheische Förderer der Kultur« ertragen müsse. Wo ein Staat entstanden ist, wo eine Kultur gebildet wurde, hat mithin der Frevel des Prometheus stattgefunden. Wie Nietzsche es ausdrückt, ist Prometheus, der äschyleische Prometheus, der Inbegriff des positiven Frevlers, dessen aktive Sünde zum Heil der Menschheit als eine Tugend anzusehen ist. Indem der Frevler die Notwendigkeit seines Frevels sehen muss, kommt es zum tiefen Leiden dieses, seiner selbst voll bewussten, tragischen Menschen.

Belyjs Konzeption der Gestalt Peters des Großen entspricht ganz der Auffassung Nietzsches vom äschyleischen Prometheus. Nietzsches Hinweis, dass in Prometheus eine tiefe Gemeinsamkeit mit dem Dionysischen bestehe, wodurch die apollinische Tendenz, die Form zur Kälte »erstarren« zu lassen, unterbunden werde, gibt uns einen hilfreichen Wink zum Verständnis der von Belyj erdichteten Gedankenwelt. Peter der Große besitzt wie Prometheus eine »zugleich dionysische und apollinische Natur«. Er ist als Gründer der Stadt, seiner Stadt, gleichzeitig Staatengründer und Kulturstifter. Er ist der exemplarische Frevler und damit der Bändiger der chaotischen »natürlichen« Mächte.

Dass Belyj von der Gedankenwelt Nietzsches nachhaltig fasziniert wurde, ist bekannt. Es kommt jedoch darauf an, die Auswirkungen Nietzsches auf die Konzeption des Romans »Petersburg« in ihrem ganzen Ausmaß nachzuvollziehen.

Vorweg sei festgestellt, dass die Irritation, der sich der Leser bei der ersten Lektüre des Romans ausgesetzt sieht, nicht einem Willen zu unauflöslicher Dunkelheit entspringt, sondern das Produkt einer gezielten Erzähltechnik ist, deren zumindest eine Funktion darin besteht, ein zwar kompliziertes, aber in sich vollkommen schlüssiges Weltkonzept vor allzu direkter Entschlüsselung zu schützen. Wie sehr Belyj selbst, im auktorialen Wissen um die so klaren Prämissen seiner gestalteten Welt, deren Aufdeckung zu verzögern suchte, zeigt die Zurückhaltung allzu offener Winke in der, um ein Drittel kürzeren, zweiten Fassung des Romans, die hier zugrundegelegt wird. Die Aufspürung jener begrifflichen Konstruktion, an der die so verwirrend in den Blick tretenden Oberflächen des Textes festgemacht sind, erfordert eine ganz besondere hermeneutische Geduld. Der entscheidende Einstieg ist für »Petersburg«, wie im folgenden deutlich werden wird, aus der Begriffswelt der »Geburt der Tragödie« zu gewinnen, deren tragende Unterscheidung zwischen dem Apollinischen und dem Dionysischen bis in Details ihrer ursprünglichen Veranschaulichung in den Roman übertragen wird.

Apollon Ableuchow

Belyj lässt seinen Roman mit der Schilderung der gegenwärtigen Lebensgewohnheiten und Tätigkeit des einflussreichen Senators Ableuchow beginnen. Der Senator trägt den, im Russischen übrigens nicht besonders auffälligen, Vornamen Apollon. Auch der Vater des Senators hieß Apollon. Man versteht auf dem Hintergrund der »Geburt der Tragödie« sofort, warum Belyj dem Senator Ableuchow gerade diesen Vornamen gegeben hat. Apollon verkörpert den Zustand des russischen Staatswesens, den Zustand Petersburgs, im Jahre 1905. Der apollinische Traum Peters des Großen hat sich von seiner dionysischen Beseelung losgelöst. Das einst Lebendige überlebt nur noch als Monument, als Überrest, aus dem der Geist des Schöpfers sich zurückgezogen hat. Russland ist erstarrt: Das titanische Streben seines Gründers hat nur noch ein erkaltetes Gehäuse zurückgelassen.

Das Wesen der herrschenden Ordnung drückt sich in der Physiognomie und in den Lebensgewohnheiten des Senators Ableuchow aus, der, wie es wörtlich heißt, das »Kalte zum Prinzip erhoben hat.« Der Senator ist von unscheinbarer, vertrockneter Gestalt und hat das achtundsechzigste Lebensjahr vollendet. Alles in seinem Haus ist blank, lackiert. Er hat einen kahlen Kopf. Sein Gesicht ist steinern und erinnert an einen Briefbeschwerer. Er liebt die Übersichtlichkeit der geometrischen Figuren. Seine Lieblingsfigur ist das Quadrat, sein Lebenszweck die Herstellung von Ordnung. Der Trieb zur Ordnung, zur Klassifizierung führt dazu, dass Untergruppen des Wirklichen nur noch bei ihrem Oberbegriff genannt werden. »Veilchen, Butterblumen und Nelken«, so wird uns berichtet, sind für den Senator »Blumen«. Würde unsereiner sagen: »Das ist ein Vergißmeinnicht«, so sagt der Senator: »Eine Blume.«

Was in diesem Senator zur Herrschaft gelangt, ist die Bannung der Unordnung, die Bannung des Chaos. Die Beispiele zeigen deutlich, dass solche Bannung eine Verarmung mit sich bringt. Im Senator wird die Flucht ins keimfrei Geometrische, ins Abstrakte, zur Lebensbehauptung. Die damit einhergehende Verarmung wird als Schutz empfunden. Wenn der Senator zum Dienst fährt, so benutzt er eine schwarz lackierte Kutsche: »Vier senkrechte Wände schützten ihn vor dem Straßenkot, vor den Passanten...« Man sieht: Der geschlossene Raum – Kutsche, Haus oder Zimmer – garantiert den Schutz gegenüber dem Grenzenlosen: vor den Weiten etwa der russischen Ebenen, die vor der Stadt, vor Petersburg liegen. Der Senator fürchtet den weiten Raum, der »keine Paragraphen und keine Gesetze« kennt. Diesem tiefen Zug zur Gesetzmäßigkeit, zur greifbaren Ordnung, nach Maß und Grenze, entspricht die Abneigung gegen alles, was nach vegetativer Fülle, nach der Unordnung des Rausches, nach Schmutz oder Bazillen aussieht. Ein Alptraum des Senators mündet in die Vorstellung einer mit Jauche gefüllten Badewanne.

Auch der Alkohol und die Musik kennzeichnen Sphären, die von Apollon Ableuchow ängstlich gemieden werden. Die Insignien der dionysischen Gottheit treten hier deutlich zutage! Die Darbietungen eines Pianisten sind dem Senator so unangenehm, als kratzte jemand über Glas.

Es verwundert nicht, daß der Senator das Faktum der Zeugung seines Sohnes zu verdrängen sucht. Der Sohn wird ihm in Erinnerung an den Zeugungsakt zu einer »Mischung aus Ekel, Schrecken und Wollust«. Das ist reinster Nietzsche, der behauptet, der »entsetzliche Ursprung des Staates« werde verdrängt, so wie ein »Vater die Schönheit und Begabung seines Kindes bewundert, an den Akt der Entstehung aber mit schamhaftem Widerwillen denkt.« Apollon Apollonowitsch empfindet seinen Sohn als »Greuel« und flieht vor solchem »Greuel« in sein Amt.

Die Beispiele zeigen deutlich, dass der Senator die Sphäre des Dionysischen auszublenden sucht. Dennoch ist er ihr aufgrund seines Körpers unaufkündbar verhaftet: seinen Leib quälen Darmgase, und der nervöse Drang zu einem »unaussprechlichen Ort« wird zur Karikatur der Bindung ans Verpönte.

Der Senator meistert das Leben durch Rundschreiben. Vor dem Schlafengehen blättert er zumeist in einem Lehrbuch der Planimetrie, um seinen rastlosen Geist zu beruhigen: durch den Anblick von Parallelogrammen, Kegeln und Würfeln. Die Leidenschaft hat in solcher Welt keinen Platz: Wo sie auftritt, wird sie sofort kanalisiert und unschädlich gemacht. Wenn der Senator von aggressiver Unruhe erfasst wird, zerbricht er Bleistifte.

»Apollon Apollonowitsch holte ein Dutzend billiger Bleistifte aus einer Schublade, nahm zwei in die Hand und zerbrach sie. Apollon Apollonowitsch pflegte seine Seelenqualen dadurch zu äußern, dass er Bleistifte zerbrach, die er zu diesem Zweck in einer Schublade mit dem Buchstaben ›B‹ aufbewahrte.«

Man darf sagen: Das Bewusstsein des Senators sucht alles Menschliche auszusondern. Es ist kein Zufall, dass seine Frau ihn verlässt, um mit einem italienischen Sänger Namens Mantalini »ihren Geschlechtstrieb zu befriedigen.«

Der Anblick des Senators gleicht einem Kupferstich aus grauen und schwarzen Linien. Er lebt die seelenlose Abstraktion. In seiner immer stärker hervortretenden Wesensart ist er die Inkarnation des Alterns. Er befürchtet, da er immer wieder Schmerzen im Rückgrat verspürt, *tabes dorsalis* zu haben. Der Anblick von flammendem Rot auf einem Kostümfest löst in ihm einen Herzkrampf aus. Rot ist ihm das Emblem, so heißt es wörtlich, für jenes »Chaos, das Russland zu vernichten droht«. Jugendliche sind ihm suspekt: Er hält sie insgesamt für »Verbrecher«, rekrutieren sich doch aus ihnen die Anarchisten.

Die direkte Konfrontation mit einem Gesprächspartner ist ihm peinlich. Jemandem in die Augen zu sehen, ist ihm unerträglich. Der gewünschte Kontakt mit der Außenwelt ist die Telefonverbindung. Die apollinische Vereinzelung, die Wahrung der Grenzen zwischen den Individuen, wird so ins Äußerste vorgetrieben.

Die Beispiele für die Vorlieben, Abneigungen und Angstauslöser des Senators mögen verdeutlichen, dass Belyj die Manifestationen des Apollinischen und des Dionysischen oder, anders ausgedrückt: des Anti-Apollinischen und des Anti-Dionysischen in den verschiedensten Anschauungsbereichen aufspürt: Das Alter wird der Jugend konfrontiert, der Leidenschaftslosigkeit die Liebe, das Kalte dem Heißen, das Begrenzte dem Unbegrenzten, der »Logik« John Stuart Mills die Musik Richard Wagners, dem spiegelblanken Parkett im Hause des Senators das verseuchte Wasser der Newa, dem Winter der Frühling, der ernsten Würde die freudige Ausgelassenheit, der Ruhe der Lärm.

Auch Farben werden in solche Gegensätzlichkeit einbezogen: Dem Senator in weiß-goldener Uniform steht der Clown mit dem roten Domino entgegen. Besonders hervorgehoben sei die Furcht des in vornehmster Isolation lebenden Senators vor der anonymen Menschenmenge, die ihm als Masse der Streikenden mit mandschurischen Pelzmützen oder anlässlich des Falls von Port Arthur als Reiterhorden aus den Steppen des Ural vor den Blick tritt. Immer stehen sich gegenüber: die Individuation als Wahrung des Persönlichen, deren Gottheit Apollo ist, und die Entgrenzung des Individuums, dessen Auflösung im Rausch, deren Gottheit Dionysos ist.

Zusammenfassend lässt sich sagen: Apollon Apollonowitsch Ableuchow hat das Lebendige zugunsten des Leblosen verdrängt. Solche Verdrängung erscheint ihm als Gewinn. Der Aktenstoß, der auf Erledigung wartet, tritt an die Stelle des Mitmenschen. Die Bürokratie siegt über das Leben. Die Ordnung selber setzt sich an die Stelle dessen, was geordnet wird, und wird autonom gegenüber dem, was sie verwaltet.

Wir haben es hier mit einer depravierten Form des Apollinischen zu tun. Die Kulturtat Peters des Großen ist erstarrt. Die auseinanderstrebenden Kräfte, die Peter der Große zügelte, sind zu feindlichen Lagern geworden.

In solchem Zusammenhang beansprucht insbesondere der folgende Hinweis unser höchstes Interesse: »Seit jener unheilvollen Zeit, als der Eherne Reiter hierher gesprengt war und sein Pferd auf finnischen Granit geworfen hatte, war Russland in zwei Teile gespalten«. Was ist mit solcher Spaltung Russlands gemeint?

Die Vorstellung eines Widerstreits ursprünglich zur Einheit gebundener Kräfte bestimmt die ganze Konzeption des Romans. Russland wurde durch Peter den Großen in eine kulturtragende Oberschicht, die sich an Westeuropa orientiert, und einen kulturlosen Sklavenstand zerspalten. Der apollinische Traum Peters des Großen wird vom Volk nicht mitgeträumt. Belyj zeigt, dass das russische Staatswesen dieser Spaltung, der es seine Effektivität verdankte, im gegenwärtigen Augenblick nicht mehr gewachsen ist. Die Träger der Kultur sehen sich bedroht von denen, mit deren Kräften sie diese Kultur herstellten. Belyj sieht im Drang zur Kulturtat ein typisch abendländisches, europäisches Merkmal. Deshalb wird die Gegenkraft: der Aufstand der Unterprivilegierten, als Ausdruck des kulturfeindlichen Mongolentums gestaltet.

Wenn es in der soeben erwähnten Schilderung des Reiterdenkmals Peters des Großen heißt: »die erhobenen Vorderhufe des galoppierenden Pferdes schwebten über der zottigen Pelzmütze eines Palastgrenadiers«, so ist mit solcher, scheinbar rein naturalistischen Deskription das grundsätzliche Gegeneinander der rücksichtslosen Aufschwungsleistung Peters des Großen und des zum dienenden Stillstand verurteilten Grenadiers ausgedrückt, dessen Kopfbedeckung deutlich die Rückbindung ins Lager der »Sklaven« anzeigt, denen die Teilhabe an der blutig gestifteten Kultur verweigert wird.

Aus diesem Meer der Sklaven, der »blinden Maulwürfe der Kultur« (Nietzsche), deren Stimme die Fabriksirene ist, hat sich allmählich, aber unaufhaltsam eine echte Gegenkraft formiert, die nun das vom Geist des Lebendigen immer mehr verlassene Kulturgebäude radikal in Frage stellt. Anders ausgedrückt: Der unterdrückte dionysische Untergrund, dem die Kulturleistung ihr vergessenes, grausames Werden verdankt, rüstet sich in natürlicher Gegnerschaft zum *principium individuationis*, zur Überflutung.

Nikolaj Lippantschenko

Dem Senator Ableuchow als dem Hüter der Ordnung stellt Belyj den Parteifunktionär Lippantschenko als den Organisator der anarchischen Gegenkräfte gegenüber. Die Gestalt Lippantschenkos wird antithetisch zur Gestalt des Senators entworfen.

Der Senator ist von auffallend schmächtiger und vertrockneter Gestalt, Lippantschenko hingegen wird uns als ein »aufgeschwemmter fünfundvierzigjähriger Dickwanst« vorgestellt. Sein Nachname sei, so heißt es, eine unter seinen Bekannten akzeptierte Kurzform und laute voll Prilippantschenko. Belyj rückt so, durch spielerisches und wieder zurückgenommenes Einbringen der Wortbedeutung *prilipat'*, d. h. »jemandem auf den Leib rücken«, gleich mit dem ersten Auftreten dieser Gestalt deren bis zum Lästigwerden zudringliches Wesen in den Blick. Man denke im Gegensatz hierzu an die zur Manie werdende Sucht des Senators, zu allen Mitmenschen Distanz zu wahren.

Der Senator hegt eine starke Abneigung gegen die Musik, Lippantschenko hingegen singt sentimentale Lieder und spielt dazu Geige. Mit einem Wort: Die Antithetik in der Zeichnung dieser beiden Gestalten zielt darauf ab, den Senator als apollinisch und den Terroristenführer als dionysisch zu kennzeichnen.

Gehen wir solch gegensätzlicher Kennzeichnung noch weiter nach. Die vom Senator geleistete Verdrängung der Vitalsphäre und seine damit zusammenhängende Vorliebe für das lackierte Interieur wurde von Belyj mit allem Nachdruck in den Blick gerückt. Lippantschenko dagegen wird uns als »lüstern« gekennzeichnet. Er hat eine tierische Freude an der Nahrungsaufnahme und ist dem Alkohol bis zur Maßlosigkeit zugetan. Das Fehlen jeglicher Kultur und Hygiene im Verhalten Lippantschenkos, von Belyj bis an die Grenze des Degoutanten vorgetrieben, soll offenbar die Wesensnähe zum verseuchten Wasser der Petersburger Kanäle verdeutlichen.

Lippantschenkos vierzigjährige Freundin Sonja, ungepflegt und auf sexuelle Zuwendung erpicht, trägt den Nachnamen Fleisch (russ. Flejš), Lippantschenkos Wohnstatt ist ein Haus am Strand, wodurch erneut die Nähe zum Element betont wird, das von Peter dem Großen provoziert und »kanalisiert« wurde. Die innere Gesichtslosigkeit Lippantschenkos, Ausdruck unpersönlichen Vernichtungswillens, wird von Belyj in exemplarischer Überzeichnung zur Sprache gebracht:

»Zwischen Genick und Rücken grinste eine breite Speckfalte, der feiste Nacken sah wie ein Gesicht aus; im Sessel schien ein Ungeheuer mit einer widerlichen Fratze ohne Nase und ohne Augen zu hocken; die Speckfalte war wie ein zahnloser, aufgerissener Mund.«

Lippantschenko wird uns als regressiver Mensch vorgeführt: Solche Regression ist einmal Rückfall ins animalische Verhalten: Gorilla, Nilpferd und Keiler tauchen zur Charakterisierung auf. Zum anderen wird Lippantschenkos Regression als Rückfall ins kindliche Verhalten gestaltet. Der Vergleich mit dem Tier soll zweifellos zur Indikation reflektionsloser Brutalität dienen. Wie aber ist Belyjs Hinweis auf den Infantilismus zu verstehen?

Man betrachte dazu die folgende »realistische« Portraitierung Lippantschenkos: »Die Lippen«, so heißt es, »erinnerten an die Lippen eines anderthalbjährigen Säuglings.« Der fehlende Schnuller indessen verleihe diesem Gesicht einen widerwärtigen Zug.

»Dieser monströse Kopf verriet nur das eine: Es war der Kopf einer Frühgeburt, deren schwächliches Gehirn sich vorzeitig mit dicken Knochen bedeckt hatte, und während sich das vorspringende wulstige Stirnbein ausgebildet hatte, das an den Schädel eines Gorillas erinnerte, hatte unter den Knochen wohl schon jener widerliche Prozess begonnen, den man gewöhnlich Gehirnerweichung nennt.«

Ganz offensichtlich will Belyj verdeutlichen, dass sich im Wesen Lippantschenkos die dionysisch-positive Jugend pervertiert hat in einen Zustand verewigten Kindseins, das bis ins Fötale übersteigert wird. Der jugendlich-enthusiastische Beginn Lippantschenkos als Student mit dem Namen Lipenskij in Paris ist einer Frühinvalidität des Ich gewichen: Lippantschenko ist unheilbar begriffsstutzig und kann nur noch in den Bahnen einer aggressiven und dummschlauen Parteipolitik denken. Nicht nur das: Lippantschenko repräsentiert die »Partei«, nämlich das Paradoxon des »herrschenden« Untergrunds. Die Bombe, die Dudkin auf Lippantschenkos Geheiß zu Nikolaj Ableuchow trägt, wird als die »Bombe der Partei« bezeichnet. Belyj sieht das Wesen der »Partei« darin, Individualität zu vernichten. Nicht nur Dudkin, der Revolutionär, fühlt sich im Gedanken an Lippantschenko seiner Freiheit beraubt und in die vier »gelben Wände« seiner Dachkammer gescheucht, sondern: Lippantschenko selbst ist potentielles Opfer des Prinzips, das er lebt, denn er fühlt sich aus den eigenen Reihen verfolgt und bespitzelt.

Fazit: In der Gegenüberstellung von Senator und Terroristenführer werden das negativ Apollinische und das negativ Dionysische zu antithetischen Gestalten verdichtet. Auf der einen Seite Verfeinerung in Richtung des Abstrakten und Logischen: Apollon Ableuchow; auf der anderen Seite regressive Sinnlichkeit: Nikolaj Lippantschenko. Hypertrophe Kultur und Kulturlosigkeit in höchster Gegensätzlichkeit. Beide Extreme sind unfähig zur gelebten Mündigkeit. Senilität und Infantilität sind gleichermaßen Formen des toten Ich.

Man versteht jetzt sofort, warum Belyj beide Gestalten in die Nähe des Todes, nämlich des Nichts, rückt. Der Senator empfindet sich als Skelett und erscheint seinem Sohn wie der Tod mit Zylinder. Lippantschenko hat, so heißt es, die graue Farbe eines Leichnams. Die Gegensätzlichkeit von Senator und Terroristenführer mündet, wie man sieht, in eine tiefe Gemeinsamkeit. Beide Gestalten sind lebensunfähig, weil sich weder das Apollinische noch das Dionysische zum Extrem vortreiben und separat voneinander verwirklichen lassen.

Das Mongolische und das Europäische

Wenngleich sich nicht bezweifeln lässt, dass Belyj mit der Illustration des Widerstreits zwischen dem Apollinischen und dem Dionysischen innerhalb der politisch-sozialen Situation seiner Gegenwart bis ins Detail den Überlegungen Nietzsches verpflichtet ist, so darf doch die Erweiterung nicht vergessen werden, die Belyj an dem vorgefundenen Denkkonzept vornahm, indem er einmal das »Mongolische« und das »Europäische« zum Gegensatzpaar erhob und zum anderen die Gestalt Christi positiv ins Spiel brachte.

Belyjs Denkkonzept hat für den Interpreten seine Hauptschwierigkeit darin, dass drei Gegensatzpaare eingebracht werden, die nicht auf einen, ihnen gemeinsamen, Gegensatz zurückgeführt werden können, sondern jeweils selbständig nebeneinander stehen. Der allgemeinste Gegensatz ist der zwischen Christus und der ihrem Wesen nach erbarmungslosen Welt, die dem »Willen zur Macht« untersteht. Das Wesen dieser erbarmungslosen Welt zeigt sich für Belyj im feindlichen Gegeneinander des europäischen und des mongolischen Wesens. Bevor die Fülle der Anschauungen näher dargelegt sei, mit denen Belyj dieses Gegensatzpaar vor Augen führt, sei verdeutlicht, welche Begriffsinhalte hier in Opposition gebracht werden.

Belyj kontrastiert die Daseinsform der prometheischen Selbstfindung mit der Daseinsform der Unmündigkeit. Der unmündige Mensch kennt nur die Orgie der Zerstörung und den Schematismus der totalen Botmäßigkeit. Er ist der Feind der prometheischen Kultur. Man darf sagen: Die Daseinsform der Unmündigkeit ist die Vernichtung. Der Begriff der Vernichtung ist dabei zweifach zu denken: einmal als Erstarrung und zum anderen als

Explosion. Das heißt: Belyj definiert den Feind der prometheischen Kultur durch zwei einander ausschließende Eigenschaften, deren Gemeinsamkeit die Auslöschung der als höher angesetzten Daseinsform ist.

Diese beiden Eigenschaften, die kalte Vernichtung durch den Schematismus der Ordnung und die heiße Vernichtung durch die Bombe der Terroristen, sind jeweils extreme Ausprägungen des Apollinischen und des Dionysischen. Belyj zeigt uns, dass nicht nur der Abgrund der Leidenschaft, sondern ebensosehr das »erlösende« Aufgehen in der logischen Durchgliederung der Erscheinungen eine Vernichtung des seiner selbst bewussten Individuums bedeutet.

Die Daseinsform des unmündigen Menschen ist mithin durch die Knechtschaft in der Reglementierung und durch die Knechtschaft im Rausch gekennzeichnet. Das heißt: Das Apollinische und das Dionysische stehen hier nebeneinander, ohne in ein harmonisches Verhältnis zu gelangen.

Ein Gleichgewicht zwischen dem Apollinischen und dem Dionysischen ist aber für die Daseinsform des seiner selbst bewussten Individuums notwendig. Solche Versöhnung der beiden Prinzipien findet in der Gestalt des kulturschaffenden Prometheus ihre höchste Ausprägung. Das seiner selbst voll bewusste Individuum, das der grenzenlosen Flut des Dionysischen und den Grenzziehungen der Individuation in gleichem Maße verpflichtet ist, weiß in jedem Augenblick von der Gefährdung, einer der beiden in ihm wirkenden Kräfte den Vorrang zu geben.

Wenn Belyj den Gegensatz zwischen dem »Europäischen« und dem »Mongolischen« einbringt, so darf darunter nicht, was sich zunächst durchaus anbieten mag, der Gegensatz zwischen dem Apollinischen und dem Dionysischen verstanden werden. Vielmehr fasst Belyj das »Europäische« als prometheische Versöhnung beider »Begierden« und das »Mongolische« als deren unversöhntes und damit verderbliches Nebeneinander auf.

Jeder der beiden in Gegensatz gebrachten Begriffe, das Europäische und das Mongolische, ist also durch ein bestimmtes Verhältnis zwischen dem Apollinischen und dem Dionysischen gekennzeichnet. Das heißt: Die Gegensatzpaare »apollinisch«-»dionysisch« und »europäisch«-»mongolisch« haben keine gemeinsame Achse. Anders ausgedrückt: Das Europäische ist durch die gelungene Versöhnung des Apollinischen und des Dionysischen positiv definiert, während das Mongolische durch die Verhinderung der Versöhnung des Apollinischen und des Dionysischen negativ definiert ist.

Betrachten wir nun näher, welche Veranschaulichungen Belyj für diese Begriffspaare benutzt, die zwar miteinander in Beziehung gesetzt werden, aber keine gemeinsame Achse besitzen.

ELFTES KAPITEL

Das Gegensatzpaar »europäisch«-»mongolisch« ist bedeutungsgleich mit dem Gegensatzpaar »westlich«-»östlich«. Außerdem benutzt Belyj in einer Schlüsselszene des Romans das Gegensatzpaar »arisch«-»turanisch«. »Arisch« ist gleichbedeutend mit »europäisch« und »westlich«, »turanisch« meint dasselbe wie »mongolisch« und »östlich«. Zuweilen setzt Belyj auch das Semitische, das Mediterrane, sowie das Schwarze Afrika gegen das Europäische ab. Zur Einordnung solcher Vorstellungen wird weiter unten noch ein besonderes Wort notwendig sein.

In einer ausführlich dargestellten Traumvision empfindet sich Nikolaj Ableuchow, der rebellierende Sohn des Senators, nicht nur als Turanier, sondern auch als »turanische Bombe«. Sein Vater jedoch, dem die Bombe gilt, erweist sich ebenfalls als Turanier. Der Vater, zunächst unerkannt, empfiehlt, die Vernichtung Europas, das als die »arische Welt« bezeichnet wird, nicht durch einen Eingriff von außen zu betreiben, sondern dadurch, dass man den bestehenden Verhältnissen ihre Unveränderlichkeit garantiert. Konservieren heißt abtöten! Belyj lässt so deutlich werden, dass sich sowohl der Senator als auch sein Sohn »mongolisch« (nämlich turanisch oder östlich) verhalten, indem jeder auf seine Weise zum »europäischen« (nämlich arischen oder westlichen) Ideal unfähig ist: Der Vater betreibt die Vernichtung selbstbewusster Individualität »apollinisch«, nämlich durch Flucht in immer höhere Abstraktion, während der Sohn das gleiche »dionysisch« vollbringt: durch Übernahme der Bombe der Terroristen.

Beidemal ist die Grundlage für das »Ich bin« verschwunden. Das »Ich bin«, so heißt es schließlich wörtlich, wird zur »Null«, wird zur »Bombe«. Das ist ein deutlicher Hinweis darauf, dass im Wesen des Mongolischen die Auslöschung des Ich, die Auflösung der Individualität gelegen ist. Solche Annullierung des Persönlichen wird als Folge des Vergehens von Zeit aufgefasst. Der ewige Kreislauf von Werden und Vergehen führt alles dem Nichts zu, nur sich selber nicht. Die Vernichtung durch den Terrorakt ist nur eine andere Form der Vernichtung, wie sie von der Zeit immer schon betrieben wird. Belyj bringt diesen Gedanken zu höchster metaphorischer Präsenz, indem er Nikolajs Vater im Gewande eines »ehrwürdigen Turaniers« als »Kronos« und »Saturn« auftreten lässt. Die Rebellion des Sohnes gegen den Vater wird so in ihrer allegorischen Implikation zur Rebellion gegen den Lauf der Zeit. Der gegen den eigenen Erzeuger gerichtete Vernichtungswunsch verweigert dem Gesetz des Werdens die Anerkennung und tritt explizit als Sehnsucht nach dem »Nirwana« auf.

Gleichzeitig aber sieht Nikolaj Ableuchow in der Klarsicht seines Traums, den er mit dem Aufwachen vergisst, dass sein eigener Wille zur Rebellion eben jenes Vernichtungswerk mitbetreibt, dem er sich zu verweigern meint. So erlebt Nikolaj seine Einsicht in den Teufelskreis von Werden und Vergehen als Verdikt Saturns, der ihn als »Vater« die Zwecklosigkeit jeglichen Aufbegehrens gegen den Lauf der Zeit lehrt. Das Ich ist machtlos gegen das Nichts, das sich in der Kreisbewegung von Werden und Vergehen auftut.

Die Abtötung des rebellischen Ich in solcher Kreisbewegung ist das Wesen des Mongolischen. Der Ausbruch des Ich aus solcher Kreisbewegung ist das Wesen des Europäischen.

Belyj drückt den so gefassten Gegensatz durch Kreis und Linie aus. Die Linie hat ein Ziel, der Kreis nicht. Das Runde und das Spitze sind die Varianten solcher Vorstellung.

Rund ist die Form der Sardinenbüchse, in der die Zeitbombe enthalten ist, die den Senator töten soll. Rund ist die Bahn, die der Tausendfüßler der Spaziergänger auf dem Newskij Prospekt beschreibt. »Der Newskij Prospekt dient der Zirkulation des Publikums«.

Schlank gen Himmel hingegen ragt der Turm der Peter-Pauls-Festung, gradlinig ist der Newskij Prospekt, denn er ist »ein europäischer Prospekt«, spitz ist der Turm des Admiralitätspalastes. Und geradlinig in die Zukunft weist auch der ausgestreckte Arm des Reiterstandbilds Peters des Großen. Die Epoche, als Petersburg noch lebendig war, wird gekennzeichnet als »jene fernen Tage«, als »hohe Dächer, Masten und Turmspitzen aus den moosbedeckten Sümpfen aufragten und in den modrigen, grünen Himmel stießen.«

»Linien! Ihr alle bewahrt die Erinnerung an das alte Petersburg.« »Die gerade Linie Peters hatte sich in die gewundene Linie von Katharinas Kolonnaden verwandelt.« Und: »Linien! Wie sie sich verändert haben: wie sind sie von unseren rauhen Tagen verändert worden!« In der Bildersprache Belyjs lässt sich jetzt sagen: Das Runde ist der Feind des Spitzen, was gleichbedeutend ist mit dem Satz: Das Mongolische ist der Feind des Europäischen. Es ist die wandelschaffende Macht der Zeit, die allen Aufschwung, der sich ihr entziehen möchte, in den ewigen Kreis von Werden und Vergehen zurückholt. Die gerade Linie des Newskij Prospekts, ursprünglich Wahrzeichen europäischen Aufschwungs, ist vom Tausendfüßler des gegenwärtigen Menschen zur Arena bloßer »Zirkulation« umfunktioniert worden.

Die Tragödie des Ich

Peter der Große als der prometheische Gründer der Stadt, die Schauplatz des Geschehens ist, ist die einzige weltliche Inkarnation der gelebten Individualität. In ihm verkörpert sich die Selbstherrschaft des Ich: Aufruf und Vorwurf an die Nachfolgenden, die seinen Impetus nicht übernehmen können. Man versteht erst auf diesem Hintergrund die volle Bedeutung jener mehrfach wiederkehrenden Selbstankündigung des Ehernen Reiters: »Ja, ja, ja ... Das bin ich.« In Peter dem Großen gelangt die im mongolischen Wesen auseinandergelegte Zweiheit des Apollinischen und des Dionysischen zur prometheischen Einheit.

Aus Peter dem Großen spricht das titanisch strebende Individuum: Petersburg ist ein mit der dionysischen »Wollust des Schaffenden« verwirklichter Traum, Beispiel für die prometheische Selbstfindung des Menschen, entrissen dem feindlichen Element.

Das Medium, in dem uns Belyj Petersburg immer wieder vorstellt, ist neben der Architektur, in ausschließlicher Abhebung auf die gerade Linie und die aufstrebenden Türme, bezeichnenderweise die Skulptur. Von den »steinernen Riesen« ist die Rede. Das Haus des Senators wird durch Karyatiden gekennzeichnet. Petersburg wird uns hier, greifbar deutlich, im Medium der Kunst Apollos, der »Kunst des Bildners«, vor Augen geführt, in der sich die Erscheinung »ewig« will. Aber solche Ewigkeit wird von der Erosion der Zeit unaufhaltsam abgetragen, sobald sie im Bild, nämlich im Sichtbaren, greifbar wird.

Wenn Belyj auf dem Hintergrund solcher Überlegungen die Gestalt Peters des Großen in der Form des Reiterstandbilds lebendig werden lässt, so heißt das zweifellos, dass hier die dionysische Natur Peters des Großen aus ihrer illusionären »Erlösung im Scheine« zurück will in die wahre Realität, um sich aus ihr erneut schöpferisch zu realisieren.

Belyj hat die Tragödie des Ich geschrieben, das von der Zeit, die es ins Nichts münden lässt, gekreuzigt wird.

Erinnern wir uns, um Belyjs Veranschaulichung des titanisch strebenden Individuums recht zu verstehen, an jene markante Definition, die Nietzsche in seinen Notizen zur »Geburt der Tragödie aus dem Geiste der Musik« von seinem berühmten Begriffspaar gegeben hat:

> »Psychologische Grunderfahrungen: mit dem Namen ›apollinisch‹ wird bezeichnet das entzückte Verharren vor einer erdichteten und erträumten Welt, vor der Welt des *schönen Scheins* als einer Erlösung vom *Werden*: auf den Namen des Dionysos ist getauft, andererseits, das Werden aktiv gefaßt, subjektiv nachgefühlt, als wütende Wollust des Schaffenden, der zugleich den Ingrimm des Zerstörenden kennt.«

Das Zitat wird für unseren Zusammenhang so wichtig, weil es das Schaffen und das Zerstören einheitlich zusammenbringt. Was aber ist mit dem

Zerstören eines solcherart Schaffenden gemeint? Wo der Eherne Reiter erscheint, kündigen ihn »metallische Schläge auf Stein« an. Was liegt hier näher als den Meißelhieb des Bildhauers zu hören? Der sonderbare Aufruf des Ehernen Reiters zur Zerstörung ist, mit Belyj gesprochen, keine »mongolische« Vernichtung, die ins Nichts führt, sondern ein »europäisches« Tun: Das apollinisch Vorhandene wird, da es der Erosion der Zeit ausgesetzt ist, gleichsam zurückgerufen, damit der dionysische Trieb des Schaffenmüssens die Qual des Seins durch beständiges Verwandeln und Wechseln überwindet.

Durch Peter den Großen spricht sich die tragische Selbstherrschaft des Ich aus, das offenen Auges die Tatsache des Nichts aushält und sich selbst das »Stirb und leide!« verkündet.

Indem der prometheische Gründer der Kultur wegen seiner innersten Abkunft von der dionysischen Gottheit niemals Erlösung im Schein seines eigenen Werks finden kann, ist er immer auch der Zerstörer. Im ständigen Wechsel des immer neuen Schaffens wird zwar die Erscheinung bejaht, aber nur als zeitweilige, in jedem Augenblick erreichte Erlösung, die durch eine weitere, aus der Tortur des Schaffenmüssens geborene, überholt wird. Und deshalb lässt Belyj seinen Ehernen Reiter sagen: »Ich zerstöre: unwiederbringlich.« Es ist das Zurücklassenmüssen im Namen des Werdens, das hier als Zerstörung gefasst wird.

Wenn Sofja Lichutina in nächtlich-visionärer Einsicht ihre Erinnerungen an sich vorbeiziehen und hinter sich ins Nichts fallen sieht, so wird solches Geschehen bezeichnenderweise durch »metallische Schläge, die Steine zersplittern« veranschaulicht: Unter den Hufen des Ehernen Reiters zerstiebt die Präsenz des schon vorliegenden Wirklichen, um im neuen Augenblick einer neuen Erlösung im Scheine Platz zu machen. Der mündige Mensch übernimmt die Grausamkeit des Werdens. Das dreimalige Ja des Ehernen Reiters (»Ja, ja, ja ... Das bin ich.«) findet sich in den verschiedensten Gestalten wieder und signalisiert stets die Bejahung des Werdens, die Bejahung der Furchtbarkeit der *conditio humana* im Namen des sie aushaltenden Ich.

So halten sich in Peter dem Großen die apollinische Begierde und die dionysische Begierde das Gleichgewicht, indem die apollinische »Erlösung vom Werden« nicht ohne dionysische Verneinung zugelassen wird und das Schaffenmüssen des dionysischen Triebs die Verwirklichung des apollinischen Traums hervorbringt.

Peter der Große ist somit als titanischer Gründer Petersburgs zugleich dessen Bejahung und dessen Verneinung. Die Bejahung gründet in der Erkenntnis der Notwendigkeit von Kultur und Staat, die Verneinung gründet in der

Einsicht, dass die geschaffene Kultur mit der Zeit zur apollinischen Kälte erstarrt und ihre dionysische Abkunft vergisst.

Dieser Appell an das Ich, zur höchsten Selbstbewusstheit zu gelangen, das grausame Gesetz des Werdens so zu verinnerlichen, dass noch der »schöne Schein« von ihm spricht, ist der Fluch und die Auszeichnung Petersburgs.

Die Gestalt Peters des Großen ist das Sinnbild der gelungenen Selbstfindung des Individuums angesichts der unmenschlichen Endlichkeit des eigenen Lebens: ein Sinnbild der Grausamkeit. Damit die höchste Bewusstheit ausgehalten werde, muss die höchste Grausamkeit als Grundlage der Kultur, als Grundlage menschengerechten Daseins bejaht werden. Den Appell Peters des Großen fasst Belyj als den »europäischen« Appell auf. Die Gegenkraft zu ihm ist die »mongolische« Verführung zum bewusstlosen, nämlich unmündigen Dasein.

An dieser Stelle lässt sich die Struktur des Romans folgendermaßen darstellen: Dem Senator Apollon Ableuchow, der die kraftlose Konservierung des gegenwärtigen Kulturzustands verkörpert, steht der Terroristenführer Lippantschenko gegenüber, der als Koordinator anarchistischer Bestrebungen die Vernichtung der bestehenden Ordnung betreibt. Beide Gestalten werden von Belyj als Agenten des Mongolentums gekennzeichnet. Beide Gestalten sind Inkarnation bereits misslungener Selbstfindung: Der Senator sucht Erlösung im Geometrismus imaginärer Ordnung, der Anarchist Lippantschenko sucht Erlösung in der puren Vernichtung des Bestehenden. In beiden Konzepten fehlt das Zukünftige.

Der Plan Lippantschenkos, den Senator durch ein Attentat umzubringen, ist Grundlage der Handlung des Romans. Zwischen dem Senator und Lippantschenko sind der Sohn des Senators und der Revolutionär Dudkin platziert. Beide sind auf der Suche nach Identität und stehen dabei ganz im Banne Petersburgs und dessen titanischen Gründers. Nikolaj Ableuchows und Alexander Dudkins Versuch, die Grausamkeit des Werdens bewusst zu übernehmen und damit die Selbstherrschaft des Ich anzutreten, bildet das innere Zentrum des Romans. Ihre beiden Schicksale machen die innere und die äußere Spannung des Geschehens aus. Betrachten wir zunächst Nikolaj Ableuchow, danach Alexander Dudkin.

Nikolaj Ableuchow

Der Sohn des Senators, Student der Philosophie, steht für die Dauer der Romanhandlung im Banne des Wunsches, seinen Vater umzubringen. Dieser Wunsch ist, so darf man sagen, ungebetener Abgesandter des unterdrückten dionysischen Untergrunds. Denn Nikolaj ist seinem Vater wesensähnlich. Solche Ähnlichkeit reicht von der Vorliebe für Abhandlungen zur Logik bis zur Physiognomie. Mit dem Wunsch, seinen Vater zu töten, flieht Nikolaj vor einer Komponente seines eigenen Wesens. Die Fluchtbewegung stößt ihn in die Vernichtungswut der Terroristen. Aber zum Zynismus der anarchistischen Zerstörung kann sich Nikolaj nicht bekennen. Er zerquält sich im Gedanken an das Verbrechen, das er den Terroristen auf einer zugigen Brücke über dem verseuchten grünlichen Wasser der Newa gegeben hat: seinen Vater, der bald zum Minister ernannt werden soll, umzubringen. Doch seine »Partner« liefern ihm die Bombe ins Haus und setzen ihn durch den Doppelagenten Morkowin unter Druck. Nikolaj nimmt die Bombe entgegen, stellt sogar den Zeitzünder ein, verdrängt jedoch seine Tötungsabsicht, vergisst die im Grunde herbeizitierte Höllenmaschine regelrecht und erwacht in Schrecken, als diese plötzlich explodiert. Sein Vater bleibt unverletzt.

In Nikolaj Ableuchow wird, ebenso wie in Alexander Dudkin, die tragende Befindlichkeit des Romans zu voller Ausfaltung gebracht: Nikolaj ist von aggressiver Beklemmung befallen. Solche Beklemmung hat ihr Fundament in der Scylla und der Charybdis des Mongolentums: Weder der Geometrismus seines Vaters, noch der Vernichtungsrausch der Terroristen können ihm zur gelebten Identität verhelfen. So sinkt er, unfähig zum europäischen Ideal des Ehernen Reiters, in den Zustand lethargischer Kontemplation.

Man beachte indessen, dass der geplante Vatermord in Gedanken durchaus verwirklicht wird: Nikolaj durchschneidet seinem überraschten und bestürzten Vater mit einer Schere die Halsschlagader. Nikolaj sieht sich nach vorn stürzen, »die Halsschlagader des Greises aufzuschneiden; der Hals des Greises pulsierte wie an einem Krebs.«

> »Stinkendes, klebriges Blut rann über die Schere; der Greis aber – bartlos, runzlig und kahlköpfig – schluchzte auf; und blickte ihm direkt in die Augen, wobei er sich auf den Boden kauerte und die klaffende Wunde an seinem Hals zuzudrücken suchte, aus der mit hörbarem Pfeifen das Blut strömte...«

Solche Vorstellung ereignet sich während einer Begegnung zwischen Vater und Sohn im Treppenflur des ableuchowschen Hauses. Der Sohn erschrickt zwar vor seiner Vorstellung und rennt davon, es ist jedoch bezeichnend, dass er von dieser Vorstellung heimgesucht wird.

Auch die gewünschte, aber schließlich verdrängte Wirkung der explodierenden Bombe wird in Gedanken voll verwirklicht: Nikolaj hört das ohrenbetäubende Krachen und malt sich aus, wie er, als hinzutretender Augenzeuge, in den umherliegenden Trümmern die blutigen Kleiderfetzen und zersprengten Körperteile seines Vaters identifiziert.

Doch solches Geschehen wird nicht zur wahren Realität: es bleibt Tagtraum, es bleibt apollinisch. Diese Feststellung gilt auch für Nikolajs »Liebesbeziehung« zu Sofja Lichutina. Die Parallele hat systematische Bedeutung. Der gewünschte Vatermord und die gewünschte Liebesbeziehung stehen miteinander in engstem Zusammenhang, denn beidemal geht es um die Verarbeitung des verdrängten dionysischen Untergrunds. Belyj führt die missglückte Liebesbeziehung und den Vaterhass Nikolajs ineinander über.

Nikolaj ist unfähig, in ein positives Verhältnis zum Gesetz des Werdens zu gelangen. Die Attraktion, die Sofja Lichutina auf ihn ausübt, belehrt ihn, so darf man sagen, über seine eigene Verhaftung an die Sphäre der Lust. Der Ekel vor sich selber überträgt sich auf seinen Vater als seinen Erzeuger.

Es entsteht auf diese Weise folgendes Paradoxon: Nicht Hass auf die gelebten Maximen des Vaters ist der Motor dafür, dessen Tod zu wünschen, sondern die Assoziation des Vaters mit dem Akt der Zeugung. Aber von diesem Akt distanziert sich der Vater selbst! Dies wird uns von Belyj ganz besonders deutlich gemacht. Der Senator erinnert sich an die Zeugung seines Sohnes, an den Gesichtsausdruck seiner Frau: »Ausdruck des Ekels überdeckt von einem demütigen Lächeln«.

> »Die Vergewaltigung wiederholte sich jahrelang! Nikolaj Apollonowitsch wurde empfangen zwischen dem Lächeln der Wollust und dem Lächeln der Demut; war es da erstaunlich, dass Nikolaj Apollonowitsch zu einer Mischung aus Ekel, Schrecken und Wollust wurde?«

So richtet sich Nikolajs Wunsch, seinen Vater zu töten, gerade gegen jenen Wesensbereich, den dieser selbst ablegen möchte. Der Sohn ist mit dem, was er an seinem Vater hasst, dessen echte Entsprechung:

> »Er stellte sich seinen Vater beim Akt der Zeugung vor, und das bekannte Gefühl würgender Übelkeit überkam ihn mit neuer Gewalt (so war er empfangen worden).«

Die Zitate belegen deutlich, dass die Grundlage des Konflikts zwischen Vater und Sohn in deren fundamentaler Ähnlichkeit besteht. Diese Ähnlichkeit wird explizit hervorgehoben: »Nikolaj Apollonowitsch verwünschte sein sterbliches Selbst, und, soweit er Bild und Ebenbild seines Vaters war, verfluchte er auch seinen Vater; das Gottähnliche in ihm mußte den Vater hassen. Nikolaj Apollonowitsch kannte seinen Vater bis in die kleinsten Windungen und bis in die kleinsten Regungen. Gefühlsmäßig war er dem Vater vollkommen gleich; er wußte nicht, wo er selbst endete, und wo dieser Senator mit den funkelnden Orden auf der goldbestickten Brust in ihm begann.« Belyj fasst solche Ähnlichkeit in folgendem Bild zusammen:

> »Wenn Vater und Sohn beisammen waren, glichen sie zwei einander gegenüberstehenden Ventilatoren. Das Ergebnis war ein höchst unangenehmer Luftzug.«

Das heißt: In der Rebellion gegen den Vater erweist sich der Sohn, recht besehen, als Parteigänger des Vaters. Die Eigenschaft dieser Situation schafft eine außergewöhnliche psychologische Spannung und bedingt die tiefe Unschlüssigkeit des Sohnes. Der Wunsch Nikolajs, seinen Vater zu töten, richtet sich gegen die schmähliche Herkunft der Kultur, nicht gegen die Kultur selbst. Man muss sich hüten, in dem hier gestalteten Vater-Sohn-Konflikt eine Auflehnung gegen die Tradition zu sehen! Im Gegenteil: Nikolaj ist ganz und gar »konservativ«: Er will die erreichte Kulturstufe und damit die bestehende Ordnung ohne eine Bejahung deren grausamer und schändlicher Herkunft bewahren.

Mit einem Wort: Nikolaj will sich der Tatsache des Werdens entledigen. Aber solchem Wunsch entspricht keine Tat! Es gibt schlechthin keine Tat, die nicht selber das Werden wäre.

Der Senatorensohn demonstriert so in seiner nervösen Unentschlossenheit die grundsätzliche Unfähigkeit der adligen Oberschicht, der neuen Generation einen Ausweg aus der apollinischen Starrheit der bestehenden Ordnung zu finden. Für Nikolaj selbst sieht das so aus, dass seine Suche nach Identität misslingt. Der Eherne Reiter bleibt ihm eine bizarre Horizontfigur. Nikolaj hat keine Zukunft. Der Tod der Eltern ist zutiefst auch sein eigener. Das hellblonde Haar und die blauen Augen bleiben bloße Erinnerung an die verlorene Möglichkeit des wahrhaft »europäischen« Daseins.

Nikolaj, der Kulturmensch, der über der Tatsache seiner dionysischen Herkunft erschrickt, gerät zwar durch solches Erleben in echte Nähe zur schöpferischen Verneinung alles Bestehenden. Aber solcher Rückwurf in den von der Kultur verdrängten Untergrund bleibt Anwandlung, ist ein Irrtum und eine regelrechte Selbstverkennung. Nikolaj ist dem Untergrund in ihm selber nicht gewachsen. Und nur deshalb kann er von den Terroristen in ihre »mongolischen« Ziele verspannt werden. Untergrund und Legalität stehen in Nikolaj Ableuchow unversöhnt nebeneinander. Seine Physiognomie drückt solche Extreme auf das deutlichste aus: Das ernste Antlitz des Heiligen mit der hohen Stirn steht in Konkurrenz zum lüsternen Froschgesicht mit vorgeschobenen Lippen.

An dieser Stelle ist bereits ein kurzes Wort über Alexander Dudkin notwendig. Auch Dudkin wird uns mit einer physiognomischen Doppeldeutigkeit vorgestellt: Sein Gesicht könne man entweder als Frontispiz in der Biographie eines großen Mannes antreffen oder unter den Insassen der Irrenhäuser.

Zweifellos werden der Senatorensohn Nikolaj Ableuchow und der Revolutionär Alexander Dudkin durch solche physiognomische Zweideutigkeit zu einer echten Kongruenz gebracht, innerhalb derer sie aber konträre Positionen einnehmen. Man kann sagen: Nikolaj und Alexander verkörpern die gegenwärtig zu Bewusstsein erwachende Generation. Belyjs Fazit hinsichtlich deren Lebensfähigkeit ist allerdings äußerst pessimistisch. Allegorisch formuliert: Der gegenwärtige Kulturzustand findet seine repräsentativen Typen im tendenziell Heiligen (Nikolaj) und im tendenziell Irrsinnigen (Alexander).

Solche Feststellung zieht bereits die Summe aus der konkreten Veranschaulichung beider Gestalten, obwohl hier nur Nikolaj näher betrachtet wurde. Verfolgen wir zunächst, ehe das kulturphilosophische Fazit Belyjs weiter präzisiert werde, die Zeichnung Dudkins im Detail.

Alexander Dudkin bringt Nikolaj Ableuchow die Bombe, die den Senator vernichten soll. Dudkin ist der Abgesandte des Terroristenführers Lippantschenko. Sein Verhältnis zu Lippantschenko, der uns als dummschlau und begriffsstutzig gekennzeichnet wurde, ist indessen zwiespältig und verschlechtert sich immer mehr: bis er Lippantschenko schließlich ermordet.

Man sieht deutlich: Nikolajs Unfähigkeit zur Tat hat ihren Gegensatz in Alexanders Fähigkeit zur Tat. Was aber ist das für eine Tat, die den Täter um den Verstand bringt?

Alexander Dudkin

Dudkins Biographie ist die des exemplarischen Rebellen: Verbannung nach Jakutsk, Flucht zurück nach Russland, Leben im Untergrund, Parteiarbeit. Sein Pass lautet auf Andrej Andrejewitsch Gorelskij, sein wirklicher Name ist Alexej Alexejewitsch Pogorelskij. Uns, den Lesern, wird er fortlaufend als Alexander Iwanowitsch Dudkin vorgestellt. Die Kennzeichen des Dionysischen sind auffallend: Dudkin ist Alkoholiker, starker Raucher und sehnt sich mit Vorliebe nach dem bestrumpften Bein einer naiven Studentin. Es heißt zudem ausdrücklich: Dudkin sei Nietzscheaner.

Auch in Dudkin kommt die Befindlichkeit der aggressiven Beklemmung zur vollen Entfaltung, mit derselben Intensität wie in Nikolaj, wenngleich mit anderem Endergebnis. Bereits mit Beginn der Romanhandlung sieht sich

Dudkin von Spitzeln der eigenen Partei verfolgt und eingekreist. Er hat sich deshalb in eine Dachkammer zurückgezogen.

Auf solchem Hintergrund, in dessen Zentrum die explizite Nennung Nietzsches steht, taucht plötzlich die Gestalt eines geheimnisvollen Persers auf, der mit Dudkin ein philosophisches Gespräch führt, das mit halluziniertem wilden Denken durchsetzt ist: vom Schwarzen Afrika, das sich in Paris versammelt.

Es drängt sich die Annahme auf, dass Belyj hier den Geist des Zarathustra zur Erscheinung bringt. Es ist die »Allgegenwart von Bosheit und Übermut«, die »typisch für den Typus Zarathustra« sei, wie Nietzsche es in »Ecce Homo« formuliert: »Dionysos gegen den Gekreuzigten«! Belyjs Perser wird uns als eine Künstlernatur vorgestellt und tritt zunächst ganz in der Aura Lippantschenkos auf, der ihn »wie einen Sohn« aufgenommen hat. Die bisherige Forschung sah in dem Perser den »Osten des Xerxes« aus der Philosophie Wladimir Solowjows sich melden. Was auch immer Belyj im Sinn hatte, eines lässt sich eindeutig erkennen: Der Perser ist der Teufel. Belyj unterlässt es nicht, durch deutliche Anspielungen das Gespräch zwischen Iwan Karamasow und dem Teufel präsent werden zu lassen, das uns Dostojewskij im neunten Kapitel des Elften Buches seines letzten Romans, »Die Brüder Karamasow«, schildert.

Für unseren Zusammenhang ist das bruchlose Übergehen der Gestalt des Persers in die Gestalt Peters des Großen von Interesse. Man könnte in gezielter Verkürzung sagen: Belyj zeigt uns Peter den Großen als den Teufel. Wie aber ist solche Kontamination mit der soeben herausgearbeiteten apollinisch-dionysischen Doppelnatur Peters des Großen als Sinnbild des mündigen und »europäischen« Menschen in Einklang zu bringen? Werden hier nicht Begriffe, die sich ausschließen, zusammengebracht?

Ganz offensichtlich will Belyj zeigen, dass die gelungene Ichfindung, mit der das Individuum seine Selbstherrschaft antritt und im höchsten Sinne mündig wird, ein Akt hemmungsloser Grausamkeit ist, geboren indessen aus dem Drang nach Freiheit.

Man beachte, dass der Perser unter dem zunächst so sonderbar scheinenden Namen Schischnarfne eingeführt wird. Als sich der Name in den Phantasien Dudkins verkehrt, liegt die Bedeutung plötzlich offen: Schischnarfne ist die Umkehrung von Enfranschisch und meint, in kleinem Umweg über das Englische und das Französische, nichts anderes als die Befreiung zur Mündigkeit (engl. *enfranchise* = befreien; franz. *franchir* = überschreiten, übertreten).

Auf die Erkenntnis Dudkins, Enfranschisch war gekommen, »um seine Seele zu holen«, folgt unmittelbar das Erkennungszeichen des Ehernen Reiters: »Ja, ja, ja ... Das bin ich. Ich zerstöre: unwiederbringlich.« Es bleibt aber nicht nur beim Auftauchen des Erkennungszeichens. Der Eherne Reiter selbst galoppiert in die Dachstube des delirierenden Revolutionärs und ergießt sich als metallener Strom in dessen Adern.

Wiederum arbeitet Belyj mit deutlichster Allegorik: Der glühende Reiter leuchtet zunächst purpurrot auf und erglänzt dann in blendendem Weiß, bevor er sich, als gleißender Metallstrom, in die Adern Dudkins ergießt. Die Farben Rot und Weiß signalisieren hier, ist einmal der Sinn für ihre Sprache geweckt, die dionysisch-apollinische Doppelnatur des titanischen Frevlers.

Solche Konfrontation mit dem Ehernen Reiter lässt die zweite Biographie Dudkins sichtbar werden. Dudkin verkörpert in ihr die Rebellion gegen den Zarismus seit den Dezembertagen des Jahres 1825. Er wird explizit mit Puschkins Jewgenij aus dem Versepos »Der Eherne Reiter« (1833) gleichgesetzt, der seinen Vorwurf und Fluch freventlich gegen das »Götzenbild« des Zaren, nämlich das Reiterdenkmal Peters des Großen laut werden ließ, weil sein persönliches Glück durch die prometheische Herausforderung des Staatengründers mitleidlos zerstört wurde. Jewgenij, den angesichts seines eigenen Aufbegehrens sofort der Schrecken packt, sieht sich durch die leeren Straßen Petersburgs von den donnernden Hufschlägen des plötzlich lebendigen Standbilds verfolgt und geht seit jener Zeit nur noch devot seine Mütze ziehend an dem bedrohlichen Denkmal vorbei. Dem solcherart sich vollziehenden psychischen Tod Jewgenijs folgt bald darauf sein physischer.

Belyj, der Puschkins Poem nachhaltigste Aufmerksamkeit widmete und es 1929 sogar zum Gegenstand einer poetologischen Abhandlung gemacht hat (Ritm kak dialektika i »Mednyj vsadnik«), lässt die Bildersprache dieser sonderbaren Dichtung im Schicksal Dudkins zentral wirksam werden. Allerdings sei zu bedenken gegeben, dass der Roman »Petersburg« eine ganz spezifische Deutung der Dichtung vom Ehernen Reiter vornimmt, deren Angemessenheit hier nicht diskutiert werden soll. Was Belyj mit Dudkins Schicksal an Puschkins Dichtung zum Vorschein kommen lässt, ist, dass sich im Angehen Jewgenijs gegen den ihm verhassten Ehernen Reiter für einen Augenblick eine Identität Jewgenijs mit diesem herstellt. Paradox ausgedrückt: Der Eherne Reiter »verfolgt« nur jenen, der mit ihm gleichen Sinnes ist.

Im Zuge der hier bereits durchgeführten Überlegungen dürfte sofort einsichtig sein, was damit konkret gemeint ist. Die Angst Dudkins, des Revolutionärs, vor den Vergeltungsmaßnahmen Peters des Großen erweist sich als grundlos. Denn der Eherne Reiter erkennt gerade in der Ablehnung eines zu apollinischer Starrheit depravierten Staatswesens seinen eigenen titanisch-barbarischen Willen wieder.

An dieser Stelle ist zu beachten, dass Belyj innerhalb der Feinde der bestehenden Ordnung eine Unterscheidung vornimmt. Dudkin repräsentiert die revolutionäre Befreiung des Individuums zur gelebten Mündigkeit; Lippantschenko indessen repräsentiert die unter dem Deckmantel der Revolution betriebene Entmündigung des Individuums. Anders ausgedrückt: Dudkin ist der »europäische« Frevler, Lippantschenko ist der »mongolische« Vernichter.

Wie es scheint, wird der Revolutionär Dudkin im Verlauf des Romans politisch »umgedreht«: Seine revolutionäre Aktion richtet sich plötzlich gegen den Gegner der herrschenden Ordnung, gegen Lippantschenko, seinen eigenen Auftraggeber. In Wirklichkeit aber findet gar keine politische Umerziehung Dudkins statt, vielmehr wird die revolutionäre Idee Dudkins erst dadurch zu ihrer wahren Natur erhoben, dass der Eherne Reiter sie anerkennt und übernimmt.

Der Eherne Reiter holt den Revolutionär Dudkin ein und verzeiht ihm, indem er ihn anerkennt. Peter der Große tritt gegenüber Dudkin bezeichnenderweise als Vater auf, indem er sagt: »Sei gegrüßt, mein Sohn«. Und so designiert die »in die Zukunft weisende Hand« des Ehernen Reiters den grundsätzlichen Feind des »europäischen« Menschen: Lippantschenko. Das heißt: Dudkin, von Peter dem Großen zum Sohn ernannt, ermordet den »Mongolen« Lippantschenko.

Doch Dudkin hält solche Nachfolge nicht aus. Die Tat, zu der er sich berufen fühlte, bringt ihn um den Verstand. In Wiederholung der Geste des Ehernen Reiters sitzt der irrsinnige Dudkin rittlings mit ausgestrecktem Arm auf der Leiche Lippantschenkos. Dudkins Mordwerkzeug, eine Schere, koppelt die Tat, die hier wirklich wurde, deutlich an Nikolajs Vatertötung, die ganz Wunschvorstellung bleibt. Auch Nikolaj ging, wenngleich nur in Gedanken, mit einer Schere zu Werke.

Dudkins Wahnsinn zeigt: Der Wiederholung der Tat Peters entspricht ganz offensichtlich keine Wirklichkeit mehr. Die petrinische Kultur ist unrettbar zerfallen und hat innerlich ihre Endphase erreicht. Der Geist des Gründers wird zur Geistererscheinung: Wer ihm folgt, wird zum Schatten.

Das Werk Peters des Großen geht seinem Untergang entgegen. Zwar werden, was der Roman zeigt, die Vernichtungsschläge der Mongolen, nämlich der »Streikenden«, die sich zur Partei formieren, zur Zeit, im Jahre 1905, noch abgewendet. Die turanische Bombe richtet keinen Schaden an, und der wahre Revolutionär ermordet im Namen des Ehernen Reiters den Koordinator der Terroristen. Doch liegt die unaufhaltsame, zukunftslose Vernichtung der bestehenden Kultur regelrecht in der Luft. Solche »mongolische« Vernichtung wird in eine tiefe Erstarrung einmünden, in ein durchnummeriertes Leben, das keinerlei Veränderung mehr kennen soll und alle Individualität auslöscht. Es ist die Stimmung des Weltuntergangs, des »Weltendes« (1911) eines Jakob van Hoddis, von der die Nebelstadt an der Newa gezeichnet ist. Belyjs »Petersburg« demonstriert uns den »Umtergang des Abendlandes« auf russisch.

Belyjs Christus

Apokalyptische Vorstellungen tauchen verschiedentlich im Text des Romans auf. Bereits zu Anfang dieser Analyse wurde deutlich, dass Belyj das Treiben der Welt, das vom grausamen Gesetz des Werdens bestimmt wird, in einem grundsätzlichen Gegensatz zum weltüberwindenden Seelenfrieden sieht, dessen Sinnbild die Gestalt Christi ist. Es ist der Arbeiter Stjopka, der, fristlos entlassen, von Kolpino nach Petersburg wandert und beirrende Sektenphilosophie um sich verbreitet, deren Pointe die Wiederkehr Christi ist. Christus wird als Gegentyp zur titanisch-barbarischen Gestalt Peters des Großen eingebracht.

Allerdings darf solche Gegensätzlichkeit nicht als militantes Gegeneinander verschiedener Kräfte verstanden werden. Christus ist vielmehr jener Typus an Bewusstheit, der nicht im Weltgeschehen aufgeht, aber sich auch diesem nicht verweigert, sondern dieses in jedem Augenblick gleichsam erlöst. Solche Erlösung bedeutet, dass der Zwang zur Ichfindung in der Welt aufgehoben wird. Jeder einzelne Augenblick der Existenz wird dadurch, ungeachtet seines Phasenwertes innerhalb des europäisch-mongolischen Streites, zum selbständigen Ausweis der *conditio humana* überhaupt. Jedes Schicksal ist objektiv eine *imitatio Christi*.

Dudkin gesteht, dass er die sonderbare Gewohnheit entwickelt habe, in seinem engen Zimmer stundenlang mit ausgestreckten Armen an der Wand zu stehen. Mit solcher Geste wird, wenngleich implizit, die Haltung des Gekreuzigten reproduziert. Halten wir fest: Belyjs Christus ist der Ausdruck einer existenzbewussten Überwindung der Interessen der Welt und hat seine Gegenposition in der Gestalt Peters des Großen, der die existenzbewusste Übernahme der Interessen der Welt zum Ausdruck bringt. Es ist für dieses Gegensatzpaar kennzeichnend, dass es außerhalb des Gegeneinanders von Legalität und Untergrund liegt.

Mit der Einbringung Christi in die Welt »Petersburgs« wird der Gedankenkreis der »Geburt der Tragödie aus dem Geiste der Musik« ganz offensichtlich verlassen. Nietzsche selbst hat bezüglich der »Geburt der Tragödie« vermerkt, dass in dem »ganzen Buche« das Christentum mit »behutsamem und feindseligem Schweigen« behandelt worden sei. Erst später verwendet Nietzsche die Formel »Aut Christus, aut Zarathustra« und gelangt schließlich zu der expliziten Kampfansage: »Dionysos gegen den Gekreuzigten ...« Ist Belyjs Christus der verschwiegene Gegner der »Geburt der Tragödie«? Will Belyj etwa Nietzsches Formel »Dionysos gegen den Gekreuzigten« wieder umkehren? Was aber ist das für ein Christus, den wir in »Petersburg« antreffen? Hat dieser Christus mit der christlichen Lehre, die, wie Nietzsche es sieht, »nur moralisch ist und sein will«, überhaupt etwas zu tun?

Grundsätzlich sei zu bedenken gegeben, dass die angemessene Deutung einer literarischen Christusgestalt immer besondere Schwierigkeiten mit sich bringt, weil hier die Macht des Vorverständnisses besonders ausgeprägt ist. Erschwerend kommt hinzu, dass Belyjs Christus eine äußerst flüchtige Erscheinung bleibt: eine Lichtgestalt von einer halluzinierten Präsenz. Diese Präsenz erfährt Sofja Lichutina und hört die Worte: »Ihr sagt euch alle von mir los: ich aber folge jeglichem von euch. Ihr sagt euch los, und dann ruft ihr mich wieder...«

Sehen wir uns die realistische Einbettung dieser Christusvision an. Sofja Lichutina will vom Maskenball aufbrechen, und es heißt:

> »Jemand, den sie wohl schon viele, viele Male gesehen hatte, ganz in weißen Atlas gehüllt, wanderte ihr entgegen durch die sich leerenden Säle; unter den Schlitzen der Maske blitzte das helle Licht seiner Augen hervor, es floß von seiner Stirn, von seinen erstarrenden Fingern.«

Sofja nähert sich der Erscheinung, von der sie zur Wagenauffahrt begleitet wird, nimmt an, es sei ihr verkleideter Ehemann, der doch noch zum Fest erschienen sei. Sie fragt: »Wer sind Sie?« Und erhält die soeben zitierten Worte zur Antwort. Aufgrund ihrer innersten Disposition hat Sofja Lichutina eine Christusvision, die sie ganz offensichtlich an einer realen Person festmacht. Werden aber deren Worte tatsächlich gesprochen? Etwa als scherzhafter Tiefsinn? Oder halluziniert Sofja Lichutina diese Worte? Der Text lässt das offen.

Es muss betont werden, dass die Ernsthaftigkeit dieser Christusvision durch die angebotene Möglichkeit realistischer Auflösung nicht im Geringsten beeinträchtigt wird. Mit dem Verfahren halluzinierter Rede angesichts einer realen Person arbeitet, nebenbei vermerkt, Turgenjew während der letzten Begegnung seines Ich-Erzählers mit der »Unbekannten« in seiner Erzählung »Drei Begegnungen« (1852).

In vorsichtiger Eingrenzung lässt sich sagen: Belyjs Christus ist der Garant einer jederzeit möglichen Erlösung von der Zeit, nämlich von der Welt Saturns, dessen Macht in einer Traumszene des Romans eigens abgehandelt wird. Peter der Große hingegen übernimmt das Gesetz Saturns: die Selbstfindung wird dadurch an bestimmte Bedingungen in der Zeit gebunden. In Belyjs Christus tritt uns jener Typus an Bewusstheit entgegen, der nicht im Weltgeschehen aufgeht: die Selbstfindung ist jetzt unter jeglichen Bedingungen möglich. Auch moralische Auflagen entfallen. Jeder Augenblick hat plötzlich seine eigene Vollendung, nicht nur der ausgezeichnete Augenblick titanischbarbarischen Schaffens und Zerstörens. Wie man weiß, hat Belyj mit seiner Christologie anthroposophische Vorstellungen aufgegriffen. Jedes von der Zeit gekreuzigte Ich wird ihm zu »I. Ch.«, dem »Monogramm des göttlichen Ich«. Solch mystisches Buchstabieren hat Belyj bei Rudolf Steiner gelernt, den er 1912 in Köln persönlich kennenlernte. Ganz offensichtlich haben wir es in »Petersburg« nicht mehr mit dem historisch belasteten Christus Nietzsches, sondern mit dem historisch unbelasteten Christus Rudolf Steiners zu tun.

Fazit: Der petrinische Aufruf zur prometheischen Selbstfindung soll durch den Appell an das zeitlose Ich überwunden werden. Der Wunsch nach Erlösung von der Zeit, dessen Reflex die Gestalt Christi ist, wird innerhalb der petrinischen Kultur als Symptom der Dekadenz denunziert. Belyj demonstriert damit das kommunikationslose und unabschaffbare Nebeneinander des Willens zur Macht und Christi.

Mit seinem Faible für den charismatischen Okkultisten Rudolf Steiner (1861–1925) entspricht Belyj einer Modeströmung des Fin-de-Siècle, die nicht nur Russland ergriffen hatte. Grigorij Rasputin, der 1916 vom Fürsten Felix Jussupoff ermordet wurde, war als Wundertäter seit 1907 am Zarenhof gefragt. Die russische Okkultistin Jelena Blawatzkaja (1831–1891) hatte 1875 in New York die Theosophische Gesellschaft gegründet, deren Präsidentin 1907 die Engländerin Annie Besant (1847–1933) wurde, auf deren Schriften Belyj im Text von »Petersburg« parodistisch verweist. Man denke auch an Thomas Manns Besuche der Séancen des Freiherrn Albert von Schrenck-Notzing in München, der Experimente zur Telekinese (= Fernbewegung) durchführte, was im »Zauberberg« (1924) im Kapitel »Fragwürdigstes« seinen ironischen Niederschlag findet. Der Erfolg des Unterhaltungsromans »Dr. Mabuse, der Spieler« (1921) von Norbert Jacques (verfilmt von Fritz Lang 1922 und 1932) liegt ganz im Aufwind der Parapsychologie. Belyj spricht in seinen Entwürfen zu »Petersburg« von der »Äthererscheinung Christi«, eine Formulierung, die im Roman nicht vorkommt und direkt auf Rudolf Steiners Anthroposophie verweist. Aus Steiners Lehren einen Schlüssel zum Roman »Petersburg« herauszulesen, scheint allerdings nicht geboten. Es ist Steiners Achtung vor den produktiven Kräften der Seele, die die analytische Aufmerksamkeit Belyjs, des Poetologen, auf sich gezogen hat.

Sofja Lichutina und die Polarität der Geschlechter

Wir hatten bereits zwei verschiedene Begriffspaare kennengelernt, mit denen Belyj das Geschehen in der Welt, das vom Gesetz des Werdens bestimmt wird, kennzeichnet: den Gegensatz zwischen dem Apollinischen und Dionysischen und den Gegensatz zwischen dem Europäischen und Mongolischen. Das Europäische ließ sich als das positiv Apollinische und positiv Dionysische, nämlich als die gelungene Verbindung beider Begierden definieren, während das Mongolische als das negativ Apollinische (starre Ordnung) und das negativ Dionysische (Chaos) und damit als die Entzweiung beider Begierden zum jeweiligen Extrem definiert wurde.

Um welche dieser beiden Achsen ist nun der Gegensatz zwischen dem Männlichen und dem Weiblichen gelagert? In der Nebenhandlung um Sofja Lichutina und deren Ehemann Sergej Lichutin findet eine sonderbare Vertauschung der Geschlechterrollen statt, die uns einen Wink gibt, wie Belyj die Geschlechterpolarität verstanden wissen will.

In einer tragikomischen Szene befreit sich Sergej Lichutin von seinem Schnurrbart. Von seiner Frau Sonja indessen heißt es, dass auf ihrer Oberlippe ein dunkler Flaum zu erkennen sei, der in späteren Jahren zu einem regelrechten Bart zu werden drohe. Den Entschluss, sich zu rasieren, fasst Sergej Lichutin bezeichnenderweise während eines Selbstmordversuchs, der allerdings fehlschlägt, so dass er nun angesichts der entstellenden Rasur von Scham zerfressen wird. Sergej Lichutin verzichtet auf sein Ich, indem er sich aus der Welt entfernen möchte. Solcher Wunsch wird von Belyj dadurch gekennzeichnet, dass sich Lichutin von den äußerlichsten Merkmalen seines Geschlechts trennt und sich rasiert.

Man beachte, dass uns Sergej Lichutin als ängstlich, unsicher und völlig beherrscht von seiner Frau geschildert wird. Sofja indessen ist herrschsüchtig und tritt innerhalb der von ihr veranstalteten Assembleen mit selbstsicherer Willkür auf. In Sofjas Reden und Monologen taucht bezeichnenderweise immer wieder die Kennmarke des Ehernen Reiters, das dreimalige »Ja« auf, das den Weg zur Ich-Findung kennzeichnet. Offensichtlich krankt die Ehe zwischen Sonja und Sergej daran, dass hier eine echte Vereinigung unmöglich wird, weil Sofja zum männlichen Prinzip tendiert und Sergej dadurch in eine weibliche Rolle gedrängt wird. Es hat, wenn man so will, eine »Pervertierung« stattgefunden. Offensichtlich können die Wesensmerkmale des Weiblichen auf den Mann übergehen und die Wesensmerkmale des Männlichen auf die Frau.

Es wird von solchem Gesichtspunkt bedeutsam, wenn es von Lippantschenko heißt, seine wollige Brust sei rund wie die einer Frau. Solches Detail verdeutlicht ganz offensichtlich die Unfähigkeit Lippantschenkos zum Apollinischen, seine Hinneigung zum negativ Dionysischen. Sein Verhältnis zu seiner ungepflegten Geliebten, die den Nachnamen »Flejsch« trägt, belegt, dass seine Beziehung zum anderen Geschlecht in eine spannungslose Sexualität eingemündet ist.

Sein Widerpart, der Senator Ableuchow, demonstriert genau das Gegenteil: eine Beziehung zu Anna Petrowna, seiner Ehefrau, ist *de facto* nicht mehr vorhanden, weil die Abneigung gegen das Dionysische derart übermächtig wurde, dass eine Flucht ins steril Männliche stattgefunden hat. Man könnte sagen: Die Spannung zwischen den Geschlechtern ist hier so stark geworden, dass der männliche Partner ins negativ Apollinische entflohen ist. Lippantschenkos Verhältnis zum Dionysischen ist problemlos. Welche Schlussfolgerung wird durch solche Haltungen zum Geschlechtspartner nahegelegt?

Betrachten wir dazu eine Eigenart Sofja Lichutinas. Indem in ihr männliche Wesenszüge auftreten, gerät sie ganz offensichtlich in ein problematisches Verhältnis zur Sexualität. Sie verehrt an Nikolaj Ableuchow die hohe Stirn des Heiligen und verliebt sich deshalb in ihn. Sobald er sich ihr nähert und deshalb ein lüsternes Froschgesicht zeigt, fühlt sie sich abgestoßen. Da ihre Annäherung an Nikolaj immer nur diese Reaktion bewirkt, kommt keine Verbindung zustande.

Sofja ist, wie ihr Spitzname sagt, der »Engel Peri«. Ihr Streben nach Persönlichkeit entfremdet sie, recht besehen, ihrer natürlichen Weiblichkeit. Sie setzt ihre Natur aufs Spiel, indem sie sich emanzipieren will. All ihren Reiz verwendet sie nur noch strategisch. In Gegenwart ihres Verehrers treibt sie vor dem Grammophon Gymnastik zu den Klängen von »Siegfrieds Tod« und hebt dabei ihre raschelnden Röcke bis zum Knie. Mit Begeisterung wendet sich Sofja dem »Kommunistischen Manifest« sowie den Schriften der soeben bereits erwähnten englischen Theosophin Annie Besant zu, die sie allerdings Henri Besançon nennt. Evolution und Revolution sind ihr ein und dasselbe. In der treibhaushaften Schwüle ihrer stets überheizten Zimmer sehen wir Sofja »mit Schweißtropfen überdeckt wie eine Chrysantheme mit warmem Tau«. Das Weibliche in ihr bleibt unerlöst und wird von ihrem Streben nach Persönlichkeit ganz um seinen Ernst gebracht. Es ist bezeichnend, dass sich Sergej Lichutin durch die Extravaganzen seiner Frau in die Rolle einer lächerlichen Figur gedrängt sieht.

In solchem Zusammenhang erhält auch die missglückte Beziehung zwischen dem Senator und seiner Frau Anna Petrowna exemplarischen Charakter. Auch Anna, deren Hang zum Klavierspielen (»Chopin, nicht Schumann«) immer wieder betont wird, bleibt unerlöst. Ihre Hinwendung zu Mantalini, dem »Latin lover«, bringt nur eine Pseudopartnerschaft hervor. Desgleichen lebt Sonja Flejsch nur die schlechte Unendlichkeit narzisstischer Lust in ihrer Beziehung zum haltlosen Lippantschenko.

Solches Verharren der drei weiblichen Zentralgestalten des Romans in objektiver Unerlöstheit hat seinen Grund in der jeweiligen Natur des männlichen Partners. Apollon Ableuchow wird uns als Greis vorgestellt, Nikolaj Lippantschenko als Frühgeburt. Der erwachsene Mann fehlt. Sergej Lichutin ist ein würdeloser Selbstmörder, der mit seinem Selbstmord nicht zu Rande kommt.

Belyj zeigt: Es fehlt im derzeitigen Petersburg der Mann, der das Prinzip des Männlichen verwirklicht. So können auch die weiblichen Gestalten nur als Zerrform des Weiblichen auftreten.

Das weibliche Wesen weist offensichtlich eine deutliche Tendenz zum Dionysischen auf. Dem entspricht die männliche Tendenz zum Apollinischen. Das männliche Prinzip hat die Tendenz, das Ich in der Abstraktion verkümmern zu lassen, das weibliche Prinzip hat die Tendenz, das Ich im Rausch zu vernichten. Belyj argumentiert auch hier für das rechte Verhältnis zwischen beiden Prinzipien. Allerdings ist innerhalb der geschilderten Gegenwart keine Gestalt zu finden, die solch rechtes Verhältnis tatsächlich leben würde.

Der Gegensatz männlich-weiblich liegt auf derselben Achse wie der Gegensatz apollinisch-dionysisch. Das Wesen des Europäischen wäre die gelungene Vereinigung der Geschlechter im Namen des Männlichen. Peter der Große vertritt die männliche Kultur. Die gelungene Kombination des Männlichen und Weiblichen sowie des Apollinischen und Dionysischen meint immer eine Vereinigung unter Führung des Männlichen oder des Apollinischen.

Die gesamte Konfliktsituation des Romans erscheint nun auf einer neuen Ebene, indem sie als Geschichte vom Kampf der Geschlechter erfahrbar ist. Dem Einhorn im Wappen des Senators, Sinnbild des Phallischen, steht die Bombe der Terroristen als Sardinenbüchse mit tödlichem Inhalt entgegen: Sinnbild des weiblichen Geschlechtsteils. Petersburg in seinem gegenwärtigen Zustand ist die ins Männliche entartete Kultur, deren weibliche Gegenkraft sich zur explosiven Überflutung rüstet.

Will Belyj die kulturhistorischen Realia lediglich zur Veranschaulichung eines Gleichnisses für den ewigen Kampf der Geschlechter nutzen? Der Kampf der Geschlechter ist offensichtlich nur eine Komponente im Fortgang der geschichtlichen Wirklichkeit, deren Wesen von einem Ensemble verschiedenster Kräfte bestimmt wird.

Legalität und Untergrund

Legalität und Untergrund werden uns von Belyj in einer ständigen Kampfsituation gezeigt. Dabei ist zu beachten, dass die im Roman »Petersburg« durchgeführte Sicht die der Legalität ist. Zwar erhalten wir Einblicke in das Bewusstsein Dudkins, dem die nächtliche Stadt aus Stein wie ein bösartiges Ungeheuer entgegenblickt. Es ist aber bezeichnend, dass Dudkin gerade im wesentlichsten Moment seine Kraft gegen die Terroristen wendet. Auffallend ist, wie spärlich die Einblicke in den Bewusstseinshorizont Lippantschenkos gehalten sind. Weitaus dichter werden wir an die Innenwelt des Senators herangeführt. Durch keinerlei Innenschau schließlich werden wir über die Inselbewohner informiert, nämlich über die Arbeiter in den »vielschlotigen« Fabriken oder über die streikenden »mandschurischen« Pelzmützen, die sich unter die Zylinderhüte auf dem Newskij Prospekt mischen. Mit einem Wort: Der Untergrund wird grundsätzlich aus der Sicht seines Gegenbereichs, nämlich der Legalität, geschildert. Dem Untergrund wird keine mitfühlende, »verstehende« Sicht gewidmet.

Wir haben es hier also mit einer gegen den Untergrund gerichteten Wahrnehmung zu tun. Selbst in Lippantschenko wird uns, ohne nähere Konkretion, Angst vor den Gegenkräften in den eigenen Reihen angedeutet. Dass Dudkin sich von den Spitzeln seiner eigenen Partei belauert sieht, bedarf inzwischen keiner Hervorhebung mehr.

Belyj zeigt uns jede der zentralen Gestalten im Zustand aggressiver Beklemmung. Immer wieder werden Angstzustände dargestellt. Angstauslöser ist jeweils die Vorstellung einer Überflutung des je eigenen Lebensraums durch zerstörerische Gegenkräfte. Die fundamentale Verstörung wird von der Vorstellung einer Auflösung des Bewusstseins ins Nichts hervorgerufen.

Legalität und Untergrund, die beiden feindlichen und aufeinander angewiesenen »Instanzen« des Gemeinwesens, sind gleichzeitig Wirklichkeiten innerhalb jedes einzelnen Bewusstseins. Der Untergrund löst die Angst des Bewusstseins vor seiner Auslöschung aus. Die politische Realität ist immer auch psychische Realität.

Belyj legt es immer wieder darauf an, die Assoziationskontakte in der objektiven Realität zu nennen, an denen sich die Vorstellungen, Halluzinationen und Ängste seiner Gestalten festmachen. So ist Peter der Große in seinem Denkmal präsent, so existiert der Fliegende Holländer auf einem Bild in der Kneipe, so produziert der Drache auf Nikolaj Ableuchows orientalisch gemustertem Schlafrock die Vision vom bösen China, so löst das Ticken der Zeitbombe, auf der Nikolaj übermüdet einschläft, den Gedanken an die bedrohliche Macht Saturns aus, so formen sich für Dudkin aus den Negermasken im

Salon seines Freundes die Schreckensvisionen von den bewaffneten Papuas, und aus einer Karikatur in der Tagespresse, die den satirisch dämonisierten Kopf des Senators zeigt, bildet sich das bedrohliche Antlitz des nächtlichen Petersburg, das als Schädel mit Ohren aus dem Nebel ragt und mit steinernem Blick den Revolutionär fixiert.

Die alltägliche Realität verschwindet ganz und macht einer zutiefst bedrohlichen, ideologisch besetzten Landschaft Platz. Die Scheinwerfer eines vorbeifahrenden Autos mit ihrem gelben Licht treten bezeichnenderweise nur noch als »Mongolen mit gelben Fratzen« in den Blick.

Innerhalb der von Belyj beschworenen Welt ist jegliches Bewusstsein der Totalkommunikation mit sämtlichen Realitäten der Außenwelt ausgesetzt. Diese Voraussetzung, dass nichts ohne »objektiven« Grund Inhalt des Bewusstseins ist, führt dazu – und damit gelangen wir zur dichterischen Unterstellung Belyjs: dass das Bewusstsein »seine« Außenwelt im wörtlichen Sinne hervorbringt. Für unseren Zusammenhang bedeutet das: Wer die objektive gesellschaftliche Realität beschreibt, hat damit die Wirklichkeit des Bewusstseins beschrieben. Anders ausgedrückt: Die historischen, politischen Realia sind Ausdruck der inneren Landschaft des Bewusstseins, in der sich jenes Kräftespiel um die Selbstherrschaft des Ich vollzieht, dessen Faktoren soeben veranschaulicht wurden.

Was Belyj als im weitesten Sinne gesellschaftliche Umwelt vor Augen führt, besitzt dieselben Kennzeichen wie die Innenwelt im Bewusstsein des Einzelnen. Die bewegenden Kräfte der Außenwelt sind derart ins Bewusstsein gedrungen, dass Belyj sagen kann: Indem sich der Senator von einem Terroristen bedroht wähnt, beginnt dieser Terrorist tatsächlich zu existieren. Und in der Tat suggeriert der im Text sich selbst zu Wort meldende Autor, dass seine Gestalten es sind, die die Wirklichkeit des Romans hervorbringen: als »Gedankenspiel« (mozgovaja igra) in Reaktion auf die unerträgliche Außenwelt, die vom Gedankenspiel vorweggenommen wird. Die von Belyj verschwiegene Voraussetzung für solches Vorgehen besteht indessen darin, dass nichts innerhalb des Bewusstseins zugelassen wird, das nicht zuvor in der Außenwelt aufgetreten ist. Nur weil solche Voraussetzung immer schon erfüllt ist, produziert das Bewusstsein die Außenwelt tatsächlich.

Es darf nicht geleugnet werden, dass sich Belyj nicht scheut, die extremsten rassistischen Vorurteile des zeitgenössischen Russland Gestalt werden zu lassen. Sowohl in der körperlichen Ausstattung der Gestalten als auch in deren Meinungen und Ängsten manifestieren sich ausgesprochen chauvinistische Typisierungen. Als »europäische« Kultur vertritt Petersburg mit seiner Führungsschicht den nordischen Herrenmenschen. Nikolaj Ableuchow ist hellblond und hat blaue Augen. Die europäische Welt wird im Text explizit als »arische« bezeichnet. Das Weltgeschehen wird als Verschwörung gegen den arischen Menschen konzipiert! Zwar benutzt Belyj als die tragenden Gegenbegriffe zum »Europäischen« und »Arischen« das »Mongolische« und das »Turanische«. Es lässt sich bei genauer Betrachtung aber feststellen, dass nicht nur die gesamte asiatische Welt abgewertet wird, sondern auch die mediterrane und die semitische. Auch Frankreich fungiert in seinem gegenwärtigen Zustand als dubioser Bezirk, denn dort in Paris versammelt sich das Schwarze Afrika.

Mit solcher pauschal etikettierenden Völkerschau steht Belyj ganz innerhalb der Vorlieben seiner Zeit, seiner Epoche. Es ist gewiss nicht überflüssig, darauf hinzuweisen, dass die Diskussion um den »Eurasismus« innerhalb der zwanziger und dreißiger Jahre des 20. Jahrhunderts eine besondere Aktualität gewann. Fürst Nikolaj S. Trubetzkoy, heute vornehmlich als Begründer der »Phonologie« verehrt, trat damals mit einer Reihe von Schriften völkerpsychologischen Charakters hervor, die dem Eurasismus gewidmet sind. Es sei hier etwa auf seine Essaysammlung »Zum Problem der russischen Selbsterkenntnis« verwiesen, 1927 in russischer Sprache in Paris gedruckt. Trubetzkoy setzt sich darin nachdrücklich für eine positive Einschätzung des »turanischen« oder »ural-altaischen« Elementes innerhalb der russischen Kultur ein und spricht sich entschieden gegen das »romano-germanische Joch« der petrinischen Epoche aus. Wörtlich heißt es: »Jeder Russe, der nach persönlicher und nationaler Selbsterkenntnis strebt, sollte wissen, dass er nicht nur dem arischen, sondern auch dem turanischen psychologischen Typus angehört«. Gewiss, die Vorzeichen sind hier umgekehrt: Das Arische wird abgelehnt, das Turanische wird gefeiert. Worauf es ankommt, ist aber, dass überhaupt in völkerpsychologischen Typisierungen gedacht wird.

Dass Belyj mit gefährlichstem Gedankengut hantiert und politisch hochexplosive Materialien benutzt, sollte nicht im Namen einer ästhetisierenden Betrachtungsweise ausgeblendet werden. »Petersburg« mag auf dem Hintergrund der politischen Erfahrungen des 20. Jahrhunderts zunächst wie ein zutiefst anrüchiges Werk aussehen. Wird nicht Peter dem Großen als »agonalem Individuum« ein Kranz geflochten? Haben nicht Aischylos und Gobineau gemeinsam das Konzept erarbeitet? In Wahrheit jedoch führt uns Belyj die petrinische Kultur mit ihrer imperialistischen, agonalen Substanz als verwerfliches Staatsgebilde vor Augen, das kurz vor seinem verdienten Zusammenbruch steht. Als exakter Ausdruck einer Wahnwelt ist dieser Roman eine eindeutige Anklage: Er zeigt die Krankheit, die den Menschen einer Kultur kollektiv überkommt, wenn deren Prämissen so aussehen wie hier.

Bleiben wir bei den historischen Realia. Auffällig ist, dass im Roman trotz aller Hellhörigkeit gegenüber der geistigen Situation der Zeit nirgends von Lenin oder dem Bolschewismus die Rede ist. Offenbar hat Belyj das, was für seine Zeitgenossen auf der Hand liegen musste, nicht immer explizit gekennzeichnet. Auch die 1922 erschienene, zweite und geänderte, nämlich verkürzte und zentrierte Fassung des Romans greift den tatsächlichen Untergang Petersburgs durch die Oktoberrevolution des Jahres 1917 nicht auf. Der Roman bleibt im Innersten so, wie er ist, und wird lediglich »künstlerisch« bearbeitet. Die These Iwanow-Rasumniks, die zweite Fassung schätze entgegen der ersten die Revolution positiv ein, ist zweifellos nicht haltbar.

Belyj hat von vornherein den Untergrund ambivalent eingeschätzt, nämlich als Brutstätte sowohl der totalen Vernichtung alles Bestehenden wie auch als Brutstätte der kulturtragenden Kräfte. Es kommt daher stets darauf an, unter welchen Prämissen der Untergrund aktiviert wird. Wenn man Dudkin einen Revolutionär nennen darf, so bekommt allerdings der Begriff der Revolution eine ganz bestimmte Bedeutung. »Revolution« bedeutet dann nämlich eine Rückkehr zu jenem Impetus, der die jetzt erstarrte Kultur zu neuem Leben bringen könnte. Die Möglichkeit einer solchen Rückkehr wird aber verneint, denn Belyj fasst Kulturen als Organismen auf, die nach einer Zeit der Jugend und Kraft unaufhaltsam altern und dann untergehen müssen. Die petrinische Kultur wird uns in ihrer Endphase vorgeführt: Wir werden zum Zeugen ihres vergeblichen Versuchs, die ihr verbleibenden Kräfte zur Selbstreinigung einzusetzen.

Die von Belyj evozierte Vorstellungswelt hat ihr Zentrum in der petrinischen Kultur. Das heißt: Der Untergang Petersburgs ist das schlechthin Negative, weil die petrinische Sicht das Bewusstsein des Romans bestimmt. Belyj lässt das Selbstverständnis der russischen Oberschicht wirklichkeitsschaffend tätig werden, mit dem Senator Ableuchow als Motor der Angst. Dass eine neue, andere Kultur sich erheben könnte, bleibt außerhalb des Vorstellungswürdigen, denn die gestaltete Sicht kennt kein anderes Fundament als die Kulturtat Peters des Großen. Deshalb wird alles, was dieser Kulturtat wesensmäßig entgegensteht, als das »Mongolische« denunziert.

Belyjs Konzept lässt nur den einen Schluss zu: Der Untergang Petersburgs bedeutet den Sieg der Mongolen. In solcher Grundannahme steckt doch ganz offensichtlich, wenn auch *ante festum*, eine eindeutige Stellungnahme zur Oktoberrevolution. Mit dem Jahr 1917 wird dem europäischen Russland ein Ende gesetzt. Man muss, wie es scheint, zu Oswald Spengler greifen, um ausgesprochen vorzufinden, was Belyjs »Petersburg« unausgesprochen lässt.

Über den Sieg der Bolschewisten schreibt Spengler 1933 in »Jahre der Entscheidung«:

»Asien erobert Russland zurück, nachdem ›Europa‹ es durch Peter den Großen annektiert hatte. [...] Das Bolschewistenregime ist kein Staat in unserem Sinne, wie es das petrinische Rußland gewesen war. Es besteht wie Kiptschak, das Reich der ›goldenen Horde‹ in der Mongolenzeit, aus einer herrschenden Horde – kommunistische Partei genannt – mit Häuptlingen und einem allmächtigen Khan und einer etwa hundertmal so zahlreichen unterworfenen, wehrlosen Masse.«

Spengler kennzeichnet eine solche Regierungsform als »tatarischen Absolutismus« mit dem »Mord als alltäglichem Mittel der Verwaltung«.

Es sei hervorgehoben, dass Spengler zwischen der »geschichtlichen« Bedeutung des Siegs der Bolschewisten und der »sozialpolitischen« oder wirtschaftstheoretischen« Bedeutung dieses Siegs unterscheidet. Der Bolschewismus marxistischen Stils, der westeuropäischen, rationalistischen Ursprungs ist, täusche über das wahre »geschichtliche« Wesen solcher Herrschaftsverhältnisse hinweg. Von echtem Marxismus sei hier nämlich sehr wenig zu finden, außer in »Namen und Programmen«. In Wahrheit sei mit der Oktoberrevolution das nationalistisch-asiatische Wesen Russlands zum Durchbruch gelangt: »jeden Augenblick vor der Möglichkeit, einen Dschingiskhan auftreten zu sehen, der Asien und Europa aufrollt.«

Die Koppelung des Bolschewismus an das negativ gekennzeichnete mongolische Wesen zieht sich, nebenbei bemerkt, als Leitmotiv auch durch Alfred Rosenbergs »Mythus des 20. Jahrhunderts«, erschienen 1930.

»Der Bolschewismus«, so heißt es dort, »bedeutet die Empörung des Mongoliden gegen nordische Kulturformen, ist der Wunsch nach der Steppe, ist der Haß des Nomaden gegen Persönlichkeitswurzel, bedeutet den Versuch, Europa überhaupt abzuwerfen«.

Und genau das sei mit der Oktoberrevolution des Jahres 1917 geschehen:

»Das nordisch-russische Blut gab den Kampf auf, das ostisch-mongolische schlug mächtig empor, berief Chinesen und Wüstenvölker; Juden, Armenier drängten sich an die Führung und der Kalmücko-Tatare Lenin wurde Herr.«

Die Affinität solcher Überlegungen zu der von Belyj evozierten Vorstellungswelt liegt auf der Hand. Wenn Lippantschenko uns als ein Tatare, Mongole und Semite gekennzeichnet wird, so hat solche Kennzeichnung einen eindeutigen politischen Sinn. Lippantschenko verkörpert das Wesen des Bolschewismus. Dürfen wir aber deshalb in seiner Gestalt die Züge Lenins suchen? Belyj liefert für solche Gleichsetzung keine Handhabe. Er phantasiert im Namen der petrinischen Kultur den Tod Lippantschenkos im Jahre 1905 als Auftragsmord Peters des Großen, ausgeführt von Dudkin, dem Revolutionär. Dennoch bedeutet die Unbestimmtheit bezüglich der konkret-politischen Zuordnung der Aktivitäten Lippantschenkos zweifellos nichts anderes, als dass hier die maßgebende, nämlich geschichtlich bedeutendste und für den Staat gefährlichste Partei des Untergrunds gemeint ist, so wie im Senator Ableuchow die bedeutendste geschichtliche Kraft der Legalität sich ausdrückt.

Belyj zeigt Russland in der Phase des Verfalls. Solcher Verfall drückt sich in der äußersten Erstarrung der bestehenden politischen Ordnung aus. Der Untergrund wird von der herrschenden Schicht verzweifelt abgewehrt. Jedoch schaffen die Menge der Streikenden sowie die Misserfolge in der Außenpolitik eine äußerst pessimistische Perspektive. Es entsteht so ein immer mehr sich verschärfender Gegensatz zwischen Legalität und Untergrund.

»Blutige Tage werden kommen, Tage des Grauens. Und dann wird alles versinken. Letzte Tage! Wirbelt umher, dreht euch im Kreis!«

Das sind die hellsichtigen Gedanken Dudkins. Das heißt: Der Untergrund wird zu einer aktiven und aktuellen politischen Macht werden.

Es sei wiederholt, was schon weiter oben in den allgemeinen einführenden Bemerkungen zur Sprache kam, dass nämlich Belyjs »Petersburg« die Angst vor dem ideologischen Feind, der hier als Mongole gefasst wird, zu exemplarischer Darstellung bringt. Die Legalität ist der Gefahr einer ständigen Infiltration mit Elementen des Untergrunds ausgesetzt. Der ideologische Feind ist omnipräsent nicht nur in dem Sinne, dass jeglicher Partner insgeheim auf der anderen Seite stehen kann. Vielmehr ist das eigene Bewusstsein der Möglichkeit einer Überflutung durch mongolische Wesensart ausgesetzt. Es gehört zu den abgründigen Pointen Belyjs, dass sich der Senator gerade in der gelungenen Verbarrikadierung vor der Flut der Streikenden zutiefst »mongolisch« verhält, indem er in den Geometrismus toter Ordnung verfällt.

Die von Peter dem Großen gegründete »europäische« Kultur verweist auch für ihren Fortbestand wesentliche Dinge in den Untergrund: als Folge ihres Alterns. So vermischen sich in der Sphäre der Illegalität solche Elemente, die aller Kultur feindlich gegenüberstehen, indem sie die zukunftslose Vernichtung alles Bestehenden betreiben, und solche Elemente, die für den lebendigen Bestand einer Kultur selber notwendig sind, indem sie die Grausamkeit des Werdens bejahen.

Peter der Große findet seinen wahren Sohn bezeichnenderweise im Untergrund und nicht innerhalb der Legalität! Aber solche Auszeichnung des »Revolutionärs« bedeutet eine Bejahung der jeglicher »europäischen« Kultur innewohnenden Gestalt des Prometheus, des arischen Frevlers, und ist keine Bejahung des »mongolischen« Rausches, wie er sich in der Vernichtungswut der »Reiterhorden aus dem Ural« oder in den Terroranschlägen Lippantschenkos manifestiert.

Die in »Petersburg« implizierte Kulturtheorie besagt, dass es niemals ein festes Verhältnis zwischen Legalität und Untergrund geben kann. Gelungene Kultur wird als labiles Gleichgewicht zwischen Legalität und Untergrund im Namen des prometheischen Frevels definiert. Sobald eine Kultur ihre Herkunft, nämlich ihre stets grausame Gründung, »vergisst« und damit sich selbst als garantiert betrachtet, setzt der Verfall ein. Senator und Senatorensohn verdrängen jeder das Faktum der Zeugung, verleugnen damit, allegorisch gesehen, die »schmähliche Herkunft der Kultur« (Nietzsche). So verrät sich die Dekadenz der petrinischen Kultur.

Belyjs »Petersburg« schildert am Beispiel der außenpolitischen und innenpolitischen Situation Russlands im Jahre 1905 die Spätphase einer Kultur, deren Vitalsphäre in den Untergrund abgesunken ist und von dort aus explosiv sich meldet und die Legalität in Unruhe versetzt. Es ist die Vorstellung einer ursprünglichen Zusammengehörigkeit dessen, was jetzt als Legalität und Untergrund gegeneinander steht, die für Belyjs Konzeption solcher Dualität kennzeichnend ist.

Für die in »Petersburg« evozierte Vorstellungswelt sind, was deutlich erkennbar ist, mehrere aktuelle politische Ereignisse maßgebend gewesen: Boxeraufstand, russisch-japanischer Krieg von 1904/05 sowie die in der Ära Pobjedonostzew rücksichtslos betriebene Verfestigung des Selbstherrschertums, Ereignisse, die zur Verschärfung der innenpolitischen Krise führten, deren Höhenkamm der Generalstreik des Jahres 1905 wurde.

Zur Kennzeichnung der wichtigsten zeitgeschichtlichen Elemente, die in den Roman Eingang fanden, sei zunächst auf die Gestalt Pobjedonostzews eingegangen.

Konstantin Pobjedonostzew

Bei der Zeichnung des Senators Ableuchow, so wurde weiter oben bereits verschiedentlich angedeutet, hat Belyj Züge Pobjedonostzews verarbeitet. Genauer ausgedrückt: Pobjedonostzew wurde von Belyj einer bestimmten Deutung unterzogen und in solcher Projektion in der Gestalt des Senators realisiert. Von einem realistischen Ganzheitsportrait kann allerdings keine Rede sein. Dennoch fallen eine Reihe von Gemeinsamkeiten auf.

Wie Pobjedonostzew (1827–1907) war der Senator Ableuchow zunächst Professor für Rechtswissenschaft. Die Vergangenheit der Romanfigur wie die ihres empirischen Vorbilds kennt liberale Anfänge, die alsbald vergessen werden. Auch den »schmalen, kahlen Schädel« haben beide gemein. Tolstoj hebt, nebenbei bemerkt, an Pobjedonostzew ebenfalls dieses Kennzeichen hervor, als er ihm in seinem Roman »Auferstehung« (1899) ein verächtliches Kurzportrait unter dem Namen Toporow widmet (Teil I, Kap. 27).

Mit hellwachem politischen Bewusstsein macht sich Pobjedonostzew zum durchtriebenen Anwalt der Selbstschutztendenz des russischen Staatswesens, das sich um den Preis der apollinischen Erstarrung das Überleben zu sichern sucht. Pobjedonostzews sichtbarste Machtausübung beginnt mit seiner Ernennung zum Oberprokuror des Heiligen Synods im Jahre 1881. Durch Schaffung dieses Amtes eines weltlichen Aufsehers über ein »geistliches Kollegium«, nämlich den Heiligen Synod, hatte einst Peter der Große, woran hier erneut zu erinnern ist, die Geistlichkeit offiziell in den Dienst des Staates gestellt.

Als führender Ideologe der Reaktion übt Pobjedonostzew seit 1881 fast 25 Jahre lang einen direkten und unabsehbaren Einfluss sowohl auf Alexander III. als auch auf Nikolaus II. aus. Russland bestand für Pobjedonostzew lediglich aus dem Zaren und dem einfachen Volk. Solch simple Vorstellung hatte vielfältige politische Konsequenzen. Den Intellektuellen durfte keine tragende Rolle zukommen. Die politisch radikalen Kräfte hatten gnadenlos verfolgt zu werden. Alles Liberale verdiente für ihn nichts als Verachtung, und der westeuropäische Parlamentarismus wird als »Schwatzbudensystem« öffentlich denunziert.

Auf solchem Boden gewinnen die Dogmen des russisch-orthodoxen Nationalismus ungeahnte Förderung. Besonderes Gewicht erhält hierbei die Judenfrage. Valentin Gitermann stellt dazu fest:

»Pobjedonostzew, der seiner grausamen Gesinnung wegen von Theodor Mommsen mit dem berüchtigten spanischen Inquisitor Torquemada verglichen worden ist, vertrat kaltblütig den Standpunkt, ein Drittel der russischen Juden müsse sterben, ein Drittel auswandern und der Rest durch Taufe und Assimilation in der ›slawischen‹ Bevölkerung des Zarenreichs ›aufgelöst‹ werden«.

Dieser konkrete Zug der politischen Maßnahmen Pobjedonostzews wird von Belyj mit besonderer Sorgfalt übernommen. Die »Judenpresse« gehört zu den

Schimpfworten des Senators Ableuchow, der sich zur »Schule Plehwes« bekennt, jenes 1904 ermordeten Innenministers, der sich insbesondere als Organisator judenfeindlicher Ausschreitungen einen Namen machte. Es ist bezeichnenderweise der Journalist Neintelpfein, der mit gezielten Berichten den politischen Rückzug des Senators vorbereitet.

Unverhüllter Antisemitismus schlägt sich in den von Senator Ableuchow bevorzugten Kreisen bis zum Smalltalk nieder. So lässt Belyj während der Ballszene bei den Tzukatows einen anonymen Gast sagen:

> »Gnädige Frau, sehen Sie denn nicht den Zusammenhang zwischen dem japanischen Krieg, den Juden und der Mongoleninvasion? Die Ausschreitungen der russischen Juden und der Boxeraufstand in China sind eng miteinander verbunden...«

Der Geist Pobjedonostzews, so darf man sagen, durchherrscht die Weltsicht »Petersburgs«. Man beachte, dass bereits der Prolog des Romans unter dem Deckmantel einer scherzhaften politischen Geographie Polen und Konstantinopel zum russischen Reich rechnet. Bezeichnend ist auch die kurze Szene einer Truppenparade, die uns den Senator Ableuchow in einem Gespräch mit dem liberalen Grafen Witte zeigt: Der Senator lacht nicht über das Witzwort des Grafen. Wie man weiß, war der Graf einer der entschiedensten Gegner Pobjedonostzews.

Gewiss, nicht alle Aspekte der Ära Pobjedonostzew lassen sich in Belyjs Roman wiederfinden. Ja, die Herstellung echter Identität zwischen Romanfigur und empirischem Vorbild wurde bewusst vermieden. Dennoch wurde der wichtigste Wesenszug Pobjedonostzews voll zur Geltung gebracht: sein Rationalismus.

Solche Zuspitzung mag zunächst verwundern, wenn man etwa das Bestreben Pobjedonostzews in Betracht zieht, das einfache russische Volk in naiver Gläubigkeit zu belassen. Bereits Tolstojs soeben erwähntes Kurzportrait Pobjedonostzews in »Auferstehung« hat indessen ausgesprochen, dass es für diesen Politiker reinste Taktik war, das Volk religiös zu erziehen. Pobjedonostzew haben wir uns als einen Techniker der Macht vorzustellen, der persönlich nichts von dem glaubte, was er so energisch empfahl. Die propagierten Zwecke werden nur betrieben, um einen formalisierten Machtwillen zum höchsten Effekt zu bringen. Der Staat als Apparat wird als Vehikel solchen Strebens durchschaut und verwendet.

Das heißt: Wenn Belyj die Zeichnung des Senators Ableuchow ganz auf die Verhärtung im Rationalen abstellt, von der alle Lebensphänomene im Namen der Erhaltung des Bestehenden durchdrungen werden, so wird damit der maßgebende Wesenszug Pobjedonostzews dargestellt. Auf diesem Hintergrund tauchen aktuelle politische Ereignisse auf, die Belyj immer wieder nach vorn rückt.

China, Mandschurei, Japan und die Streikwelle in Russland

Der Boxeraufstand in China (1899/1900) beschwor als Aufgipfelung fremdenfeindlicher Unruhen die alte Furcht Russlands vor einer mongolischen Invasion herauf und lieferte den Vorwand dafür, die Mandschurei zu besetzen (1901), wo sich die russischen Truppen unglaubliche Grausamkeiten gegenüber dem chinesischen Teil der Bevölkerung zuschulden kommen ließen.

Neben diesem Geschehniskomplex ist es der russisch-japanische Krieg, der Russlands Blick nach »Osten« lenkt. Der Frieden von Portsmouth setzt hier zwar am 23. August (3. September) 1905 ein Ende; die Schockwirkung aber entfaltet sich weiter. Der erfolgreiche Überraschungsangriff japanischer Torpedoboote auf die russische Flotte im Hafen von Port Arthur und die Vernichtung der Ostseeflotte des Admirals Roschdestwenskij bei Tsushima waren um so bedrohlicher, als über die wirkliche militärische Stärke Japans aufgrund irreführender Informationen zum Teil auch in sogenannten Fachkreisen regelrecht Unkenntnis geherrscht hatte.

Der Boxeraufstand und Port Arthur beunruhigen als Reizbegriffe immer wieder die Gedanken des Senators Ableuchow. Mehrfach erinnert er sich an eine in »wichtiger Mission« unternommene Reise nach Tokio, die für ihn mit Mongolenvisionen verknüpft ist. Man beachte auch, dass die mandschurischen Pelzmützen inmitten der anonymen Menschenmenge angstauslösend wirken.

Die aktuelle politische Lage lässt geschichtliche Erinnerungen heraufdämmern: »Die alten Legenden von Dschingis-Khans Reitern wurden wieder lebendig. Horch, horch: Das Stampfen von Pferdehufen aus den Steppen des Ural«.

Die Niederlage an der Kalka im Jahre 1224 drängt sich ins Gedächtnis. »Die gelben Horden werden ihre alten Sitze verlassen und die Felder Europas mit Meeren von Blut röten«, so phantasiert der Revolutionär Dudkin und wünscht sich eine Wiederholung der siegreichen Schlacht auf dem Schnepfenfeld im Jahre 1380, wo der Großfürst Dmitrij die tatarischen Scharen Mamajs in die Flucht schlug. Der Mongolenkhan Timur gelangt zu atmosphärischer Präsenz. In solchen Erinnerungen formiert sich die Hoffnung, dass die Sonne zu einer siegreichen Entscheidungsschlacht aufgehen müsse, sonst »werden die Küsten Europas sich unter dem schweren Schritt der Mongolen senken, und über den Küsten wird sich weißer Schaum kräuseln. Die Geschöpfe der Erde werden von neuem auf den Grund des Meeres sinken, in das uralte, längst vergessene Chaos. Steig empor, oh Sonne!« Die aktuelle russische Außenpolitik löst, wie Belyj zeigt, Angstvorstellungen aus, die sich von uralten geschichtlich gewachsenen Alpträumen nähren.

Aber auch die innenpolitische Situation Russlands löst Angstvorstellungen aus. Belyj lässt die Handlung seines Romans in den späten Septembertagen des Jahres 1905 einsetzen. Zu dieser Zeit breitete sich eine Streikwelle über ganz Russland aus. Dieser Generalstreik löste am Zarenhof tiefste Verwirrung aus und führte dazu, dass Nikolaus II. am 17. Oktober ein vom Grafen Witte entworfenes »Manifest« unterschrieb, das derart wesentliche Zugeständnisse machte, dass der Elan des Generalstreiks gebrochen wurde. Lenin kommentierte im »Proletarij« (= Der Proletarier): hier liege nur ein »Stück Papier über die Freiheit, nicht aber die wirkliche Freiheit selbst« vor. Für unseren Zusammenhang ist wichtig, dass Belyj die Wirkung der Streikwelle vor dem sogenannten »Oktobermanifest« gestaltet. In lyrischer Verdichtung lässt Belyj die Botschaft der Streikenden als fernes, aber ständig präsentes »Uuuu-uuuu-uuuu« durch die Vororte von Moskau, Petersburg und Saratow ziehen. »Es war weder eine Fabriksirene, noch das Heulen eines Hundes ... Hast du es gehört, das Oktoberlied des Jahres 1905?« Von dem »Ring vielschlotiger Fabriken, der Petersburg umgibt, geht eine Erregung aus, die langsam ins Stadtzentrum eindringt«. Auf dem Newskij Prospekt verringert sich der Prozentsatz an Zylindern, und ein aufmerksamer Beobachter kann hier und da die »schwarze zottige Mütze von den blutdurchtränkten Schlachtfeldern der Mandschurei« entdecken.

Das verdrängte schlechte Gewissen des abendländischen Chauvinismus, dessen äußerster Vorposten das europäische, nämlich das petrinische Russland ist, wird durch die objektive Situation im außenpolitischen und im innenpolitischen Bereich regelrecht aufgescheucht.

Das Oktoberlied des Jahres 1905 strömt für die herrschenden Klassen einen giftigen Atem aus: Angst vor der Fremdherrschaft wird zur Angst vor dem Untergrund. »Die Bourgeoisie fühlt ihr Ende nahen und klammert sich an die Mystik«, lässt Belyj eine Romangestalt formulieren. An anderer Stelle heißt es, dass die Verfechter liberaler Tendenzen, durch den »Lawinendonner sozialistischer Versammlungen« verschreckt, sich ganz an die Vertreter der herrschenden Ordnung halten. Man sieht: Belyj hat den emotionalen Appell der immer stärker sich Gehör verschaffenden revolutionären Kräfte auf die Verteidiger der bestehenden Verhältnisse zur Darstellung gebracht.

»Petersburg« – Epos der Angst

So lässt sich Belyjs »Petersburg« als direkter Reflex auf zeitgeschichtliche Realia sehen. Belyj gestaltet den Angsttraum der petrinischen Legalität angesichts des Aufstands ihrer Verfehlungen im außenpolitischen und innenpolitischen Bereich. Noch dieser Angsttraum aber ist gezeichnet von dem Versuch, die Prinzipien Peters des Großen zu retten. Petersburg als die unmittelbare Wohnstatt seines titanischen Gründers entwickelt immer noch eine eigene, wenngleich immer mehr erlahmende Bannkraft.

Wie sich zeigen ließ, gestaltet Belyj die Sicht der sich immer rigoroser verschanzenden Legalität. Wir bekommen die Sicht der russischen Führungsschicht dargeboten. Auch der Revolutionär Dudkin gerät schließlich in den Bann solcher Sicht. Und Sicht meint hier mehr als das, was denen, die sie haben, formulierbar ist. Unter Sicht ist eine Einstellung zu verstehen, in der auch die Kräfte des Unbewussten, in der auch das Verdrängte und Uneingestandene seine Wirkung tut. Der inzwischen verleugnete Anspruch Peters des Großen an seine Nachfolger ist darin genauso beunruhigend enthalten wie die allgegenwärtige Bombe der Terroristen. Die Verunsicherung der russischen Führungsschicht angesichts des entfesselten Untergrunds gebiert Visionen des Schreckens. Die solcherart »gesichteten« Realitäten treten in gleichsam bengalischer Beleuchtung vor unsere Augen.

Schlusswort

Angesichts dieser unbehebbaren Differenz zwischen der rigiden Legalität und dem anarchistischen Untergrund hat die heranwachsende Generation nur die Wahl zwischen zwei Übeln: Entweder totale Ordnung oder totaler Terrorismus – das ist die Botschaft des gegenwärtigen Petersburg. Belyjs Roman ist zeitgeschichtliches Dokument vor allem darin, dass hier das Selbstverständnis der russischen Legalität am Vorabend der Revolution von 1905 in seiner geschichtlichen Bedeutung zur Darstellung gebracht wird.

Zwar sind die beiden Hauptgestalten des Vordergrunds, der Senatorensohn und der »Rasnotschintze«, als Vertreter der so unruhigen jungen Generation grundsätzlich noch nicht fixiert, doch zeigt ihr Schicksal den zwar erlahmenden, aber immer noch wirksamen Sog der petrinischen Legalität an. Weder sind sie stark genug, die Zwänge ihrer Kultur zu befolgen, noch sie in gesunder Reaktion abzuwerfen. Die emanzipatorischen Interessen der Arbeiter, Bauern und Soldaten werden bezeichnenderweise in der Aura des Bedrohlichen präsentiert.

Die realistisch fundierten Ängste suggerieren Gedankenspiele, mit denen die befürchtete Wirklichkeit vorweggenommen wird. Das Resultat ist ein Epos der Angst, worin die Innenwelt zum Spiegelbild der Außenwelt geworden ist. Jedes Detail ist emotionsgeborene Metapher.

ZWÖLFTES KAPITEL

Die Kunst Gogols:
»Der Mantel«, »Die Heirat« und »Die toten Seelen«

»Der Mantel«

Gogols Erzählung »Der Mantel« ist zweifellos die bekannteste Erzählung der russischen Literatur, so wie Dostojewkijs Roman »Schuld und Sühne« der bekannteste Roman der russischen Literatur ist. Und doch offenbaren beide Texte immer noch neue Aspekte, die bislang nicht adäquat gewürdigt wurden.

Jeder weiß: In Gogols Erzählung, die 1842 erschienen ist, wird geschildert, wie der Petersburger Titularrat Akakij Akakiewitsch Baschmatschkin, der sein Leben damit zubringt, in einer Kanzlei Akten zu kopieren, von seinem Schneider dazu überredet wird, sich einen neuen Mantel machen zu lassen, weil der alte zu nichts mehr tauge und so durchgescheuert sei, dass man ihn nicht mehr ausbessern könne. Da helfe nur, einen ganz neuen Mantel zu schneidern.

Akakij sinkt der Mut. Woher das Geld nehmen? Achtzig Rubel soll der neue Mantel kosten. Akakij spart. Eine unerwartet hohe Gratifikation kommt ihm zu Hilfe. Schließlich hat er – ein halbes Jahr ist inzwischen vergangen – das Geld beisammen, sucht mit Petrowitsch, dem einäugigen Schneider, einen schönen Stoff aus, für den Kragen allerdings nur Katzenfell anstelle des ursprünglich gewünschten Marderfells. Petrowitsch macht sich ans Werk und liefert bereits nach vierzehn Tagen den neuen Mantel bei Akakij ab. »Er brachte ihn morgens, gerade rechtzeitig, bevor man ins Amt zu gehen hatte.« Akakij bezahlt an Ort und Stelle und geht ins Departement. »In der Tat, der Mantel hatte zwei Vorteile, den einen, dass er warm war, den anderen, dass er schön war.« In der Kanzlei wird Akakij von seinen Kollegen beglückwünscht und ist so verlegen, dass er abwinkt und sagt, das sei gar kein neuer Mantel, das sei ganz einfach »der alte Mantel«. Man bedrängt ihn, er solle die Sache feiern, begießen! Dies hört ein Kollege, der gerade Namenstag hat, und lädt allesamt für den Abend zu sich nach Hause ein. Akakij geht nach Dienstschluss zunächst in seine Wohnung, isst hier zu Abend und macht sich dann auf zu seinem Kollegen.

ZWÖLFTES KAPITEL

Der Erzähler stellt fest, wo genau der Beamte, der die Einladung aussprach, wohnte, könne er leider nicht sagen, sein Gedächtnis beginne stark nachzulassen, und alles, was es in Petersburg überhaupt gebe, alle Straßen und Häuser seien in seinem Kopf so durcheinander geraten, dass es ihm schwerfalle, hier einigermaßen Ordnung zu halten. Eines nur sei klar, dass der einladende Kollege in einem besseren Viertel wohnte als Akakij. Als dieser die Wohnung seines Amtskollegen betritt, wird er mit lautem Geschrei begrüßt, alle laufen in die Diele, um seinen neuen Mantel zu sehen. Danach, das versteht sich, ließen alle sowohl ihn als auch seinen Mantel stehen und wandten sich, wie üblich, den Whist-Tischen zu. Gegen Mitternacht schleicht sich Akakij aus der immer noch fröhlichen Runde davon – findet in der Diele seinen neuen Mantel am Boden liegen, schüttelt ihn aus und tritt den Heimweg an.

»In fröhlicher Stimmung schritt Akakij Akakiewitsch dahin, fast wäre er plötzlich, Gott weiß warum, irgend einer Dame nachgestiegen, die wie ein Blitz vorüberging und an der jeder Teil des Körpers von ungewöhnlicher Bewegung erfüllt war.«

Inzwischen gelangt Akakij in jene Stadtviertel, die nicht mehr gut beleuchtet sind. Nur der Schnee glitzert auf den Straßen. Als er einen öden Platz überquert, wird ihm der Mantel gestohlen. Zwei Männer mit Schnurrbärten stehen plötzlich vor ihm, einer von ihnen packt ihn beim Kragen und ruft: »Aber das ist doch mein Mantel!« Der andere setzt ihm eine Faust von der Größe eines Beamtenkopfes an den Mund und sagt: »So, jetzt schrei nur!« Man zieht Akakij den Mantel aus, versetzt ihm einen Fußtritt: er fällt kopfüber in den Schnee und verliert das Bewusstsein. Als er nach wenigen Minuten wieder zu sich kommt, wendet er sich schreiend an den Platzwächter, doch der hat nichts gesehen. Zwei Männer? Ja – er habe sie für Akakijs Freunde gehalten. Statt zu schimpfen, solle er doch lieber zum Revieraufseher gehen. Der werde den Dieb schon finden. So wurde der völlig aus der Fassung gebrachte Akakij Akakiewitsch auf den Beschwerdeweg verwiesen. Noch in derselben Nacht sagt ihm seine Wirtin, er solle sich nicht an den Revieraufseher, sondern sofort an den Bezirksvorsteher wenden. Und so begibt sich Akakij am nächsten Morgen zum Bezirksvorsteher. Als er nach langem Warten endlich vorgelassen wird, sieht er sich inquisitorisch angegangen. Woher er denn zu so später Stunde nach Hause gekommen sei, ob er sich womöglich in einem verrufenen Hause aufgehalten habe. Man rät ihm, den Vorgang dadurch zu beschleunigen, dass er sich an eine bedeutende Persönlichkeit wende. Erst wenn sich ein

Mann mit Einfluss der Sache annehme, könne er hoffen, dass sein Anliegen zügig bearbeitet werde.

So wendet er sich an eine bedeutende Persönlichkeit, die soeben in den Rang eines Generals erhoben wurde. Hier erlebt Akakij den Tiefpunkt seines Lebens. Er sieht sich, nachdem er stundenlang warten musste und endlich vorgelassen wurde, plötzlich angeschnauzt, weil er, um seinen Besuch zu rechtfertigen, gesagt hat: »Eure Exzellenz, ich habe es gewagt, Sie zu bemühen, weil die Sekretäre, dero... ein unverlässliches Volk sind.« Der General schreit ihn an, stampft dabei mit dem Fuße und steigert seine Stimme zu solcher Lautstärke, dass sogar jemand, der nicht Akakij Akakiewitsch gewesen wäre, Angst bekommen hätte: »Wissen Sie denn, zu wem Sie das sagen? Begreifen Sie denn, wer vor Ihnen steht? Begreifen Sie das? Begreifen Sie das? Das frage ich Sie.« Mehr tot als lebendig, geht Akakij Akakiewitsch nach Hause: mit offenem Munde von Gehsteig zu Gehsteig durch den Schneesturm wankend, zieht er sich eine Halsentzündung zu und und stirbt, nachdem er im Fieber die unflätigsten Beschimpfungen ausgestoßen hatte, auf die immer die Anrede »Eure Exzellenz« folgte. Sein Leichnam wird hinausgetragen und begraben. »Und Petersburg blieb ohne ihn zurück, als ob es einen Akakij Akakiewitsch überhaupt niemals gegeben hätte.«

Es folgt nun aber der vom Erzähler so genannte »phantastische Schluss«, denn es war Akakij bestimmt, nach seinem Tod noch mehrere Tage stürmisch zu verbringen: als Belohnung für ein Leben, das in keiner Weise bemerkenswert gewesen ist. Plötzlich geht in Petersburg das Gerücht um, dass an der Kalinkinbrücke und auch weitab von ihr des Nachts ein Toter in Gestalt eines Beamten zu sehen sei, der nach irgendeinem gestohlenen Mantel suche und unter diesem Vorwand von allen Schultern ohne Rücksicht auf Rang und Namen Mäntel jeder Art abziehe. Auch der bedeutenden Persönlichkeit wird schließlich von jenem Toten mit einem Gesicht weiß wie Schnee der Mantel abgestreift, und mit Entsetzen erkennt der General in der Gestalt des kleinen Mannes mit der abgetragenen Beamtenuniform Akakij Akakiewitsch wieder. Nach diesem Vorfall verschwindet der tote Beamte. Der Generalsmantel passte ihm offensichtlich wie angegossen. Von weiteren Manteldiebstählen ist nichts mehr zu hören. Und doch wollen sich manch Übereifrige nicht beruhigen und erzählen, dass sich der tote Beamte in entfernten Stadtteilen immer noch zeige. In der Tat sieht ein Nachtwächter im Stadtteil Kolomna mit eigenen Augen, wie das Gespenst hinter einem Haus hervorkommt. Da der Nachtwächter aber kein sehr kräftiger Mensch ist, wagt er es nicht, das Gespenst anzuhalten, geht ihm aber in der Dunkelheit nach, bis es sich zu ihm umdreht und ihm mit der Frage »Was willst du denn?« eine derartige

Faust zeigt, wie sie nicht einmal Menschen haben, die noch lebendig sind. Der Nachtwächter antwortet nur: »Nichts« – und kehrt auf der Stelle um. Das Gespenst ist nämlich sehr viel größer als er, trägt eine riesigen Schnurrbart und verschwindet in der nächtlichen Finsternis: wie es schien, in Richtung der Obuchowbrücke. So endet die Geschichte.

Gogols Erzähler

Es fällt auf, dass der »phantastische Schluss« der Erzählung, hinsichtlich der eingebrachten Topographie Petersburgs äußerst exakt ist, während all das, was wir über Akakijs Leben erfahren, keine exakte Ortsangaben enthält. Wie ist das zu erklären? Gogol präsentiert uns mit dem »Mantel« ein ganz besonderes Kunststück. Er erzählt uns nicht nur die Geschichte vom Leben und Sterben des Titularrats Akakij Baschmatschkin, der als toter Beamter Mäntel stiehlt und damit anderen das antut, was ihm selber widerfahren ist, sondern liefert uns gleichzeitig eine Darstellung des Erzählens seines Erzählers.

Das heißt: Wir sehen als Leser Gogols Erzähler regelrecht bei der Arbeit zu. Gogols Erzähler erfindet nämlich die Geschichte Akakijs, den es nie gegeben hat, vor unseren Augen. Wir hören Gogols Erzähler sozusagen »live« und müssen seine Erzählung als »Dichtung ad hoc« realisieren. Gogols Prämisse sieht so aus, dass nur das Gerücht, auf der Kalinkinbrücke werden immer wieder Mäntel gestohlen, auf nachweislichen Tatsachen beruht. Jeder kennt das Gerücht, und alle fragen sich, wer wohl der Dieb ist.

Dieses Gerücht kennt auch Gogols Erzähler und macht seine Erzählung an diesem Gerücht fest, die er seinem kleinen Publikum in Petersburg an einem Winterabend als »Improvisator« vorträgt. Das ist die von Gogols »Mantel« implizierte Erzählsituation, in die wir uns als Leser einzufühlen haben, um Gogols schließliche Botschaft zu verstehen.

Gogols Erzähler behauptet nämlich, er kenne den Dieb, der auf der Kalinkinbrücke Mäntel stiehlt, und erfindet die Geschichte von Akakij Akakiewitsch Baschmatschkin und dessen neuem teuren Mantel, der von zwei unbekannten Schnurrbartträgern gestohlen wird. Die Pointe: Der aus Verzweiflung über den Verlust seines Mantels und die mitleidlose Reaktion seiner Umwelt gestorbene Akakij kehrt als Toter zurück und stiehlt allen, die auf der Kalinkinbrücke unterwegs sind, den Mantel, bis er schließlich auch seinen Hauptpeiniger, den General, erwischt – und dann ist Ruhe: Gerechtigkeit als Rache. Natürlich werden auch weiterhin Mäntel gestohlen, denn das ist ja die realistische Grundlage der Erzählung des Erzählung.

Dass Gogol auch das Erzählen seines Erzählers zum Thema werden lässt, hat dazu geführt, dass Boris Eichenbaum 1919 eine formalistische Analyse der Erzählung veröffentlicht, unter dem Titel »Wie Gogols ›Mantel‹ gemacht ist« (Kak sdelana ›Šinel'‹ Gogolja). Eichenbaum geht davon aus, dass Gogol eine Phänomenologie des Erzählens veranschaulichen wollte und deshalb das Erzählte nur als Vorwand benutzt habe, um das Erzählen als solches vor Augen zu bringen. Das heißt: Eichenbaum trennt das erzählte Erzählen ab vom Inhalt des Erzählten, denn tatsächlich hat Gogol alle nur denkbaren Einstellungen zum Erzählen zum Ausdruck gebracht: Scherz, Satire, Ironie mit und ohne tiefere Bedeutung sowie die »humane Stelle«, in der Eichenbaum nur eine originelle Art von Unterbrechung sieht. Zwar wird das von Gogol gestaltete Phänomen des Erzählens von Eichenbaum richtig erfasst, durch die Abspaltung dieses Phänomens wird aber Gogols Botschaft ausgeblendet.

Anders gesagt: Gogols Erzähler ist darauf aus, die Aufmerksamkeit seiner Zuhörer auf keinen Fall zu verlieren, und wendet alle nur denkbaren Kunstgriffe an, um seine Zuhörer immer wieder zu überraschen, egal wie. Gogol selbst aber verfolgt mit dem Inhalt des Erzählten eine ganz bestimmte Absicht: Er zeigt, dass nur der Zugriff des Dichters ein für die Öffentlichkeit so unbedeutendes Schicksal wie das des Akakij Akakiewitsch vor dem Vergessenwerden schützen kann. Nur der Dichter bewahrt mit seiner Darstellung die Menschenwürde, was sich vom Verhalten der Behörden nicht sagen lässt. Das ist Gogols Botschaft.

Man darf nicht vergessen, dass Gogols »Mantel« (1842) sein Vorbild in E. T. A. Hoffmanns Erzählung »Des Vetters Eckfenster« (1822) hat. Hoffmann liefert mit dieser Erzählung seiner »Poetologie« das Sinnbild: Der »Vetter«, das ist der Dichter, der, gelähmt (= festgelegt und unbeweglich), aus seinem Eckfenster die Menschen von oben beobachtet, wie sie unten auf dem Markt herumlaufen und einkaufen. Zusammen mit seinem Vetter, der ihn immer wieder besucht und alles schriftlich festhält, kommentiert er die Menschen unten, konstruiert deren Herkunft und Zukunft, ohne sie jemals kennenzulernen. Das heißt: Hoffmanns »Sinnbild« definiert die Verfahrensweise des poetischen Geistes als ein Ergänzen der empirischen Wirklichkeit, die immer nur in einem Ausschnitt gegeben ist, durch die Einbildungskraft.

Und genau diese Verfahrensweise begegnet uns in Gogols »Mantel«, worin der Erzähler aus dem Wirklichkeitsausschnitt der Kalinkinbrücke das Schicksal des Akakij Akakiewitsch Baschmatschkin hervorgehen lässt. Um Gogols »Mantel« adäquat zu verstehen, sei deshalb E. T. A. Hoffmanns Erzählung »Des Vetters Eckfenster« zur Lektüre empfohlen.

ZWÖLFTES KAPITEL

»Die Heirat«

Über Gogols Komödie »Die Heirat« hat sich Johannes Holthusen besonders nachhaltig geäußert. Zunächst ist das Sujet auf das Zustandekommen einer mehr oder weniger lukrativen Heirat angelegt sowie auf den Konkurrenzkampf verschiedener Freier um eine dumme, aber durchaus ansehnliche Braut. Am Ende aber, so Holthusen:

> »entzieht sich der Held (Podkoljosin) den angestrengten Bemühungen seines Freundes Kotschkarjow und durchkreuzt damit den erwarteten glücklichen Endlauf zur Lösung der Intrige. Die Lösung des ›Knotens‹ ist Podkoljosins verzweifelter Sprung durch das Fenster, der angstvolle Verzicht auf Braut und Hochzeitsfeierlichkeiten. (...) Sicher muss man V. Setschkareff recht geben, dass die Gestalt der Braut (Agafja Tichonowa) als Person hier völlig gleichgültig bleibt und dass Podkoljosins ›Angst vor dem Leben‹ im Widerspiel zu Kotschkarjows ›ungehemmter Frechheit‹ das eigentlich treibende Motiv ist. (...) Nicht nur Podkoljosins letzte Entscheidung erweckt die Verblüffung des Zuschauers, sondern ebenso das eigentliche Fehlen eines Motivs für Kotschkarjows Intrige. (...) Mit der Person der Heiratsvermittlerin Fjokla Iwanowna und mit den konkurrierenden, nach und nach aus dem Felde geschlagenen Freiern gibt Gogol der Handlung den drastischen Hintergrund, den er braucht, um die ›elektrisierende‹ Wirkung der alltäglichen Interessen zu demonstrieren. So wie die Freier mit Podkoljosin konkurrieren, so ist Fjokla die schadenfrohe Rivalin Kotschkarjows, die am Schluss das letzte Wort hat: ›Ja doch, lauf nur, hol ihn zurück! Hast vom Heiratsgeschäft nicht die geringste Ahnung! Wäre er wenigstens durch die Tür entschlüpft – das ginge noch an, aber ein Bräutigam, der aus dem Fenster springt – verbindlichen Dank! Habe die Ehre!‹«

Soweit Johannes Holthusen in seinem Nachwort zur Ausgabe Nikolaj Gogol: Sämtliche Dramen (München: Winkler Verlag 1974, S. 517–554). Dem ist hinzuzufügen, dass Gogols Menschenbild uns so definiert, dass jeder von uns von einer »fixen Idee« angetrieben wird, die wir freiheitlich gewählt haben, die uns aber dann derart unterwirft, dass wir zu ihrem Sklaven werden, ohne dies zu bemerken. Und das hat den Anschein, dass wir motivlos handeln – wie Podkoljosin und Kotschkarjow. Podkoljosin will nicht heiraten und weiß nicht, warum. Und Kotschkarjow weiß nicht, warum er Podkoljosin dazu bewegen will, zu heiraten. Im Resultat wird das Leben zur Komödie, weil überall der Sinn fehlt.

»Die toten Seelen«

Mit Tschitschikow, dem »Handlungsreisenden aus dem Hades« (Nabokov), ist Gogol ein »pikaresker Held« gelungen, der Russland durchreist, um bei Gutsbesitzern »tote Seelen« aufzukaufen, auf die er schließlich bei einer Bank eine Hypothek aufnehmen will, um dann mit dem Geld, bevor der Betrug auffliegt, auf Nimmerwiedersehen zu verschwinden. Es war im damaligen Russland üblich, dass der Gutsbesitzer »tote Seelen« (= verstorbene Leibeigene) zunächst genauso versteuern musste wie die lebendigen. Deshalb stieß das Angebot Tschitschikows, »tote Seelen« aufzukaufen, auf großes Interesse, ohne dass seine Absicht erkannt wurde.

Gogol hatte sein Werk in Analogie zu Dantes »Göttlicher Komödie« in drei Teilen geplant: Hölle, Läuterungsberg und Paradies, von denen aber nur der erste Teil erschienen ist, der die Hölle der russischen Provinz vor Augen führt.

Und so bilden jetzt die »Toten Seelen oder Tschitschikows Abenteuer« zusammen mit Dostojewskijs »Die Brüder Karamasow«, deren zweiter Teil durch den Tod des Dichters ungeschrieben blieb, die großen Fragmente der russischen Literatur.

Die »Toten Seelen« bestehen in ihrem ersten (und einzigen) Teil aus elf Kapiteln. Der Schlüssel zum Charakter Tschitschikows wird uns im letzten, dem elften Kapitel, gegeben. Erst in diesem letzten Kapitel wird neben der Biografie des Helden auch dessen sorgsam gehüteter Plan aufgedeckt, mit den er zu Geld zu kommen sucht. Das Geschehen führt in die Zeit unter Alexander I., der von 1801 bis 1825 regierte. Eine genaue Datierung wird von Gogol nicht geliefert. Wir erfahren lediglich, dass die Handlung nach dem Jahre 1812 und noch zu Lebzeiten Napoleons spielt, nämlich während dessen Verbannung nach St. Helena (1815 bis 1821). Tschitschikow wird im Schnellfeuer der Mutmaßungen sogar für den inkognito in Russland herumreisenden Napoleon gehalten, den man »von der Insel fortgelassen« habe. Schauplatz ist die nicht näher gekennzeichnete russische Provinz »zwischen den beiden Hauptstädten«.

Tschitschikow will also tote Leibeigene zu Spottpreisen aufkaufen, denn jeder Gutsbesitzer wird gern die Steuerabgaben für verstorbene Arbeitskräfte loswerden. Aus dem Papier wird nicht ersichtlich sein, dass sämtliche vorgewiesenen Bauern bereits tot sind. Eine Schwierigkeit besteht allerdings: Bauern können nur mit dem entsprechendem Land gekauft oder verkauft werden. Land besitzt Tschitschikow aber nicht. Wiederum hält nun der Staat einen Ausweg bereit: Zur Übersiedelung nach Südrussland, dessen Nutzbarmachung zur Zeit ein vordringliches Regierungsprogramm ist, dürfen Bauern ohne Land gekauft werden. Das Land stellt der Staat sodann den ansiedlungswilligen Gutsbesitzern regelrecht »umsonst« zur Verfügung.

Sofort malt sich Tschitschikow das Gouvernement Cherson als seine neue Heimat aus. Dort will er seine toten Bauern ansiedeln: »Nach Cherson mit ihnen!« Die Übersiedelung wird auf gesetzliche Weise vollzogen werden, »ganz wie es sich gehört«. Da die Revisionslisten nur in größeren Abständen eingereicht werden können, zumeist alle fünf Jahre, will Tschitschikow noch vor der nächsten Revision »tausend tote Seelen erwerben« und sinniert: »Nehmen wir mal an, das Vormundschaftsgericht würde zweihundert Rubel für die Seele geben – dann hätte ich schon ein Kapital von zweihunderttausend«.

All das erfährt der Leser im letzten Kapitel. Die Kapitel davor zeigen uns den Helden bei seinen Käufen, ohne dass der Leser informiert würde. Und es versteht sich von selbst, dass Tschitschikow bei seinen Käufen seinen Plan nicht erwähnt. So reist er unter verschiedenen Vorwänden herum und hält vor allem nach solchen Regionen Ausschau, die »mehr als andere unter Unglücksfällen, Missernten, Seuchen« gelitten haben, denn hier würde er der die »toten Seelen« am billigsten kaufen können.

Der Roman schildert im Detail Tschitschikows erste Einkaufstour, die von Erfolg gekrönt ist: Er erwirbt 400 tote Seelen, lässt den Kauf behördlich bestätigen, sieht sich jedoch plötzlich absurden Verdächtigungen ausgesetzt, die seine unverzügliche Flucht aus der Stadt bewirken. Er entschwindet unserem Blick in einer Troika, »wie sie Junggesellen benutzen«, mit Selifan, seinem Kutscher, und Petruschka, seinem Diener. Zu neuen Taten!

So bilden die Ankunft des Helden in einer russischen Kleinstadt (»N.«) und seine schließliche Abreise den äußeren Rahmen des Geschehens. Fünf verschiedene Abschnitte lassen sich feststellen: Nach einer Einleitung, die uns (1.) Tschitschikow in seiner äußeren Erscheinung vorstellt und eine exemplarische Charakteristik der Stadt liefert, die ihm noch unbekannt ist, werden (2.) die Besuche bei fünf Gutsbesitzern der näheren und ferneren Umgebung geschildert, denen er nach bestem Wissen und Können tote Seelen abzuhandeln sucht. Das an diese Geschehnisfolge anschließende siebte Kapitel ist (3.) der thematische Höhepunkt des Romans. Die für die Handlung wesentlichen Bevölkerungsschichten treten hier gemeinsam in unseren Blick: die Gutsbesitzer, die Beamten und die Bauern. Gogol legt es darauf an, dass die toten Bauern am nachhaltigsten präsent sind, weil Tschitschikow sich bei der Durchsicht seiner Listen zu jedem Namen ein Schicksal ausdenkt. Das siebte Kapitel enthält auch die behördliche Bestätigung der Käufe. Das heißt: Tschitschikows Mission in der gewählten Gegend ist beendet. Insofern bildet dieses Kapitel den Abschluss all dessen, was vorausgeht. Gleichzeitig aber ist es der Auftakt zu einer neuen Geschehnisfolge, die sich (4.) als ein Chaos der Gerüchte und Mutmaßungen an der Person Tschitschikows entzündet: Ist er ein Banknotenfälscher? Will er die Gouverneurstochter entführen? Ist er der Hauptmann Kopejkin oder sogar Napoleon selbst? – bis schließlich im letzten Kapitel (5.) eine zusammenhängende und verbindliche Schilderung der Herkunft des Helden und des Ziels seines Vorgehens stattfindet. Die Aura der Unbestimmtheit, aus der uns Tschitschikow im ersten Kapitel entgegentrat, ist nun der Durchsichtigkeit einer präzisen Persönlichkeitsanalyse gewichen.

Kernstück und Ausstrahlungszentrum des Romans sind Tschitschikows Besuche bei den fünf Gutsbesitzern, von denen einer eine Frau ist, die Korobotschka heißt. Die vier anderen heißen Manilow, Nosdrjow, Sobakjewitsch und Pljuschkin. Mit diesen fünf Personen entwirft Gogol eine regelrechte Typenlehre, die eines C. G. Jung würdig wäre. Alle Fünf zeigen in der Konfrontation mit Tschitschikow, was und wer sie sind. Und jedesmal kennzeichnet die Beschreibung von Haus und Wohnung das innerste Wesen des Besitzers. Gogol versteht sich darauf, die Neugier des Lesers immer wieder neu zu wecken, denn jeder der Fünf reagiert anders auf die stets lauernde Standardfrage Tschitschikows, ob denn in der letzten Zeit einige Bauern gestorben sind.

Gogol führt seinen Helden aus dem Licht des ungetrübten Optimismus eines Manilow ins Dunkel der absoluten Hoffnungslosigkeit eines Pljuschkin. Am Anfang dieses Wegs steht der jugendliche Manilow, an dessen Ende der alte Pljuschkin. Manilow ergeht sich in Höhenflügen: Er malt sich aus, ein riesiges Haus »mit einem so hohen Aussichtsturm« zu errichten, dass man von dort »Moskau sehen« könne. Aus Pljuschkins Gehöft indessen weht Tschitschikow ein kalter Wind entgegen »wie aus einem Keller«.

Tschitschikow besichtigt hier, ohne dies zu bemerken, die Grenzstationen des menschlichen Lebens: Er bereist die Jugend und das Alter. Auf der Mitte des Wegs trifft er Nosdrjow, dessen gewissenloser Enthusiasmus den Höhepunkt menschlicher Aktivität bezeichnet. Gogol entwickelt hier offensichtlich eine Theorie der Lebensphasen. Der schrankenlose Optimismus der Jugend wird von einer Phase abergläubischer Skepsis abgelöst, deren physiognomische Entsprechung die Gestalt der Korobotschka ist, In der anschließenden Phase bricht unbändige Lebenslust durch: Nosdrjow benimmt sich noch »genauso wie mit achtzehn oder zwanzig«. Und schon wirft die Lebensphase des Alters ihre Schatten voraus: Sobakjewitsch wird uns zwar als vital vorgestellt, ist aber bereits durch Unbeweglichkeit gekennzeichnet. Und am Ende des Wegs wartet schließlich der lebende Leichnam Pljuschkin.

Tschitschikow bleibt gegenüber solcher Veranschaulichung blind. Es ist bezeichnend, dass er die tiefe Trostlosigkeit, die von Pljuschkin und dessen Lebensverhältnissen ausgeht, überhaupt nicht registriert. Ja, er verlässt Pljuschkin sogar in der »allerfröhlichsten Stimmung«; denn er denkt nur an den unverhofften Erfolg, der ihm wie ein Geschenk erscheint: »Den ganzen Weg über war er ungewöhnlich lustig, pfiff vor sich hin, hielt die Faust vor den Mund und blies darauf Trompete, und schließlich stimmte er sogar irgendein Lied an.«

Gogol arbeitet mit einer systematischen Differenz zwischen dem Eindruck, den die geschilderte Welt auf den Leser macht, und dem Eindruck, den die geschilderte Welt auf die sich in ihr bewegenden Gestalten macht. Er führt uns den Menschen in der Todesvergessenheit vor. Der Roman »Die toten Seelen« ist ein Buch vom Tod. Doch keine der Gestalten macht sich Gedanken über den eigenen Tod. Die eigene Vergänglichkeit wird ausgeblendet und verdrängt. Die »toten Seelen« sind für Tschitschikow im Banne seiner »fixen Idee« nichts anderes als Erfolg versprechende Handelsware. Das heißt: Der von seinem Erfolg bei Pljuschkin berauschte Tschitschikow wird mit einem »zwanzigjährigen Jüngling« verglichen, der soeben im Theater war und eine »spanische Gasse, eine Mondnacht und eine wunderbare Frauengestalt mit Locken und Gitarre im Kopf« hat. »Was für Phantasien können da nicht aufsteigen! Er ist in allen Himmeln, er war bei Schiller zu Besuch!«

Der letzte Absatz des Romans beschwört programmatisch die heroische Zukunft Russlands. Ja, Tschitschikows Troika wird hier zu Russland, und er selbst bestimmt, wohin die Fahrt geht: Gogols epischer Erzähler lässt uns teilhaben: »... die Pferde rasen wie der Wind, die Radspeichen fließen zu einer einzigen glatten Scheibe zusammen, der Boden zittert, der aufschreiende Fußgänger bleibt erschrocken stehen – und da saust sie auch schon, die Troika, und fliegt dahin, dahin, dahin! Und schon sieht man bloß noch in der Ferne, wie etwas den Staub aufwirbelt und die Luft durchschneidet.« Und dann folgt der berühmte Schluss:

>»Fliegst nicht auch du, Russland, dahin wie eine mutige, nicht einzuholende Troika? Wirbelnd staubt unter dir die Straße, die Brücken donnern, alles bleibt zurück, alles lässt du hinter dir. Staunend steht der Betrachter, von diesem Wunder gebannt : ist das nicht ein Blitz, vom Himmel herab geschleudert? Was bedeutet diese furchteinflößende Geschwindigkeit? Und welch eine unbekannte Kraft wohnt in diesen, der Welt unbekannten Pferden? Ach, ihr Pferde, Pferde, was seid ihr für Pferde! Habt ihr denn Wirbelstürme in euren Mähnen? Zittert euch ein wachsames Ohr in jeder Ader? Kaum hört ihr das vertraute Lied von oben erklingen – und

schon habt ihr gemeinsam und einträchtig die eherne Brust gespannt, und habt euch schon, die Erde kaum mit den Hufen berührend, in eine lange streckte Linie verwandelt, um durch die Luft zu fliegen und, von Gott begeistert, dahin zu stürmen! Russland, wohin fliegst du? Gib Antwort. Doch eine Antwort wird nicht gegeben. Das Glöcklein erklingt wunderbar; es ächzt die Luft und wird zum Wind; alles fliegt vorbei, was auf der Erde ist, und neidvoll blickend treten zur Seite und geben ihm Raum alle anderen Völker und Reiche.«

Bewegung ist Leben, Stillstand ist Tod. In dieser Lobrede ist alles Metapher: vom Rahmen bis zum Detail. Von Ironie keine Spur: Tschitschikow wird hier zum russischen Nationalisten. Und die »fixe Idee«, von der jeder auf seine Weise getrieben und inspiriert wird, erweist sich als Voraussetzung des »lebendigen Lebens«.

Das Kuriosum aber besteht darin, dass diese Hymne nicht von einem russischen Autor geschrieben wurde: Gogol war Ukrainer, der zeit seines Lebens das Russische als Fremdsprache empfunden und literarisch praktiziert hat. Wie man sieht, hat er sich von seiner eigenen Dichtung mitreißen lassen – so wie wir, die Leser, uns von Tschitschikow mitreißen lassen und mit ihm in die Zukunft blicken, die gewiss vom großen Geld der »toten Seelen« gesegnet sein wird.

DREIZEHNTES KAPITEL

Transzendentale Obdachlosigkeit: Tschechows »Schwarzer Mönch« und »Die Dame mit dem Hündchen«

Anton Tschechow gilt zu Recht als der Meister des offenen Schlusses. Dieser erzähltechnischen Eigenart geht aber eine anthropologische Begründung voraus, die immer mitgedacht werden sollte: Es gibt in der Welt Tschechows keine monokausale Beziehung zwischen dem Verhalten eines Menschen und dessen Schicksal.

In der Welt Tschechows würde den Mörder Raskolnikow nicht die Bestrafung in Sibirien ereilen, und die Ehebrecherin Anna Karenina käme nicht durch Selbstmord unter einem Güterzug zu Tode, was Tschechows Anna in der »Dame mit dem Hündchen« deutlich vor Augen führt. Das Leben des Menschen besteht bei Tschechow aus einer Reihe von Episoden, die keinen Zusammenhang ergeben, wozu die Erzählung »Mein Leben« die Programmschrift liefert. Von einem Leben in Gottes Hand, wie es die »Confessiones« des Augustinus gestalten, kann bei Tschechow keine Rede sein, der sich vom Christentum explizit distanziert. Mit Georg Lukács ließe sich sagen, dass die von Tschechow gestaltete Welt durch »transzendentale Obdachlosigkeit« gekennzeichnet ist.

Sehen wir uns unter diesem Leitbegriff zwei Erzählungen näher an: den »Schwarzen Mönch« und die »Dame mit dem Hündchen«.

»Der schwarze Mönch«

Worum geht es? Die Erzählung beginnt mit dem Satz: »Der Magister Andrej Wasiljewitsch Kowrin hatte sich überanstrengt, und seine Nerven waren zerrüttet.« Der Titel »Magister« bezieht sich, wie sich herausstellt, auf seine Tätigkeit an der Universität: Er hält Vorlesungen über Philosophie. Das neunte und letzte Kapitel meldet, er habe soeben einen Lehrstuhl erhalten, könne aber zu seiner Antrittsvorlesung nicht erscheinen, weil seine Lungenschwindsucht ihn daran hindert, den Termin wahrzunehmen. Der letzte Absatz der Erzählung beschreibt den Blutsturz, mit dem er im Hotel an seinem Urlaubsort stirbt. Von Anfang bis Ende schildert die Erzählung

Kowrins Kampf mit seiner tödlichen Krankheit. Gleichzeitig aber mit dieser Krankheit entwickelt sich in ihm ein Größenwahn, aus dem als Halluzination der »schwarze Mönch« hervorgeht, der Kowrin immer wieder besucht und ihn davon zu überzeugen sucht, dass er ein Genie sei und mit seinen wissenschaftlichen Arbeiten unsterblich sein werde. Man sieht: Tödliche Krankheit als Zeichen unabwendbarer Vergänglichkeit wird vom Größenwahn, der das Glück der Unsterblichkeit verheißt, immer wieder verdrängt. Aus dieser Unvereinbarkeit zweier »Krankheiten« bezieht Tschechows Erzählung ihren Spannungsbogen.

Nach diesem Vorgriff nun zurück zum Anfang: Überarbeitet und nervlich zerrüttet, bekommt Kowrin von einem befreundeten Arzt den Rat, Frühling und Sommer auf dem Land zu verbringen, um sich zu erholen. Kowrin fährt aufs Land, zunächst für drei Wochen in die Einsamkeit seines Stammguts »Kowrinka«, danach zu seinem Pflegevater Pesotzkij, einem bekannten Gartenarchitekten, und dessen Tochter Tanja. Es heißt:

»Auf dem Dorf fuhr er fort, ein ebenso nervöses und unruhiges Leben zu führen wie in der Stadt. Er las und schrieb viel (...) Er schlief so wenig, dass sich alle wunderten. (...) Er sprach viel, trank Wein und rauchte teure Zigarren.«

Es wird deutlich, wie stark die Ausnahmesituation, die Kowrin selber als »Größenwahn« empfindet, durch die physio-psychologische Grundlage seiner nervlichen Zerrüttung bedingt ist, was der realistischen Poetik Tschechows entspricht.

In diesem Zustand wird Kowrin von einer Halluzination heimgesucht: Ihm erscheint ein schwarzer Mönch, der ihm verheißt, er, Kowrin, sei ein Auserwählter, ein Genie. Kowrin lebt von da an mit seinen Visionen und schwelgt regelrecht in den schmeichelhaften Reden seines treuen Besuchers, der immer wieder auftaucht.

Auf Drängen Tanjas, die inzwischen seine Frau geworden ist, begibt er sich jedoch in ärztliche Behandlung, um sich von seinen Visionen kurieren zu lassen. Er lebt jetzt nur seiner Gesundheit, trinkt Milch und schläft viel. Sein Zustand normalisiert sich wieder. Der schwarze Mönch mit seinen Verheißungen erscheint nicht mehr. Das beständige Hochgefühl aber, das Kowrin während seines Wahns beflügelt hat, verschwindet, um einer konstanten Übellaunigkeit Platz zu machen: Kowrin muss sich damit abfinden, nur ein ganz und gar durchschnittlicher Mensch zu sein. Und es erhebt sich für ihn wie für den Leser die Frage: Ist der schwarze Mönch mit seiner Verheißung nur Resultat eines krankhaften Wunschdenkens, oder hat der schwarze Mönch die Wahrheit gesprochen und Kowrin ist tatsächlich ein Genie, das mit Rücksicht auf Familie und Gesundheit nicht zum Zuge kommen kann, um sich zu objektivieren?

Als Kowrin stirbt, erscheint ihm plötzlich und unerwartet der schwarze Mönch:

> »›Warum hast du mir nicht geglaubt?‹, fragte er vorwurfsvoll und sah Kowrin zärtlich an. ›Wenn du mir damals geglaubt hättest, dass du ein Genie bist, hättest du diese zwei Jahre nicht so traurig und freudlos verbracht.‹«

Kowrin stirbt glücklich: im Glauben an seine Auserwähltheit, deren Möglichkeiten er nicht verwirklicht hat. Tschechows Erzählung impliziert mit der phantastischen Eingliederung des schwarzen Mönchs in den Alltag Kowrins, dass Kowrin kein Genie gewesen ist. In seinem Größenwahn verwechselt Kowrin sein krankhaftes Wunschdenken mit der Illusion eines sinnvollen Lebens. Als Resultat dieser subjektiven Pointierung hat diese Erzählung Tschechows keinen offenen Schluss. Kowrins Halluzination hat die Wirklichkeit besiegt.

Die Gestalt des »Schwarzen Mönchs« ist Tschechows eigene Erfindung und wurde von ihm nicht aus der Folklore übernommen. Mit dieser Gestalt der kompromisslosen Ich-Stärkung hat der Atheist Anton Tschechow offensichtlich eine Parallelfigur zu Jesus Christus entworfen und damit die helfenden Fiktionen des christlichen Glaubens als Halluzinationen gekennzeichnet, die den Menschen aus seiner Zwangslage erlösen.

In der berühmtesten all seiner Erzählungen, der »Dame mit dem Hündchen«, hat Tschechow seine anthropologische Prämisse ganz und gar »realistisch« verwirklicht.

»Die Dame mit dem Hündchen«

Dmitrij Gurow, ein erfahrener Lebemann von fast vierzig Jahren, begegnet auf der Strandpromenade des sommerlich-müßigen Jalta der jungen und, wie er selbst, unglücklich verheirateten Anna von Diederitz. Beide sind allein unterwegs, und es entspinnt sich schon bald eine Liebesbeziehung. Für Gurow ist auch dieses Abenteuer reine Routine. Über seinem Verhalten zu Anna liegt immer der Schatten eines leisen Spotts. Als er sie schließlich nach einer Zeit intensiven Zusammenseins zum Bahnhof begleitet, sind beide fest entschlossen, sich nie mehr wiederzusehen. »Der Zug verschwand schnell, bald war keines seiner Lichter mehr zu sehen...«

Doch das gewohnte Verblassen der Erinnerung bleibt aus. Das Gegenteil tritt ein. Anna gewinnt in seinen Gedanken eine immer unabweislichere Präsenz. Die Erinnerung an sie beherrscht schließlich sein Denken und Fühlen derart, dass er beschließt, jene Provinzstadt, in der Anna lebt, aufzusuchen und sich mit ihr, wenn möglich, zu treffen. Inzwischen ist es Dezember. Die Festtage kommen. Gurow schützt gegenüber seiner Frau eine besondere dienstliche Angelegenheit in Petersburg vor und fährt zu Anna. Noch am Morgen seiner Ankunft lässt er sich vom Portier seines Hotels den Weg weisen und steht nun vor dem Haus seiner Geliebten. Direkt vor dem Haus verläuft »ein langer grauer Zaun mit Nägeln«, der Gurows Ärger erregt: von Anna keine Spur. Doch tritt eine alte Frau aus der Haustür mit jenem Spitz, der ihm aus Jalta bekannt ist. Gurow kehrt in sein Hotelzimmer zurück, isst und schläft dann bis zum Abend. Ratlos sitzt er auf seinem Hotelbett: »Da hast du deine Dame mit dem Hündchen ... Da hast du dein Abenteuer ... Jetzt musst du hier sitzen.« Er erinnert sich eines Plakats, das er am Morgen gesehen hat, und geht ins Theater, wo die »Geisha« von Sidney Jones gegeben wird. Dort erblickt er Anna, was er sich kaum zu erhoffen wagte:

> »Sie nahm in der dritten Reihe Platz, und als Gurow sie ansah, krampfte sich ihm das Herz zusammen, und er merkte deutlich, dass es jetzt auf der ganzen Welt keinen Menschen gab, der ihm näher, teurer und wichtiger gewesen wäre; sie, die ganz in dieser provinziellen Menge unterging, diese kleine, durch nichts ausgezeichnete Frau mit einer vulgären Lorgnette in der Hand füllte jetzt sein ganzes Leben aus, war sein Kummer, seine Freude, das einzige Glück, das er jetzt wünschte; und bei den Klängen des schlechten Orchesters, der miserablen kleinstädtischen Streicher dachte er, wie schön sie doch sei.«

Während der Pause geht Annas Mann, der neben ihr sitzt, hinaus, um zu rauchen, und Gurow nutzt die Gelegenheit, Anna zu begrüßen. Unter dem verwirrenden Ansturm ihrer Gefühle irren beide durch das Menschengewühl der Korridore, »bald aufwärts, bald abwärts«. Gurow küsst Anna schließlich auf einer schmalen und dunklen Treppe, und zwei Gymnasiasten, die rauchen, sehen von oben zu. Anna verspricht, Gurow in Moskau aufzusuchen, und kehrt auf ihren Platz zurück. Gurow holt seine Garderobe und verlässt das Theater.

Tschechow liefert hier auf engstem Raum ein Meisterstück der atmosphärischen Evokation verbotener Liebe, wobei der imaginäre Erzähler mehr wahrnimmt als Gurow, das zentrale Bewusstsein. Die »durch nichts ausgezeichnete Frau«, die »miserablen Streicher« und die »zwei Gymnasiasten, die rauchten«, zeigen uns ein Genie bei der Arbeit.

Anna kommt jetzt alle zwei bis drei Monate einmal nach Moskau. Gegenüber ihrem Mann behauptet sie, einen berühmten Arzt wegen ihres Frauenleidens aufsuchen zu müssen. Sie wohnt jedesmal im »Slavischen Basar«, einem soliden Gasthof, wo Gurow sie aufsucht. Gurow führt nun neben seinem sichtbaren Leben ein zweites Leben, von dem niemand in Moskau etwas weiß.

Gurow und Anna lieben sich, so versichert uns der Erzähler, wie zwei einander sehr nahe, verwandte Menschen: »wie Mann und Frau, wie zärtliche Freunde.« Das Hotelzimmer wird ihnen zum Asyl vor den Unbilden des Lebens. Sie verzeihen einander alles, was in ihrer Vergangenheit beschämend war, verzeihen einander auch alles in der Gegenwart und fühlen, »dass ihre Liebe sie beide verändert hat«. Anna allerdings ist traurig darüber, dass sie sich immer nur heimlich sehen können und sich »wie Diebe« vor den Menschen verstecken müssen. Ist nicht ihrer beider Leben zerstört?

> »Dann beratschlagten sie lange, sprachen davon, wie sie sich von der Notwendigkeit befreien könnten, sich zu verstecken, andere zu betrügen, in verschiedenen Städten zu leben, sich immer nur kurz zu sehen. Wie konnte man diese unerträglichen Ketten loswerden? ›Wie? Wie?‹ fragte er und griff sich dabei an den Kopf. ›Wie?‹«

Sofort im Anschluss daran heißt es:

> »Und es schien, dass nur noch wenig fehlte – und die Lösung war gefunden, und dann würde ein neues, schönes Leben anfangen; und beiden war klar, dass das Ende noch weit, sehr weit war und das Komplizierteste und Schwierigste gerade erst begonnen hatte.«

An dieser Stelle bricht die Erzählung ab. Sie ist zu Ende. Es wird kaum einen Leser geben, der nicht weiterblättert, um zu sehen, wie die Geschichte ausgeht. Doch Tschechow schweigt. Er hat gesagt, was zu sagen war.

Was aber hat er gesagt? Er hat gezeigt, dass Gurow und Anna mit ihrer verbotenen Liebe ihre soziale Identität verloren haben, die sie nur durch Heirat nach ihrer beider Scheidung wiedergewinnen könnten. Dann aber würden sie in einer Ehe landen, die sie, wie gehabt, gar nicht ertragen könnten. Der offene Schluss lässt deutlich werden, dass Gurow und Anna die Bedingung für ihr Glück, ein verbotenes Glück zu sein, nicht klargeworden ist. Auf das »Wie?«, mit dem die Erzählung endet, gibt es keine Antwort.

Schlusswort

Worin besteht das Exemplarische der Konstruktion Tschechows im »Schwarzen Mönch« und in der »Dame mit dem Hündchen«? Beidemal wird die psychosomatische Einheit von Körper, Seele und Geist zerstört. Dostojewskij hatte den Gedanken dieser Einheit von Schiller übernommen und in seinen fünf großen Romanen anschaulich und höchst eindrucksvoll demonstriert. »Die Schauer, die denjenigen ergreifen, der auf eine lasterhafte Tat ausgeht oder eine ausgeführt hat, sind nichts anderes als der Horror, der den Febrizitanten schüttelt«, hatte Schiller in seinem »Versuch über den Zusammenhang der tierischen Natur des Menschen und seiner geistigen« (1780) festgestellt und selber in seiner Erzählung »Der Verbrecher aus verlorener Ehre« gestaltet. Genauso geht Dostojewskij vor, wenn er Raskolnikow schon vor der Tat, als er den Raubmord plant, mit einer fiebrigen Erkältung infiziert, die sich nach der Tat zu Ohnmachtsanfällen und mehrtägigen Absenzen steigert. Erst im sibirischen Zuchthaus wird Raskolnikow, durch Verbüßen seiner Strafe, allmählich wieder gesund. Das heißt: Bei Dostojewskij meldet sich die Seele als Gewissen im Medium des Körpers, wenn die Vernunft (= der Geist) eine Untat geplant und durchgeführt hat.

Von einer solchen psychosomatischen Einheit will Tschechow nichts wissen. Krankheit ist bei ihm niemals die Folge des Verhaltens eines Menschen. Kurz gesagt: Kowrins Lungenschwindsucht, an der er stirbt, ist kein verdientes Leiden wie Raskolnikows grippaler Infekt, sondern ein autonomes physisches Geschehen, das mit der Moral Kowrins nichts zu tun hat. Tschechow hat hier, nebenbei vermerkt, seine eigene Krankheit beschrieben: Am 2. Juli 1904 ist er in Badenweiler an Lungenschwindsucht gestorben. Seine Erzähltechnik, die im offenen Schluss ihr Markenzeichen hat, entwickelte er völlig konsequent aus seinem Menschenbild. Iwan Bunin ist es, der in seinen »Erinnerungen« ein Gespräch mit Tschechow referiert, worin dieser feststellte: »Wenn man eine Erzählung geschrieben hat, muss man, wie ich meine, den Anfang und das Ende wegstreichen. Hier lügen wir Belletristen am meisten.« (Po-moemu, napisav rasskaz, sleduet vyčerkivat' ego načalo i konec. Tut my, belletristy, bol'še vsego vrem» (Bunin: O Čechove; Werke, russisch, 9 Bde., Bd. 9, S. 179.) Das ist zweifellos die beste Definition der Poetik Tschechows, die sich denken lässt. Das Leben des Menschen hat seine Substanz im isolierten Augenblick, was allerdings dem jeweils erlebenden Ich nicht bewusst wird.

VIERZEHNTES KAPITEL

Drei Komödien der besonderen Art: Gribojedows »Verstand schafft Leiden«, Gogols »Revisor« und Tschechows »Möwe«

»Verstand schafft Leiden«

Alexander Gribojedow lebte von 1795 bis 1829. Ab 1828 russischer Gesandter in Persien, wurde er 1829 bei einem Überfall auf das Gesandtschaftsgebäude in Teheran ermordet. »Verstand schafft Leiden« wurde zu seinen Lebzeiten nicht zum Druck zugelassen, kursierte aber in Abschriften (Uraufführung 1831) und zählt heute mit Gogols »Revisor« und Tschechows »Möwe« zu den bedeutendsten Komödien der russischen Literatur.

Worin die Komik des zentralen Geschehens besteht, lässt sich am besten im Rückgriff auf Schopenhauer erläutern, der in § 13 seines Hauptwerks »Die Welt als Wille und Vorstellung« Folgendes klarstellt:

> »Das *Lachen* entsteht jedesmal aus nichts Anderem, als aus der plötzlich wahrgenommenen Inkongruenz zwischen einem Begriff und den realen Objekten, die durch ihn, in irgend einer Beziehung, gedacht worden waren, und es ist selbst eben nur der Ausdruck dieser Inkongruenz. Sie tritt oft dadurch hervor, dass zwei oder mehrere reale Objekte durch *einen* Begriff gedacht und seine Identität auf sie übertragen wird: darauf aber eine gänzliche Verschiedenheit derselben im Übrigen es auffallend macht, dass der Begriff nur in einer einseitigen Absicht auf sie passte. Eben so oft jedoch ist es ein einziges reales Objekt, dessen Inkongruenz zu dem Begriff, dem es einerseits mit Recht subsumiert worden, plötzlich fühlbar wird. Je richtiger nun einerseits die Subsumtion solcher Wirklichkeiten unter den Begriff ist, und je größer und greller andererseits ihre Unangemessenheit zu ihm, desto stärker ist die aus diesem Gegensatz entspringende Wirkung des Lächerlichen.«

Aus dieser Erklärung ergeben sich, wie man sieht, für Schopenhauer zwei Arten des Lächerlichen: Entweder ist das Besondere gegeben, und der Begriff kommt hinzu, oder der Begriff ist gegeben und wird auf das Besondere, das vor Augen liegt, angewendet.

In unserem Falle, enthält der Titel der Komödie eine Frage im Sinne Schopenhauers: »Verstand schafft Leiden« (russ.: Gore ot uma) – das heißt: Entweder hat Tschatzkij gar keinen Verstand, und sein Leiden ist lächerlich. Oder: Die anderen, die er belehren will, haben keinen Verstand und seine Leiden sind nicht lächerlich. Worum geht es Gribojedow? Sein noch junger »Held« heißt Alexander Tschatzkij. Nach einer Zeit im Ausland ist er soeben nach Moskau zurückgekehrt, das er dann, von allen enttäuscht, wieder verlässt mit dem inzwischen sprichwörtlich gewordenen Ruf: »Meinen Wagen, schnell, wo ist mein Wagen!« (Karetu mne, karetu!). Dmitrij Tschižewskij gibt zu bedenken:

> »Der Inhalt der Komödie gab immerhin späteren Generationen Anlass zu der Frage, ob ihr Hauptheld, Alexander Tschatzkij, wirklich dazu prädestiniert sei, den ›Verstand‹ zu vertreten. Nach drei mit Reisen zugebrachten Jahren kehrt er in das Haus zurück, in dem er erzogen wurde, und weiß nichts Besseres zu tun, als den Moskauer Beamten und Adligen, die er leicht als unbelehrbare Anhänger der guten alten Zeit zu durchschauen vermag, bei jeder Gelegenheit seine Ideen zu verkünden. Das ist kaum ein Zeichen von Klugheit.«

Anders formuliert: Der Titel der Komödie ist ironisch gemeint und bedeutet eigentlich: Unverstand schafft Leiden, denn Tschatzkij bemerkt nicht, dass er es ringsum mit dummen Leuten zu tun hat, die für seine Ideen kein Verständnis haben können. Das Lächerliche besteht hier, mit Schopenhauer gesprochen, darin, dass Tschatzkij unter den Begriff »Aufklärung« ein Objekt subsumiert (das Bewusstsein seiner Umwelt), das nicht aufgeklärt werden kann, weil es beschränkt ist. In dieser »Inkongruenz« hat die Komik dieser Komödie ihren Ort.

Klassizistisch ist die Einheit von Ort und Zeit: Das Haus Famusows, eines höheren Beamten, ist der Schauplatz der vier Akte des Stücks. Sie spielen alle am selben Tag, beginnen in den frühen Morgenstunden und enden mit einer kleinen Tanzunterhaltung am Abend. Die Szene im Foyer, als alle das Haus verlassen, beschließt das Stück. Durchaus romantisch ist die eingeschobene Liebesgeschichte zwischen Tschatzkij und Sofja, der Tochter Famusows, die kein glückliches Ende hat.

Adolf Stender-Petersen fasst in seiner »Geschichte der russischen Literatur« die von Gribojedow gestaltete Problemsituation wie folgt zusammen:

> »Der Held der Komödie, der einsame, überlegene, verbitterte, edle und idealistische Rebell, der sich von einer Schar verständnisloser, zynischer, sittlich degenerierter Stützen der Gesellschaft umgeben sah, wurde zum

Vorbild aller adligen Intellektuellen, die in seinen glanzvollen und schönen Reden sowohl Trost als Begeisterung fanden, die aber, wenn es Ernst wurde, nicht imstande waren, wirklich den Kampf mit der in Russland herrschenden Regierung aufzunehmen. Die Komödie endete denn auch mit der Flucht Tschatzkijs aus Moskau.«

»Der Revisor«

Als Verwechslungskomödie ist Gogols »Revisor« ein literarisches Unikum, denn der Verwechselte weiß hier nicht, mit wem er verwechselt wird. Man denke nur an den »Hauptmann von Köpenick«, der als Wilhelm Voigt genau weiß, was er zu tun und zu sagen hat, damit man ihn für den hält, der er nicht ist. Anders Gogols Chlestakow, der, auf Durchreise in einer Provinzstadt, von deren Bewohnern, einschließlich Stadthauptmann, für einen Revisor gehalten wird, der im Auftrag der Regierung unterwegs ist, um die Bürger zu kontrollieren.

Im Gasthof, wo Chlestakow seit 14 Tagen, ohne zu zahlen, mit seinem Diener Ossip wohnt, wird Chlestakow vom Stadthauptmann persönlich begrüßt und eingeladen, doch zu ihm in sein Haus umzuziehen, das ihm angemessener sei.

Zuvor hatten Dobschinskij und Bobschinskij, zwei Gutsbesitzer, die in der Stadt wohnen, an seinem herrschaftlichen Auftreten den »Revisor« erkannt. Die Vorstellung, ein Revisor sei in der Stadt, versetzt alle potentiell Betroffenen in Aufregung: Jeder denkt sofort an seine eigenen Unterlassungen und Verstöße, die Gogol im Detail benennt. Man beschließt, dem Revisor unterwürfig zu begegnen und ihm alle Wünsche zu erfüllen. Dies gestaltet der Erste Akt.

Der Zweite Akt zeigt uns Chlestakow, der von alledem nichts ahnt, in seinem Zimmer des Gasthofs, wo er darauf wartet, dass man ihn ins Gefängnis bringt, weil er schon 14 Tage seine Rechnungen nicht bezahlt hat und nun nicht einmal wagt, für sich und seinen Diener etwas zum Essen zu bestellen. Als der Stadthauptmann in Chlestakows Zimmer erscheint, glaubt Chlestakow, er solle verhaftet werden, während der Stadthauptmann fürchtet, vom »Revisor« zur Verantwortung gezogen zu werden. Das heißt: Gogol veranschaulicht hier (Akt II, Szene 8), einfach genial, die berühmte Radierung Paul Klees: »Zwei Männer, einander in höherer Stellung vermutend«. Doch nichts dergleichen geschieht. Und Chlestakow kann die nächsten drei Akte zeigen, was in ihm steckt (eine Paraderolle für den Schauspieler!), als er unter konstanter Zustimmung von allen Seiten nicht nur der Tochter des Stadthauptmanns einen Heiratsantrag macht, sondern auch dessen Ehefrau. Außerdem kassiert Chlestakow Geld, und das nicht zu knapp, weil jedermann ihm etwas »leihen« will, um ihn gnädig zu stimmen. Doch Ossip, der Diener, warnt seinen Herrn: Hier stimmt etwas nicht, wir sollten so bald wie möglich abreisen. Hier wird jemand für jemand gehalten, der er nicht ist. Auf den Begriff »Revisor« aber kommen beide nicht. Chlestakow schreibt noch schnell einen Brief an seinen Freund Trjapitschkin in Petersburg und lässt den Brief zur Post bringen. Dann aber wird gepackt, und Chlestakow macht sich mit seinem Diener und dem »geliehenen Geld« auf und davon: auf Nimmerwiedersehen.

Zurück bleibt der Brief Chlestakows an seinen Freund Trjapitschkin in Petersburg, den der Postmeister wie alle Briefe, die sein Amt durchlaufen, geöffnet und gelesen hat. Dieser Brief wird nun öffentlich verlesen. Chlestakow schreibt (als Angeber, der sich immer selber treu bleibt): »Der Gastwirt, bei dem ich wohnte, wollte mich schon ins Gefängnis stecken: dann aber hielt mich plötzlich die ganze Stadt – meiner Petersburger Erscheinung und Kleidung wegen – für den Generalgouverneur. Jetzt wohne ich beim Stadthauptmann, lasse den Herrgott einen guten Mann sein und mache seiner Frau und seiner Tochter auf Teufel komm raus den Hof! [...] Jedermann leiht mir Geld, soviel ich will. Das sind Originale, kann ich Dir sagen! Du würdest Dich totlachen«. Und so weiter. Natürlich lacht keiner unter den anzüglich gekennzeichneten Zuhörern. Plötzlich erscheint ein Gendarm, der verkündet: »Der auf besonderen Befehl aus Petersburg eingetroffene Beamte wünscht Sie sofort bei sich zu sehen. Er ist im Gasthof abgestiegen«. Das bedeutet: Der echte Revisor ist eingetroffen, das Bestechungsgeld ist weg: »entliehen« an den falschen. Die Komödie ist zu Ende: Es folgt die »Stumme Szene«, die »fast anderthalb Minuten« dauert: Alle erstarren vor Schreck mitten in der jeweiligen Bewegung, unerlöst fixiert in ihren Verfehlungen. Dann fällt der Vorhang. So endet Gogols »Revisor«.

Was wird gestaltet? Auf der einen Seite das schlechte Gewissen der Stadtbewohner, das zu Masken der Freundlichkeit und der Verstellung führt, um beschwichtigt zu werden. Auf der anderen Seite die Künste eines geborenen Scharlatans und Verführers, der die Schwächen seiner Mitwelt erspäht, um daraus seinen Vorteil zu ziehen. Das Motto, das Gogol seiner Komödie voranstellt, lautet: »Schimpf nicht auf den Spiegel, wenn du ein schiefes Gesicht hast.«

In einem »Nachwort« zum »Revisor« hebt Gogol hervor, der falsche Revisor sei unser windiges, weltliches Gewissen, der echte Revisor aber unser wirkliches, unbestechliches Gewissen und die Provinzstadt die Stadt der

Seele. Unabhängig davon impliziert Gogols »Komödie in fünf Akten«, dass sich im damaligen Russland der echte Revisor oftmals genauso verhalten hat wie der falsche Revisor: Er ließ sich bestechen, um zu schweigen. Es kommt darauf an, die verschiedenen Lesarten zu sehen und voneinander zu trennen.

»Die Möwe«

Tschechows »Möwe« entstand 1895/96 und ist das erste seiner vier großen Bühnenwerke. Tennessee Williams hat dieses Stück als »das erste und das größte Werk des modernen Theaters« bezeichnet (»the first and greatest of modern plays«). Ganz offensichtlich ist es das Verhältnis von Alltäglichkeit und Transzendenz, das mit Tschechow neu bestimmt wird und nicht zuletzt auch auf Samuel Beckett vorausweist. Mit den Dramen Tschechows betritt der »empirische Mensch« die Bühne, der Mensch, wie er leibt und lebt, determiniert durch Krankheit und Tod, Hunger und Durst, der Mensch, der weint, lacht und schnarcht, der nervös ist, vor sich hinpfeift, dem das Bein einschläft und der sich über nächtliches Hundegebell ärgert, der, mit einem Wort, von seiner Alltäglichkeit gepeinigt wird, immer vom Selben redet, sich zuviel vornimmt und im ewigen Zwiespalt zwischen Sehnsucht und Realität die Sisyphusarbeit des alltäglichen Besorgens absolviert. Komisch ist das eigentlich nicht. Komik kommt erst durch die Illusionen ins Spiel, mit denen sich die Dramenfiguren über ihren tatsächlichen Zustand hinwegzutäuschen versuchen. Mit Tschechows Bezeichnung der »Möwe« als »Komödie« wird diese neue Sicht regelrecht plakatiert. In radikalem Bruch mit der Tradition endet diese Komödie mit dem Selbstmord der Hauptperson.

Anton Tschechows Menschenbild lässt sich einführend am besten mit einer Passage aus Arthur Schopenhauers Hauptwerk »Die Welt als Wille und Vorstellung« kennzeichnen:

> »Das Leben stellt sich dar als ein fortgesetzter Betrug. Hat es versprochen, so hält es nicht; es sei denn, um zu zeigen, wie wenig wünschenswert das Gewünschte war: so täuscht uns also bald die Hoffnung, bald das Gehoffte. Hat es gegeben, so war es, um zu nehmen. Der Zauber der Entfernung zeigt uns Paradiese, welche wie optische Täuschungen verschwinden, wenn wir uns haben hinäffen lassen. Das Glück liegt demgemäß stets in der Zukunft, oder auch in der Vergangenheit, und die Gegenwart ist einer kleinen dunklen Wolke zu vergleichen, welche der Wind über die besonnte Fläche treibt: vor ihr und hinter ihr ist alles hell, nur sie selbst wirft stets einen Schatten. Sie ist demnach allezeit ungenügend, die Zukunft aber ungewiss, die Vergangenheit unwiederbringlich.«

Diese Passage findet sich unter dem bezeichnenden Titel »Von der Nichtigkeit und dem Leiden des Lebens« im zweiten Band von Schopenhauers Hauptwerk.

Aus der gleichen Grundansicht hat jedoch Tschechow einen positiven Schluss gezogen. »Illusionen« bedeuten in der Welt Tschechows »Leben«. Wer seine Illusionen verliert, ist nicht mehr lebensfähig. Der Mensch lebt, solange er hofft, solange er an sein Glück glaubt. Er ist auf seine Illusionen angewiesen, auf seine Vorstellungen vom Glück. Die Haupthandlung der »Möwe« bringt diesen Gedanken mit aller Schärfe zum Ausdruck.

Mit seinen Illusionen verliert der junge Schriftsteller Konstantin Trepljow seine Lebensfreude und nimmt sich das Leben. Im letzten Akt ist er siebenundzwanzig Jahre alt. Bevor er sich erschießt, zerreißt er all seine Manuskripte. Die Zweifel an seiner schriftstellerischen Begabung haben ihn überwältigt. Vielleicht aber hat Trepljow nur geschrieben, um geliebt zu werden. Sowohl seine Liebe zu Nina, einem jungen Mädchen, das Schauspielerin werden möchte, als auch sein Wunsch, von seiner Mutter geliebt zu werden, bleiben unerfüllt. Trepljow wird also von den beiden Personen, auf die es ihm ankommt, nicht geliebt,

Und doch wird auch er geliebt, und zwar von Mascha, der Tochter des Gutsverwalters. Trepljow aber liebt nicht Mascha, sondern Nina. Trepljows unglückliche Liebe ist mithin nichts Außergewöhnliches. Ja, das Thema der unglücklichen Liebe wird von Tschechow in der »Möwe« absichtsvoll inflationiert. Zudem zeigt sich an der Schilderung mehrerer Paare, dass ein Zusammenleben, sei es aus anfänglicher Liebe, sei es aus Vernunftgründen, ohnehin nicht zum ersehnten Glück führt. Vor dem Hintergrund all dieser frustrierten Bestrebungen verliert Trepljows Selbstmord seine Tragik.

Trepljow verlangt vom Leben etwas, das es nicht gibt. Sein siegreicher Rivale, Boris Trigorin, hat alles, was Trepljow gerne hätte: Er wird von zwei Frauen, von Nina und von Trepljows Mutter, bewundert und geliebt, und landesweit liest und lobt man seine Bücher. Ist aber Trigorin deshalb zufrieden? Überhäuft mit Ruhm und Liebe findet er sein Glück in einem anspruchslosen und selbstvergessenen Zeitvertreib: »Ich angle leidenschaftlich gern.«

In der poetischen Wirklichkeit, die Tschechow auf die Bühne bringt, profiliert sich ein neues Menschenbild. Es zeigt den Menschen, wie er ist, und nicht, wie er sein soll, den Menschen, der sich von einer Illusion zur nächsten rettet, um nicht im Abgrund der Sinnlosigkeit zu versinken, den Menschen, der tagtäglich am eigenen Leibe erfährt, dass er vergänglich ist, den Krankheit und die Anzeichen des Alterns daran erinnern, dass allem menschlichen Streben eine natürliche Grenze gesetzt ist. Alles Streben nach Transzendenz ist in der Welt Tschechows nur ein Ausweichmanöver vor der unerbittlichen Wahrheit.

In der »Möwe« reden alle über Kunst. In keinem anderen seiner Werke hat sich Anton Tschechow so ausführlich und intensiv mit dem eigenen Metier beschäftigt: der Schriftstellerei und dem Theater. Die »Möwe« beginnt mit einer Theateraufführung auf der Bühne. Konstantin Trepljow, fünfundzwanzig Jahre alt, hat ein neues Stück geschrieben. Es wird auf einer kleinen Bühne, die im Park seines Onkels aufgeschlagen wurde, einem Publikum von nicht mehr als acht Zuschauern vorgeführt. Das Stück wird nicht zu Ende gespielt. Entnervt vom Gestichel seiner Mutter lässt der Autor die Vorstellung abbrechen und läuft davon.

Virtuos demonstriert Tschechow mit dem Schauspiel im Schauspiel, wie Literatur ins Gerede kommt: Kaum ist das letzte Wort gesprochen, macht sich das Leben breit wie eh und je und beansprucht alle Aufmerksamkeit für sich. Dagegen haben Kunst und Literatur keine Chance. Man hätte erwarten sollen, dass sich hier ein Publikum versammelt hat, in dessen Leben die Literatur eine bedeutende Rolle spielt. Im Gespräch werden Passagen und Zitate klassischer Werke geläufig zitiert: Shakespeares »Hamlet«, Maupassants Reiseerzählung »Auf dem Wasser« und jener geheimnisvolle »Mann mit der eisernen Maske«, der durch die Literatur des 18. und des 19. Jahrhunderts spukt.

Was aber bedeuten diese Reminiszenzen? Aus dem trainierten Gedächtnis der Literaten und Schauspieler sind derartige Zitate wie Sprichwörter abrufbar – ohne erkennbaren Zusammenhang. So werden literarische Werke zu einem Fundus beliebig verwendbarer Versatzstücke. Wenn Schamrajew zu Dr. Dorn sagt: »Da kann ich Ihnen nicht zustimmen. Aber das ist schließlich Geschmackssache. De gustibus aut bene aut nihil«, so wird durch solche Fusion zweier lateinischer Redewendungen (»De gustibus non est disputandum« und »De mortuis nil nisi bene«) nicht nur Halbbildung demonstriert, sondern auch das Prinzip, nach dem die dann folgenden literarischen Zitate funktionieren: Sie kennzeichnen ausschließlich den, der spricht in seiner Zitierfreude. Bezogen auf literarische Texte heißt das: Alles Zitieren ist ein Verstoß gegen den ursprünglichen Kontext. Wer bei Tschechow zitiert, der nimmt sich im doppelten Sinn des Wortes »etwas heraus«. Dass die Zitate im Umfeld der Wirklichkeit »unpassend« erscheinen, hat aber noch einen tieferen Grund: Kunst und Wirklichkeit sind getrennte Welten, die von verschiedenen Gesetzen regiert werden. Im literarischen Kunstwerk strebt jedes Detail nach Zusammenhang, Bedeutung und Steigerung der Wirklichkeit. Das Leben aber lässt diese Merkmale weitgehend vermissen.

Das wird in der Szene deutlich, in der sich ein Stück Wirklichkeit in Literatur verwandelt. Der Schriftsteller Trigorin entwirft angesichts einer toten Möwe die Skizze einer »kleinen Erzählung«, in der er die junge Nina symbolisch mit der von Trepljow geschossenen Möwe gleichsetzt:

»Ein junges Mädchen wie Sie wächst am Ufer eines Sees auf: sie liebt den See wie eine Möwe und lebt frei und glücklich, wie eine Möwe. Aber dann führt der Zufall einen Mann an den See, der sieht das Mädchen, und in einer müßigen Laune stürzt er sie ins Verderben, wie diese Möwe.«

Aber das ist Literatur. Ninas Geschichte beginnt weder mit einer glücklichen Kindheit, noch endet sie eindeutig im »Verderben«. Und obwohl sich Nina immer wieder als »Möwe« bezeichnet, ist nicht sie es, die vom Schicksal des mutwillig getöteten Vogels ereilt wird, sondern Trepljow. Eigentlich ist er die Möwe. Einer »kleinen Erzählung« jedoch verleihen ein solcher Anfang und ein solches Ende Geschlossenheit – und das, weil beides, wie Tschechow an anderer Stelle gesagt hat, »gelogen« ist. Es sei daran erinnert, dass Tschechow das Prinzip seiner Kunst im Gespräch mit Iwan Bunin folgendermaßen erläutert hat: »Wenn man eine Erzählung geschrieben hat, muss man, wie ich meine, den Anfang und das Ende wegstreichen. Denn hier lügen wir Belletristen am meisten.«

Tschechow bringt in der »Möwe« gleich zwei Schriftsteller auf die Bühne. Der eine nimmt sich das Leben, der andere findet sein Glück beim Angeln. Trepljow und Trigorin werden mit ihrer Kunst nicht glücklich. Trepljows Vernichtung seiner Manuskripte und Trigorins Rückzug ins Angeln sind weder durch eine andere Kunstauffassung noch durch höhere Begabung abzuhelfen. Das Unbehagen betrifft in der Dichtung Tschechows die Kunst selbst. Die Lebenswirklichkeit kann durch die Kunst nicht eingeholt werden. Dies aber nicht, weil die Lebenswirklichkeit immer »breiter« wäre als das, was die Kunst von ihr zum Ausdruck bringen kann, sondern weil sie alle Sinngebung zum Scheitern bringt, ja vernichtet.

Allgegenwärtig bezeugen Krankheit und Tod die Vergänglichkeit jedes individuellen Daseins. Vor dieser traurigen Wahrheit fliehen die Menschen Tschechows in ihre Sehnsüchte: in die Augenblicke der Erwartung, in die Verklärung der Vergangenheit und – das zentrale Motiv der »Möwe« – in die Begeisterung für Literatur und Schauspielkunst. Diese Begeisterung entspringt dem Hang zur Transzendenz, zu etwas, das die alltägliche Erfahrung übersteigt.

Zu einer Kunstreligion, die das Dasein mit Sinn erfüllen könnte, lässt es Tschechow aber gerade nicht kommen. Im Gegenteil: Er vollbringt die paradoxe Leistung, ein literarisches Kunstwerk zu schaffen, das eine ganz alltägliche Lebenswirklichkeit veranschaulicht, in der alle Sinnentwürfe, auch die poetischen, auf der Strecke bleiben.

Kennzeichnend für Tschechows neuartigen Stil sind die Einbrüche des Schweigens mitten im Dialog. Immer wieder erscheint in den Regieanweisungen das Wort »Pause« – in der »Möwe« über dreißigmal! Tschechows Pausen reißen gleichsam ein Loch in den Dialog. Der Zuschauer müsste sie wie eine Erholung von der abgründigen Trivialität der Gespräche empfinden, die ziellos von einem Thema zum anderen wechseln. Die Dialogpartner auf der Bühne kommen durch solche Pausen allerdings nicht zur Besinnung. Denn Tschechows Pausen können in ihrer wahren Bedeutung nur vom Zuschauer erkannt werden. Sie sind die Löcher im Sinn, aus denen die tiefe Langeweile aufsteigt, die alles gleichgültig werden lässt, eine Langeweile, die sich durch keinen Zeitvertreib überwinden lässt. Diese Pausen sagen im wahrsten Sinn des Wortes nichts. So gesehen, sind die Dialoge nichts anderes als die Unterbrechungen des absoluten sinnlosen Schweigens, das sich in den Pausen meldet.

Kann es etwas Undramatischeres geben als die Langeweile? Wie gelingt es, sie zu dramatisieren? Tschechow hat zur Darstellung alltäglicher Wirklichkeit ein fein abgestimmtes Ensemble von Kunstgriffen entwickelt, deren Zusammenspiel die unvergleichliche Faszination seines dramatischen Stils ausmacht. Zu den subtilsten dieser Kunstgriffe zählen eben die Pausen, die den bald raschen, bald trägen Fluss alltäglicher Gespräche stauen und rhythmisieren. Ein weiteres Kunstmittel ist die Voraussetzungslosigkeit, mit der die Handlung und die Figuren des Stücks entwickelt werden. Er schreibt seine Dramen ohne Exposition. Da gibt es kein Ereignis in dunkler Vergangenheit, das die Gegenwart in Atem hält und schließlich enthüllt werden könnte – wie es sich in den analytischen Dramen eines Ibsen abspielt. In der »Möwe« sind die Gestalten ganz das, als was sie vor unseren Augen, in der Gegenwart der Bühnenhandlung erscheinen. Das Bild einer Person setzt sich erst nach und nach aus vielen kleinen Facetten zusammen: aus dem, was andere über sie sagen, aus ihrem tatsächlichen Verhalten und aus den Ansichten, die sie über sich selbst äußert. Der Zuschauer sieht sich also beständig zu genauer Beobachtung der Figuren angehalten. Aus der Erwartung, die ihr Reden und Verhalten weckt, entstehen immer neue Spannungsherde. Was wird als nächstes geschehen? Wird Trepljow seine Selbstmorddrohung wahrmachen? Oder ist nicht vielmehr Nina dazu prädestiniert? Weist nicht der Titel des Stücks, deuten nicht alle Zeichen im Text darauf hin, dass sie dieses Ende nehmen wird? Aber dann kommt alles ganz anders. Immer wieder beginnt ein Dialog, eine

Handlung scheint sich zu entwickeln – doch schon im nächsten Augenblick kommt etwas dazwischen. Auf alles, was sich anzubahnen scheint, wartet immer schon die Ablenkung, die Unterbrechung, die Ablösung durch anderes. So kommt es, dass auch die banalsten Alltagsvorgänge geradezu kurzweilig erscheinen.

Die stärkste Wirkung aber geht von einem Gestaltungsmittel aus, das den Dramen dieses Dichters eine so unverwechselbare Atmosphäre verleiht. Es sind die lyrischen Momente, die sich wie von ungefähr aus dem Fluss der alltäglichen Prosa herausheben. Was liegt weiter auseinander als Lyrik und Alltagsrede? Tschechow fügt beides zusammen. Darin liegt das innerste Geheimnis seiner Kunst. All die Geschichten, die uns in dieser Komödie erzählt werden, rücken am Ende in eine Distanz, aus der sogar der komische Zwiespalt zwischen hochfliegenden Lebensentwürfen und kläglicher Wirklichkeit von Poesie erfüllt ist. So gesehen, wird die »Möwe« zu einem einzigen lyrischen Augenblick, zu einem Klagelied über das verlorene Paradies, dessen Sinnbild der »verwunschene See« ist.

Der einprägsamste lyrische Augenblick ist Trepljows Klavierspiel kurz vor seinem Selbstmord. Er hat den Salon verlassen und ist doch mit dem »melancholischen Walzer«, den er hinter der Bühne spielt, so intensiv anwesend wie kein zweiter. Mit dieser Musik beschwört Tschechow eine andere, eine höhere Welt, die hier, im alltäglichen Leben, keinen Ort hat. Doch dieser Augenblick geht rasch vorüber. Die Anwesenden bemerken ihn kaum. Sie nehmen Trepljows Klavierspiel als bloß aktuelles Symptom seiner traurigen Stimmung wahr, einer Verstimmung über schlechte Zeitungskritiken. Stimmungen gehen vorüber. Ob Trauer oder Heiterkeit – ihnen ist keine Dauer beschieden. Ihr Feind ist die Zeit. Trepljow aber hat sich vom Leben verabschiedet.

Das Vergehen der Zeit ist das Grundthema, das die Handlung oder Nichthandlung des Stücks, bald im Verborgenen, bald deutlich ausgesprochen, begleitet. Vom ersten Moment an ist es gegenwärtig – als Klage über die verlorene Jugend, als Furcht vor dem herannahenden Alter.

Die Erwartungen aber, die sich an alle Aufbrüche und Vorhaben knüpfen, laufen ins Leere. Das Leben des Menschen ist für Tschechow eine Kette blinder Motive. An die Stelle eines Ziels ist die »schlechte Unendlichkeit« getreten. Walter H. Bruford vermerkt treffend, Tschechow habe in seinen Werken das »Credo eines Agnostikers« veranschaulicht.

Einer konventionellen Hermeneutik wird in der »Möwe« der Boden entzogen. Tiefsinn bleibt Anschein. Der Lauf der Dinge kennt keine immanente Schlüssigkeit. Tschechows »Möwe« präsentiert uns Kunst als Anti-Kunst.

Werfen wir nun noch einen Blick auf die Arkadina, Trepljows Mutter. Mit der Arkadina hat Tschechow eine Glanzrolle für alternde Schauspielerinnen geschaffen, die hier alle Register ziehen können. Als Hysterikerin spielt sie auch in ihrem Alltag ständig auf einer selbstgeschaffenen Bühne: aber immer nur sich selbst, hier und jetzt. Außer ihrer Selbstbezogenheit hat sie keine Substanz. Damit aber verlangt Tschechow dieser Rolle ein Paradoxon ab. Die Arkadina vollendet zu spielen, heißt: mit höchster Schauspielkunst die Rolle einer schlechten Schauspielerin verkörpern, denn ihrem Ehrgeiz, auf der Bühne berühmt zu werden, konnte die Arkadina nicht entsprechen. Deshalb ist sie mit den, in ihr noch lebendigen Ansprüchen ihrer Vergangenheit in der Provinz gelandet: egoistisch, sentimental und zutiefst seelenlos. Tschechow stellt in ihr die Realität prätendierten Künstlertums dar. Nur fähig zu ungeglaubtem Pathos, ist sie eine zentrale Gestalt im Ensemble derer, die mit ihrem Künstlertum das Leben verfehlen. Im Unterschied zu Trigorin und Trepljow, ihrem Sohn, kann sie niemals aus der Rolle fallen: sie lebt den ewigen Anspruch der Prätention. Kurzum: Eine gute Schauspielerin muss künstlerisch vollendet eine schlechte Schauspielerin spielen, um der Rolle der Arkadina gerecht zu werden.

Tschechows Begriff des Lebens, den er mit seiner Kunst veranschaulicht, verweigert sich der Literatur. Seine Anti-Kunst darf aber nicht als unterwegs zu einer »sozialistischen« Kunst missverstanden werden. Die ontologische Kluft zwischen Leben und Literatur, wie sie Tschechow auffasst, hat keine bestimmte Literatur im Blick, sondern Literatur überhaupt als eine Sinn herstellende Wirklichkeit. Die hier dafür eingebrachte Formel »Kunst als Anti-Kunst« kann nur unter solcher Prämisse richtig verstanden werden. Tschechows Gegensatz zwischen Kunst und Anti-Kunst ist ein unauflösbares Paradoxon, aus dem die »Möwe« als das Kühnste hervorgegangen ist, was er in poetologischer Beziehung auf die Bühne gebracht hat.

Schlusswort

»Die Möwe. Komödie in vier Akten«. Uraufführung: 17. Oktober 1896, Petersburg, Aleksandrinskij teatr. Die Hauptperson, der Schriftsteller Konstantin Gawrilowitsch Trepljow, ein junger Mann, zerreißt am Ende des letzten Aktes »während zweier Minuten stumm alle seine Manuskripte und wirft sie unter den Tisch, dann schließt er die rechte Tür auf und geht ab.« Nur wenig später lautet der Nebentext: »Rechts hinter der Bühne ein Schuss; alle fahren zusammen.« Und Dr. Dorn spricht (mit leiser Stimme, halblaut) den letzten

Satz: »Die Sache ist nämlich die: Konstantin Gawrilowitsch hat sich erschossen...«

»In der Komödie kommt niemand ernsthaft zu Schaden.« Diese klassische Definition wird von Tschechows »Möwe« auf radikalste Weise außer Kraft gesetzt: Trepljow, die Hauptperson, erschießt sich. Und die Uraufführung wurde kein Erfolg. Anatolij Koni, ein Jurist, der zu namhaften russischen Schriftstellern freundschaftliche Beziehungen pflegte, schrieb Tschechow am 7. November 1896, drei Wochen nach der Uraufführung, folgenden Brief:

»Sehr verehrter Anton Pawlowitsch! Es ist durchaus möglich, dass Sie sich über meinen Brief wundern werden, doch kann ich, obwohl ich mit meiner Arbeit regelrecht überhäuft bin, meinem Wunsch nicht widerstehen, Ihnen aus Anlass Ihrer ›Möwe‹ zu schreiben, die anzuschauen ich mich gemüßigt fühlte. Wie ich hörte, hat Sie die Haltung des Publikums zu Ihrem Stück sehr verärgert. Erlauben Sie nunmehr jemandem aus dem Publikum, der vielleicht in Sachen Literatur und Dramenkunst zu den Uneingeweihten gehört, in seiner eigenen beruflichen Praxis jedoch durchaus über Lebenskenntnis verfügt, Ihnen zu sagen, dass er Ihnen für den tiefen Genuss dankbar ist, den ihm Ihr Stück bereitet hat. Die ›Möwe‹ ist ein Werk, das aufgrund seiner Absicht, aufgrund der Neuheit seiner Gedanken, aufgrund seiner nachdenklichen Aufmerksamkeit gegenüber den Situationen der alltäglichen Wirklichkeit völlig aus der Reihe fällt. Das Leben selbst ist auf der Bühne zu sehen, mit seinen tragischen Verknüpfungen, dem unbedachten Gerede und den Leiden, allen zugänglich und von kaum jemandem begriffen, in seiner inneren grausamen Ironie, das Leben so sehr zugänglich und uns so nahe, dass man bisweilen vergisst, im Theater zu sitzen, und meint, an dem vor einem ablaufenden Gespräch selber teilnehmen zu können. Und wie gelungen der Schluss! Wie lebenswahr, dass nicht sie, die Möwe, sich das Leben nimmt (so wäre zwangsläufig ein gewöhnlicher Dramatiker vorgegangen, der es auf die Tränendrüsen des Publikums abgesehen hat), sondern der junge Mann, der in einer abstrakten Zukunft lebt und ›überhaupt nicht versteht‹, warum und wozu um ihn herum etwas geschieht. Und dass das Stück plötzlich abreißt, es dem Zuschauer überlässt, sich die Zukunft auszumalen, eine trübe, sumpfige, unbestimmte Zukunft – hat mir sehr gefallen. So enden epische Werke, oder besser gesagt, so regeln sich die Schlüsse in epischen Werken.«

Dem ist, auch aus heutiger Sicht, nichts hinzuzufügen. Gewöhnen allerdings kann man sich an Tschechows Sicht auf die Dinge, wie sie in der »Möwe« gestaltet wird, nicht.

Nachbemerkung

Tennessee Williams (1911–1983) hat Tschechows »Möwe« besonders geschätzt; ja, er sieht darin »the greatest of modern plays«, wie er 1975 in seinen »Memoirs« feststellt (New York: Doubleday & Company, S. 41). Er meinte aber, dass die »Möwe« durch die englische Übersetzung, welche auch immer, in eine »Zwangsjacke« gesteckt werde und nicht das zu erkennen gebe, was in ihr angelegt sei. Und deshalb wolle er eine neue Fassung des Stücks erarbeiten. Dies geschah auch, stieß aber auf Widerstand, weil er den Schluss des Stücks umgeschrieben hatte. Erst nach seinem Tode wurde die überarbeitete Endfassung unter seinen anderen unveröffentlichten Texten aufgefunden. Sie erschien unter dem Titel: »The Notebook of Trigorin«. A Free Adaptation of Anton Chekhov's »The Sea Gull«. Based on a Translation from the Russian by Ann Dunnigan. Edited, with an Introduction, by Allean Hale. New York: New Directions 1997 (= A New Directions Paperbook; 850). Dem Text des Stücks wurde folgender Kommentar des Autors vorangestellt:

> »Chekhov was a quiet and delicate writer whose huge power was always held in restraint. I know that in a way this may disqualify me as ›interpreter‹ of this first and greatest of modern plays. If I have failed him, it was despite an intense longing to somehow utilize my quite different qualities as a playwright to bring him more closely, more audibly to you than I've seen him brought to you in any American production. Our theatre has to cry out to be heard at all ...« (Tennessee Williams)

FÜNFZEHNTES KAPITEL

Russische Geschichte als Tragödie: Puschkins »Boris Godunow« – Dichtung und Wirklichkeit von Karamsin bis Musorgskij

Puschkins Tragödie »Boris Godunow« ist 1831 erschienen, wurde aber erst 1870 aufgeführt. Sein Sujet bezieht Puschkin aus Karamsins »Geschichte des russischen Reiches« (12 Bde., 1816–1834), worin die bis heute nicht erwiesene Ermordung des rechtmäßigen Thronfolgers Dmitrij durch Boris Godunow als Faktum hingestellt wird. Puschkin stellt dar, wie sich der Mönch Pimen auf seine alten Tage zum Chronisten berufen fühlt und dabei dem jungen Mönch Grigorij Otrepjew die Geschichte von der Ermordung Dmitrijs und der Schuld des Boris Godunow erzählt. Und der junge Mönch entschließt sich, als falscher Dmitrij und Usurpator an den Zarenhof zu gehen. Puschkin serviert uns hier, wenn man so will, einen russischen Felix Krull – natürlich auf der politischen Bühne, wie es sich für Russland gehört.

In seiner »Russischen Literaturgeschichte des 19. Jahrhunderts« fasst Dmitrij Tschižewskij den Sachverhalt, wie folgt, zusammen:

> »Während Puschkin das Schicksal des Zaren Boris als von den Qualen des ›schlechten Gewissens‹ gezeichnet sieht, ist der falsche Dmitrij für ihn nur ein kühner Abenteurer: seinem Griff nach der Zarenkrone legt er kein anderes Motiv zugrunde als den Machttrieb. Die Nebenpersonen, die schlauen und egoistischen Bojaren, die polnischen Magnaten, die ehrgeizige Maryna, später die Frau des falschen Dmitrij, und die Geistlichen werden in knappen Dialogen plastisch charakterisiert. Hinter den Ereignissen steht das Volk, dessen Stimmungswechsel auch der Zar verspürt. [...] Puschkins Drama stellte einen so radikalen Bruch mit der russischen Theatertradition dar, dass seine Lektüre selbst bei seinen Freunden zunächst heftigen Widerspruch auslöste.«

Puschkin selbst hat den »Entwurf eines Vorworts zum ›Boris Godunow‹« hinterlassen, worin es heißt:

> »Das Studium Shakespeares, Karamsins und der alten Chroniken gab mir den Gedanken ein, eine der dramatischsten Epochen der russischen Geschichte in eine dramatische Form einzukleiden. Von keinem anderen Ein-

fluss verwirrt, ahmte ich Shakespeare nach: seine freie und breite Schilderung der Charaktere, die ungekünstelte und einfache Zusammenstellung der Typen. Karamsin folgte ich in der übersichtlichen Entwicklung der Ereignisse, in den Chroniken bemühte ich mich, den Gedankengang und die Sprache der damaligen Zeit zu enträtseln. Reiche Quellen! Ob es mir gelungen ist, sie zu nutzen, weiß ich nicht. Zumindest waren meine Bemühungen emsig und gewissenhaft.«

Modest Musorgskjj: Boris Godunow

Aus musikwissenschaftlicher Sicht sei abschließend zitiert, worin die außergewöhnliche Qualität der Oper Modest Musorgskijs zu sehen ist:

»Musorgskijs ›Boris Godunnow‹ kam 1874 auf die Bühne. Zugrunde liegt Puschkins gleichnamiges Drama über den Zaren, der durch Mord am legitimen Thronerben an die Macht und durch den Falschen Dmitrij zu Fall kam, was die sogenannte Zeit der Wirren auslöste. Die erste Fassung (1868/69) konzentriert sich auf die Zarengestalt und endet mit dem Tod des Boris. Die zweite (1872 abgeschlossen) ist um den Polen-Akt erweitert, der mit Maryna Mniszek und dem von Musorgskij hinzuerfundenen Jesuiten Rangoni die katholisch geprägten Warschauer Interessen am Moskauer Zarenhof ins Spiel bringt und der im 19. Jahrhundert in Russland weit verbreiteten Polenfeindlichkeit Vorschub leistet. Zugleich orientiert sich dieser Stil – mit ironischer Distanz, die durch musikalische Übertreibung deutlich gemacht wird – an den prächtigen Tableaus und Tanzeinlagen der Grand Opéra. Die zweite Fassung endet mit der hinzukomponierten Szene bei Kromy, in der das Volk den Bojaren Chruschtschow gefangen nimmt und dann, aufgestachelt von zwei Jesuiten, dem falschen Dmitrij nachläuft. Der Gottesnarr mit seinem schlichten Klagelied bleibt hier allein zurück. Für diesen Schluss, der der Operntradition radikal widerspricht, opferte Musorgskij das eindrucksvolle Bild vor der Basilius-Kathedrale, in dem der Gottesnarr den Zaren mit den Worten, für den König Herodes dürfe er nicht beten, öffentlich als Kindermörder bezeichnet.

Musorgskij hat gemäß der Forderung nach Nationalcharakter einige Volkslieder und volkstümliche Gedichte eingebunden. Dass er die Folklore nicht nur nobilitierend verstand, zeigt ein altes Heldenepos (Byline), dessen Melodie er den beiden, das Volk aufhetzenden Bettelmönchen und den beiden polnischen Jesuiten, die den Falschen Dmitrij begleiten, gleichermaßen in den Mund legt. Darüber hinaus enthält die Oper eine Reihe von Innovationen, die zunächst als Dilettantismen belächelt, in Rimsky-Korsakows Fassungen (1896 und 1906) in bester Absicht beseitigt und später international produktiv rezipiert wurden. Dazu gehören unregelmäßige Metren, die Kombination disparater Klangfarben, parallel verschobene Dreiklänge und generell nicht-funktionale harmonische Fortschreitungen, die die Aufhebung der Tonalität in die Wege leiten« (Musikalische Meilensteine, Bd. 2, 2008, S. 194–195).

Ohne Übertreibung lässt sich sagen, dass erst Musorgskijs Oper mit ihren weltweiten Aufführungen Puschkins »Boris Godunow« die internationale Popularität verschafft hat.

SECHZEHNTES KAPITEL

Deutsche Gedichte von russischen Dichtern: Alexej Tolstoj und Karolina Pawlowa

Vorbemerkung

Alexej Tolstoj lebte von 1817 bis 1875. Er gilt als Begründer der nationalhistorischen Ballade mit heroischer Thematik, berühmt wurde er vor allem mit seinem Drama »Iwan der Schreckliche« und dem historischen Roman »Fürst Serebrjany«, der in Struktur und Stil auf Walter Scott zurückgreift. Er schrieb aber auch parodistische Balladen und ist Mitverfasser der Werke des fingierten Kosma Prutkow, den er zusammen mit den Brüdern Shemtschushnikow erfolgreich erfunden hat.

Zu Alexej Tolstojs humoristischen Versdichtungen zählen auch seine auf Deutsch verfassten Balladen (insgesamt elf), von denen sieben seiner Kollegin Karolina Pawlowa gewidmet sind.

Karolina Pawlowa lebte von 1807 bis 1893. Von ihr liegen insgesamt sechzehn Gedichte verschiedenster Gattungen in deutscher Sprache vor, in denen allerdings das komische Element fehlt. Als Tochter eines Arztes deutscher Herkunft heiratete Karolina Karlowna Janisch 1837 den Schriftsteller Nikolaj Pawlow, schrieb zunächst französisch und deutsch und übersetzte vorwiegend Werke russischer Dichter ins Französische und ins Deutsche (darunter auch die Dramen Alexej Tolstojs). Ihre eigene russische Dichtung besteht hauptsächlich aus intimer Lyrik.

Alexej Tolstoj

Neben seinen elf deutschen Balladen verfasste er insgesamt 20 Vierzeiler unter dem Titel »Kraftsprüche«, die den für ihn typischen kabarettistischen Tonfall profiliert zur Sprache bringen. Zitiert seien Nr. 17 und Nr. 20.

17
Es war einmal ein Kapauner,
Der freit' eine Henn' im Land;

Die aber sagte: »Du Gauner,
Es ist mir alles bekannt!«

20
Doch will ich sogleich verrecken
Und heißen ein totes Rind,
Wenn nicht mir selber zum Schrecken,
Die Verse entstanden sind.

Auch die Geschichte lässt Alexej Tolstoj hereinspielen:

5
Es sagten einst die Griechen
Dem Xerxes rund heraus:
»Die Nas' ist da zum Riechen,
So geh' und riech' zu Haus!«

6
Drauf aber sagte Xerxes:
»Ich wette was ich hab',
Tut ihr auch euer Ärgstes,
Ich geb' euch doch eine Schlapp!«

7
Da wurde gleich geschlagen
Die Schlacht von Salamis,
Worauf mit Unbehagen
Er Griechenland verließ.

8
Laßt uns sein Beispiel nützen,
Daß es zur Vorsicht ruft:
Will man im Ernste sitzen,
Man setze sich nicht auf Luft.

Aufs Ganze gesehen, sind diese »Kraftsprüche« eine Mischung aus Belehrung und Bekenntnis nach dem Prinzip: Der Leser und ich, wir beide wissen, wenn's drauf ankommt, immer noch am besten, wie es zugeht in der Welt. Man könnte auch sagen: Das ist Heinrich Heine in Russland, der plötzlich und unverhofft auf Deutsch in seine Heimat zurückkehrt.

Karolina Pawlowa

Völlig anders Alexej Tolstojs Kollegin Karolina Pawlowa:

Lied

Wär' hinter Felsenpforten
Für mich ein stiller Ort,
Mich zu verbergen dorten,
Und leben ruhig dort!

Und eines Häuschens Frieden,
Um, wie im sichern Port,
Von jedem Sturm geschieden,
Zu schlummern ruhig dort!

Und dann ein Sitz auf Höhen,
In alter Eichen Hort,
Von dort hinauszusehen,
Zu denken ruhig dort!

O, fänd' ich je die Pforten
Von solchem sel'gen Ort,
Zu leben einsam dorten,
Zu sterben ruhig dort!

Der Abend

Die Sonne sank; es flammt in Gluten-Brande
Der Horizont, die Abendwölkchen kommen
Still durch die reinen Lüfte hergeschwommen
Im goldgesäumten purpurnen Gewande.

Es weilt der Geist in einem fernen Lande,
Die Seele hat ein fernes Wort vernommen,
Der Sehnsucht Traum ist über sie gekommen,
Und schmerzlich fühlt sie ihre ird'schen Bande.

Doch diese Stille wandelt all ihr Streben,
Ihr sehnend Weh zum weichen Liebessinnen;
Das Herz erfüllen milde Harmonien.

Und mit den Düften möchte es verschweben,
Und mit des Abends Dämmerlicht zerrinnen,
Und mit den Purpurwölkchen still verglühen.

Fazit: In den deutschen Gedichten Alexej Tolstojs und Karolina Pawlowas begegnen sich zwei Grundpositionen des lyrischen Wortes: die satirische und damit distanzierende und überwindende Teilnahme am Lauf der Dinge und der Rückzug in die Innerlichkeit der Sehnsucht, aus dem Hier und Jetzt enthoben zu werden. Als Repräsentant der ersten Position wäre Heinrich Heine zu nennen, als Repräsentant der zweiten Friedrich Hölderlin mit seiner bangen Frage »Wohin denn ich?« – aber auch Eduard Mörikes »Gesang Weylas« klingt an: »Du bist Orplid, mein Land! Das ferne leuchtet«.

SIEBZEHNTES KAPITEL

Russische Literatur in amerikanischer Perspektive: ein Gegengewicht zur Interpretation innerhalb der Sowjetunion

»Kalter Krieg« und »Eiserner Vorhang«

Am 7. Mai 1945 unterzeichnete Generaloberst Jodl die »bedingungslose Kapitulation« (unconditional surrender) der deutschen Wehrmacht. Der Zweite Weltkrieg war zu Ende. Unter den vier Siegermächten, die Deutschland besetzt hatten, kam es jedoch schnell zum Streit, als Stalin seinen Machtbereich auf seine Weise verfestigen wollte; und Winston Churchill sprach 1946 von einem »Eisernen Vorhang« (Iron Curtain), der von Stettin bis Triest reichte und den »Osten« vom »Westen« trennte. Das heißt: Plötzlich standen sich der kommunistische Osten und die freie Welt des Westens als Gegner gegenüber: im »Kalten Krieg« (Cold War), der bis 1990 andauerte, als die Sowjetunion schon zusammenbrach, die dann 1991 aufgelöst wurde.

In der Situation, die mit dem Jahr 1945 zustandekam, wurde besonders deutlich, dass die russische Literatur in Russland ganz anders präsent war als im »Westen«, weil in Russland der Marxismus-Leninismus das offizielle Deutungsmonopol beanspruchte und durchsetzte. Interpretiert wurde mit dem »Bett des Prokustes«: Was zu kurz ist, wird gestreckt, was zu lang ist, wird abgeschnitten; und so passt alles ins Schema der herrschenden Ideologie. Wer sich dem Programm widersetzt, wird geistig und körperlich liquidiert, es sei denn, er emigriert und schreibt im Ausland weiter.

Und so bildete sich diesseits des »Eisernen Vorhangs« ein völlig anderer Umgang mit der russischen Literatur heraus, getragen von den Kriterien einer objektiven Philologie in historischer und poetologischer Hinsicht. Es überrascht nicht, dass in den USA ein regelrechtes Bollwerk errichtet wurde: gegen die Vereinnahmung der russischen Literatur durch die Sowjetunion. Beteiligt an diesem Bollwerk, das auf ganz natürliche Weise zustandekam und keine Institution nötig hatte, waren amerikanische Literaturwissenschaftler, Kulturphilosophen, Schriftsteller und Verleger sowie russische und westeuropäische Emigranten.

Mit ihren amerikanischen Veröffentlichungen haben die russischen Emigranten Gleb Struve und Vladimir Nabokov eine auch heute noch lesenswerte Spur hinterlassen.

Von Gleb Struve liegt vor, mehrfach überarbeitet und erweitert zum nun endgültigen Resultat: »Russian Literature under Lenin and Stalin, 1917–1957« (Norman, Oklahoma, 1971).

Von Vladimir Nabokov liegen vor: »Nikolai Gogol« (New York, corrected edition 1961), »Eugene Onegin. A Novel in Verse by Aleksandr Pushkin. Translated from the Russian, with a Commentary by Vladimir Nabokov. In four volumes« (New York, 1964) und »Lectures on Russian Literature« (posthum ediert von Fredson Bowers. London, 1981). Es handelt sich um Nabokovs Vorlesungen am Wellesley College (ab 1941) und an der Cornell University (ab 1958). Behandelt werden darin: Gogol, Turgenjew, Dostojewskij, Tolstoj, Tschechow und Gorkij.

In diesem Zusammenhang ist auch René Welleks »A History of Modern Criticism: 1750–1950« (8 volumes. New Haven and London, 1955–1991) zu erwähnen, worin Band 3 (1965) Pushkin und Belinsky behandelt, Band 4 (1965) die russische Literaturkritik des 19. Jahrhunderts (Chernyshevsky, Dobroljubov, Pisarev, Grigoriev, Dostoevsky, Strachov, Potebnja, Veselovsky, Tolstoy) und Band 7 (1991) »Russian Criticism, 1900–1950« von Mikhailovsky bis Roman Jakobson. Außerdem liegen vor: »Dostoevsky«. A Collection of Critical Essays. Edited by René Wellek (Englewood Cliffs NJ, 1962) und »Chekhov«. New Perspectives. Edited by René and Nonna Wellek (Englewood Cliffs NJ, 1984). René Wellek ist 1939 von London in die USA emigriert. Dort war er von 1946 bis zu seiner Emeritierung im Jahre 1972 als Professor für »Comparative Literature« an der Yale University tätig. 1995 ist er im Alter von 92 Jahren verstorben. Das von ihm zusammen mit Austin Warren verfasste Lehrbuch »Theory of Literature« (New York, 1949) wurde in achtzehn Sprachen übersetzt.

Von den amerikanischen Literaturwissenschaftlern haben insbesondere Victor Terras (Brown University) und Robert Louis Jackson (Yale University) über verschiedenste Epochen der russischen Literatur Publikationen vorgelegt, die inzwischen als klassische Standardwerke gelten.

Von Victor Terras sind zu nennen: »The Young Dostoevsky, 1846–1849« (The Hague, 1969), »A History of Russian Literature« (New Haven and London, 1991), »Handbook of Russian Literature« (Edited by Victor Terras. New Haven and London, 1985). Außerdem liegen vor: »Poetry of the Silver Age. The Various Voices of Russian Modernism.« With Translations by Alexander Landman and a Preface by Horst-Jürgen Gerigk (Dresden und München,

1998), »A Karamazov Companion. Commentary on the Genesis, Language, and Style of Dostoevsky's Novel« (Madison WI, 2002).

Von Robert Louis Jackson sind zu nennen: »Dostoevsky's Underground Man in Russian Literature« (Westport CT, Reprint 1981), »Dostoevsky's Quest for Form. A Study of his Philosophy of Art« (New Haven and London, 1967), »The Art of Dostoevsky. Deliriums and Nocturnes« (Princeton NJ, 1981), »Dialogues with Dostoevsky. The Overwhelming Questions« (Stanford CA, 1992). »Close Encounters. Essays on Russian Literature« (Boston MA, 2013). »Reading Chekhov's Text«. Edited by Robert Louis Jackson (Evanston IL, 1993). »Crime and Punishment«. A Collection of Critical Essays. Edited by Robert Louis Jackson (Englewood Cliffs NJ, 1974), »Dostoevsky«. New Perspectives. Edited by Robert Louis Jackson (Englewood Cliffs NJ, 1984), »Chekhov«. A Collection of Critical Essays. Edited by Robert Louis Jackson (Englewood Cliffs NJ, 1967), »A New Word on The Brothers Karamazov«. Edited by Robert Louis Jackson. With an introductory essay by Robin Feuer Miller and a concluding one by William Mills Todd III (Evanston IL, 2004). Festschrift: »Freedom and Responsibility in Russian Literature. Essays in Honor of Robert Louis Jackson«. Edited by Elizabeth Cheresh Allen and Gary Saul Morson (Evanston IL, 1995).

Es lässt sich ohne Übertreibung sagen: Joseph Frank ist es, der die umfassendste und damit einflussreichste Dostojewskij-Monografie geschrieben hat, nicht nur in den USA, sondern »global«: fünf umfangreiche Bände, die von 1976 bis 2002 erschienen sind (»Dostoevsky«. 5 vols. Princeton NJ). Vol. 1: »The Seeds of Revolt, 1821–1849«, Vol. 2: »The Years of Ordeal, 1850–1859«, Vol. 3: »The Stir of Liberation, 1860–1865«, Vol. 4: »The Miraculous Years, 1865–1871«, Vol. 5: »The Mantle of he Prophet, 1871–1881«. Strukturell entspricht die Monografie dem traditionellen Muster »Leben und Werk«. Das heißt: Dostojewskijs Leben wird von seiner Kindheit bis zu seinem Tod abgeschritten in ständigem Rückbezug auf seine literarischen und religiösen Interessen. So gliedert sich etwa Teil 1 des Ersten Bandes wie folgt: »Prelude / The Family / Childhood, Boyhood, Youth / The Religious Background / The Cultural Background«. Es erübrigt sich der Hinweis, dass die bisherige Forschung in den Anmerkungen dokumentiert wird. Auf Verständlichkeit angelegt, ist Joseph Franks Darstellung ein kulturgeschichtliches und literaturgeschichtliches Abenteuer, das den Leser zu erneuter Lektüre der Werke Dostojewskijs animieren wird.

Eine solche Hervorhebung der Leistung Joseph Franks an dieser Stelle soll jedoch keinesfalls dazu führen, die anderen amerikanischen Dostojewskij-Monografien weniger zu schätzen. Man denke nur an die vier, soeben bereits genannten, großen Monografien von Robert Louis Jackson, mit denen Dostojewskijs Erzählkunst im Detail veranschaulicht wird: und das mit einem besonderen Gespür für Abstraktion und Einfühlung. Auch hier wird der Leser mit hermeneutischen Höchstleistungen konfrontiert.

Die Eigenständigkeit des wissenschaftlichen Zugriffs kennzeichnet auch Ralph E. Matlaw: »The Brothers Karamazov. Novelistic Technique« (The Hague, 1957), Temira Pachmuss: »F. M. Dostoevsky. Dualism and Synthesis of the Human Soul« (Carbondale, 1963), Donald Fanger: »Dostoevsky and Romantic Realism« (Cambridge MA, 1965), Edward Wasiolek: »Dostoevsky: The Major Fiction« (Cambridge MA, 1964), Robert L. Belknap: »The Structure of The Brothers Karamazov« (The Hague and Paris, 1967), Ellis Sandoz: »Political Apocalypse. A Study of Dostoevsky's Grand Inquisitor« (Baton Rouge LA, 1971; second edition revised: Wilmington DE, 2000).

Wesentliche Forschungsbeiträge lieferten Vladimir Seduro: »Dostoevski's Image in Russia Today« (Belmont MA, 1975), Michael Holquist: »Dostoevsky and the Novel« (Princeton NJ, 1977), James L. Rice: »Dostoevsky and the Healing Art: An Essay in Literary and Medical History« (Ann Arbor MI, 1985), Roger B. Anderson: »Dostoevsky: Myths of Duality« (Gainesville FL, 1986), Sylvia Plath: »The Magic Mirror. A Study of the Double in Two of Dostoevsky's Novels« (Rhiwargor, Llanwddyn, Powys, 1989; behandelt Goljadkin und Iwan Karamasow), Deborah A. Martinsen: »Dostoevsky and the Temptation of Rhetoric« (Ph. D.: Columbia University 1989), Robin Feuer Miller: »Dostoevsky's Unfinished Journey« (New Haven and London, 2007), Susan McReynolds: »Redemption and the Merchant God. Dostoevsky's Economy of Salvation and Antisemitism« (Evanston IL, 2008), Elizabeth A. Blake: »Dostoevsky and the Catholic Underground« (Evanston IL, 2014).

Des weiteren verdienen Nadine Natovs engagierte Analysen unser besonderes Interesse: »F. M. Dostoevskij v Bad Emse« (Frankfurt a. M., 1971) und »F. M. Dostoevskij i ego deti« (Russkoe vozrozhdenie, 13, 1981, S. 43–59) sowie »The Ethical and Structural Significance of the Three Temptations in The Brothers Karamazov« (Dostoevsky Studies, 8, 1987, S. 3–43).

Fazit: Die amerikanische Dostojewskij-Forschung hat mit den hier genannten Abhandlungen ein ganzes Ensemble von Ergebnissen bereitgestellt, das dem begeisterten Dostojewskij-Leser den sachgerechten Umgang mit der literarischen Hinterlassenschaft unseres Meisters aus Russland zweifellos erleichtern wird.

Auf einem ganz anderen Feld sind zwei Monografien von William Mills Todd III angesiedelt: »Literature and Society in Imperial Russia, 1800–1914« (Stanford CA, 1978) und »Fiction and Society in the Age of Pushkin. Ideology, Institutions, and Narrative« (Cambridge MA, London, 1986). Es handelt sich um soziokulturelle Analysen, wie sie nur in den USA und nicht in Russland geschrieben werden konnten. Und das gilt auch für Renato Poggiolis »The Phoenix and the Spider. A Book of Essays about some Russian Writers and their View of the Self« (Cambridge MA, 1957), F. D. Reeves »The Russian Novel« (New York, Toronto, London 1966), Vladimir Markovs »Russian Futurism: A History« (Berkeley, Los Angeles CA, 1968) sowie für Victor Erlichs »Gogol« (New Haven, London, 1969) und seine Monografie »Russian Formalism. History – Doctrine« (The Hague, Paris, 1969). In diesem Kontext ist vor allem auch Caryl Emersons vorbildliche Aufarbeitung der Gestalt des Boris Godunow hervorzuheben: von Karamsin über Puschkin zu Musorgskij: »Boris Godunov. Transpositions of a Russian Theme« (Bloomington, Indianapolis IN, 1986). 1999 ließ Caryl Emerson ihre Monografie »The Life of Musorgsky« folgen (Cambridge, New York, Melbourne). Ein eigenes Kapitel bildet Caryl Emersons Auseinandersetzung mit Michail Bachtin. Sie veröffentlichte hierzu »The First Hundred Years of Mikhail Bakhtin« (Princeton NJ, 1997) und edierte den Sammelband »Critical Essays on Mikhail Bakhtin« (New York NY, 1999). Vorausgegangen war »Rethinking Bakhtin. Extensions and Challenges« (Edited by Gary Saul Morson and Caryl Emerson. Evanston IL, 1989). Überraschende Einsichten eröffnen »Gorky's Tolstoy and Other Reminiscences. Key Writings by and about Maxim Gorky«. Translated, Edited, and Introduced by Donald Fanger (New Haven, London, 2008) und David M. Bethea mit seiner Monografie »The Superstitious Muse: Thinking Russian Literature Mythopoetically« (Boston MA, 2009), desgleichen Greta N. Slobin mit ihrer Monografie »Russians Abroad. Literary and Cultural Politics of Diaspora (1919–1939)« (Boston MA, 2013). Als Standardwerk gilt zu recht: »Tolstoy. A Collection of Critical Essays«. Edited by Ralph E. Matlaw (Englewood Cliffs NJ, 1967). Und den bestmöglichen Kommentar zu »Krieg und Frieden« liefert die Ausgabe: Leo Tolstoy: »War and Peace«. Translated, annotated and introduced by Richard Pevear and Larissa Volokhonsky (New York NY, 2007 / London, 2007).

Zum Abschluss meiner Überlegungen zur amerikanischen Sicht auf die russische Literatur möchte ich auf die einschlägigen Aufsätze des Schriftstellers James T. Farrell aufmerksam machen, der mich schon während meiner Schulzeit mit seiner Roman-Trilogie »Studs Lonigan« (1932–1935) begeistert hat. Schauplatz: Chicago. In seiner Essaysammlung »The League of Frightened Philistines« (New York NY, 1945) analysiert James T. Farrell »Dostoevsky's The Brothers Karamazov« (S. 37–54) und »The Letters of Anton Chekhov« (S. 60–71). Zwei Jahre später folgt der Band »Literature and Morality« (New

York NY, 1947) mit den Essays »Tolstoy's War and Peace as a Moral Panorama of the Tsarist Feudal Nobility« (S. 185–213), »History and War in Tolstoy's War and Peace« (S. 214–230), »Tolstoy's Portrait of Napoleon« (S. 231–245) und »An Introduction to Anna Karenina« (S. 296–304).

Und schließlich sei noch auf Ernest Hemingways Anthologie der »besten Kriegserzählungen aller Zeiten« verwiesen (von Julius Caesars »The Invasion of Britain« bis Blake Clarks »Pearl Harbor«, 1072 Seiten), zu der er eine poetologisch orientierte Einführung geschrieben hat, worin Episoden aus Tolstojs »Krieg und Frieden« eine besondere Rolle spielen. Hemingway vermerkt: »There is no better writing on war than there is in Tolstoy« (Introduction, S. xvi). »Men at War. The Best War Stories of All Time. Edited With an Introduction by Ernest Hemingway. Based on a plan by William Kozlenko« (New York NY, 1942. 2. Aufl. New York NY, 1992).

Schlusswort

Wie sehr und auf welche Weise die amerikanische Literatur des 20. Jahrhunderts von den russischen Klassikern des 19. Jahrhunderts beeinflusst wurde, habe ich in meinem Buch »Die Russen in Amerika. Dostojewskij, Tolstoj, Turgenjew und Tschechow in ihrer Bedeutung für die Literatur der USA« (Hürtgenwald 1995) im Detail nachgewiesen. Darin auch Titelliste der »Norton Critical Editions«, die russischen Klassiker betreffend: 1991 liegen bereits zehn Bände vor (S. 41).

ACHTZEHNTES KAPITEL

Wahnsinn als verweigerte Anpassung: Sologubs Roman »Der kleine Dämon«

Einstieg

Sologub hat nach eigener Mitteilung am »Kleinen Dämon« zehn Jahre gearbeitet. Der Roman wurde im Jahre 1902 abgeschlossen und erschien vollständig zum erstenmal 1907 in Petersburg. Ein Teildruck in der Zeitschrift »Voprosy Žizni« (= Fragen des Lebens) war 1905 vorausgegangen.

Im Text des Romans macht ein Hinweis auf Tschechows Erzählung »Der Mensch im Futteral« darauf aufmerksam, dass die geschilderten Ereignisse im Jahre 1898 stattfinden. Eine genaue Datierung ist indessen nicht vonnöten und wurde von Sologub offensichtlich auch nicht beabsichtigt, da keine besonderen politischen Vorkommnisse verarbeitet werden.

Sologub evoziert mit diesem Roman die Hölle der russischen Provinz. Die übersichtliche und gezielt einfache Art des Erzählens verbirgt zunächst die meisterlich geübte Kunst der suggestiven Beeinflussung des Lesers.

Die Haupthandlung demonstriert die allmähliche geistige Umnachtung des Gymnasiallehrers Ardalion Peredonow, der unter dem Einfluss seiner Ängste und Halluzinationen zum Brandstifter und Mörder wird und schließlich den Verstand verliert. Unmittelbarer Auslöser der völligen Entgleisung Peredonows aus den geregelten Bahnen des gesellschaftlichen Lebens ist das falsche Spiel, das Warwara Maloschina, seine Kusine und Geliebte, mit ihm treibt, um ihn zur Eheschließung zu bewegen. Die Nebenhandlung hat den mädchenhaften Knaben Alexander Pylnikow zum Zentrum und beschreibt dessen Erwachen zur sinnlichen Lust, deren Verpönung durch die öffentliche Moral ihn zur Strategie der Verstellung animiert. Der Knabe Alexander Pylnikow repräsentiert die in Peredonow, dem Erwachsenen, überwundene und verdrängte Frühphase der Entwicklung des Individuums, eine Phase, die noch nicht durch totale Einpassung in die Zwänge der herrschenden Konventionen gekennzeichnet ist.

Was bedeutet der Titel des Romans?

Der Titel des Romans nennt keine handelnde Figur und bezieht sich auch nicht auf die Spukgestalt »Nedotykomka«, die als Ausgeburt des Protestes den Protagonisten schließlich in den Untergang ruft, sondern meint den Geist des Unfrohen und Trostlosen, der sich über alles menschliche Dasein legt, sobald es den Bezirk der Kindheit verlässt. Das Leben des Menschen ist für Sologub vom Dämon der Erbärmlichkeit und Niedertracht gekennzeichnet. Zu Anfang des neunten Kapitels gibt uns der implizite Autor eine Direktinformation über die zugrundeliegende anthropologische Prämisse. Nur die Kinder als die »ewigen, nimmermüden Gefäße Gottes«, so heißt es, leben wirklich, sind noch zum Spielen fähig, doch auch auf sie legt sich bereits ein »gesichtsloses und unsichtbares Ungeheuer«, das sich auf ihren Schultern einnistet und ihnen von Zeit zu Zeit »mit Augen voller Drohung« ins »plötzlich versteinerte Gesicht« blickt: Der »Kleine Dämon« als böser Geist der Trägheit und Trostlosigkeit macht alles sich selber gleich, so dass der Titel des Romans einen Infekt bezeichnet, dessen sichtbares, wenn auch nur halluziniertes, gegenläufiges Resultat »Nedotykomka« ist, ein Wesen des Widerspruchs gegen die Wirklichkeit, das allerdings nur Peredonow »erblickt«.

Die Hauptgestalt, der Gymnasiallehrer Ardalion Peredonow, ist vom Geist des Kleinen Dämons bereits rettungslos infiziert: Er blickt »mit toten Augen« auf die Welt. Sein Alter: Mitte Dreißig. Alles, was in sein Bewusstsein eintritt, so heißt es wörtlich:»verwandelte sich in Gemeinheit und Schmutz«. Die Folge davon ist, dass Peredonow sich ständig in einem Zustand von Missmut und Schwermut befindet. Wilde Ängste beherrschen ihn, und sein Gesicht mit kleinen, verquollenen Augen hinter einer Brille mit Goldrand wird schließlich zu einer »unbeweglichen Maske des Schreckens«.

Diese kurzen Hinweise lassen bereits deutlich werden, dass sich in Sologubs Welt Frohsinn und Missmut, Kind und Erwachsener in einem grundsätzlichen und ewigen Gegenüber befinden. Man darf sagen: Der Reifeprozess, den der Mensch durchmacht, indem er aus einem Kind zu einem Erwachsenen wird, ist ein Weg vom Frohsinn zum Missmut. Es verdient Beachtung, dass Sologub diese Entwicklung, die jeder einzelne Mensch durchmacht, ohne dass sie zu verhindern wäre, nicht an einem einzelnen Beispiel chronologisch belegt. So ließe sich etwa denken, dass der Lebensweg eines bestimmten Menschen von Anfang bis Ende geschildert würde als Bewegung vom Hellen ins Dunkle. Sologub geht anders vor.

Die Hauptgestalt, Peredonow, wird uns bereits im Stadium des vollendeten Missmuts vorgeführt. Informationen über seine Vergangenheit fehlen fast völlig. Wir wissen nichts Näheres über die Kindheit Peredonows oder die Motive für seine Berufswahl. Sologub berichtet lediglich über das, was mit seiner Hauptfigur während des zur Gegenwart erhobenen Zeitabschnitts geschieht. Auch Verweise auf Zukünftiges fehlen.

Peredonow verkörpert das Wesen des Erwachsenen, das durch die vollzogene Einpassung in ein System von Zwängen definiert ist. Trotz des Fehlens konkreter Aufschlüsse über die Vergangenheit Peredonows ist diese, grundsätzlich gesehen, präsent: wiederholt nämlich in der Gestalt des Knaben Alexander Pylnikow, dessen gegenwärtige Entwicklungsphase genau jene Schwelle veranschaulicht, die die Kindheit vom Erwachsensein trennt.

In Alexander Pylnikow findet soeben, sozusagen vor unseren Augen, jener Umschlag statt, der als Vorgang unwiderruflicher Depravierung den noch »kindlichen« Heranwachsenden in einen »echten« Erwachsenen verwandelt. Es zeigt sich mit dieser Überlegung die Funktion der Nebenhandlung. Die selbsttätige Einpassung des Knaben Pylnikow in die Welt des »Kleinen Dämons« belegt die Unausweichlichkeit der Situation Peredonows, der dieser schließlich durch eine Verzweiflungstat zu entkommen sucht: Emanzipation und Mord werden eins.

Zentrum des Romans ist die Situation Peredonows. Er bringt die allgemeinen Bedingungen der von Sologub geschilderten »conditio humana« zu höchster Anschaulichkeit. Peredonow reproduziert die Prinzipien seiner Umwelt und übersteigert sie. Durch solche Übersteigerung provoziert er seinen eigenen Untergang. Die hier anstehende Werkanalyse vollzieht zwei Darlegungsschritte: einmal soll die Situation Peredonows herausgearbeitet werden und danach die Typik seines Schicksals auf dem Hintergrund des von Sologub implizierten Menschenbildes.

Die Situation Peredonows

Peredonow, Gymnasiallehrer in einer russischen Provinzstadt, wird uns gleich mit dem ersten Anschlag als besessen von der Sucht nach Beförderung vorgeführt: Er bildet sich ein, seine Ernennung zum Schulinspektor hänge von einer einflussreichen Fürstin in Petersburg ab. Mit solcher Fixierung auf ein ganz bestimmtes und durchaus ehrgeiziges Lebensziel verrät er von Anfang an seine feste Integration in die Wertvorstellungen seiner Umwelt. Das erstrebte Berufsziel ist gerade so hoch gesteckt, dass es die relative Unabhängigkeit Peredonows innerhalb der Welt, deren Prinzipien er verinnerlicht hat, garantieren könnte, gleichzeitig aber niedrig genug, um von den Menschen, denen seine Aufmerksamkeit gilt, voll verstanden und geschätzt zu werden.

»Eine hässliche Stadt, dachte Peredonow. Auch die Menschen hier sind böse und widerwärtig. Ich muss in eine andere Stadt ziehen, wo alle Lehrer eine tiefe Verbeugung vor mir machen und die Schüler vor mir zittern und angstvoll flüstern: Der Inspektor kommt! Ja, als Vorgesetzter führt man ein ganz anderes Leben.«

Als Inspektor sämtlicher Volksschulen im Gouvernement aber wäre er »Seine Exzellenz, der Wirkliche Staatsrat Peredonow.«

Es fällt auf, dass Peredonows Ehrgeiz von keinem Sachinteresse genährt wird, sondern in völliger Formalisierung aufgeht. Das bedeutet: Peredonow ist nicht bemüht, sich ein überlegenes Sachwissen, etwa auf dem Gebiet der Schulverwaltung, anzueignen, vielmehr wird das berufliche Fortkommen als Resultat von Protektion und bekundeter Botmäßigkeit betrachtet. Sologub versäumt es nicht, gerade den Rückgang der tatsächlichen Leistungen Peredonows in dessen Unterrichtspraxis mit der Zunahme des Wunsches nach Beförderung zu koppeln. Der völlig formalisierte Ehrgeiz lässt so das Interesse an der Sache selbst, an der sich dieser Ehrgeiz entzündet hat, verkümmern.

So wird es möglich, dass sich Peredonow ganz und gar auf die für ihn faktisch ungreifbare Fürstin in Petersburg ausrichtet, eine im Grunde utopische Instanz für die reibungslose Herbeiführung des gewünschten Zustandes, ein Schulinspektor zu sein. Solche Orientierung an einer fernen, mächtigen und in ihrer Kompetenz regelrecht märchenhaften Gestalt schafft für Peredonow die Perspektive der Hoffnung. Dies hat für ihn zweierlei Folgen: Einmal bleibt die Welt mit solch grundsätzlicher Erfolgsmöglichkeit auch dann noch intakt, wenn ihm im unmittelbaren Kontakt mit seinen alltäglichen Realitäten Missliches begegnet, zum anderen aber bedingt die Fixierung auf ein Zukünftiges, das als auszeichnender Besitz jetzt schon gehütet wird, ein ungemein radikales Absehen von allen Verpflichtungen im Gegenwärtigen. Peredonow bezieht aus dem Glauben an die Allmacht seiner fernen Fürstin das Bewusstsein, sein gegenwärtiges Leben sei gleichsam nur ins Unreine gelebt.

Aus diesem Bewusstsein entsteht die tiefe Rücksichtslosigkeit gegen seine Umwelt. Diese Rücksichtslosigkeit wird indessen oft verdeckt: Sie schließt nicht aus, dass sich Peredonow da, wo es im Sinne der Verwirklichung seines Karriereziels wünschenswert erscheint, außergewöhnlich rücksichtsvoll verhält, so etwa im Kontakt mit seinem Dienstvorgesetzten Nikolaj Chripatsch. Peredonows Rücksicht ist, so gesehen, nichts anderes als Vorsicht, die ihr Motiv ausschließlich darin hat, die grundsätzliche Chance wahrzunehmen, alle jetzigen Beziehungen durch Einnahme eines angemessenen Amtes plötzlich zu seinen Gunsten zu verändern.

Sein Verhalten ist deshalb durch zwei einander widersprechende Haltungen bestimmt, die sich aber nur scheinbar ausschließen: Unterwürfigkeit gegen alle, die in seinen Augen Einfluss besitzen, und Verachtung gegen alle, die ihm auf seinem Weg nach oben nicht schaden können. Es ist leicht einzusehen, dass beide Haltungen zusammenhängen.

Peredonow hasst seine Umwelt und möchte sich im Grunde von ihr zurückziehen. Glücklichsein bedeutet für ihn, »gar nichts tun« und sich von der Welt abkapseln. Die Verinnerlichung der Zwänge jedoch, denen sich Peredonow in der Welt, in der er lebt, ausgesetzt sieht, versetzt ihn in eine missmutig ertragene Geschäftigkeit. Und so kommt es zu einer fundamentalen Reibung zwischen den Inklinationen in Peredonow, die sich dem Aufgehen in der verhassten Umwelt widersetzen, und dem Willen zur Anpassung, der sich in der Möglichkeit einer Beförderung die Durchhaltemotivation beschafft.

Die Integration Peredonows in die Zwänge seiner Umwelt vollbringt eine Enthebung seines Bewusstseins von den Möglichkeiten menschenwürdigen Daseins. Solange die Zwänge funktionieren, nämlich als verinnerlichte Prinzipien des Verhaltens, wird der Untergrund des Verbotenen und des Kriminellen in Schach gehalten. In dem Moment jedoch, wo die Motivation für die Verinnerlichung entfällt, überflutet der Untergrund den künstlich garantierten Bereich der Legalität.

Die Festmachung, nämlich Fixierung Peredonows auf die Autorität der Fürstin in Petersburg bedingt, dass er inmitten der Zwänge gleichsam in einem Asyl der Verheißung lebt. In dem Moment, wo der Halt an der utopischen Instanz der Fürstin sich verflüchtigt, stürzt Peredonow: Und solcher Sturz ist ein Hinabgleiten in den verleugneten Untergrund. Was das Fundament der Zwänge ausmachte, versinkt plötzlich. Die Erkenntnis Peredonows, dass er betrogen wurde, entfesselt den von ehrgeiziger Hoffnung in Schach gehaltenen Untergrund, so dass Brandstiftung, Mord und Selbstzerstörung stattfinden.

Mit dieser Kennzeichnung der Situation Peredonows sind die Grundlinien der Handlungsführung mitgesetzt. Peredonow wird zunächst mit den Vertretern der herrschenden Verhältnisse konfrontiert, danach mit seinen Schülern. Parallel zu dieser Ausfaltung der Wesensart Peredonows verläuft die Story, die Anfang und Ende des Romans bestimmt: die Geschichte nämlich um die gefälschten Briefe der Fürstin Woltschanskaja.

Die Situation Peredonows, die mit unserem ersten Darlegungsschritt gekennzeichnet werden soll, bestimmt sich, wie man sieht, aus drei Geschehniskomplexen, die nun näher betrachtet seien.

Gefälschte Briefe

Beginnen wir mit der Intrige um die Briefe der Fürstin. Wie soeben schon hervorgehoben wurde, bildet sich der Gymnasiallehrer Peredonow ein, seine Beförderung zum Schulinspektor hänge von einer einflussreichen Dame in Petersburg ab, der Fürstin Woltschanskaja. Es ist kennzeichnend für das Vorgehen Sologubs, dass wir keine realistische Begründung dafür erhalten, warum Peredonow mit solcher Hartnäckigkeit an die Allmacht der Fürstin glaubt. Die Wirklichkeitsebene, auf der der Roman insgesamt spielt, ist vergleichbar mit der eines bedrückenden Tagtraums, worin die Kräfte und die Gegenstände der objektiven Realität, auf die er sich bezieht, eine oft motivlose Präsenz haben. Der Tonfall des imaginären Erzählers hat die Suggestivität eines Traumprotokolls.

Bereits der erste Dialogsatz des Romans umreißt jene sonderbare Bedingung, die dem gesamten Geschehen als Motor dient. Sobald Peredonow seine jetzige Geliebte Warwara Maloschina heirate, werde ihm der gewünschte Posten eines Schulinspektors zugewiesen werden, sagt er selbst.

Wie man sich erinnert, zeigt uns die Hauptlinie der Handlung, wie Peredonow auf diese Bedingung eingeht. Die Hochzeit gerät ihm zur missmutig ertragenen Zweckhandlung, die ohne jede echte Beziehung zur Partnerin vollzogen wird. Grundlage für die Heirat sind zwei gefälschte Briefe der Petersburger Fürstin. Warwara Maloschina, Peredonows Geliebte, die stets nachlässig gekleidet und sorgfältig geschminkt auftritt, überredete ihre in der Handschriftennachahmung kundige Freundin Marija Gruschina, eine junge Witwe mit auffällig kariösen Zähnen, zur Brieffälschung, um Peredonow an sich zu binden und dadurch den Makel des illegalen Verhältnisses loszuwerden.

Entgegen der Erwartung des Lesers fällt Peredonow auf den Schwindel herein. Der Wille zum Glauben an die nun endlich sich vollziehende Beförderung zum Schulinspektor lässt Peredonow all die Hinweise darauf, dass hier ein primitiver Betrug vorliegt, übersehen. Erst als er mit hämischer Direktheit auf die Fälschung aufmerksam gemacht wird, bricht Peredonow rettungslos zusammen und rüstet sich zur heillosen Gewalttat: Das Opfer ist weder seine Frau als die Initiatorin des Betrugs, noch die Witwe Gruschina als deren Werkzeug, sondern der an den inkriminierten Vorgängen völlig unbeteiligte Pawel Wolodin, Lehrer an einer Gewerbeschule und vollkommene Inkarnation der problemlosen Angepasstheit: Peredonow blickt am Schluss der Geschichte mit »irren Augen« auf den Leichnam seines Opfers.

So steht am Ende des Romans Peredonows gescheiterte Hoffnung, während der Beginn des Romans diese Hoffnung noch als Fata Morgana an den Horizont gezeichnet hat.

Nedotykomka

Es wird sogleich noch zu verdeutlichen sein, dass sich in Peredonows Wahnsinn, dessen konkrete Ausgeburt die Spukgestalt »Nedotykomka« ist, grundsätzlicher Einwand gegen die in ihrem Wesen aber undurchschaute Umwelt formuliert. Denn: Solcher Einwand kommt in Peredonow nicht zu reflektierter Entfaltung, sondern bleibt als Gestalt gewordener Quälgeist sichtbares, wenngleich halluziniertes Objekt der Außenwelt: Nedotykomka – eine sprachliche Neuschöpfung Sologubs (etwa: »Rühr-mich-nicht-an«). Geschlecht: weiblich.

> »Nedotykomka rannte unter den Stühlen und in den Zimmerecken umher und zischelte. Sie war schmutzig, stinkig, ekelhaft und schrecklich. Es war sofort klar, dass sie Peredonow feindlich gesonnen und nur seinetwegen herbeigeeilt war und dass es sie früher niemals und nirgendwo gegeben hatte... Man hatte sie verfertigt und mit Worten abgerichtet. Und jetzt ist sie da, ihm zur Angst und zum Verderben, bezaubernd, lieblich – ihn zu verfolgen, zu betrügen, zu verlachen, mal über den Fußboden zu springen, dann sich zu verstellen als Wischlappen, Streifband, Zweig, Fahne, Klinke, Hündchen, Staubsäule auf der Straße und überall hinter Peredonow herzulaufen, – beschmutzte ihn, erschöpfte ihn mit ihrem schwankenden Tanz. Wenn doch jemand ihn befreien würde, mit dem richtigen Wort oder einem Schlag mit voller Wucht. Doch es gab hier keine Freunde, niemand wird ihm zur Hilfe eilen, er musste selber erfolgreich listig sein, solange seine Natter noch nicht vernichtet war.«

Hier zeigt sich: Die Art und Weise, wie sich Peredonow in Reaktion auf seine Umwelt in dieser situiert, erhält mit Nedotykomka ihre paradoxe Gestalt: als Wesen nämlich, das in jeder Gestalt auftreten kann. Nedotykomka ist nicht Anlass, sondern Konzentrat der Ängste Peredonows. Man beachte die folgende Passage:

> »Alles auf der Straße erschien Peredonow mit einmal feindlich und drohend. Auf einer Straßenkreuzung stand ein Hammel und glotzte ihn stumpfsinnig an. Der Hammel erinnerte ihn an Wolodin, und er erschrak. Er dachte, dass Wolodin sich vielleicht in einen Hammel verwandelt hatte, um ihn besser beobachten zu können.«

Die neutrale Umwelt verfremdet sich für Peredonow zu einer denunziatorischen Mitwelt. Das ist zweifellos Verfolgungswahn, den Sologub aber als unartikulierte Kritik Peredonows an den Prämissen der Legalität darstellt.

Peredonows Weg in seinen Untergang

Im Hinblick auf seine Beförderung besucht Peredonow alle ihm wichtig erscheinenden Persönlichkeiten der Stadt, um ihnen mögliche Zweifel an seiner Verfassungstreue zu nehmen.

Seine Besuche gelten dem Bürgermeister Jakow Skutschajew, dem Staatsanwalt Alexander Awinowitzkij, dem Adelsmarschall Alexander Weriga, dem Vorsitzenden des Kreisamtes Iwan Kirillow, dem Kreispolizeichef Semjon Mintschukow und schließlich noch dem Direktor seines Gymnasiums, Nikolaj Chripatsch.

Wie man sieht, präsentiert uns Sologub hier maßgebliche Kräfte des öffentlichen Lebens. Gewiss wird an solchen Begegnungen zuallererst die Gestalt Peredonows verdeutlicht, gleichzeitig wird uns aber das Panorama der Umwelt Peredonows entworfen. Das implizierte Faktum dieser Begegnungen sieht so aus, dass Peredonows Maximen des Verhaltens genau dem entsprechen, was seine Umwelt mehr oder weniger versteckt zum Prinzip erhoben hat. Es verdient Hervorhebung, dass Peredonows wachsende Absonderlichkeit nicht eine partikulare ist, nur ihm zukäme und damit eine normale Umwelt zum Hintergrund hätte, von dem sie sich abhöbe; vielmehr ist Peredonow für die Eigentümlichkeit seiner Umwelt nur das Vergrößerungsglas. Er nimmt, wenn man so will, sämtliche, gemeinhin auf verschiedene Personen verteilten Wesenszüge in sich auf und bringt damit die Eigenart seiner Umwelt zu intensivster Präsenz.

Peredonows Wille, sich anzupassen, reproduziert nur die Angepasstheit jener, an denen er sich orientiert.

Peredonow besucht maßgebliche Persönlichkeiten

Der erste jener strategischen Besuche gilt dem Bürgermeister und lässt bereits das Muster der übrigen Besuche erkennen. Peredonow betont zunächst, er komme in einer ganz bestimmten Angelegenheit, ohne diese zu nennen. Skutschajew vermutet, man wolle ihn um Geld bitten, und in seinen »listigen schwarzen Augen züngelte die Flamme des Verdachts auf«. Peredonow jedoch sagt: »Es wird in der Stadt über mich jeglicher Unsinn verbreitet. Dinge, die gar nicht stimmen, hängt man mir an. Man sagt, dass ich nicht in die Kirche gehe, aber das ist nicht wahr. Man sagt, dass ich meinen Schülern im Gymnasium zweideutige Geschichten erzähle. Aber das ist Unsinn.« Außerdem verbreite man, er, Peredonow, lebe mit seiner Geliebten zusammen. Auch das sei nicht wahr, denn Warwara Maloschina sei seine Schwester, allerdings dritten Grades, so dass er sie durchaus heiraten könne, um den Gerüchten ein Ende zu bereiten.

Wie noch zu zeigen sein wird, sprechen sich in Peredonows Befürchtungen seine geheimen Wünsche aus. Mit gewisser Überspitzung lässt sich sagen, Peredonow selbst setzt die Gerüchte über sich in die Welt, indem er aller Bezichtigung von außen präventiv zuvorkommen möchte. Der Bürgermeister, der sich die Pose des verständigen Zuhörers zulegt, im Grunde aber verständnislos ist, fühlt sich durch Peredonows Vertrauen geschmeichelt und schlägt sogar vor, ihn, Peredonow, zum »Ehrenbürger« zu ernennen und damit allen bösen Leumund abzuwehren.

Bereits dieser Dialog zeigt die tiefe Unfähigkeit zum Gespräch, wie sie für die Welt des »Kleinen Dämons« typisch ist. Übereinkunft wird lediglich in den approbierten Gemeinplätzen erzielt, wie etwa, dass Kinder ein »äußerst durchtriebenes Volk« sind. Skutschajew wird von Sologub unzweideutig negativ gezeichnet: Körperlich ein durchaus vitaler Mensch, wirkt Skutschajew mitten im Gespräch, sobald ihn sein ständig lauerndes Unverständnis überkommt, plötzlich wie ein »einfältiger Greis«. Seine Aufmerksamkeit gilt offensichtlich skurrilen Beiläufigkeiten: Seine Wodkagläser haben keine Füße und sind nach unten hin spitz zugeschliffen, so dass man sie niemals abstellen kann: »Bei mir heißt es: eingießen und austrinken.«

Der engste Vertraute Skutschajews ist bezeichnenderweise der Kaufmann Tischkow, dem zu allem, was er hört, ein gereimter Spruch einfällt. Auch jedes ernste Problem wird durch solches Verfahren demonstrativ in die Dimension des Geredes gehoben. Peredonow beendet seinen Besuch in der Überzeugung, der Bürgermeister sei auf seiner Seite.

Die Begegnung mit dem Staatsanwalt verläuft, was den Aufbau betrifft, ganz ähnlich. Alexander Awinowitzkij wird uns als eine »düstere Erscheinung« geschildert: er spricht laut, ja oft schreiend und droht jedem, der ihm missfällt, mit Stockschlägen und Verschickung nach Sibirien.

Wiederum trägt Peredonow vor, er komme in eigener Sache. Wiederum macht sich der Gesprächspartner sofort seine eigenen Vorstellungen: »Haben Sie jemanden umgebracht? Ein Haus angezündet? Die Post beraubt?«, schreit Awinowitzkij zornig und lässt Peredonow in den Salon eintreten. »Oder sind Sie selber das Opfer eines Verbrechens geworden? In unserer Stadt ist alles möglich...« Und Peredonow eröffnet wiederum seine fixe Idee:

»Ich habe Feinde. Über mich wird jegliche Art von Unsinn verbreitet. Ich bin kein Nihilist. Verbotene Bücher zu lesen, kommt mir nicht in den Sinn. Ich lese überhaupt niemals etwas. Ich bin Patriot.«

Es stellt sich heraus, dass dem Staatsanwalt all diese Gerüchte noch nicht zu Ohren gekommen sind, was Peredonow jedoch nur auf die besonders geschickte Taktik seiner Gegner schließen lässt. Auf die Frage des Staatsanwalts, ob er jemand im Verdacht habe, antwortet Peredonow aufs Geratewohl: »Die Witwe Gruschina.« Der Staatsanwalt versichert Peredonow schließlich, er werde ihn mit allen ihm zur Verfügung stehenden Mitteln schützen.

Die Zeichnung des Staatsanwalts deckt tiefsten Zynismus auf. Seine Ansichten sind weitaus »politischer« als die Skutschajews.

»Die Todesstrafe«, so führt Awinowitzkij aus, »ist durchaus keine Barbarei. Die Wissenschaft hat eingeräumt, dass es geborene Verbrecher gibt. Damit, lieber Freund, ist doch alles gesagt. Ausrotten muss man sie und nicht auf Staatskosten ernähren. Aber man bietet einem Verbrecher fürs ganze Leben einen warmen Platz im Zuchthaus! Er hat gemordet, Häuser in Brand gesteckt, vergewaltigt, und die Steuerzahler müssen den Unterhalt eines solchen Schufts bestreiten. Ihn aufzuknüpfen wäre ohne Zweifel gerechter und auch weniger kostspielig.«

Peredonow stimmt in solche Tirade konservativer Gesinnung sofort auf seine Weise mit ein: An unserem Gymnasium, so erläutert er seinem zornigen Gesprächspartner, ermöglicht der Direktor jedem Lümmel den Eintritt. Wir haben sogar Kinder einfacher Bauern in der Schule. »Schöne Zustände, das muss man sagen!«, erwidert schreiend der Staatsanwalt. Noch nachhaltiger als an Skutschajew lässt Sologub an Awinowitzkij die tiefe Unbildung hervortreten.

Nach diesen zwei Besuchen hat der Leser auch bei erstmaliger Lektüre das Schema solcher Unterhaltungen erkannt. Für die dann folgenden Begegnungen besteht die Möglichkeit, sie als Variationen eines Grundschemas aufzufassen, was für den Vollzug des Verstehens einen ganz bestimmten Reiz bedeutet. Zweifellos fußt Sologub mit solchem Verfahren auf Gogols »Toten Seelen«. Auch dort werden uns über eine ganze Reihe von Kapiteln hinweg die Besuche der Hauptgestalt bei verschiedenen, jeweils exemplarischen Personen geschildert, die dort allerdings Gutsbesitzer sind. Auch Tschitschikow verfolgt mit seinen Besuchen eine bestimmte Absicht, die sich in jedem der Dialoge zur Standardfrage niederschlägt.

Der fixen Idee Tschitschikows, durch Aufkauf sogenannter »toter Seelen« zu finanzieller Unabhängigkeit zu gelangen, entspricht die fixe Idee Peredonows, durch Abwendung moralischer und politischer Verdächtigungen ein gelittener und geachteter Staatsbürger zu sein und auf dieser unangefochtenen Grundlage Schulinspektor zu werden. Die formelle Kongruenz lässt zugleich den substantiellen Unterschied hervortreten. Tschitschikows lauernde Frage »Sagen Sie bitte, sind Ihnen in der letzten Zeit viele Bauern gestorben?« zeigt uns den verschlagenen Betrüger, der seine Freiheiten genießt, wohingegen Peredonows Bekenntnis »Ich habe Feinde, man verleumdet mich« einen depressiven Appell an das übermächtige Gemeinwesen darstellt.

Der Nächste, den Peredonow besucht, ist der Adelsmarschall Alexander Weriga. Peredonow sagt hier, ohne irgendwelche Vorbereitung: »Über mich gehen die verschiedensten Gerüchte um, und ich wende mich als Adliger deshalb an Sie.« Weriga gibt zur Antwort, von solchen Gerüchten nichts gehört zu haben. Peredonow sieht sich aus grauen Augen aufmerksam betrachtet und versichert ohne irgendwelchen Anlass: »Ich bin niemals Sozialist gewesen.« Wenn es wirklich zu einer Verfassung komme, so müsse diese ohne Parlament sein. Dieser Gedanke gefällt Weriga: »Eine Verfassung ohne Parlament«, sagt er träumerisch, »das, wissen Sie, ist sehr praktisch.«

Peredonow führt aus, nur in seiner Jugend habe er durchaus positiv an eine Verfassung gedacht. Wiederum spielt Peredonow auf seine Chance an, Schulinspektor zu werden. Und wiederum macht Peredonows Gesprächspartner grundsätzliche Ausführungen:

> »Es freut mich, dass Sie sich an mich gewandt haben, denn es scheint gerade in der heutigen Zeit für die Angehörigen der herrschenden Klasse besonders angebracht, immer und überall zuallererst daran zu denken, dass sie Adlige sind, die Zugehörigkeit zu dieser Schicht hochzuhalten. Der Adel in Russland ist, was Ihnen natürlich bekannt ist, hauptsächlich eine dienende Schicht. Strenggenommen müssten alle staatlichen Ämter – ausgenommen natürlich die allerniedrigsten – in den Händen des Adels sein.«

Weriga legt Peredonow dar, dass genau das, was ihn, Peredonow, bedrücke: nämlich Opfer von Verleumdungen zu sein, auf den Verlust der Traditionen des Adels zurückzuführen sei.

An der Begegnung Peredonows mit dem Adelsmarschall fällt auf, dass Peredonow den Blick seines Gesprächspartners nicht aushalten kann. Peredonow selbst richtet seine Augen, wenn er spricht, auf den Teppich. Weriga hält Peredonow für einen feigen Streber auf der Suche nach einer einträglichen Stelle. Es zeigt sich deutlich, dass Peredonows Anpassungsbereitschaft keinerlei gemeinsame Sache schafft.

Sein nächster Besuch führt Peredonow zum Vorsitzenden des Kreisamtes Iwan Kirillow. An ihm wird ein für Sologubs Menschenbild wichtiger Gedanke hervorgehoben: die sonderbare Fähigkeit des Menschen nämlich, sich der Sorge um das Zukünftige so zu verschreiben, dass alle gegenwärtige Tätigkeit zu einer bodenlosen Geschäftigkeit wird. Über Iwan Kirillow heißt es aus der Sicht des Autors: Es war, »als habe jemand die lebendige Seele aus ihm entfernt, sie in einen langen Kasten gelegt und an ihrer Stelle ein lebloses, emsiges Perpetuum mobile eingesetzt.« Es zeigt sich hier die grundsätzliche Wesensgleichheit Peredonows mit den Personen, auf deren Achtung er Wert legt. Es scheint in solchem Zusammenhang kein Zufall zu sein, dass Peredonow den Vornamen Ardalion trägt, dessen, wenngleich nur mutmaßliche, Herkunft auf das lateinische *ardalio*, nämlich »geschäftiger Nichtstuer«, zurückdeutet. Die Geschäftigkeit des Nichtstuers ist sich selbst immer vorweg, wodurch alle besinnliche Vergegenwärtigung ausgeschaltet wird.

Auch jetzt bringt Peredonow seine einzige Sorge vor: »Man erzählt allen nur möglichen Unsinn über mich. Sollte Sie jemand über mich befragen, so möchte ich Ihnen im Voraus sagen, dass man nur dummes Zeug über mich verbreitet.« Wiederum versichert der Angesprochene, dass ihm bislang nichts zu Ohren gekommen sei. Wiederum kommt Peredonow auf den in Aussicht stehende Posten eines Schulinspektors zu sprechen. Der Leser erfährt hier jedoch über den Kopf Peredonows hinweg, dass dieser Posten, der tatsächlich in Kürze frei wird, mit einem Kandidaten aus der Nachbarstadt besetzt werden soll. Kennzeichnend für das Weltverhalten Kirillows ist die Abkapselung: »Ohne meine Frau wüsste ich nicht, wie ich zurechtkommen sollte. Ich komme nirgends hin, sehe keinen Menschen und höre nichts.«

Es folgt Peredonows Besuch beim Kreispolizeichef Semjon Mintschukow, dessen Gesicht gleichzeitig einen lauernden und dummen Ausdruck zeigt. Peredonow sagt wiederum: »Man verbreitet über mich dummes Zeug. Dinge, die überhaupt nicht stimmen.« Er hoffe, dass sich Mintschukow auf seine Seite stellen werde, und der Polizeichef bejaht dies mit der größten Freude.

Diese Begegnung weist indessen eine Eigenart auf, die an den anderen nicht festzustellen war. Mintschukow ist, verglichen mit den zuvor aufgesuchten Personen, die unbedeutendste. Peredonow tritt zwar auch hier dezidiert bescheiden auf: Seine Ausführungen enthalten jedoch für Mintschukow eine Drohung, ohne dass Peredonow selbst dies bemerkt. Wie man sich erinnert, äußert sich Peredonow in völlig allgemein gehaltenen Bemerkungen über gewisse junge Leute, die selber einiges zu verbergen haben und dabei doch gegen andere vorgehen. Peredonow denkt dabei an Wolodin, nennt ihn aber nicht. Mintschukow aber bezieht diese Ausführungen auf zwei seiner jungen Beamten und lässt den in ihm durch Peredonows Andeutungen aufkeimenden Verdacht überprüfen.

Was sich hier abspielt, ist deshalb bemerkenswert, weil Peredonows Wahnwelt, indem sie ihre Inhalte aus der objektiven Realität bezieht, nun plötzlich auf diese zurückwirkt. Überspitzt lässt sich sagen: Nichts ist in der Wahnwelt, dem nicht auf geradezu ungeahnte Weise eine Entsprechung innerhalb der objektiven Realität zukäme. Solche Korrespondenz zwischen dem, was in der Außenwelt deren wirklichen Lauf bestimmt, und dem, was in Peredonows Hirn sich halluziniert festsetzt, wird im Verlauf des Romans immer mehr gesteigert. Ein erster Ansatz zeigt sich im Gespräch mit Mintschukow. Eine deutliche Steigerung erfährt die Rückwirkung der Wahnwelt auf die Realität durch den Besuch Peredonows bei Nikolaj Chripatsch, dem Direktor des Gymnasiums. Sologub schildert uns Chripatsch als einen Mann von Prinzipien, der »kluge Augen und eine überzeugende Art zu sprechen« hat. Mit einem Wort: »Chripatsch war ein Mensch, der sein Leben gut eingerichtet hatte und entschlossen war, es noch besser einzurichten.« Sologub bringt uns dazu, solche Kennzeichnungen negativ zu hören, als Verurteilungen. Das Reüssieren in der Welt ist bereits Zeichen der gelungenen Depravierung des menschenwürdigen Daseins. Erfolg bedeutet das Befolgen von Zwängen.

Peredonow exponiert finster seine fixe Idee: »Nikolaj Wassiljewitsch, ständig greift man mich an. Wahrscheinlich hat man mich bei Ihnen verleumdet, aber nichts davon ist wahr.« Wiederum betont Peredonows Gesprächspartner, dass ihm keinerlei Verleumdungen zu Ohren gekommen seien. Als Dienstvorgesetzter verweist Chripatsch darauf, dass Peredonow seinen dienstlichen Verpflichtungen nur mangelhaft nachkomme. An dieser Stelle nun wartet Peredonow, genüsslich geradezu, mit einem bizarren Beweis für die Gewissenhaftigkeit auf, mit der er sich »Tag und Nacht« um das Gymnasium sorge: Der neue Schüler, Alexander Pylnikow, sei in Wahrheit ein Mädchen und werde durch seine Anwesenheit das gesamte Gymnasium früher oder später in eine Lasterhöhle verwandeln.

Mit dieser Verleumdung des Knaben Pylnikow kommt Peredonows boshafte Betrachtung der Welt der Kinder und Schüler, wie sie sich schon im Gespräch mit Skutschajew abzeichnete, zu einem expliziten, wenngleich nur vorläufigen Gipfel. In allen der soeben betrachteten Begegnungen mit den einschlägigen Repräsentanten seiner Umwelt wurde jeweils, wenn auch am Rande, die feindselige Haltung Peredonows gegenüber dem zweckfreien Tun der Kinder und Jugendlichen manifest.

Chripatsch, der Direktor des Gymnasiums, schenkt der Verleumdung des Knaben Pylnikow Glauben: Der Wahnwelt Peredonows entspricht eine objektive Tendenz des Wirklichen. Chripatsch »entspricht« der bizarren Einflüsterung Peredonows. Dazu wird sogleich noch ein besonderes Wort nötig sein. Zuvor sei der feindseligen Haltung gegenüber der Welt jener nachgegangen, die noch nicht den Erwachsenen zuzurechnen sind.

Peredonow verleumdet seine Schüler

Wir gelangen nun zum dritten großen Geschehniskomplex des Romans: der Konfrontation Peredonows mit den ihm unterstellten Schülern.

Mit derselben Gründlichkeit, mit der es Peredonow seinen Vorgesetzten oder anderen Personen, deren Einfluss er fürchtet, recht zu machen versucht, ist er bestrebt, seine Untergebenen, das heißt: die ihm unterstellten Schüler, in das herrschende System von Zucht und Ordnung zu integrieren. Peredonow zeigt hier ausgesprochen sadistische Neigungen. Er beobachtet die Schüler in der Kirche mit dem Ziel, sich die Namen derer zu merken, die lachten, flüsterten und kicherten. Aufschlussreich heißt es:

> »Solche kleinen Verstöße, die vom Klassenlehrer überhaupt nicht bemerkt wurden, steigerten sich in Peredonows erregter, doch stumpfer Phantasie zu gröbsten Exzessen.«

Den Besuchen nach oben stehen, wenn man so sagen will, die Besuche nach unten gegenüber. Peredonow sucht die Eltern oder Wirtinnen seiner Schüler auf, um Züchtigungen für geschickt herausgestellte oder übertrieben ins Licht gehobene Vergehen vornehmen zu lassen. Dem Willen zur Anpassung seiner Gesinnung an die Wünsche der Obrigkeit entspricht sein Wille zur Versklavung der ihm unterstellten Schüler.

Mit besonderer Ausführlichkeit wird Peredonows Auftritt bei der Witwe Kokowkina geschildert, bei der Alexander Pylnikow untergebracht ist. Es verdient Hervorhebung, dass Peredonows Anschuldigung hier den Bereich des Sexuellen betritt: er bezichtigt Pylnikow, die Obszönitäten seiner Mitschüler zu verheimlichen. Es gelingt Peredonow, den Knaben im Beisein der freundlichen und völlig fassungslosen Wirtin derart in Verwirrung zu bringen, dass der Eindruck eines verhehlten Vergehens entsteht. Peredonow fordert schließlich »Ruten«, um Alexander Pylnikow zum Reden zu bringen.

Gewiss, das schlichtende Eingreifen der Kokowkina verhindert hier den Akt der Züchtigung. Es wird jedoch auch so völlig klar, dass Peredonow den Inhalt des Vergehens wie auch die Form der Bestrafung nicht aus pädagogischer Sorge um das rechte Lebensideal des Heranwachsenden zur Diskussion stellt, sondern aus der insgeheimen Bindung an das, was dem Zögling als verwerfliches Tun unterstellt wird. Unter dem Deckmantel der Entrüstung wird der Anlass geschaffen, gerade das zu verbalisieren, was ansonsten der Tabuisierung unterliegt. Die Rolle des Tugendwächters schafft so für Peredonow eine doppelte Quelle des Genusses: Er kann die Untugend erregt zur Sprache bringen und womöglich der Bestrafung des Missetäters beiwohnen. Diejenigen Eltern, so heißt es, von denen Peredonow glaubte, sie würden ihren Sohn in Schutz nehmen, suchte er erst gar nicht auf, denn am Ende beklagten sie sich noch über ihn bei der Schulbehörde.

Die plötzliche Inspektion von Schülerwohnungen wird für Peredonow zu einer regelrechten Obsession. Auch hier haben wir es, formell gesehen, mit einer Form der Anpassungsbereitschaft zu tun. Denn: Was ist Peredonows inquisitorisches Verhalten anderes als die sorgfältige und übersteigerte Übertragung der von der Legalität geforderten Maximen auf die heranwachsende Generation! Auch die Besuche Peredonows bei den Eltern oder Pensionswirtinnen seiner Schüler zeigen ihn mithin ganz als den Sachwalter des moralisch und politisch öffentlich Wünschenswerten.

Dennoch zeigen die jetzt zur Debatte stehenden »Besuche nach unten« inhaltlich ein völlig anderes Gesicht als die zuvor in den Blick gerückten »Besuche nach oben«. Es wird nämlich nun der von Peredonow in seinen dezidierten Verhaltensweisen verdeckte »Untergrund« sichtbar: seine innerste Inklination zu dem, was verboten ist.

Betrachten wir dazu das extremste Beispiel: Peredonows Besuch beim Notar Nikolaj Gudajewskij. Gudajewskijs Sohn ist Schüler Peredonows. Peredonow beschuldigt den Sohn Gudajewskijs sofort in der schärfsten Form, faul und unaufmerksam zu sein und im Unterricht zu lachen. Die Ehefrau Gudajewskijs ist angesichts dieser Vorwürfe besorgt, während Gudajewskij selbst abwinkt. Peredonow wird schließlich vom erzürnten Hausherrn, der den Anwürfen gegen seinen Sohn nicht glaubt, unmissverständlich zum Abschied gedrängt. In der halbdunklen Diele trifft Peredonow indessen auf einen unvermuteten Gesinnungsgenossen: die Ehefrau Gudajewskijs, die Peredonow hektisch bittet, zurückzukehren, damit sie, gemeinsam mit ihm, ihren Sohn züchtigen kann. Wahres Ziel solchen Ansinnens ist es indessen, eine Liebesbeziehung mit Peredonow zu beginnen. Die Züchtigung des Sohnes wird nur vorgeschoben, um ein Rendezvous mit dem gesinnungsgleichen Lehrer herbeizuführen.

Mit dieser Episode schafft Sologub Klarheit darüber, dass die Tendenz zur Wahrung dessen, was als tugendhaft gilt, von denen am vehementesten vertreten wird, die den Ansprüchen der Gegenkraft, nämlich des Untergrunds, am stärksten ausgeliefert sind. Im Gewand dessen, was öffentlich gebilligt ist, wird gerade das betrieben, was von solcher Billigung ausgeschlossen ist. Die Lust bedient sich, wo sie verdrängt wird, des Erlaubten, um sich als unerlaubte zu realisieren. So ist es kein Zufall, sondern zutiefst exemplarisch, dass von der Züchtigung des Sohnes, dem das Vergehen nur unterstellt wird, die Rede ist, wo sich dessen Mutter und Lehrer den ihnen verweigerten Freiraum der Triebbefriedigung verschaffen wollen. Das Vorhaben, den Sohn zu züchtigen, wird denn auch von beiden Partnern sofort beiseite gelassen, und es beginnt die volle Herrschaft des verdrängten Untergrunds. Allerdings dauert solche verbotene Liebesbeziehung nicht lange, und Peredonow sieht sich eines Tages den durchaus rechtswidrigen Schlägen des erzürnten Ehemannes ausgesetzt, womit diese Episode ihr schnelles Ende findet. Julija Gudajewskaja zeigt, indem sie auf die geheimen Wünsche Peredonows eingeht, dass sie sich in der gleichen Lage befindet wie dieser: unterdrückt nämlich von den unerträglichen Zwängen der Umwelt, in der sie leben muss.

Halten wir als Fazit solcher Beobachtungen fest: Peredonow geht unter dem Vorwand der Pflichterfüllung den Forderungen des verdrängten Untergrundes nach, der sich als stets plötzliche Triebhandlung und Freude am Defekt meldet.

Nietzsche

Eine programmatische Erläuterung solchen Geschehens ist die folgende Passage am Ende des zweiundzwanzigsten Kapitels: »Geblendet von den Verlockungen der Persönlichkeit und des individuellen Daseins« hatte Peredonow kein Verständnis für die »dionysischen, elementaren Freuden, die in der Natur jubilieren und schrill hervorbrechen.«

Der Rückbezug auf Nietzsche liegt auf der Hand. Sologub kennzeichnet den Zustand seiner Hauptgestalt in der Terminologie der »Geburt der Tragödie aus dem Geiste der Musik«. Das *principium individuationis*, dessen Gottheit Apollo ist, hat in Peredonow die Fähigkeit zum dionysischen Rausch, worin alles Individuelle verschwindet, besiegt.

Solcher Sieg des Apollinischen, der hier als vollendete Einpassung Peredonows in das System der ehrgeizigen Zwänge seiner Umwelt gestaltet wird, bedingt aber nicht die völlige Ausschaltung des dionysischen Untergrunds. Der Untergrund wird ja von Sologub gleichsam als die verlorene Heimat des Menschen gestaltet, die im Erwachsenen eine mehr oder weniger starke Sehnsucht weckt.

In Peredonow meldet sich der elementare Untergrund der menschlichen Natur in Gestalt des Zuwiderhandelns gegen jene Prinzipien, die die anerkannte Öffentlichkeit beherrschen. Diese Einsicht ist wesentlich für das rechte Verständnis des Wahnsinns, in den Peredonow schließlich verfällt.

> »Wer jetzt krank wird, den überfällt das Böse, das jetzt böse ist: wehe will er tun, mit dem, was ihm wehe tut«, sagt Nietzsches Zarathustra und fügt hinzu: »Vieles an euren Guten macht mir Ekel, und wahrlich nicht ihr Böses. Wollte ich doch, sie hätten einen Wahnsinn, an dem sie zugrunde gingen [...].«

In äußerster Zuspitzung sei behauptet: In Peredonows Wahnsinn, der ihn zum Mörder werden lässt, meldet sich der vollständig verschüttete Wille zum Guten. Verkürzt ausgedrückt: Das Gewaltverbrechen ist die letztmögliche Manifestation des Menschlichen innerhalb einer vollkommen unmenschlichen Umwelt. Die Erläuterung dieser These vollzieht den zweiten Darlegungsschritt unserer Analyse: die Erläuterung des Schicksals Peredonows in seiner Typik.

Im Sog des Vernunftwidrigen

Betrachten wir dazu die von Sologub immer mehr gesteigerten Manifestationen des widersinnigen Verhaltens, die an Edgar Allan Poes Erzählung »The Imp of the Perverse« denken lassen. Es heißt von Peredonow:

> »Ging er an einem neuen Straßenpfosten vorbei, so kam ihn das Gelüst an, diesen zu beschmutzen oder zu beschädigen. Wurde in seiner Gegenwart etwas zerstört oder verunreinigt, lachte er vor Vergnügen. Sauber gekleidete Gymnasiasten verabscheute er, pflegte er ›lackierte Affen‹ zu nennen und behandelte sie absichtlich besonders schlecht, denn die nachlässigen waren ihm viel lieber.«

Man sieht hier deutlich, wie Peredonows Haltung zu den ihm anvertrauten Schülern eine Dimension freiwerden lässt, die mit seinem rationalen Anpassungsstreben nicht mehr zu erklären ist.

Wir treffen jetzt auf Peredonows Verhältnis zur Sinnlichkeit. Die verleugnete Sphäre des dionysischen Rausches manifestiert sich in Peredonow als aufgesplittert in libidinöse Skurrilitäten. Sologub liefert uns, recht besehen, eine ganze Enzyklopädie abseitiger Sinnlichkeit. So versucht Peredonow, zu seiner Hochzeit das Korsett seiner Braut anzuziehen, stellt aber fest, dass es ihm zu eng ist. Der Transvestismus kommt in der Nebenhandlung an Alexander Pylnikow zu voller Entfaltung: Pylnikow trägt Mädchenkleider und gewinnt, als Geisha verkleidet, den ersten Preis auf einem Kostümfest. Sologub zeigt uns, dass die Sexualität der Jugendlichen, indem sie spielerisch auftritt, ganz frei ist von dem grimmigen Ernst, mit der sie in der Welt der Erwachsenen betrieben wird. Es ist bezeichnend, dass der Maskenball als Höhepunkt »erwachsener« Festlichkeit gerade nicht zu einer Befreiung im Spiel gerät, sondern nur den Konkurrenzkampf des Alltags reproduziert und damit als das, was er sein müsste, misslingt.

Die Fähigkeit zum Spiel kennzeichnet wesentlich Kind und Jugendlichen, wodurch die Polarität der Geschlechter aufgehoben ist, ohne ihre grundsätzliche Spannung zu verlieren. Der ausführlich zur Darstellung gebrachte Maskenball belegt exemplarisch, dass dem Erwachsenen die Fähigkeit zum Spiel fehlt, das zwar seinen eigenen Ernst besitzt, ohne indessen den Ernst der Realität zu kennen.

Die Beziehung Alexander Pylnikows zu Ljudmila Rutilowa steht ganz in der Dimension des Spiels und parallelisiert die ganz und gar »ernste« Beziehung Peredonows zu Warwara Maloschina. Der verbotene Untergrund tritt in der Welt Pylnikows gebändigt zum Spiel auf und wird als ein solches kultiviert. In der Welt Peredonows indessen kann sich der Untergrund nur noch mit dem Ernst unwiderruflich wirklicher Handlungen melden. In beiden Welten, der des Jugendlichen und der des Erwachsenen, fällt dem weiblichen Partner die Rolle des aktiven Verführers zu. Pylnikow indessen fühlt sich umworben von einer bräutlichen Schwester, während Peredonow sich von einer berechnenden Frau, die nur zur Abwehr von Gerüchten zur Schwester deklariert wird, bedrängt und verraten sieht.

Dieser Blick auf die heitere, wenngleich hemmungslose Sinnlichkeit zwischen Alexander Pylnikow und Ljudmila Rutilowa mag vor Augen führen, wie sehr die Welt der Erwachsenen, da sie zur spielerischen Einbeziehung des »verbotenen« Untergrunds unfähig ist, sich dessen unvermittelten Ansprüchen ausgesetzt sieht. Auf Peredonows Sinnlichkeit liegt der Fluch des Erwachsenseins.

Mit Fortschreiten des Romans bringt Sologub seine Hauptgestalt immer stärker in den Bann des widersinnigen Handelns. Dieses muss sozusagen als Rache an den übermächtigen Zwängen gesehen werden. Lebendige Kennmarke der zunehmenden geistigen Umnachtung Peredonows ist das koboldhafte Wesen Nedotykomka, das grau, flink, klein und irrlichternd zu den merkwürdigsten Vorkehrungen animiert. Peredonows absonderliche Handlungen haben durch die Existenz Nedotykomkas, die außer ihm allerdings nur uns, den Lesern ersichtlich ist, eine durchaus verständliche und

»vernünftige« Motivation. So zerschneidet Peredonow ein Kleid Warwaras, um einen möglichen Schlupfwinkel für den grauen Kobold zu beseitigen, so zerschlägt er einen Tisch mit dem Beil, weil sich die Spukgestalt darunter versteckt hält, so wird er schließlich, um seinen Quälgeist loszuwerden, zum Brandstifter.

Auch andere, für Außenstehende merkwürdige Handlungen Peredonows haben für ihn selbst einen vernünftigen Grund. So sammelt er eines Abends sämtliche Gabeln und Messer ein und versteckt sie unter dem Bett, da er einen Mordanschlag seiner Geliebten befürchtet. Oder er sticht mit einer Schusterahle in die Tapete, um einen dort verborgenen Spion unschädlich zu machen.

Man beachte die ausgesprochen politische Implikation, wenn Peredonow den Gesichtern auf den Spielkarten mit einer Stecknadel die Augen aussticht: Der König ist geblendet; die gleichzeitige Blendung der Pique Dame muss als Rebellion gegen die Zudringlichkeit und den Intrigenreichtum des weiblichen Geschlechts gewertet werden. »Wozu brauchen sie denn Augen?«, brummte Peredonow. »Sie brauchen ja nichts zu sehen. Vielleicht sehen sie jetzt durch die Nasenlöcher«, dachte er.

In Peredonows Wahnsinn manifestiert sich die Kehrseite der Anpassung. Die Blendung des Königs, Absage an den Zarismus, geht einher mit der Zurückweisung des Klerus: Während eines Gottesdienstes erscheinen Peredonow die kirchlichen Rituale und Mysterien plötzlich als »böse Zauberei«, mit der die Versklavung des einfachen Volkes betrieben wird. Das Zarenportrait und die Heiligenbilder in Peredonows Wohnung entfesseln in ihm den überzeugten Königsmörder und Kirchenschänder.

Betrachten wir nun jenes Geschehnis näher, mit dem Sologub seinen Roman enden lässt: die Ermordung Pawel Wolodins. Es verdient Hervorhebung, dass alle vorherigen Manifestationen der allmählich sich steigernden Absonderlichkeit Peredonows von der Außenwelt in irgendeiner Weise entschuldigt werden. Peredonow trinkt sehr viel, so dass für seine unmittelbare Umwelt stets der Verdacht naheliegt, er sei betrunken, wo er sich exzeptionell verhält. Vieles, was Peredonow tut, lässt sich zudem unter dem Aspekt einer nur sich selbst genügenden Sinnlichkeit sehen. Nur im Direktor des Gymnasiums taucht anlässlich der sonderbaren Behauptung Peredonows, der Knabe Pylnikow sei in Wahrheit ein Mädchen, allmählich der Verdacht auf, dass Peredonow geistesgestört sei.

Dass sich in Peredonows Wahnsinn fundamentale Gesellschaftskritik meldet, bleibt indessen allen Gestalten der Fiktion verborgen. Sein Schicksal ist innerhalb der Fiktion ein singulärer Fall: Niemand sieht, dass die Wurzeln des spezifisch peredonowschen Wahnsinns in jedem Einzelnen zu finden sind.

Man darf aber nicht den Fehler machen, in Peredonows Rebellion eine bewusste Haltung zu sehen. Vielmehr bleibt seine Reaktion auf das Unerträgliche der ertragenen Zwänge in der Dimension der emotionalen Abwehr stehen, die allerdings durchaus auch »rationale« Blüten trägt. Es lässt sich aber nicht leugnen, dass Peredonows Abwehrhaltung untermischt ist mit einer ausgesprochenen Freude an dem, was als Abträgliches in den Blick tritt. Es kommt so zu einer zwiespältigen Haltung zu dem, was, objektiv gesehen, eindeutige Ablehnung verdient.

Es gilt nämlich folgendes zu realisieren: Die wollüstige Trägheit Peredonows ist gerade im Schmutz zuhause, sie überwindet als Voyeurismus alle Entfremdung, indem sie aus jedem wahrgenommenen Defekt noch das Positive eines Kitzels heraussaugt. Sologub sieht und gestaltet, dass das menschliche Bewusstsein zur libidinösen Bejahung dessen, wovon es gequält wird, fähig ist. Sologub erreicht eine hohe Poesie des Unerquicklichen, die allerdings nicht mit reflektierter Affirmation verwechselt werden darf. Mit einem Wort: Peredonows Wille zur totalen Einpassung in die Zwänge seiner Lebenswelt weckt in ihm eine emotional gegründete Gegenwehr, die sich als stille Freude am Defekt und als aktive Aggression äußert.

Peredonows Geisteskrankheit ist das positive Produkt seiner verwerflichen und gelungenen Anpassung. In Peredonows Geisteskrankheit zeigt sich das verschüttete Fundament seines genuinen Menschentums. Peredonow ist seiner Umwelt überlegen, indem er zur Geisteskrankheit fähig ist. Durch den Weg in die Geisteskrankheit wird Peredonow für jene Welt untauglich, deren Maximen er zu kopieren suchte.

Der Weg in den Wahnsinn verläuft in drei Stadien: Zunächst kommt es zur bedingungslosen Anpassung, danach zum heimlichen Genuss des Verbotenen und kollektiv Verdrängten, bis schließlich die aus solchem polaren Gegenüber entstehende Spannung in die anarchistisch fundierte Verzweiflungstat explodiert: Mord.

Wir müssen jetzt genauer nach der Funktion des sonderbaren Kobolds Nedotykomka fragen. In Nedotykomka verkörpert sich, so darf man sagen, der böse Zwang, vorgestellt als Verlockung. Aufschlussreich für das Vorgehen Sologubs ist, dass Peredonow, indem er Nedotykomka vernichten will, selber eine böse Handlung begeht. Peredonows wachsende Aggressivität, sein anarchistischer Vernichtungswille ist also, genau besehen, gegen das Böse gerichtet. Anders ausgedrückt: Im Wahnsinn, der das Geschöpf Nedotykomka gebiert, kommt für Peredonow die Inkarnation des wahren Wesens jener Welt zum Vorschein, deren Eigenart er selbst verinnerlicht hat. Paradox formuliert: im Verbrechen Peredonows meldet sich der letzte Rest seiner ursprünglichen

Humanität. Der desperate Gewaltakt, so will uns, wie mir scheint, Sologub sagen, ist in der hier präsentierten Welt die einzige noch mögliche Handlung der Freiheit, allerdings nur *ex negativo*.

In der Bosheit Peredonows bricht sich, in antithetischer Verkehrung, das Fundament des Guten in ihm Bahn, das sich nicht in die Zwänge der tatsächlichen Außenwelt verspannen lassen möchte. Entscheidend ist nun, dass Sologub, was als Prozess der plötzlichen Erkenntnis sich beschreiben ließe, nicht einmal im Bewusstsein seiner Hauptgestalt zu argumentativer Ausdrücklichkeit kommen lässt. Peredonows geistige Umnachtung ist der Ausdruck seiner verhinderten geistigen Klarsicht.

Wichtig wird für unseren Zusammenhang, unter welchen Umständen Peredonow das erste Mal von Nedotykomka heimgesucht wird, der nur ihm sichtbaren Gestalt seines Wahnsinns. Nedotykomka entsteigt ganz offensichtlich dem Weihrauch, mit dem der eigens herbeigeführte Priester die neue Wohnung Peredonows einsegnet. Peredonow hatte um dieses Ritual ersucht, um erneut in aller Öffentlichkeit Gelegenheit zu haben, seine staatstreue Frömmigkeit zu beweisen. Der Geruch des Weihrauchs versetzt Peredonow in eine »verworrene Stimmung«, ganz ähnlich jener, die während des Gebets in der Kirche in ihm aufsteigt. Plötzlich beunruhigt ihn etwas:

»Von irgendwoher kam ein merkwürdiges Tier mit unbestimmten Umrissen gelaufen – die kleine, graue, flinke Nedotykomka.«

Es scheint mir kein Zufall, dass das Auftauchen der Spukgestalt, von der Peredonow zur emanzipatorischen, wenngleich zerstörerischen Aggression provoziert wird, gerade in der Begegnung mit einer Institution ausgelöst wird, die sich ganz dem Niederhalten der Befreiung des Menschen aus den Zwängen seiner Umwelt verschrieben hat. Wie oben bereits gezeigt wurde, sieht Peredonow in den Sekunden der Klarsicht das zeremonielle Treiben der Kirche als »böse Zauberei« zur Versklavung des einfachen Volkes an. Was dem schweren Geruch des Weihrauchs assoziativ entspringt, ist der sichtbar gewordene Geist der Versklavung, der die legalisierte Öffentlichkeit beherrscht und den lebensbejahenden Untergrund zur Verkrüppelung zwingt. Wenn Ljudmila Rutilowa folgendes Credo abgibt: »Ich liebe die Schönheit. Ich bin eine Heidin, eine Sünderin. Im alten Athen hätte ich zur Welt kommen müssen. Ich liebe die Blumen, den Duft, das grelle Kleid, den nackten Körper«, so ist die antichristliche Pointe unverkennbar. Das Verbotene in der Welt des Kleinen Dämons ist die von den Schwestern Rutilow und Alexander Pylnikow betriebene Verherrlichung des Fleisches.

Es hat programmatischen Stellenwert, wenn Ljudmila offen bekennt, sie wolle den Gekreuzigten in ihre Liebesspiele einbeziehen. Peredonow weicht bezeichnenderweise zweimal vor der heiteren Sexualität der drei noch ledigen rutilowschen Mädchen zurück, einmal zu Anfang des Romans in der Realität des Alltags und schließlich am Ende des Romans im Spiel des Maskenballs. In der Begegnung Peredonows mit Ljudmila, Darja und Valerija zu Anfang des Romans stellt Sologub das Urteil des Paris parodistisch nach. Peredonow will jede von ihnen, nimmt dann aber keine. Auch die Körperlichkeit seiner Ehefrau wird für Peredonow schließlich beängstigend, so dass er der betagten Fürstin Woltschanskaja in Petersburg schreibt:

> »Ich liebe Sie, denn Sie sind kalt und fern. Warwara schwitzt, und wenn ich mit ihr schlafe, ist es so heiß wie an einem Backofen. Ich wünsche mir eine Geliebte, die kalt ist und fern. Kommen Sie zu mir und erhören Sie mich.«

Peredonow stellt sich vor, die Fürstin sei hundertundfünfzig Jahre alt und ströme bereits den Geruch einer Toten aus. Glückserwartung, zentriert auf eine alte Frau, hat Peredonow insbesondere mit Hermann aus Puschkins Erzählung »Pique Dame« gemein. Der Weg von Puschkin zu Sologub führt über Dostojewskij. Auch Raskolnikow erwartet sein Glück von einer alten Frau, der Wucherin Aljona Iwanowna, und ihrem Geld. Im Unterschied jedoch zu Hermann und Peredonow wird Raskolnikow durch die Liebe einer jungen Frau von seiner »Theorie«, ein Napoleon zu sein, erlöst.

Sologub will ganz offensichtlich zeigen, dass die Triebsphäre des Menschen unter dem Zugriff der geschilderten Zwänge nicht nur verkümmert, sondern depraviert. Indem der Untergrund schließlich nur noch als Gerontophilie und Nekrophilie sich äußert, wird das betroffene Individuum in äußerste Bedrängnis getrieben. Peredonow verehrt in seinem Bild der Fürstin die heimliche Königin der Legalität: einen Leichnam. In Peredonows Wunschvorstellungen, in seinen gleichsam erpressten Halluzinationen tritt das wahre Wesen dessen hervor, was ihn als Wirklichkeit umgibt. Indem die betagte Fürstin als kalte und ferne Geliebte zum Gegenstand der tiefsten Verehrung erhoben wird, schafft sich Peredonow das Beschwörungsritual gegen die Frauen seiner unmittelbaren Umgebung, deren Zudringlichkeit er fürchtet. Gleichzeitig verrät sich in der nekrophilen Fixierung deren wahre Grundlage: sein geheimer Wunsch, sämtliche Geschlechtspartnerinnen auszulöschen. Erst die durchlebte Aneignung des Wirklichen lässt dessen Zurückweisung lebenswichtig werden. Schließlich bleibt Peredonow keinerlei Asyl mehr vor dem Zugriff des Wirklichen. Mit der Brandstiftung im Festsaal will Peredonow die Wirklichkeit abschaffen.

Solch grundsätzliche Hinweise auf die Entstehung der peredonowschen Phantasien mögen verdeutlichen, dass es ganz gewiss kein Zufall ist, dass Peredonows Quälgeist Nedotykomka dem kirchlichen Ritual entsteigt. An die Stelle des Heiligen ist längst das Satanische getreten, und Peredonow ist es, der dies regelrecht »sieht«, was ihm aber nicht zur Erkenntnis wird, denn er hält ja die Ausgeburt seiner Phantasie für real. Gewiss, eine Direktinformation des Autors klärt uns, die Leser, darüber auf, dass Peredonow unfähig sei, die wahre Bedeutung des klerikalen Zeremoniells zu begreifen: die Überwindung der Fessel des Todes nämlich durch Verwandlung der Materie. Das aber heißt nichts anderes, als dass Peredonow zwischen einem längst unmöglichen Heidentum und einem ihm unverständlichen Christentum steht, von dem ihm nur dessen repressive Praxis fassbar wird. Wesentlich ist, dass Sologub keinerlei Perspektive auf menschengerechte Daseinsmöglichkeiten eröffnet.

Da das Christentum die Abtötung des Fleisches betreibt, wird solcher Gottesdienst vom Standpunkt eines ganzheitlichen Menschenideals, wie es Sologub implizit bereithält, notwendig zum Gegenteil dessen, was er zu sein vorgibt. Die aus solcher Umkehrung resultierende Metaphorik tritt bezeichnenderweise auch in der Mordszene auf, mit der der Roman endet.

Peredonow bezeichnet seinen Mord als Gebet! Als er sich, allein mit seiner Frau und seinem Freund Wolodin, plötzlich zu dessen Ermordung rüstet, fürchtet er, irgendein Gast könne eintreten und ihn an seinem Vorhaben hindern: »Lasst niemanden herein. Sagt, ich sei beten gegangen ins Kloster der Kakerlaken.« In dem sich entspinnenden Dialog wird auf engstem Raum mit Hilfe betrunkenen Wortgeplänkels die heillose Einkesselung Peredonows von der ihm feindseligen und für ihn unüberwindbaren Umwelt demonstriert: im Freund steckt der Feind, in der Ehefrau der Satan. Die Befleckung findet ihr Sinnbild im Kakerlaken. Peredonow zückt, in ärgster Bedrängnis, das mitgeführte Messer und schneidet Wolodin die Kehle durch. Danach wird Peredonow von dumpfer Schwermut gequält. »Ohne jeden Gedanken« (russ. Myslej ne bylo). Aus der Welt des Kleinen Dämons wird, wer sie erkannt hat, ausgewiesen: als Wahnsinniger.

So vollendet sich das Schicksal des Gymnasiallehrers Peredonow. An die Stelle des Gebets rückt der Mord. An die Stelle des Heiligen tritt das Satanische. Solche Umbesetzung impliziert, dass der Gewaltakt in einer Welt der vollendeten Unmenschlichkeit zur letztmöglichen Manifestation des Menschlichen wird.

Peredonow hält die von ihm selber diszipliniert angestrebte Anpassung an seine unmenschliche Umwelt nicht aus, so dass der verleugnete Untergrund aus ihm emporbricht. Peredonow ist so innerhalb der Welt des Kleinen Dämons der einzige wirkliche Mensch, weil nur ihm das, was alle anderen ungerührt ertragen, unerträglich wird. Wahnsinn und Mord werden hier *ex negativo* zu den Insignien eines sittlich fundierten Einblicks in das, was ist. Allerdings kommt solches Geschehen niemandem innerhalb der geschilderten Welt zu theoretischer Durchsichtigkeit. Auch nicht Peredonow selbst. Man darf sagen: »Es« geschieht mit ihm. Nur wir, die Leser, sehen den Beispielcharakter dessen, was sich hier abspielt.

Auch die Bestimmung Wolodins zum Opfer erscheint unter solchem Gesichtspunkt eine rechte Wahl. Denn Wolodin ist es, der, ohne Schaden zu nehmen, in der Trivialität aufgeht und, auch in seinem Äußeren ein »Hammel«, als deren unbehelligtes Produkt Peredonows tödlichen Unmut auf sich zieht. Peredonow vernichtet seinen ständigen Weggenossen, seinen Kumpan und Schatten.

Don Quijote und Hamlet

Die fernste und höchste Implikation solchen Hergangs ist es, dass hier ein Don Quijote seinen Sancho Pansa umbringt. Peredonows obsessive Orientierung an der Fürstin Woltschanskaja in Petersburg rückt ihn in eine typologische Nähe zu Don Quijote, der gegen alle Vernunft an die Wirklichkeit seiner Dulcinea del Toboso glaubt und mit der helfenden Fiktion dieses Glaubens von den Misslichkeiten der Empirie im Innersten unberührt bleibt. Peredonow aber wird aus seinem Glauben herausgerissen und gerät dadurch in die Fänge seiner unerträglichen Wirklichkeit. Seine Antwort darauf ist die Jagd auf Nedotykomka, die böse Zauberin. Man beachte den schließlichen Deal der Angst: Sie verführt ihn zur Brandstiftung, damit er sie loswird. Nedotykomka ist das Destillat der bösen Wirklichkeit. »Ich wollte sie verbrennen, die böse Zauberin« wird in späteren russischen Ausgaben als Motto dem gesamten Roman vorangestellt. Bislang hat keine deutsche Übersetzung dieses Motto mitaufgeführt, das einem Gedicht Sologubs von 1902 entstammt.

Auch Hamlets Verzweiflung wird zur Präsenz gebracht: Man denke nur an Peredonows Stich mit der Schusterahle in die Tapete, hinter der ein unbekannter Feind vermutet wird. Allerdings wirft die Verwandtschaft Peredonows mit Don Quijote und Hamlet, den beiden extremsten Ausprägungen des Idealisten und des Skeptikers, nur einen fast unmerklichen Schatten ins konkrete Geschehen, denn die Welt Sologubs ist so konzipiert, dass niemand in ihr sich selbst und das Ausmaß seiner Maximen erkennen kann.

Der hier eingebrachte Verweis auf Don Quijote und Hamlet erscheint mir deshalb so wichtig, weil bisher die Gestalt Peredonows immer nur in ihren leicht greifbaren negativen Zügen betrachtet wurde: Nicht aber ist das in solcher negativen Qualität sich aussprechende und sie bedingende positive Fundament des peredonowschen Wesens erkannt worden. In Peredonow wird der agonale Idealist zu einem Skeptiker, der sich selbst nicht ertragen kann. Das heißt: Peredonow wird, indem er zur Untat fähig ist, von Sologub ausgezeichnet. Dieser paradoxe Gedanke trägt die tragische Konzeption des »Kleinen Dämon«. Allerdings macht es Sologubs Vorgehen dem Leser nicht leicht, die dem Roman zugrundeliegende Konzeption zu entschlüsseln, bei der gewiss auch Maupassants Erzählung »Le Horla« eine Rolle gespielt hat. Le Horla ist das französische Pendant zu Nedotykomka.

Verbrechen als Heimweh: Dostojewskij

Zur Verdeutlichung der sich nur verschwiegen aussprechenden Problemstellung Sologubs sei auf eine Passage aus Dostojewskijs »Aufzeichnungen aus einem Totenhaus« (1860–1862) aufmerksam gemacht, die sich im fünften Kapitel des Ersten Teils findet. Aus der Perspektive seines Erzählers erläutert Dostojewskij gewisse merkwürdige und scheinbar sinnlose Gewalttaten der Sträflinge im Zuchthaus:

> »Die Vorgesetzten wundern sich manchmal, dass ein Arrestant, der einige Jahre so friedlich und mustergültig gelebt hat und dem man wegen seines guten Betragens sogar eine Aufseherfunktion einräumte, plötzlich, als sei irgendein Teufel (russ. bes) in ihn gefahren, wild wird, Radau macht, ja sogar eine kriminelle Handlung riskiert: sei es, dass er sich seinen höchsten Vorgesetzten offen widersetzt, sei es, dass er jemanden totschlägt oder vergewaltigt usw. Man blickt auf solch einen Menschen mit Verwunderung. Vielleicht ist aber dieser plötzliche Ausbruch in diesem Menschen, von dem man es am allerwenigsten erwartete, eine sehnsüchtige, krankhafte Behauptung seiner Persönlichkeit, ein instinktives Heimweh nach sich selber (russ. Toska po samom sebe), der Wunsch, sich zu äußern, seine unterdrückte Individualität zu zeigen, der sich bis zur Wut, zur Raserei, bis zur Verfinsterung der Vernunft, bis zum Anfall, bis zur Konvulsion steigern kann. So klopft vielleicht ein lebendig Begrabener, wenn er im Sarg erwacht, gegen den Sargdeckel und bemüht sich, ihn aufzustoßen, obwohl seine Vernunft ihm sagen müsste, dass alles vergeblich ist. Aber

das ist es ja gerade, dass es hier nicht um Vernunft geht, sondern um Konvulsionen.«

Die Passage belegt deutlich Dostojewskijs Einsicht, dass sich gerade im Verbrechen, dessen tiefster und geheimster Beweggrund das Unbehagen am Wirklichen ist, eine Manifestation des genuin Menschlichen sehen lässt. Gewiss, Dostojewskij lässt im sittlichen Bereich keinerlei psychologische Entschuldigung für eine Gewalttat gelten. Dennoch macht gerade die Fähigkeit, schuldig zu werden und die Schuld zu reflektieren, das Kennzeichen seiner höchsten Typen aus.

Welt ohne Freiheit

Für Sologub ist nun bezeichnend, dass jener Standpunkt, von dem aus sich das Gewaltverbrechen seiner Hauptgestalt als vermummte Revolte gegen den determinierten Verlust ihrer Menschenwürde erkennen lässt, innerhalb der Welt der Fiktion keinen Ort hat. Sologubs Welt kennt keine Freiheit! Konkret gesprochen: Innerhalb der Welt des »Kleinen Dämon« ist ein Peredonow nur geisteskrank. Peredonows Verhalten belegt hier nichts weiter als eine singuläre Absonderlichkeit. Niemand in seiner Mitwelt könnte sich in ihm wiedererkennen. Auch er selbst weiß ja nicht um den Mechanismus, um die psychologische Kausalität seiner Revolte. Lediglich die eingesprengten, immer sehr kurzen Kommentare des Autors, etwa zum Dionysischen oder zum Geist des Christentums, lassen eine umfassende Sicht ahnen. Die vorgeführte Welt indessen ist gerade dadurch definiert, dass sie über sich selber nicht zur vollen Erkenntnis gelangen und deshalb ihren grundsätzlichen Missstand niemals beseitigen kann. Diese Welt hat ihre Eigenart darin, die Herrschaft des Kleinen Dämons, ohne diese so nennen zu können, als ihre Normalität zu empfinden.

Ein Erwachen dieser Toten Seelen aus dem Schlummer der apollinischen Starrheit ist nur um den Preis der geistigen Umnachtung möglich, die als solche wiederum nur dumpfe Rebellion und Selbstvernichtung des betroffenen Individuums bleibt. Das instinktive »Heimweh des Menschen nach sich selber«, von dem Dostojewskij spricht, ist in der von Sologub beschworenen Welt zur ewigen Frustration verurteilt. Ein Durchbruch zur Selbstreflexion wird ausgeschlossen. Die Welt des »Kleinen Dämon« lässt ein kritisches Bewusstsein, welcher Art auch immer, nicht zu. Alles Kritische kann sich nur in einer unaufhebbaren Verkleidung melden: Im Licht der herrschenden Legalität werden die Boten des verdrängten Untergrunds zu skurrilen, perversen und kriminellen Realitäten, denen Sologub allerdings den affirmativen Zauber einer bizarren Poesie verleiht. Nur die Phase der Kindheit und des Heranwachsens gewährt dem Untergrund einen »Spielraum« im doppelten Sinne des Wortes.

Das Fundament, von dem aus eine sittliche Einschätzung der menschlichen Erfahrung möglich wäre, fehlt: Es ist nur da für den Leser, der das in Anschlag bringen kann, was die Welt des Romans, ihr selber unsichtbar, impliziert. Die Legalität des »Kleinen Dämon« kennt nur die Prüderie der öffentlichen Moral und die rigorose Abkehr vom politisch Verbotenen.

Als Fazit solcher Überlegungen sei festgehalten: Die Menschen des »Kleinen Dämon« sind so konzipiert, dass sie sich selber als sittliche Personen nicht erkennen können, was etwa einen wesentlichen Unterschied zu der von Dostojewskij entworfenen Welt ausmacht, innerhalb derer sich der objektive Konflikt der sologubschen Gestalten explizit formulieren ließe.

Mit solchem Fazit haben unsere Überlegungen zum »Kleinen Dämon« den zweiten Darlegungsschritt vollzogen. Das Schicksal Peredonows wurde in seiner Typik bestimmt. Der erste Darlegungsschritt beschrieb die Situation Peredonows als die eines ehrgeizig Angepassten, der sich unter dem Zwang der Anpassung den wachsenden Ansprüchen des verdrängten Untergrunds ausgesetzt sieht. Mit dem zweiten Darlegungsschritt wurde gezeigt, dass Peredonows Konflikt kein vereinzelter ist, sondern die Situation des Menschen innerhalb der von Sologub geschaffenen Welt exemplarisch zum Ausdruck bringt, ohne indessen seiner Umwelt und Peredonow selbst als Exemplum erkennbar zu sein. Bleibt man im Bild Dostojewskijs, so ist Peredonow ein lebendig Begrabener, der mit seinen kriminellen Handlungen, Brandstiftung und Mord, versucht, den Sargdeckel aufzustoßen: als einziger unter den anderen, die als Erwachsene ebenfalls bereits lebendig begraben sind, dagegen aber nicht revoltieren, weil sie in ihrer Alltäglichkeit vollkommen aufgegangen sind und stagnieren.

Zum Abschluss der an dieser Stelle vorgenommenen Überlegungen sei der Inhalt des Untergrunds im »Kleinen Dämon« zusammenfassend gekennzeichnet. Es wird so der zeitgeschichtliche Aspekt in den Vordergrund treten. Wie schon einleitend hervorgehoben, hat der »Untergrund« als Raum der Illegalität einen doppelten Charakter: nämlich eine psychologische und eine politische Seite.

Die psychologische Dimension des Untergrunds

Der psychologische Untergrund ist im »Kleinen Dämon« der Ort des Sinnlichen, der Sexualität, des Rausches. Sologub benutzt für derartige Inhalte den

Begriff des »Dionysischen«, wie er durch Nietzsche geprägt wurde. Alles, was der Triebsphäre angehört, hat das Licht zu scheuen. Peredonows kurzes Liebesverhältnis mit der Ehefrau des Notars Gudajewskij vollzieht sich bezeichnenderweise im Dunkel der Nacht, während Alexander Pylnikows erotische Begegnungen mit Ljudmila Rutilowa in der Helle des Tages stattfinden. Pylnikows Tun ist noch unbefangen, während Peredonow ganz unter dem Verdikt der Öffentlichkeit seiner Triebbefriedigung nachgeht, in schwülem Zuwiderhandeln gegen das christliche Gewissen. Sologub führt uns eindringlich vor Augen, wie das unbefangene, heidnisch-unschuldige Tun Pylnikows von der Gemeinschaft, die es in seiner Tendenz nur erahnt, sofort gerügt und damit in den Untergrund gedrängt wird.

Auch das Lachen wird bezeichnenderweise als Ausdruck zwanglosen Frohsinns in den Untergrund verwiesen. Peredonow wacht missmutig darüber, dass in der Kirche und in der Schule nicht gelacht wird, was den repressiven Charakter beider Institutionen zum Ausdruck bringt. Dem verlorenen Paradies der Kindheit, das ganz und gar heidnisch gedacht ist, steht die in sich triste, nämlich vom christlichen Verdikt gezeichnete Welt des Erwachsenen gegenüber. Den Erwachsenen bleibt vom Frohsinn der Kindheit lediglich das hämische Lachen, die Schadenfreude angesichts eines Unglücks, das dem Mitmenschen zustößt. Man denke nur an Werschinas freudige Erregung, nachdem sie Peredonow klargemacht hat, dass er betrogen wurde.

Das System der Zwänge, das die Legalität definiert und beherrscht, kennt nur das Gegenteil allen Frohsinns: die Wachsamkeit gegenüber dem potentiellen Feind, die Verschlossenheit aus taktischen Gründen und schließlich die Denunziation des verdächtigen Zeitgenossen zum Wohle des Gemeinwesens.

Die politische Dimension des Untergrunds

Wir stoßen jetzt auf die politische Dimension des Untergrunds. Sologub verweist alles Fortschrittliche in den Untergrund: Sozialismus wird zur Kennmarke dessen, was Ablehnung verdient. Kennzeichnend ist, dass keinerlei Diskussion sozialistischer Ansichten stattfindet. Auch tritt das sozialistische Gedankengut nicht konkret gestaltet auf, inkarniert etwa im Denken und Handeln einer einzigen Person. Vielmehr fungiert der Begriff »Sozialismus« als selbstverständliches Schreckbild: Niemand spricht sich dafür aus.

Zwar konnte hervorgehoben werden, dass wir keinerlei Aufschluss über die Biographie Peredonows vor Einsetzen der Romanhandlung erhalten. Das verflossene Leben Peredonows wird jedoch am Beispiel Pylnikows sichtbar, der, als Knabe, zeigt, wie jeder Erwachsene zuvor gewesen ist. Angesichts dieses von Sologub gewählten Vorgehens, die Lebensphasen des Menschen mit allgemeinsten Etiketten zu versehen, den Weg des Menschen durch das Leben als einen Weg vom Frohsinn zum Missmut zu kennzeichnen, wird ein Detail aus der Vergangenheit Peredonows besonders wichtig. Im Gespräch mit dem Staatsanwalt tritt, wenngleich nur am Rande, zutage, dass Peredonow in seiner Jugend zum Sozialismus tendierte. Solcher Hinweis hat die gleiche exemplarische Funktion wie die ausführlich gestaltete Nebenhandlung um den Knaben Pylnikow und darf nicht privatpsychologisch verstanden werden, sondern belegt ganz offensichtlich, dass der Erwachsene, indem er sich den Zwängen der Welt beugt, die bessere Einsicht der Jugend verliert.

In der Welt des »Kleinen Dämons« fungiert der Sozialismus als ein Wesensbestandteil des Anrüchigen schlechthin. Wiederholt kommt die Rede auf die Schriften des linksradikalen Kritikers Dmitrij Pisarjew (1840–1868), deren Lektüre Peredonow demonstrativ von sich weist und dessen Schriften er in seiner Wohnung unter Zeugen verbrennt.

Das Portrait des polnischen Nationaldichters Adam Mickiewicz, Sinnbild freiheitlichen Dichtertums, wird von Peredonow schließlich, zum Zeichen der Verachtung, aufs Klosett gehängt. Polen und Juden treten wie selbstverständlich als die Prügelknaben des russischen Chauvinismus in den Blick. Man bedenke insbesondere Peredonows sadistisches Gespräch mit Marta, der Polin. Der Entwurf einer »Verfassung«, wie er vom Grafen Loris-Melikow (1825–1888) eingebracht wurde, der von 1880 bis 1881 Innenminister war, wird ostentativ belächelt. Mit einem Wort: Es fehlt nicht an ausdrücklich aktuellen politischen Realia. Auch ist bei der Zeichnung der maßgebenden Persönlichkeiten des öffentlichen Lebens, wie sie für die Aufstiegswünsche Peredonows wichtig werden, die sozialkritische Zielsetzung nicht zu übersehen. Am fundamentalsten werden die Einwände gegen die faktische Funktion des Christentums eingebracht, wenngleich gerade in diesem Bereich Sologubs Vorsicht deutlich zu spüren ist.

So lässt sich behaupten: Sologub schildert uns im »Kleinen Dämon« das moralische, geistig-kulturelle und politische Klima der russischen Provinz um die Jahrhundertwende. Das Resultat seiner Schilderung ist zutiefst pessimistisch: Unter den gegenwärtigen sozialen und politischen Bedingungen, so zeigt Sologub, muss der Mensch krank werden. Ihre finstere Pointe aber hat seine Diagnose darin, dass die Möglichkeit einer Abhilfe nicht einmal am Horizont sichtbar wird. Der repressive Staat und die ebenso repressive Kirche fungieren innerhalb der diagnostizierten Welt als bejahte Selbstverständlichkeiten.

Zeitgeschichtliche Realitäten

Der für das Romangeschehen maßgebende geschichtliche Tatbestand ist die Bildungsmisere unter Alexander III. und Nikolaus II. Hier hat Fjodor Sologub, der selber seit 1882 genau 25 Jahre als Mathematiklehrer im Schuldienst tätig war, zweifellos persönliches Anschauungsmaterial verwertet.

Man bedenke, dass die Arbeit am »Kleinen Dämon« bereits im Jahre 1892 begonnen wurde. Die Ausarbeitung des Werks fällt also ganz in die Zeit der inzwischen zutiefst reaktionären Bestrebungen Konstantin Pobjedonostzews (1827–1907), der seit 1881 als Oberprokuror des Heiligen Synods die Politik des Zarenreichs beeinflusste und leitete. Peter der Große hatte durch die Schaffung des Heiligen Synods die Geistlichkeit zu Staatsbeamten sui generis gemacht. Das Gremium blieb zwar ein »geistliches Kollegium«, es war ihm jedoch ein weltlicher Aufseher beigegeben, der späterhin den Titel »Oberprokuror« erhielt und für sämtliche Entscheidungen maßgebend war.

Pobjedonostzews Einfluss in seiner Funktion als Oberprokuror des Heiligen Synods ging so weit, dass mit Recht von einer »Ära Pobjedonostzew« (1881–1900) gesprochen wird. Auf die Gestalt Pobjedonostzews wurde im Elften Kapitel bereits näher eingegangen, denn Andrej Belyj hat den Senator Ableuchow im Roman »Petersburg« mit den typischen Zügen dieses Politikers ausgestattet.

In unserem jetzigen Zusammenhang darf auf dem Hintergrund der »Ära Pobjedonostzew« der damalige Minister für das Unterrichtswesen Iwan Deljanow nicht unerwähnt bleiben, der für eine Reihe von Neuregelungen auf dem Gebiet des Schulwesens unmittelbar zuständig war. 1884 war auf Betreiben Pobjedonostzews ein Gesetz erlassen worden, das die Aufsicht über alle Elementarschulen des flachen Landes direkt dem Heiligen Synod übertrug. Ausdrücklich wurde proklamiert, dass es nicht Aufgabe der Dorfschulen sei, Bauernkindern Kenntnisse nach ausländischem Vorbild zu vermitteln, vielmehr habe die Pflege einer ganz in der russischen Tradition verwurzelten Frömmigkeit im Vordergrund zu stehen (Gebet, liturgische Texte, Kirchenchoräle). Mit der recht kostspieligen Gründung von Pfarreischulen wurde versucht, den Einfluss der beim Volke beliebten Semstwoschulen radikal einzudämmen. Solch unverhülltes Aufschießen des klerikalen Einflusses hat offensichtlich eine deutliche Abrichtung in Sologubs Roman hinterlassen: denn es ist der Weihrauch, dem die böse Spukgestalt Nedotykomka provokativ entsteigt.

Von ebenso direkter Auswirkung auf Sologubs Text sind jene Maßnahmen, die während derselben Zeit unmittelbar in den Gymnasien durchgeführt wurden. Da sich wesentliche Elemente der revolutionären Bewegungen sichtlich aus den unteren Volksschichten rekrutierten, wurde ohne Kaschierung versucht, die höhere Bildung einer zahlenmäßig geringeren, wohlhabenden Oberschicht vorzubehalten. Valentin Gitermann vermerkt:

»Das Unterrichtsministerium genierte sich nicht, 1887 offiziell anzuordnen, daß Kinder bescheiden situierter Eltern – Söhne von Kleinhändlern, Kutschern, Lakaien usw. – den Gymnasien und Hochschulen fernzuhalten seien.«

Zur Begründung dieses Ukases wurde ausgeführt, man solle die Angehörigen der unteren Schichten nicht mit Unzufriedenheit hinsichtlich ihrer sozialen Lage erfüllen und in ihnen keine Empörung angesichts der gesellschaftlichen Ungleichheit wachrufen. Die von den Gymnasiasten zu entrichtenden Gebühren wurden um ein Drittel erhöht. Sologub, der selber aus einfachen Verhältnissen stammte, konnte hier gewiss nur besonders empfindlich reagieren. Wenn sich der Staatsanwalt im »Kleinen Dämon« im Verein mit Peredonow darüber entrüstet, dass man im hiesigen Gymnasium »jedem Lümmel den Eintritt« gestatte, so entspricht solche Haltung, wie man sieht, einer historischen Realität.

Des weiteren wurden die Lehrpläne der Gymnasien neu gestaltet. Die Zahl der Religionsstunden wuchs an. Im russischen, lateinischen und griechischen Sprachunterricht rückte die Behandlung der Grammatik in den Vordergrund, und die Literaturgeschichte wurde auf ein Minimum reduziert, damit keine Gelegenheit zu »liberalen« Erörterungen gegeben sei.

Für unseren Zusammenhang gewinnt ganz besondere Bedeutung, dass Lehrer und Inspektoren an Gymnasien unter Androhung von Maßregelungen verpflichtet wurden, die Schüler auch außerhalb der Schule zu überwachen. Über jeden Abiturienten musste für die Aufsichtsbehörde, faktisch also für die Gendarmerie, eine vertrauliche Charakteristik abgeliefert werden. Mit einem Wort: Die Lehrer wurden mit regelrecht »polizeilichen« Funktionen ausgestattet. Es liegt auf der Hand, dass der ständige Zwang zur Denunziation die ständige Angst nach sich zog, selber denunziert zu werden. Das Produkt solcher Situation ist die Gestalt Peredonows.

Peredonow – ein gespaltenes Selbst

Peredonow ist in Russland schnell zu einer Gattungsbezeichnung geworden: als Inkarnation nämlich einer niederträchtigen Gesinnung, deren Grundzüge Angst, Neid, Bosheit und Anpassungsstreben sind. Über solcher Fixierung geht aber verloren, dass sich in den Wahnsinnstaten dieses so merkwürdigen Gymnasiallehrers ein unartikulierter Protest gegen das Diktat einer unerträglichen Umwelt ausspricht. Zwar hat Alexander Block bereits 1907 in einer begeisterten Analyse des »Kleinen Dämon« die grundsätzliche Ambiguität des Motivationsgefüges bezüglich Nedotykomkas hervorgehoben, doch ist bislang das so wesentliche Element der Revolte im Schicksal Peredonows unberücksichtigt geblieben.

Die Geschäftigkeit Ardalion Peredonows gilt seinem beruflichen Ehrgeiz: Er will Schulinspektor werden. Dass solch relativ bescheidenes Ziel seine ganze Person usurpiert, lässt sein Streben von vornherein zu einer Parodieform des Ehrgeizes werden: Er tut das, was alle tun, in obsessiver Steigerung. Geschäftiges Nichtstun ist der formalisierte Gipfel der Leistungsethik. Solche Überdosis an Aufmerksamkeit gegenüber einem an und für sich nichtigen Vorteil lässt den Abgrund an Unbehagen erkennen, von dem Peredonow in eine durch und durch verbissene Geschäftigkeit ausweicht. Reaktion darauf ist Peredonows obsessive Fixierung auf die Vernichtung Nedotykomkas. In solcher Fixierung meldet sich der verschüttete Wunsch nach vernünftigen Lebensverhältnissen. Ohnmächtige Wut auf die Umwelt, die, beherrscht vom Kleinen Dämon, alles stagnieren lässt, macht Peredonow schließlich zum Mörder. Das Mordopfer ist der in sich ruhende Repräsentant unheilbarer Trivialität: Pawel Wolodin.

Verändert wird durch solche Tat nichts. Der revolutionäre Unmut, aus der sie ihr vermummtes Motiv bezieht, kehrt sich gegen sich selbst. Das Resultat ist Selbstvernichtung. Peredonow endet im Wahnsinn: »Dumpfe Schwermut quälte ihn. Ohne jeden Gedanken.«

Aus dem detailliert eingebrachten zeitgenössischen Kontext erwächst dem Roman »Der kleine Dämon« die Anschaulichkeit des ahistorischen sozialkritischen Paradigmas »Wahnsinn durch verweigerte Anpassung«. Damit ist Fjodor Sologub aus heutiger Sicht eines der bedeutendsten Werke des russischen Symbolismus gelungen.

NEUNZEHNTES KAPITEL

Totalitärer Staat: Nein und Ja!
Samjatins »Wir« und Gladkows »Zement«

Vorbemerkung

Mit Lenins Oktoberrevolution im Jahre 1917 gab es plötzlich zwei russische Literaturen: eine explizit antisowjetische und eine explizit prosowjetische. Und es ist erstaunlich, wie schnell diese beiden grundsätzlichen Positionen ihren literarischen Ausdruck fanden.

An der Spitze des antisowjetischen Lagers steht Jewgenij Samjatins Roman »Wir«, worin das Wesen des totalitären Staates bis ins Detail vorausgesehen und gestaltet wird. Als perfekter Kontrollapparat setzt der Staat die überwachte Öffentlichkeit an die Stelle des unbeobachteten Privatlebens. Jeder Widerstand wird ausgeschaltet: als »Liquidation« im wörtlichsten Sinne, nämlich »Verflüssigung« des Häretikers auf der Maschine des »Wohltäters«, oder durch die »Große Operation«, mit der das Phantasiezentrum im Hirn des Widerständigen ausgelöscht wird: An die Stelle des »Ich« tritt das »Wir«.

Im Gegensatz hierzu verherrlicht Fjodor Gladkows Roman »Zement« das Ideal des neuen Menschen am Beispiel eines Ehepaars (Gleb und Dascha Tschumalow), das auf jegliches Privatleben freiwillig verzichtet und alle geistigen und körperlichen Kräfte in die Vorbereitung einer positiven Zukunft »für alle« investiert: als »Zement«, das anschauliche Bindemittel für das gemeinsame Ideal einer funktionierenden kommunistischen Gesellschaft.

Man darf sagen: Was Samjatin verpönt, verherrlicht Gladkow. Beide haben jeweils ein Lehrstück geschrieben, dessen Suggestion unsere detaillierte Aufmerksamkeit verdient.

Samjatins »Wir«

Einstieg

Jewgenij Samjatin (1884–1937) konzipierte und verfasste dieses Werk, das sein bekanntestes überhaupt wurde, im Jahre 1920. Sofort zirkulierte der Text als Manuskript. Die erste authentische russische Ausgabe ist aber erst 1952 in New York erschienen. Allerdings lag bereits 1924 eine englische Übersetzung vor und 1927 durch Vermittlung Roman Jakobsons eine tschechische, der dann 1929 auf Initiative Ilja Ehrenburgs eine französische folgte. Wie Gleb Struve berichtet, habe er George Orwell noch während des Krieges die französische Übersetzung ausgeliehen und ihm auch vieles über Samjatins Roman erzählt, also weit bevor Orwell schließlich seine eigene Antiutopie, »Nineteen Eighty-four« (1949), orientiert am allgemeinen Weltzustand des Jahres 1948, konzipiert hat.

Als 1927 eine gekürzte Fassung auf russisch, getarnt als Rückübersetzung aus dem Tschechischen, in der Emigrantenzeitschrift »Volja Rossii« (= Die Freiheit Russlands; Prag) erschienen war, setzte in der Sowjetunion eine Kampagne gegen Samjatin ein. Marc Slonim, damals Herausgeber der Zeitschrift »Volja Rossii«, verfügte durchaus über den Originaltext, nahm jedoch, um Samjatin zu schützen, Eingriffe vor, die eine Rückübersetzung aus dem Tschechischen vortäuschten. Es versteht sich von selbst, dass Samjatins Roman unter der Sowjetherrschaft lange Zeit nicht erscheinen durfte. Erst 1988 erschien der russische Text in Russland selbst mit einem Vorwort von Wladimir Lakschin in der Zeitschrift »Znamja« (= Das Banner; No. 4–5). Solche Publikationsgeschichte zeigt deutlich, dass der politische Brandherd diesem Werk von Anfang an anzusehen war. Man fühlt sich sofort an die ganz ähnliche Publikationsgeschichte von Gorkijs Roman »Die Mutter« erinnert. Gewechselt hat nur das Regime. Die Verketzerung Samjatins, die 1929 ihren Höhepunkt erreichte, verlief vergleichsweise glimpflich. 1932 durfte er auf eigenen Wunsch, zusammen mit seiner Frau, Russland verlassen und lebte bis zu seinem Tode im Jahre 1937 in Paris.

Samjatins Provokation

Was ist es, das Samjatins Roman »Wir« solche Popularität in der westlichen Welt und solche Anrüchigkeit für die Machthaber in Sowjetrussland verschafft hat? Samjatin entwirft das Schreckbild eines nur noch von der Vernunft bestimmten Staatswesens. Der Titel nennt jenes Kollektiv, das den Einzelnen derart verwandelt, dass er sich nicht mehr als ein individuelles Ich empfindet, sondern als Teil eines bejahten Ganzen. Gleichzeitig aber sagt der Titel: »Das sind wir« und spricht damit einen Appell des Autors zur Distanzierung von dem aus, was aus »uns« geworden ist. Die Opposition zum Wir ist das Ich. In der systematischen Ausgestaltung dieses Gegensatzpaares zugunsten des Ich besteht der Roman. Konkret gesprochen: Der Roman erzählt, wie der Konstrukteur des Raketenflugzeugs »Integral«, der gleichzeitig als Tagebuch schreibender Ich-Erzähler auftritt, im Banne der leidenschaftlichen Liebe zu einer Frau aus dem Kollektiv auszuscheren sucht, aber schließlich ins

Kollektiv zurückkehrt und sich der Großen Operation unterzieht, die sein individuelles Ich auslöscht: im Namen der Vernunft. Die erzählte Zeit erstreckt sich auf 120 Tage.

Schauplatz ist unser Planet im 30. Jahrhundert, der inzwischen von einem einzigen Staat beherrscht wird. Dieser Staat ist ein Einheitsstaat (russ. edinoe gosudarstvo). Im folgenden sei im Deutschen durchgängig die Bezeichnung »Einziger Staat« benutzt, deren Appellfunktion den Intentionen des Textes am besten gerecht wird.

Der Einzige Staat entwickelt zu jener Zeit ein Raketenflugzeug, das die Kontaktaufnahme mit anderen Planeten und damit deren ideologische Infiltrierung ermöglichen soll. Diese Kontaktaufnahme geschieht, wie wir gleich zu Beginn des Textes erfahren, zu dem Zweck, die Ideologie des Einzigen Staates interplanetarisch zu verbreiten, nämlich alle noch »unbekannten Wesen« unter das »segensreiche Joch der Vernunft zu bringen«. Programmatisch heißt es in einem Artikel der Staatszeitung, den uns Samjatins Ich-Erzähler referiert:

»Sollten jene Wesen nicht begreifen, dass wir ihnen das mathematisch fehlerfreie Glück bringen, ist es unsere Pflicht, sie zu einem glücklichen Leben zu zwingen. Doch bevor wir zur Waffe greifen, versuchen wir es mit dem Wort« (Eintrag 2).

Dass damit auf die Dritte Kommunistische Internationale angespielt wird, gibt der zeitgeschichtliche Hintergrund unzweideutig zu erkennen. Samjatins Roman spielt nur scheinbar in der Zukunft. Sein wahrer »Schauplatz« ist der junge Sowjetstaat an der Schwelle der zwanziger Jahre des 20. Jahrhunderts.

Der Bezug auf zeitgeschichtliche Realitäten ist, wie sogleich im einzelnen sichtbar werden wird, zwar gegeben, allerdings lässt die von Samjatin gewählte Form des utopischen Romans die Realitätsnähe nicht unmittelbar erkennen, denn die politischen Realitäten werden nicht beim Namen genannt, dafür aber in der Sache expliziert. Samjatins Umschreibungen bleiben jedoch derart durchsichtig, dass für den damals zeitgenössischen Leser kein Zweifel am Gemeinten zurückblieb.

Es sei zunächst das von Samjatin gestaltete Wesen des Einzigen Staates expliziert. Auf dem Hintergrund solcher Explikation ist dann das Schicksal der Hauptgestalt, des Ingenieurs D-503, nachzuzeichnen. Danach schließlich steht das Verhältnis von Legalität und Untergrund zur Erörterung an.

Der Einzige Staat und Nietzsches »sokratische Kultur«

An der Spitze des Einzigen Staates steht der »Wohltäter«. Neben ihm gibt es keinerlei Autorität, weder in politischer noch in moralischer Hinsicht. Die Nennung des Wohltäters geschieht mit derselben Ehrfurcht wie die Nennung Lenins in Gladkows »Zement«. Samjatin versäumt es nicht, auch die Kahlköpfigkeit des empirischen Vorbilds zu übernehmen. Dennoch ist das Resultat weit entfernt davon, kabarettistisch zu wirken. Denn der tiefere Bezug ist Sokrates. Dies macht der Text explizit deutlich. Der Sinn solcher Anspielung ist zweifellos der, dass der Sowjetstaat wesensgleich ist mit der »sokratischen Kultur« im Sinne Nietzsches. Dieser Kontext leuchtet in einer Charakteristik des Diktators des Einzigen Staates blitzartig auf. Es heißt, der Ich-Erzähler notiert es:

> »Vor mir saß ein kahlköpfiger Mann, kahlköpfig wie Sokrates, und auf seiner Glatze standen Schweißperlen« (Eintrag 36).

So wird also der Diktator, der sich »Wohltäter« nennen lässt, mit Sokrates verglichen. Warum wohl? Eine Antwort wäre: Es ist der Sokrates aus Platos »Staat«, der Verteidiger des Staates gegen die Willkür des Individuums. Auch solche Zuordnung spielt hier mit, wobei anzumerken ist, dass über Platos »Staat« ein unschlichtbarer Streit herrscht: Die eine Partei sagt, man müsse Plato, d. h. Sokrates, wörtlich nehmen – so argumentiert Karl Popper und lehnt Plato ab als den Fürsprecher der Konzentrationslager. Die andere Partei behauptet: Alles Ironie, Plato zeige nur, wie ein Staat aussehen müsse, der funktioniert (so Leo Strauss und Hans-Georg Gadamer). Es sei hier jedoch nicht die Frage gestellt, auf welcher Seite Samjatin in diesem Streit steht. Denn: Sein Sokrates ist zweifellos der Sokrates Nietzsches. Ob Nietzsche wiederum mit seinem Sokrates-Bild dem Sokrates der platonischen Dialoge gerecht wird, soll hier nicht zur Debatte stehen. Es geht jetzt ausschließlich darum, darzulegen, dass Samjatins »Einziger Staat« der »sokratischen Kultur« innerhalb der Kulturtypologie Nietzsches entspricht.

Der Einzige Staat wird von einem Diktator regiert, der jedes Jahr einstimmig wiedergewählt wird. Die Straßen sind von makelloser Geradlinigkeit, die Wohnungen sämtlich in der Form von »göttlichen Parallelepipeda« gehalten. Das Hauptkennzeichen aber besteht darin, dass alles aus Glas ist: die Häuser wie auch die Inneneinrichtung. Tisch, Stuhl, Schrank und Bett. Jegliche Abschirmung gegen den Blick von außen ist verboten. Solche Durchsichtigkeit garantiert die Wahrung einer ständigen Öffentlichkeit. Diese Durchsichtigkeit aller menschlichen Tätigkeit darf nur zu einem einzigen Zweck, und das nur mit offizieller Erlaubnis, aufgehoben werden: nämlich zur Ausübung des Geschlechtsakts. Das letzte Reservat nicht-öffentlichen Lebens ist jene Sphäre, in der die Erhaltung der Art betrieben wird. Aber auch solch angestammte Hochburg des dionysischen Rausches wird unter Kontrolle gehalten. Nur zum Zweck der Arterhaltung ist es erlaubt, die Vorhänge herabzulassen und die Blicke der Öffentlichkeit auszuschalten. Auch dies darf aber nur während der zu beantragenden »Geschlechtstage« geschehen und auch nur während der »persönlichen« Stunden am Abend. Die Durchsichtigkeit soll dafür sorgen, alle unkontrollierte Leidenschaft zu unterbinden. Als letzter Ausweg ist die Große Operation da: die Beseitigung der Phantasie durch Bestrahlung. Von der Phantasie befreit, ist der Mensch maschinengleich und kann seine Funktion im Dienste des Staates ungestört verrichten.

Frederick Winslow Taylor

Solcher Glückszustand ist durch Heiterkeit geprägt. Es ist die eingeübte Heiterkeit im Namen einer von der Vernunft gesteuerten Zukunft. Das Zauberwort ist »Arbeit«. Und auf welche Weise gearbeitet wird, entscheidet die Wissenschaft. Mit »Taylorschen Exerzitien« (Tejlorovskie ekzersisy) wird dem Menschen ein Arbeitsethos antrainiert, das ihn optimistisch in die Zukunft blicken lässt, ganz im Banne des Einzigen Staates. Das menschliche Glück wird völlig der Vernunft untergeordnet, die den Einzigen Staat als instrumentelle Vernunft in allen seinen Aspekten bestimmt.

Wenn in Samjatins Staat ein gewisser Taylor tiefste Verehrung genießt, so handelt es sich dabei um den Amerikaner Frederick Winslow Taylor (1856–1915), der mit seiner Schrift »The Principles of Scientific Management« (1911) für die Produktion von Massenwaren maßgebend wurde. Taylors Rationalisierung der menschlichen Arbeitskraft war Leitbild des jungen Sowjetstaates, ein Leitbild, von dem sich Samjatins satirische Aufmerksamkeit ganz besonders angezogen fühlt. Lenin selbst hatte in einem »Pravda«-Artikel vom 28. April 1918 Studium und Anwendung des »neuen Taylor-Systems« in Russland gefordert. Nebenbei sei vermerkt, dass John Dos Passos im dritten Teil seiner USA-Trilogie, »The Big Money« (1936), ebendiesem Taylor eines seiner meisterlichen Kurzportraits gewidmet hat, das mit der Feststellung endet: »Er starb mit seiner Uhr in der Hand« (he was dead with his watch in his hand).

Vernunft = Tugend = Glück

Kehren wir nun zu der Beobachtung zurück, dass der Diktator des Einzigen Staates mit Sokrates verglichen wird. Dass es sich um Nietzsches Sokrates handelt, sei durch Textbelege verdeutlicht. Nietzsche unterscheidet in der »Geburt der Tragödie aus dem Geiste der Musik« drei Kulturtypen: die »sokratische«, die »künstlerische« und die »tragische« Kultur – oder, in historischer Exemplifikation: eine »alexandrinische«, eine »hellenische« und eine »buddhaistische« Kultur. Nietzsche wörtlich:

> »Unsere ganze moderne Welt ist in dem Netz der alexandrinischen Cultur befangen und kennt als Ideal den mit höchsten Erkenntniskräften ausgerüsteten, im Dienste der Wissenschaft arbeitenden *theoretischen Menschen*, dessen Urbild und Stammvater Sokrates ist. [...] Und nun soll man sich nicht verbergen, was im Schoosse dieser sokratischen Cultur verborgen liegt! Der unumschränkt sich wähnende Optimismus!«

Die Frucht dieses Optimismus sei der »Glaube an das Erdenglück Aller«. Um auf die Dauer existieren zu können, benötigt die alexandrinische Kultur aber einen Sklavenstand. Wenn der Effekt ihrer schönen Verführungs- und Beruhigungsworte von der »Würde des Menschen« und der »Würde der Arbeit« verbraucht sei, gehe sie ihrer Vernichtung entgegen. Genau mit diesem Zustand sieht sich der Einzige Staat in Samjatins »Wir« konfrontiert und schreitet zur Großen Operation, um seinen Sklavenstand zu erhalten. Aber auch der Optimismus des theoretischen Menschen ist für Samjatins Einzigen Staat charakteristisch. Mit dem Optimismus ist die Heiterkeit verknüpft.

In seiner Schrift »Götzen-Dämmerung« kommt Nietzsche erneut auf Sokrates zu sprechen, widmet ihm ein ganzes Kapitel mit der Überschrift »Das Problem des Sokrates«. Dort heißt es:

> »Wenn man nöthig hat, aus der *Vernunft* einen Tyrannen zu machen, wie Sokrates es that, so muß die Gefahr nicht klein sein, daß etwas Anderes den Tyrannen macht. [...] Der Moralismus der griechischen Philosophen von Plato ab ist pathologisch bedingt; ebenso ihre Schätzung der Dialektik. Vernunft = Tugend = Glück heißt bloss: man muss es dem Sokrates nachmachen und gegen die dunklen Begehrungen ein Tageslicht in Permanenz herstellen – das *Tageslicht* der Vernunft. Man muss klug, klar, hell um jeden Preis sein: jedes Nachgeben an die Instinkte, an's Unbewusste führt *hinab* ...«

Hier erhalten wir die Formel für das Programm, nach dem Samjatins »Wohltäter« regiert. Er vertritt die Gleichung, die Nietzsche für Sokrates gefunden hat: »Vernunft = Tugend = Glück«. Und Nietzsches Schlussfolgerung ist auch die Schlussfolgerung Samjatins.

> »Das grellste Tageslicht, die Vernünftigkeit um jeden Preis, das Leben hell, kalt, vorsichtig, bewusst, ohne Instinkt, im Widerstand gegen Instinkte war selbst nur eine Krankheit, eine andere Krankheit – und durchaus kein Rückweg zur ›Tugend‹, zur ›Gesundheit‹, zum ›Glück‹ ...«

Samjatin hat das »grellste Tageslicht, die Vernünftigkeit um jeden Preis« im wörtlichsten Sinne dargestellt: mit seinem Staat, dessen Häuser aus Glas sind, so dass jeder immer unter den Augen aller agiert.

Mit solcher Philosophie vollbringt die Praxis des Wohltäters allerdings einen Kraftakt, so dass auf seinem kahlen Kopf Schweißperlen erscheinen. Er handelt wider die Natur des Menschen. Samjatin zeigt, dass die inhärenten Gefahren der abendländischen Kultur im Ideal des Sowjetmenschen, dessen Gehäuse der Sowjetstaat ist, wie unter einem Vergrößerungsglas manifest werden: als extreme Möglichkeit des Wirklichen, wenn es ganz der Vernunft gehorcht. Die Symptomatologie, zu der die Veranschaulichungen im Stile des Zukunftsromans herzustellen waren, entnimmt Samjatin der Philosophie Nietzsches, speziell dem dort explizierten Sokrates-Bild.

»Vernunft« und »Glück« durchziehen als Leitbegriffe den gesamten Text Samjatins. Wesentlich ist, dass der Einzige Staat zum Ziel hat, Vernunft, Tugend und Glück gleichzusetzen, so dass die Gleichung des Sokrates voll erfüllt wird. Was tugendhaft ist, wird von der Vernunft bestimmt – und auch, was glücklich macht. Das Glück wird so zum Resultat höchster Tugend.

Indem das Glück der Vernunft übereignet wird, entfällt jegliche Wahl. Deshalb formuliert ein Apologet der Legalität des Einzigen Staates konsequent die Alternative: »Entweder Glück ohne Freiheit oder Freiheit ohne Glück« (Eintrag 11). Wer in solchem Sinne das Glück wählt, hat die Unfreiheit gewählt. Es kommt also darauf an, aus Gründen der Vernunft die Unfreiheit zu wählen und sich dann für immer in ihr aufzuhalten. Die Unfreiheit ist mithin das Glück.

Dem Wohltäter obliegt die oberste Aufsicht über das Glück seiner Staatsbürger. Alles Rebellieren gegen die Ordnung des Staates ist Rebellion gegen das menschheitlich Positive.

Die Argumente des Wohltäters überzeugen sogar den rebellierenden Ingenieur D-503, weil sie auf eine zynische Weise die Wahrheit der bestehenden Welt ausdrücken. Ohne jedes Kaschieren spricht der Wohltäter, in voller Bewusstheit seines Beinamens, der sein einziger Name ist, die Prinzipien seiner Weltsicht und damit seines Handelns aus. Das Zentrum seiner Argumente ist die Einsicht, dass die Menschen zutiefst wünschen, »dass jemand ihnen ein für allemal sage, was das Glück ist, und sie mit einer Kette an dieses Glück schmiede«. In einem Exkurs, gerichtet an den vorgeladenen Rebellen D-503, erläutert der Wohltäter im Rückgriff auf Dostojewskijs »Großinquisitor«: Der Christengott sei alles andere als barmherzig, da in seinem Namen nicht nur unzählige Menschen auf dem Scheiterhaufen verbrannt wurden, sondern auch alle Abtrünnigen in der Hölle schmoren. Dennoch habe man die Liebe dieses Gottes jahrhundertelang gepriesen. Dieses Faktum lasse erkennen, dass der Mensch stets nach einer Instanz gestrebt habe, die ihm vorschreibe, wie er sich zu verhalten habe, um glücklich zu werden: nämlich das Paradies, die ewige Seligkeit, zu erlangen. Im Namen solcher Seligkeit habe sich der Mensch vernünftig verhalten. Daraus ergebe sich aber nichts anderes, als dass die Wahrheit immer grausam war, denn sie verpflichte zur Gewalt gegen den Abtrünnigen, und dass der Mensch sich stets nach einer vernünftigen Einrichtung der Welt gesehnt hat, sich immer Instanzen schuf, die ihm verbindlich vorschrieben, was er zu tun habe.

Neben dem »Großinquisitor« hat noch ein anderes Werk Dostojewskijs Samjatin vor Augen gestanden: die »Aufzeichnungen aus einem Kellerloch«, worin der »Kristallpalast« als Wahrzeichen seelenloser Zivilisation im Namen irrationaler Existenz abgelehnt wird. Dostojewskijs Plädoyer für die menschliche Freiheit richtet sich hier vor allem gegen Tschernyschewskij, der in seinem Roman »Was tun?« die sozialistische Utopie als »Kristallpalast« vor Augen führt – in jenem Kapitel, das »Wera Pawlownas vierten Traum« schildert, den Traum von einem gigantischen Bau aus »Eisen und Glas«, der wie ein Futteral das darin liegende Haus umschließt und schützt. 1851 hatte in London auf dem Gelände des Hyde Park im eigens dafür errichteten »Crystal Palace« (Architekt: Joseph Paxton) die Erste Weltausstellung stattgefunden: eine Gesamtübersicht über das Schaffen der Welt auf allen Gebieten (Kunst, Wissenschaft, Technik) mit 17 000 Ausstellern und sechs Millionen Besuchern. Tschernyschewskijs Text verweist explizit auf »Sydenham« im Londoner Stadtbezirk Lewisham, wo der Palast, nachdem er nach der Ausstellung abmontiert wurde, in einer ebenfalls von Paxton entworfenen Parkanlage wieder aufgebaut worden war. Samjatins »Wir« ist verschiedentlich in diesem Kontext untersucht worden. Ungesehen blieb aber bislang, dass Nietzsches Charakteristik der »sokratischen Kultur« als Samjatins determinierende Inspirationsquelle zu gelten hat, für die die Folie des »Kristallpalasts« eine nur flankierende Funktion hat.

Erst unser Zeitalter, so argumentiert der Wohltäter in Samjatins Roman, habe die Möglichkeit geschaffen, das Glück der vernünftig gewählten Unfreiheit vollkommen zu erreichen. Der Einzige Staat verwirklicht mithin das Paradies auf Erden: das Leben im »Tageslicht der Vernunft«. Wie aber sieht dieses Leben aus?

Im Tageslicht der Vernunft

Erstes Kennzeichen ist die Begeisterung für das Nützliche. Diese Begeisterung äußert sich im Bereich der Dichtung als Lobeshymnen (Hymnen, Traktate, Manifeste) auf die Schönheit und erhabene Größe des Einzigen Staates.

In diesen Äußerungen finden wir immer wieder eine Aufarbeitung der Geschichte im Sinne der Ideologie des Einzigen Staates.

Das dumpfe, nämlich unbewusste Streben nach einer vernünftigen Einrichtung der Welt, wie es in den Gottesdiensten früherer Jahrtausende sich dokumentierte, ist nun durch die Opferung eines Abtrünnigen als Andacht der liturgischen Vernunft ersetzt worden.

Am Anfang dieses Einzigen Staates steht, so heißt es, die gegen das zerstörende Chaos gerichtete Tat des Prometheus (Eintrag 9). Prometheus hat, das verkündet der Staatsdichter auf dem Platz des Würfels, der Hinrichtungsstätte nämlich für die Unbelehrbaren, – Prometheus hat das »Feuer in die Maschine und den Stahl hineingezwungen« und damit »das Chaos durch das Gesetz gebändigt«. Alle Verstöße gegen die Ordnung des Einzigen Staates sind mithin als Rückkehr ins Chaos, als Rückkehr in den verlassenen wilden Urzustand der Menschheit zu werten und deshalb zu unterbinden.

Man sieht, der Wohltäter, der jedes Jahr einstimmig wiedergewählt wird, empfindet sich ganz als Verwalter der Kulturtat des Prometheus. Das erinnert an jene Gedanken, zu denen Belyjs »Petersburg« Anlass gab. Jedoch ist Belyjs petrinische Kultur eine »künstlerische«. Die von Samjatin geschilderte indessen ist eine »sokratische«. Das bedeutet: Die prometheische Tat mündet bei Samjatin nicht in das labile Gleichgewicht eines in gleicher Weise dionysischen wie apollinischen Kulturzustands, der zerfallen kann, indem eines der beiden Elemente das Übergewicht bekommt, sondern: die prometheische Tat wird sofort in die vollkommene Herrschaft der Vernunft überführt, eine Herrschaft, die keinen Wandel mehr zulässt und von vornherein alles Dionysische nur kanalisiert ins Spiel kommen lässt.

So dient die befohlene öffentliche Verherrlichung des Staates dazu, die dionysischen Begierden der Untertanen auf das Erlaubte zu konzentrieren. Solche Bändigung der Fähigkeit des Menschen zum Rausch bedarf der ständigen Einübung, nämlich einer gezielten Planung von öffentlichen Veranstaltungen. All diese Veranstaltungen sind Massenveranstaltungen.

Die Hinrichtung des Abtrünnigen wird zur öffentlichen, heiligen Handlung. Die Einübung ins Zuträgliche geht einher mit der demonstrativen Auslöschung des Andersdenkenden, der als »Wahnsinniger« gekennzeichnet wird und auf der »Maschine des Wohltäters« vor aller Augen sein Leben lässt.

Der von Samjatin präsentierte Todesautomat ist eine Liegestatt auf einem würfelförmigen Podest unter freiem Himmel, auf der der Verurteilte mit zurückgeworfenem Kopf platziert wird. Der Schalthebel, der die »unerträglich scharfe Schneide« des elektrischen Todesstrahls in Aktion setzt, wird vom Wohltäter persönlich »mit eiserner Hand« bedient. Der Verurteilte zerrinnt zu einer Lache chemisch reinen Wassers. »Liquidation« (lat. liquidus = flüssig) wird wörtlich genommen und gehört zu den »logischen Folgen des Wahnsinns«.

Samjatin erotisiert solchen Vorgang und stellt ihn als lustvolles Eingehen in den Tod dar. Der Einzige Staat koppelt die höchste Lust an die höchste Strafe. Der Staat verteilt hier Lust als Strafe.

Die Beschwörung der Massen, wie sie in solcher Kulthandlung zu Ehren des Staates stattfindet, hört praktisch auch im Alltagsleben nicht auf. Das Tageslicht der Vernunft herrscht überall als ständig anwesende Öffentlichkeit. Der hochgezüchteten Begeisterung für die Bestrafung des Andersdenkenden entspricht im Alltag die Begeisterung für das greifbar Nützliche, die Begeisterung für die Arbeit. Auch hier wird ein erkennbarer Rauschzustand erreicht. Dies wird uns gleich zu Anfang exemplarisch vorgeführt. Der Ingenieur macht einen Gang über die Werft, auf der das von ihm entworfene Raketenflugzeug gebaut wird, und es heißt:

»Plötzlich fiel mein Blick auf die Maschinen. Mit geschlossenen Augen, selbstvergessen, drehten sich die Kugeln der Regulatoren; glitzernd bewegten sich die Flügelstifte nach links und nach rechts; stolz zuckte der Waagebalken mit den Schultern; im Takt einer unhörbaren Musik posierte unablässig der Meißel der Stoßbank. Ich erblickte plötzlich die ganze Schönheit dieses grandiosen Maschinenballetts, das von zartem blauen Sonnenlicht übergossen wurde« (Eintrag 2).

Hier wird angesichts der Arbeitswelt dieselbe Metaphorik verwendet wie in Gladkows »Zement«, als Gleb Tschumalow in begeisterten Anblick der Maschinen in Brynsas Wirkungsbereich verfällt. Selbst die nachfolgende Analyse solcher Empfindungen, wie sie D-503 in scharfer Selbstbeobachtung vornimmt, könnte noch in Gladkows Roman integriert werden. Unterschiedlich ist lediglich die von Samjatin schließlich nahegelegte Schlussfolgerung.

Ohne einen Hauch von Ironie konstatiert Samjatins Ingenieur: »Warum ist der Tanz schön? Antwort: Weil er eine *unfreie* Bewegung ist.« Musik des Metalls, Ballett der Maschinen – Gladkow und Samjatin zeigen uns die Erotisierung der Arbeit, die Erotisierung des Vernünftigen.

Man sieht: Samjatin reagiert unmittelbar auf die mit allen Mitteln der Überredungskunst propagierte Begeisterung für die Arbeit. Konkreter Anlass ist Lenins Einführung der »kommunistischen Samstage«: unbezahlter Überstunden für den sozialistischen Aufbau.

Die Unterordnung des Teils unter das Ganze, des Individuums unter den Anspruch der Gemeinschaft hat zur Folge, dass jeder Einzelne anstelle eines

Namens eine Nummer trägt, genauer gesagt: Jeder Mensch wird durch einen Buchstaben und eine nachgestellte Nummer bezeichnet. So heißt, wie wir schon sahen, die Hauptperson D-503.

Dieser Numerierung der Menschen entspricht die mathematisch exakte Regelung des Tageslaufs. Die Empfindung, die D-503 beim Anblick der makellos funktionierenden Maschinen hat, wird auf den Anblick der »mustergültig in Viererreihen« marschierenden Nummern übertragen. Allerdings muss hinzugefügt werden, dass dieses Marschieren bereits geregelte Muße ist. Bei schönem Wetter nutzt der Arbeiter die »persönliche Stunde« nach dem Mittagessen zu einem »Ausgleichsspaziergang«. Dieser Spaziergang wird von Marschmusik begleitet, die über Lautsprecher aus der »Musikfabrik« übertragen wird: Gespielt wird der Marsch des Einzigen Staates.

> »Immer derselbe tägliche Marsch. Welch unerklärlicher Zauber liegt doch in dieser tagtäglichen Wiederkehr, dieser Einhelligkeit« (Eintrag 7).

Was von der Musik, dieser ganz und gar dionysischen Kunst, zugelassen wird, ist also nur der Marsch, und dazu noch ein ganz bestimmter. In diesem Sinne präzisierend wirkt die an anderer Stelle eingebrachte Ablehnung Skrjabins (Eintrag 4). Man beachte die Systematik: Musik wird nur als Marschmusik bejaht, Dichtung nur als Ode an den Staat. Explizit werden abgelehnt: Dostojewskij und Shakespeare.

Die Aufhebung des Einzelnen im Kollektiv wird als ästhetischer Akt genossen, und das von den Betroffenen selbst. Bezeichnend ist die ständige Heiterkeit, die auf allen Gesichtern liegt (Eintrag 2).

Im Zimmer jeder Nummer hängt die »Stunden-Tafel« (russ. časovoj skrižal), auf der die für jedermann verbindliche Tages- und Nachtgliederung verzeichnet ist. Der Erzähler notiert:

> »Zu ein und derselben Stunde beginnen wir, ein Millionenheer, unsere Arbeit, zur gleichen Stunde beenden wir sie. Und zu einem einzigen millionenarmigen Körper verschmolzen, führen wir in der gleichen durch die Stundentafel bestimmten Sekunde den Löffel zum Mund, zur gleichen Sekunde gehen wir spazieren und begeben uns ins Auditorium, wo die Taylorschen Exerzitien stattfinden.«

Nicht nur das: Auch der Schlaf wird befohlen. Der Schlaf ist ebenso Pflicht wie die Arbeit am Tage. Wer nachts nicht schläft, kann tagsüber nicht arbeiten. Wörtlich heißt es: »In der Nacht nicht zu schlafen, ist ein Verbrechen« (Eintrag 10).

Der Tageslauf dauert von 7 Uhr morgens bis 10 Uhr nachts. Unterbrochen wird diese Zeit lediglich durch zwei Abschnitte, die »persönliche Stunden« genannt werden. Diese persönlichen Stunden liegen nachmittags von 16 bis 17 Uhr und abends von 21 bis 22 Uhr. Diese letzten Reste der Freiheit werden bezeichnenderweise als Makel empfunden. Irgendwann werde es jedoch gelingen, so sinniert der Ingenieur im »Gleise vernünftigen Denkens«, auch *diesen* zwei Stunden einen Platz in der »allgemeinen Formel« (russ. obščaja formula) anzuweisen (Eintrag 3).

Die Arbeitszeit wird lediglich durch die »Taylorschen Exerzitien« unterbrochen, Einübungen in den rechten Glauben. Diese Einübungen, die uns exemplarisch vorgeführt werden, sind kritische Aufarbeitungen der menschheitlichen Vergangenheit. Stets mündet das Exerzitium in ein Lob auf den Einzigen Staat. Verwunderung entsteht darüber, dass in der Vergangenheit ein gewisser Kant weitaus größere Beachtung fand als Taylor!

Hauptkennzeichen des Alltags sind mithin Arbeit und Einübung in den rechten Glauben. Über die Einhaltung solchen Tuns wacht die Kommission für staatliche Sicherheit. Lenins »Tscheka« agiert bei Samjatin als »Büro der Beschützer« (russ. bjuro chranitelej). Solche Bezeichnung enthält, dass der Einzelne vor sich selbst, nämlich vor Rückfällen in die Unvernunft, beschützt werden muss. Da jegliche Abschirmung gegen den Blick von außen verboten ist, so garantiert solche Durchsichtigkeit die Wahrung einer ständigen Öffentlichkeit. Der Erzähler sinniert darüber, wie schwer es die »Beschützer« in früheren Zeiten gehabt haben mögen, als die Wände ihrer Schutzbefohlenen noch nicht durchsichtig waren.

Es fällt auf, dass Samjatin seine Terminologie in Parallelität zu gewissen Termini der christlichen Kirche entwirft. So wirkt die »Stunden-Tafel« mit ihrem purpurnen Grund, auf dem die goldenen Zahlen angebracht sind, wie eine »Ikone«. So wird die Sicherheitspolizei wie die »Schutzengel« früherer Zeiten empfunden, so bezeichnet der Erzähler die Kulthandlung am Tag der Gerechtigkeit, nämlich die Hinrichtung eines Abtrünnigen, als »Gottesdienst«. Die Verlesung der staatlich geförderten Dichtung ist »liturgische« Handlung, die Anwandlung des Erzählers, den Einzigen Staat in Versen zu loben, ist »Gebet«. Der Einzige Staat wird als die bislang maximale Verwirklichung des Paradieses hingestellt. Und schließlich wird die Konfrontation zwischen dem Wohltäter und dem rebellierenden Ingenieur zur Konfrontation zwischen dem Großinquisitor und Christus, wie sie uns Dostojewskij in den »Brüdern Karamasow« geschildert hat (Fünftes Buch, Kapitel 5).

Solche Parallelen zwischen der christlichen Kirche und dem totalitären Staat haben ganz offensichtlich nicht zum Ziel, zu zeigen, dass der Sowjetstaat eine raffinierte Umbesetzung der eingeschliffenen christlichen Position vornimmt. Denn dies würde bedeuten, dass ein ursprünglich positiver Gehalt in den Dienst negativer Kräfte gestellt worden wäre. Samjatins Pointe ist ein völlig andere.

Gezeigt wird, dass die christliche Kirche, wo sie zum realen Unterdrückungsapparat gegen Andersdenkende wurde, nichts anderes tat als heute der Einzige Staat. Mit dem einzigen Unterschied, dass die Einübung im Aberglauben, wie sie ihren Gipfel in der Zeit der »Heiligen Inquisition« erreichte, nun von der Einübung in die Wissenschaft abgelöst wird. Mit einem Wort: Die christliche Kirche als Institution hat nur unvollkommen betrieben, was im Einzigen Staat aufgrund der besseren Organisationsbedingungen perfektioniert betrieben wird.

Samjatin bringt zwei empirisch gegebene Zerrformen von Kirche und Staat auf einen gemeinsamen Nenner: die römisch-katholische Kirche zur Zeit der Inquisition und den Sowjetstaat. Dieser Nenner heißt Willenslenkung durch Konzentrationsübungen. Der Einzige Staat hat sein Rückgrat in den »Taylorschen Exerzitien«, so wie die Macht der Jesuiten in den »Exerzitien« (geistlichen Übungen) des Ignatius von Loyola (1491–1556) beschlossen liegt, dessen Societas Jesu am 27. September 1540 durch Papst Paul III. als neuer Orden bestätigt wurde.

Der Ingenieur D-503 ist 32 Jahre alt, als er sich dem Wohltäter konfrontiert sieht, und wird so in formale Analogie zu Christus in dessen von Dostojewskij erdichteter Konfrontation mit dem Großinquisitor im Spanien des 16. Jahrhunderts gebracht. Beide Mal wird dem Menschen die Freiheit abgesprochen, und das mit schlüssigen Argumenten. Samjatin impliziert, dass der Sowjetstaat durch seine Exerzitien zu einer Kirche zurückkehrte, die als Organ der militanten Gewissenslenkung zum Staat geworden war.

Wie René Fülöp-Miller in seiner »Kultur- und Geistesgeschichte« »Macht und Geheimnis der Jesuiten« (1929) feststellt, war Dostojewskijs »Legende vom Großinquisitor« als Anklage der katholischen Weltmachtidee Roms

> »gefährlicher als alle vorausgegangenen antijesuitischen Schriften zusammengenommen, denn ihr Verfasser verfügte über jene visionäre Gestaltungskraft, die allein seiner Anklage Wucht und ewige Dauer zu verleihen vermochte. [...] In der ganzen Apologetik des Katholizismus gibt es kaum ein Werk, welches die Idee des Jesuitismus mit so tiefem Verständnis darzulegen vermöchte wie die Argumentation, die Dostojewskij seinen Großinquisitor vorbringen lässt«.

Entsprechend ist nun zu vermerken: Niemals wieder ist das innerste Wesen des Sowjetstaats so treffend gekennzeichnet, so geistvoll verhöhnt und so unterhaltsam veranschaulicht worden wie in Samjatins »Wir«.

Wenden wir uns nun dem makabren Zynismus der Großen Operation zu. Mit ihr hat die medizinische Wissenschaft die Möglichkeit einer sofortigen Heilung des Dissidenten hervorgebracht: als schönste Bestätigung des Optimismus des theoretischen Menschen.

Die Große Operation

Der Einzige Staat wird von Samjatin als eine flächenmäßig gigantische Großstadt veranschaulicht, die vom vorgelagerten Flachland, dem Lebensraum des Feindes, durch eine Grüne Mauer, eine Starkstrombarrikade, abgeschirmt ist. Die gesamte Fläche des einzigen Staates ist mit Glas überdacht, um vor allen nur denkbaren Unbilden des Wetters geschützt zu sein.

Das Gebiet jenseits der Grünen Mauer zu betreten, ist den Angehörigen des Einzigen Staates untersagt, denn dort lebt der Feind, der zwar im weit zurückliegenden »zweihundertjährigen Krieg« besiegt wurde, aber immer noch in sonderbaren Mischwesen, den »Mephis«, weiterexistiert. Sie stammen von männlichen Angehörigen des Einzigen Staates ab, die jenseits der Grünen Mauer Kinder gezeugt haben, Lebewesen, deren menschliche Körper ein kurzhaariges, glänzendes Fell aufweisen, Resultate einer Regression, mit heidnischen Ritualen und explizit »antichristlichem« Selbstverständnis (Eintrag 11).

Man beachte Samjatins Systematik: Der Einzige Staat hat zwar den äußeren Feind besiegt und ihn hinter die Grüne Mauer gedrängt, nicht aber den inneren Feind, der den Angehörigen des Einzigen Staates in der Seele sitzt, oder, anders gesagt, der sich gegenüber den Postulaten der Vernunft auf seine Seele beruft. Dieser innere Feind soll durch die »Taylorschen Exerzitien« entwaffnet werden. Wenn dies allerdings nicht möglich ist, bleibt im Grunde nur die öffentliche Hinrichtung auf der Maschine des Wohltäters. Das jedoch ist keine optimale Lösung des Problems. Diese hat nun die medizinische Wissenschaft geliefert: mit der Möglichkeit der Großen Operation.

Der Roman zeigt den Einzigen Staat im Zustand seiner allerletzten Bedrohung, in einer »apokalyptischen Stunde«. Es droht der politische Umsturz, so dass nun befohlen wird: Alle Nummern müssen sich der Großen Operation unterziehen, die mit Eintrag 31 in einem Artikel der Staatszeitung erläutert wurde.

Die letzte Barrikade auf dem Weg zum Glück, so heißt es darin, sei die Phantasie. Gelingt es, die Phantasie auszulöschen, dann ist der Mensch vollkommen, so vollkommen wie die Mechanismen, die er geschaffen hat.

»Mechanismen haben keine Phantasie.« Vollkommen sein heißt »maschinengleich« sein. Ein dreifaches Ausbrennen des Zentrums der Phantasie im Hirn durch Röntgenstrahlen – »und ihr seid für immer von der Phantasie geheilt. Für immer.« Der Artikel beginnt mit dem Imperativ: »Freut euch, ab heute seid ihr vollkommen!« Das ist die Frohe Botschaft der Wissenschaft des Einzigen Staates. Das Evangelium als Begrüßung des *sacrificium intellectus*: »Es lebe die Große Operation! Es lebe der Einzige Staat, es lebe der Wohltäter!« Nicht vergessen sei, dass von der »Schönheit« eines Mechanismus die Rede ist. »Maschinengleich« heißt schön. Samjatin präsentiert uns die ästhetische Erziehung des Menschen auf kommunistisch – in einer Reihe von Einträgen.

Das Schicksal des Ingenieurs D-503

Zentrum des Romans ist die Situation des Ingenieurs D-503. Aus dieser wird Umwelt zu erlebter Zeit und erlebtem Raum. D-503, völlig eingepasst in die Forderungen des Einzigen Staates, gerät in den Sog des Verbotenen, des Untergrunds seines eigenen Bewusstseins, gesteht sich dies zunächst aber nicht ein. In wachsender Selbstentzweiung tut er schließlich den Sprung zurück ins Kollektiv. Seine »Einträge« sind jeweils Zustandsnotizen, insgesamt 40 über einen Zeitraum von 120 Tagen. Sie beginnen im Frühling und enden im Herbst. D-503 ist 32 Jahre alt. An seinen, von ihm selbst numerierten Einträgen lesen wir die Entwicklung ab, die er durchmacht: vom Wir zum Ich und vom Ich zurück zum für immer gefestigten Wir. Jeder Eintrag beginnt mit einem Resümee in Stichworten, die wie eine Überschrift wirken, auf die dann die mehr oder weniger ausführliche Zustandsnotiz folgt. Es werden also Bewusstseinszustände in Nahaufnahme abgeschritten, aus denen wir, ohne dass uns ein verknüpfender Text geliefert würde, die Handlung erschließen müssen. Der Schreibende ist jeweils ganz eingenommen von dem, was er gerade denkt und empfindet oder soeben gedacht und empfunden hat. Unser Vollzug des Verstehens wird auf diese Weise erschwert und dadurch intensiviert, es sei denn, man legt das Buch beiseite.

Wie sieht die Hauptlinie der Handlung aus? Als Konstrukteur des Raketenflugzeugs »Integral«, das die Eroberung des Weltraums einleiten soll, hat der Ingenieur D-503 im Einzigen Staat eine wichtige Position inne. Als er sich in die weibliche Nummer I-330 verliebt, muss er feststellen, dass sie einer revolutionären Gruppierung angehört, die mit den »Mephis« hinter der Grünen Mauer konspiriert. Er schließt sich den Revolutionären an, denen er als Konstrukteur des Raketenflugzeugs »Integral« eine Schlüsselfigur ist.

Man sieht: In Samjatins Konstruktion ist die Liebe so staatsfeindlich wie die Revolution. Beide Mal wird die sokratische Kultur des Einzigen Staates unterlaufen. Beidemal findet eine Regression statt: ins Atavistische – und das

Postulat der Gleichsetzung von Vernunft, Tugend und Glück ist vergessen. Im Ausscheren des Ingenieurs D-503 aus der sokratischen Kultur fusioniert Samjatin Ontogenese und Phylogenese. Als Verliebter regrediert D-503 in eine pubertäre Verwirrung der Gefühle. Als Verschwörer kehrt er in eine anarchische Vorstaatlichkeit zurück. Beide Mal evoziert Samjatin den Urzustand der Menschheit, entworfen als heidnisches Reich der Sinne.

Wie begann es? Auf einem der Pflichtspaziergänge sieht sich der Ingenieur D-503 plötzlich unerklärlich vehement von Zuneigung zur weiblichen Nummer I-330 gepackt, die in der Viererreihe rechts von ihm marschiert: »schlank, markant, trotzig, biegsam wie eine Gerte«. Es entspinnt sich ein Dialog. Sie will seine Hände sehen. Er aber kann es nicht leiden, wenn jemand seine Hände sehen will, denn sie sind »dicht behaart, zottig« – irgendein absurder Atavismus. Er streckt ihr eine Hand entgegen und sagt: »Affenhände« (Eintrag 2). Wenig später wird er von seinem doppelten Ich sprechen. Das eine Ich ist die Nummer D-503, das andere Ich aber hat »zwei zottige Pfoten« und will nun aus seinem gläsernen Gehäuse hinaus (Eintrag 10).

Die Metaphorik ist deutlich genug: Dr. Jekyll und Mister Hyde finden hier ihre russische Variante. Der Ausgang der Geschichte aber ist ein anderer als bei Stevenson. Dr. Jekyll wird im Einzigen Staat zurückgepfiffen: durch Selbstzensur. Er will gar nicht mehr Mister Hyde sein. Mittels der Großen Operation wird sein »zottiges Ich« abgetötet.

Zuvor aber folgt D-503 dem Ruf seiner verschütteten Innerlichkeit und überlässt sich seiner Leidenschaft für I-330. Man beachte die geographischen Entsprechungen. Der Weg ins Abseits der Leidenschaft führt zunächst ins Alte Haus, das keine gläsernen Wände hat und offensichtlich die verlorene, unreglementierte Kindheit veranschaulicht. Aus dem Schlafzimmer des Alten Hauses führt ein unterirdischer Gang ins tabuisierte Territorium jenseits der Grünen Mauer. Samjatin demonstriert uns hier eine Archäologie des Bewusstseins. In dessen Tiefenschichten hat auch der gegen alle Reglementierung gerichtete politische Umsturz seine Traumquelle.

Auf einer Lichtung erblickt D-503 die andere Menschheit, jene, die nicht vom Einzigen Staat abgerichtet wurde. »Sie alle waren unbekleidet und mit einem kurzhaarigen blanken Fell bedeckt.« Als Silhouette vor der blauen Himmelsleinwand erscheint, alle Köpfe überragend, I-330. Sie wendet sich schließlich um und lächelt.

Eintrag 27 ist eine Traumsequenz. Tonangebende Hauptperson ist hier durchgehend I-330. Mit ihrer Ansprache wird I-330 zur Stimme der Revolution: Das Raketenflugzeug soll die Flucht aus der Zeit, die Flucht aus der Geschichte ermöglichen, nachdem die Grüne Mauer und alle anderen Mauern beseitigt sind. Und D-503 fühlt sich in solcher Umgebung jenseits der Grünen Mauer zum ersten Mal nicht als »Summand«, sondern als eine »Einheit«.

Am Beispiel seiner Hauptperson gestaltet Samjatin den Ausbruchsversuch der Seele aus dem Gefängnis der Vernunft als ein unmögliches Unterfangen. Die von Ingenieur D-503 ersehnte Zweisamkeit mit I-330 bleibt allerdings Illusion. Es ist die Einsamkeit des Narziss, der sich D-503 preisgegeben sieht. Die zentrale Begegnung mit I-330 zeigt ihm in ihren Augen nur sein eigenes Spiegelbild. Sie ist nichts anderes als seine Projektion. Schließlich muss er sehen, dass ihn I-330 nur für ihre eigenen Zwecke missbraucht hat: um das Raketenflugzeug für die Revolution zu gewinnen. Von Liebe keine Spur.

Solche Aufklärung lässt D-503 ins Licht der Vernunft zurückkehren. Er stellt sich der Großen Operation und sieht danach emotionslos der Folterung seiner Geliebten unter der Glasglocke des Wohltäters zu. Sie wird wie die anderen Revolutionäre auf der Maschine des Wohltäters enden. »Und ich hoffe, wir werden siegen. Mehr noch: ich bin überzeugt, wir werden siegen. Denn die Vernunft muß siegen.« So endet das Tagebuch: Das Ich glaubt nun für immer an das Wir.

Legalität und Untergrund

Samjatin entwirft das Verhältnis von Legalität und Untergrund als ein unversöhnliches Gegeneinander. Der Einzige Staat hat durch technischen Fortschritt einen Zustand erreicht, der es gestattet, alles Vernunftwidrige wirkungsvoll zu unterdrücken. Die Gleichung des Sokrates, wie sie Nietzsche definiert, »Vernunft = Tugend = Glück«, setzt den Einzigen Staat unter Zugzwang, alle Leidenschaft in den Untergrund zu schicken.

Die Entwicklung des Menschen wird auf die Kultivierung einer einzigen Leidenschaft abgerichtet: der Begeisterung für die Arbeit. Die »Taylorschen Exerzitien« sollen eine optimale Verwertung menschlicher Arbeitskraft im Dienste des Staates garantieren. Das Ziel ist, den Menschen zu einer Maschine werden zu lassen. Mit der Verhöhnung der Würde der Arbeit trifft Samjatin ins Herz des sowjetischen Tugendkatalogs.

Für die Auflösung der Familie als Zentrum des menschlichen Privatlebens sorgt im Einzigen Staat die Reglementierung des Sexuallebens durch erzwungenen Partnerwechsel, um jede persönliche Bindung auszuschalten. Die Zeugung dient der Hervorbringung neuer Arbeitssklaven. Kinder werden in Kinderheimen erzogen, nicht von den Eltern. Die sowjetischen Ehegesetze von 1918 und die von Lenins Ehefrau, Nadjeschda Krupskaja, propagierten Kinderhorte liefern die empirischen Vorbilder solcher Konstruktionen.

Die Regierung des Einzigen Staats lässt keine Opposition zu. Nachdem die Machtergreifung stattgefunden hat, gibt es keine weitere Revolution mehr. Die Feinde sind Tiermenschen und verkörpern das geschichtlich Rückständige. Solches Denken richtet sich gegen Leo Trotzkijs Postulat der permanenten Revolution.

Und schließlich veranschaulicht das Leitmotiv des Raketenflugzeugs »Integral«, mit dem das »wohltätige Joch der Vernunft« ins Weltall getragen werden soll, Lenins Einsatz für eine Dritte Kommunistische Internationale. Dass die Dichtung auf das Selbstlob des Einzigen Staates verpflichtet wird, versteht sich in solchem Kontext von selbst. Wenn verschiedentlich zu lesen ist, Samjatins 1920 verfasster Text zeichne sich vor allem durch seine Prophetie bezüglich der Diktaturen Stalins und Hitlers sowie der Gefahren des technischen Zeitalters im allgemeinen aus, so überspringt solches Lob die wahre Natur der hier vorliegenden Imaginationsleistung. Prophetisch war Nietzsches Vision einer »sokratischen Kultur«, die den Menschen ins »Tageslicht der Vernunft« stellt und ihm die Gleichung »Vernunft = Tugend = Glück« aufzwingt, mag auch Nietzsches Sokrates dem Sokrates Platos nicht entsprechen.

Samjatins fundierende Imaginationsleistung aber besteht darin, die politischen Realitäten des Sowjetstaats mitsamt dessen verwerflichen Idealen als »sokratische Kultur« erkannt und satirisch inspiriert veranschaulicht zu haben. Es ist deshalb nur folgerichtig, wenn es 1964 in der »Kleinen Literatur-Enzyklopädie« (russisch) heißt, Samjatin habe »auch den Roman ›Wir‹ geschrieben, ein bösartiges Pamphlet gegen den Sowjetstaat.« Als dieses Werk 1924 im Ausland in einer englischen Übersetzung erschienen sei, habe das »in der sowjetischen Öffentlichkeit Empörung ausgelöst.« Wie solche Öffentlichkeit hergestellt wurde, wird allerdings nicht mitgeteilt.

Mit einem Wort: Samjatins »Wir« ist keine Vision möglicher Zukunft, sondern die Reaktion auf konkrete Merkmale seiner unmittelbaren russischen Gegenwart. Samjatins Angriffsziel ist der Staat Lenins als ein Exemplum totalitärer Herrschaft, das alles Ähnliche in den Schatten stellt. Auch in allegorischer Implikation bleibt das kommunistische Menschenbild gemeint, das mit der anthropologischen Prämisse westlicher Demokratien nichts gemein hat. Das Gespenst des Kommunismus ist hier aus Fleisch und Blut.

Gladkows »Zement«

Einstieg

Fjodor Gladkow lebte von 1883 bis 1958. Sein Roman »Zement« erschien im Jahre 1925 in der Zeitschrift »Krasnaja nov'« (= Rotes Neuland) und spielt im Jahre 1921. Gladkow selbst gibt als Entstehungszeit die Jahre 1922 bis 1924 an.

Der Roman war sofort ein Erfolg nicht nur in Russland, sondern auch im Ausland. Eine erste deutsche Übersetzung erschien 1927 und wurde umgehend von Walter Benjamin rezensiert. Auch wurde das Werk in sämtliche Sprachen der Sowjetunion übersetzt. Bis 1937 wurden zwei Millionen Exemplare verkauft. Gladkow schildert darin die Periode des sowjetischen Wiederaufbaus nach den Wirren des Bürgerkriegs in ihren Anfängen aus unmittelbarer zeitlicher Nähe. Schauplatz ist eine Hafenstadt am Schwarzen Meer, deren Name im Roman nicht genannt wird, in der aber unschwer Noworossijsk zu erkennen ist.

Der genaue Zeitraum der Handlung reicht vom Frühjahr 1921 bis zum vierten Jahrestag der Oktoberrevolution von 1917. Innerhalb dieser sechs Monate gelingt die Wiederinbetriebnahme einer Zementfabrik, die im Zuge der Kriegsereignisse völlig verfallen ist und brachliegt. Gladkow erhebt dieses Geschehen zum Gleichnis für den Triumph friedlicher Technik im Dienste des Menschen über die Barbarei des Krieges, durch die alle zivilisatorischen Kräfte suspendiert und gelähmt wurden. Diese Gegenüberstellung der destruktiven Situation des Krieges und der konstruktiven Situation des nachfolgenden Wiederaufbaus wird von Gladkow mit ganz bestimmten historisch-konkreten, politischen Koordinaten versehen.

Der Krieg wird nicht als ein grundloses Verhängnis beschworen, das irgendwie zum Erliegen kommt und dadurch den positiven Kräften des Menschen erneut Boden verschafft. Vielmehr wird die Situation des Krieges als Situation des russischen Bürgerkrieges von 1918 bis 1920 aus der Sicht der siegreichen Bolschewisten veranschaulicht. Die Situation des Wiederaufbaus, auf der die Emphase des Romans liegt, beansprucht aus solcher Sicht eine ganz bestimmte historische Einmaligkeit: Der anstehende Wiederaufbau wird mit kommunistischem Bewusstsein in Angriff genommen. Auch die Einräumungen an durchaus kapitalistische Methoden der Wirtschaftsführung, wie sie Lenin mit der »Neuen Wirtschaftspolitik« proklamierte (Zulassung von Privatunternehmen und privatem Handel), werden mit kommunistischem Bewusstsein fokussiert.

Aufbau der Analyse

Der anstehenden Werkanalyse stellen sich die folgenden Aufgaben: Zunächst sei die Instandsetzung der Zementfabrik aus der Sicht der Hauptgestalt nachgezeichnet. Danach werden die Widerstände, die solcher Instandsetzung im Wege stehen, kenntlich gemacht. Diese Widerstände lassen sich in drei verschiedene Gruppen einteilen. Da ist zunächst (1.) der äußere Feind in Gestalt versprengter weißgardistischer Truppenteile, die einen Partisanenkrieg auf eigene Faust führen: die sichtbare »Konterrevolution« in Gestalt streunender Kosakeneinheiten und englischer Interventionstruppen. Des weiteren wird (2.) das zunächst unsichtbare Wirken einer »wirtschaftlichen Konterrevolution« vorgeführt, die unter dem Deckmantel linientreuer Mitarbeit in den neugeschaffenen Gremien ihr destruktives Wesen treibt. Und da ist schließlich (3.) im Bewusstsein derer, die sich positiv und vorbildlich für den Wiederaufbau einsetzen, die Tendenz zum Rückfall in romantische, nämlich »bürgerliche« Gesinnungsmuster vorhanden.

Mit der Analyse dieser drei Typen des Widerstands gegen die Verwirklichung des sowjetischen Menschenideals ist die Voraussetzung für die zusammenfassende Kennzeichnung der verschiedenen Gegenkräfte in Gladkows »Zement« gegeben, die dann in den damaligen zeitgeschichtlichen Referenzrahmen eingeordnet werden.

Der Sieg der guten Sache

»Zement« ist der Roman der Wiederbelebung einer Fabrik. Was diese Fabrik »fabriziert«, sagt der Titel. Die Wiederbelebung dieser Fabrik ist das »persönliche« Ziel der Hauptgestalt des Romans, des Schlossers Gleb Tschumalow. Man könnte auch sagen: Indem Gleb Tschumalow die erneute Inbetriebnahme dieser Fabrik zu seinem einzigen Ziel werden lässt, wird er zur Hauptperson des Romans. Denn: Die zentrale Situation des Romans zeigt uns den Menschen im Banne eines angestrebten Sacherfolges. Solcher Sacherfolg hat von sich aus noch keinen »politischen« Charakter. Er wird politisch erst durch die Kräfte, die ihn verhindern oder hemmen wollen. Genauer gesagt: Die zentrale Situation des Romans zeigt uns den Menschen im Banne der Technik. Was heißt das? Gladkow demonstriert, dass ein brachliegendes Gerät, eine brachliegende technische Vorrichtung von sich aus dazu auffordert, wieder in Gang gebracht, wiederverwendet zu werden. Das Wozu der Dienlichkeit einer brachliegenden Zementfabrik entwickelt eine eigene Suggestion für denjenigen, der ein Zeuge dafür ist, wie sie einst funktionierte.

Gleb Tschumalow kehrt nach dreijähriger Kampfzeit in den Reihen der Roten Armee in seine Heimatstadt am Schwarzen Meer zurück und findet die Fabrik, in der er einst als Schlosser gearbeitet hat, verkommen und außer Betrieb vor.

Man beachte, mit welchen Kennzeichen Gladkow den Anblick ausstattet, der sich Gleb bietet. Von weitem bietet sich die Fabrik unverändert dem Blick dar: als eine ganze Stadt von Kuppeln, Türmen und walzenförmigen Dächern inmitten der Bremsberge im Gestein und in den Büschen, mit Brücken und Fahrstühlen in den engen Schluchten. Sichtbare Bezwingung der Natur. Darüber am Berghang die Arbeitersiedlung. Die Natur wird hier als Material der Arbeit vorgestellt.

NEUNZEHNTES KAPITEL

Der unangekündigt und deshalb unbegrüßt und allein heimkehrende Gleb, den »der Teufel selber aus dem Jenseits herausgeschmissen hat«, sieht sich beunruhigt von der Stille, die von dem ihm so geläufigen Fabrikgelände ausgeht. Er stellt fest, dass aus der Fabrik eine Schutthalde geworden ist, ein zerklüfteter Friedhof. Umgekippte Loren liegen wie »tote Schildkröten« umher. Der Böttcher Sawtschuk hat sich am Grabe seiner früheren Arbeit dem Trunk ergeben. So erlebt der heimkehrende Gleb den Anblick außer Funktion gesetzten Geräts und menschlicher Verzweiflung.

Gleb macht einen einsamen Gang durch das verlassene und verkommene Gelände. Bröckelnder Steinschutt droht die letzten Überreste menschlicher Arbeit zu vernichten. Gladkow liefert hier die Beschreibung einer technischen Landschaft, die, wie es scheint, von der Natur wieder zurückgenommen wird, weil sich der Mensch entfernt hat. Die Vergangenheit des Krieges leuchtet kurz auf. Spuren deuten auf zweckentfremdete Verwendung hin.

Die Betonwände des Hauptgebäudes sind mit Schießscharten für Maschinengewehre versehen: Weißgardisten hatten aus der Fabrik eine Festung gemacht. Gleb wurde gefoltert, Dascha vergewaltigt. Den erinnerten Greuelszenen aus dem Bürgerkrieg ist die evokative Kraft nicht abzusprechen. In den Baracken waren die Kriegsgefangenen untergebracht. Und diese Baracken, so lässt Gladkow hervorheben, sind in »regelrechte Folterkammern« verwandelt worden. Der politische Feind wird so als jene Kraft veranschaulicht, die das Nützliche zum Schädlichen verändert.

In expressionistischer Bildlichkeit wird die Differenz zwischen dem früheren nützlichen Funktionieren und dem jetzigen Resultat destruktiver Kräfte verdeutlicht. Gleb wird vom Anblick eines »gewaltigen Schornsteins mit herausgerissener Rauchklappe« angezogen:

> »Die Luft brüllt wie ein Wasserfall im staubüberzogenen Trichter, torkelt in zottigen Wirbeln, stößt und saugt im röhrenden Schlund. Früher wurde diese beängstigende Kehle von einer gusseisernen Platte durch einen Spund verschlossen, und der Schornstein saugte mit Getöse den brennenden Zunder aus den Zylindern der rotierenden Öfen.«

Gleb betritt schließlich den Maschinenraum, der wie ein »ernster Tempel« erscheint, worin die Dieselmotoren wie »Götzen« anwesend sind, die in langer Reihe auf das Zeichen zur Arbeit warten. Dieser Maschinentempel ist nicht verfallen, sondern wird ganz offensichtlich von Menschenhand gepflegt, wenngleich seine Inbetriebnahme noch aussteht.

Gleb trifft auf den guten Geist des Maschinenraumes, den Mechaniker Brynsa, der, unbeirrt vom Verfall ringsum, seinen Wirkungsbereich instand gehalten hat. Brynsa wird uns als die Inkarnation sachgerechter Wartung gegenüber dem technischen Apparat vorgestellt. Er lebte in der verstummten Fabrik das Leben der Maschinen. Als alle anderen den Weg zur Revolution und zum Bürgerkrieg beschritten, blieb er, so heißt es, den Maschinen »treu«.

Glebs Gespräch mit Brynsa lässt deutlich werden, dass nach der Revolution nun der Alltag der Arbeit beginnen muss, den Brynsa sozusagen insgeheim vorbereitet hat. Die Fabrik – eine leere Scheune, und die Arbeiter – Vagabunden und Egoisten. Was hat die Revolution für einen Nutzen gehabt, wenn die Fabrik nicht wieder in Gang kommt? Man sieht: Gladkow arbeitet darauf hin, das Bereitliegen aller Faktoren zu demonstrieren, die für die Wiederbelebung der verstummten Fabrik relevant sind. Es fehlt lediglich der koordinierende Wille, durch den die desintegrierten und darum funktionslosen Elemente wieder zum Funktionieren gebracht werden.

Dieser Wille tritt in Gleb Tschumalow auf den Plan. »Partei und Armee haben mir befohlen: Geh in deine Fabrik und kämpfe für den Sozialismus, wie du es an der Front getan hast.«

Es wird an dieser Stelle deutlich, warum Gladkow einen aus dem Krieg zurückkehrenden Soldaten zur Hauptgestalt des Wiederaufbaus gewählt hat. Die Revolution und der Bürgerkrieg als außergewöhnliche Situationen haben nur das eine Ziel, die gewöhnliche Situation vernünftiger Arbeitsbedingungen herzustellen. Die persönliche Identität der Hauptgestalt mit der Kraft, die Revolution und Bürgerkrieg meisterte, und jener Kraft, die den Wiederaufbau erfolgreich betreibt, kennzeichnet die grundsätzliche und das heißt: geschichtliche und allegorische Identität beider Kräfte.

Der deutsche Ingenieur Hermann Kleist

Als Schlosser indessen fehlt es Gleb Tschumalow an jenem technischen Wissen, das nötig wäre, um die Fabrik in eigener Kompetenz zu erneutem Funktionieren zu bringen. Tschumalow, der lebendige Geist des sozialistischen Fortschritts, benötigt dazu einen Ingenieur. Gladkow bringt hier in deutlicher Allegorik den deutschen Ingenieur Hermann Kleist (German Germanowitsch Klejst) ins Spiel, einen Mann von hohem technischen Können und zweifelhafter politischer Gesinnung, der unter dem Druck der neuen Situation seine dunkle Vergangenheit bewältigt und sein Wissen in den Dienst der vernünftigen Zukunft stellt. Deutsches Know-how als russisches Desiderat! Seit den Zeiten Peters des Großen aktuell! Hier mit ganz speziellen politischen Koordinaten.

Am Beispiel Kleists wird ein wesentliches Merkmale der kommunistischen Weltanschauung verdeutlicht. Der Kommunist betrachtet jeden Gegner als potentiellen Mitstreiter. Während des Bürgerkriegs stand Kleist nachweislich auf der Seite der Weißgardisten. Ja, Gladkow geht so weit, Tschumalow und Kleist in eine persönliche Konfrontation auf Leben und Tod zu bringen: Kleist hat während des Bürgerkriegs Tschumalow verraten und den weißgardistischen Bestialitäten ausgeliefert. Jetzt fürchtet sich Kleist vor dem zurückgekehrten Tschumalow. Doch Tschumalow verzeiht ihm. Die Grundlage solchen Verzeihens ist der Verzicht auf Rache, obwohl es ausdrücklich heißt, Tschumalow sei fähig, Kleist zu jeder beliebigen Stunde umzubringen, und diese Stunde würde er zu den schönsten seines Lebens zählen.

Der Verzicht auf Rache hat nichts mit einem christlich motivierten Verzeihen zu tun. Solcher Verzicht hat hier sein Fundament in einer zutiefst kommunistischer Gesinnung. Es ist nicht so, als ließe Tschumalow seine Rachegefühle beiseite. Vielmehr heißt es, Kleist werde nicht tot, sondern lebend gebraucht. Das mag aussehen wie Zynismus. In Wirklichkeit aber spricht sich in solcher Haltung Tschumalows die Achtung vor dem vernünftigen Kollektiv aus, das jedes Mitglied nach seinem Beitrag zur gemeinsamen Sache einschätzt. Mit einem Wort: Kleist ist kein Gegner mehr, er ist alt und schwach, trotzdem aber sind seine organisatorischen Fähigkeiten und sein Sachwissen ungemindert vorhanden. Während des Bürgerkriegs hat er zudem das Ethos des Ingenieurs hochgehalten und die Fabrikanlagen nicht gesprengt. Folglich muss ihm die Möglichkeit gegeben werden, als anerkanntes Mitglied im Kampf um die gemeinsame Sache, hier die Wiederinbetriebnahme einer Zementfabrik, tätig zu werden.

Gleb sagt zu Kleist inmitten des verstummten und düsteren Fabrikgeländes:

»Dieser Friedhof muss wieder zum Leben erweckt werden, Genosse Ingenieur, muss mit Feuer entzündet werden. Vor uns liegt eine ganze Welt, die bereits erobert ist. Noch einige Jahre, und sie wird erglänzen mit Palästen und ungeahnten Maschinen«.

Solche Vision ist nicht Marotte eines Einzelnen, sondern wird von Gladkow programmatisch eingebracht. Die intakte Fabrik, die intakte Maschinenwelt ist intakte Arbeitswelt. Eine intakte Arbeitswelt aber geht einher mit dem neuen Menschen. Glebs Argumentation mündet denn auch konsequenterweise in die folgende Pointe:

»Der Mensch wird nicht mehr Sklave sein, sondern Herrscher (russ. ne rab, a vladyka), denn Grundlage des Lebens ist dann die freiwillige und geliebte Arbeit (russ. svobodnyj i ljubimyj trud).«

Gladkow ist sehr darauf aus, die Begeisterung für eine kommunistische Zukunft aus einer ganz bestimmten geschichtlichen Situation hervorgehen zu lassen. Es ist der Hintergrund der »blutigen Kämpfe« des Bürgerkriegs, der hier angesichts der greifbaren Möglichkeit vernünftiger Arbeitsbedingungen im Rahmen der Zementfabrik zu grundsätzlichsten Erwägungen Anlass gibt. Gleb träumt, und er bezieht aus solchen Träumen das Pathos für die realen und zum Teil bescheidenen Schritte, die in der Gegenwart getan werden müssen: Errichtung eines Bremsberges, Instandsetzung der elektromechanischen Abteilung usw. Immer wieder mündet solches Vorstellen in die Freude am Arbeitslärm. Das Kreischen der Loren wird ersehnt. Auch Brynsa, der Mechaniker, wartet auf den Moment, wo die Dieselmotoren den »eisernen Marsch« trommeln werden. Gleb selbst scheint es, als brauche man diese Motoren nur anzurühren, um sie ihren »Tanz« beginnen zu lassen.

Das heißt: Gladkow zeigt uns, dass der Appell, der von der Technik ausgeht, einen Zustand der Begeisterung auslöst. Bereits die Vorstellung intakten Funktionierens versetzt offenbar in den Zustand ästhetischer Selbstvergessenheit. Kurzum: Gladkow ästhetisiert die von Sachzwängen diktierte Konfrontation des Menschen mit der Technik.

Arbeit als ästhetischer Zustand

Der besorgende Umgang mit der Maschine wird mit solchem Enthusiasmus vollzogen, dass der »ästhetische Zustand« (im Sinne Nietzsches) herrschend wird.

Betrachten wir die von Gladkow eingebrachte Metaphorik noch genauer. Gleb, so heißt es, streichelt »zärtlich« (russ. laskovo) die blitzenden Maschinenteile. Für Brynsa sind die Dieselmotoren »wie Jungfrauen«. Solche erotische Bildlichkeit wird an anderer Stelle erneut aufgegriffen und zu höchster Eindeutigkeit gebracht: Die stummen, wie vereist ruhenden Kreissägen geben unter der behutsamen Berührung Glebs »ferne Seufzer« von sich, als würden sie von Traumbildern heimgesucht. Nicht nur das! Gleb spricht zu den Sägeblättern: »Nun, ihr Mädchen!... Wir werden sehen, was ihr für Lieder könnt... Wartet, bald kommen eure Liebsten...« Und diese Liebsten, das sind, so baut Gladkow das Bild aus, die Facharbeiter. Solange sie nicht kommen, bleiben die Kreissägen »ledig« (russ. cholostye). Solche Bildlogik wird voll erfüllt, wenn es bezüglich der Arbeiter heißt: »Die Sehnsucht nach der Maschine ist stärker als die Sehnsucht nach der Geliebten« (russ. Toska po mašine sil'nee toski po zaznobe).

Der Vollzug des Arbeitsvorgangs wird durch solche Metaphorik zum Zeugungsakt. Mit einem Wort: Arbeit ist eine Form des Rausches. Solche Feststellung darf allerdings nicht so verstanden werden, als läge hier ein Narkotikum im Sinne eines Betäubungsmittels gegen die Unbill des Wirklichen vor. Ja, man würde Gladkow missverstehen, wenn man seine Metaphorik als eine nur mehr oder weniger originelle Illustration der Haltungen einzelner Personen zum Faktum der Arbeit sehen würde. Vielmehr wird aufgrund der anthropologischen Prämisse des Romans die Arbeit als das menschenwürdige Tun schlechthin vorgestellt, das solche Metaphorik von der Sache her verdient. Gladkow demonstriert, dass es möglich ist, in ein ausgezeichnetes Verhältnis zur Arbeit zu gelangen. Diese Möglichkeit aber hat zur Voraussetzung eine Welteinstellung und Welteinrichtung, aus der heraus der Arbeiter mit seiner Arbeit in ein direktes Verhältnis zum menschheitlich Nützlichen kommen kann. Voraussetzung dafür ist, dass das Tun des Arbeiters nicht im Dienste privater Interessen gehandhabt wird. Die Sphäre der Technik, des besorgenden Umgangs mit der Maschine, wird dann zur Stätte der Herstellung des menschheitlich Zuträglichen und erweist sich damit als freigesetzt für legitime Vergötzung. Von auszublendender Wirklichkeit durch ein Opiat kann keine Rede sein.

Mit Fortschreiten der Instandsetzung des Fabrikgeländes und der einzelnen Abteilungen steigert sich die Faszination, die von der Arbeitswelt auf Gleb ausgeht. Es kommt zu einem exemplarischen Erlebnis im letzten Teil des Romans. Die Fabrik steht kurz vor der Wiederinbetriebnahme, die 1921 auf den vierten Jahrestag der Oktoberrevolution angesetzt ist. Gleb sucht jeden Tag die Maschinenhalle auf. Hier wird er jedes Mal zu einem anderen Menschen. Die Art seines Erlebens trägt ganz offenkundig den Charakter einer Andacht. Die blendende Reinheit der Glasscheiben und Kacheln dringt auf ihn ein, der schwarze Glanz der Dieselmotoren sowie das zarte, melodische Geläute der Hebel, Hämmer und Zylinder. Wörtlich heißt es:

> »Diese strenge und junge Musik des Metalls bändigte die Seele mit sanfter Gewalt. Es schien ganz, als pulsierte und tönte dieses Geläute auch in seinem Herzen.«

Angesichts der gigantischen Schwungräder und Antriebsscheiben, von denen heiße und feuchte Luftzüge ausgehen, verliert Gleb seine »Vereinzelung« (russ. obosoblennost'). Der Anblick der lebendigen Maschinen vermittelt ihm die Vorstellung eines »eisengefiederten Fluges« in heißer Luft. »Ohne Gedanken, ohne Stütze, ohne Distanz«. So liefert uns Gladkow eine Erotik des Werkzeugs. Die Konfrontation des Menschen mit der Maschine wird als Tanz, als Zeugungsakt, als ein rauschhaftes Aufgehen aller Individualität in der »Musik des Metalls« geschildert.

Das bedeutet nichts anderes, als dass uns die Arbeit als Objekt der dionysischen Begierde vorgeführt wird. Dabei ist zu beachten, dass uns in der Haltung Gleb Tschumalows eine im Sinne der anthropologischen Prämisse des Romans vorbildliche Gesinnung demonstriert wird. Gleb verkörpert die Wollust des Schaffens innerhalb einer sozialistischen Perspektive. Was Begeisterung verdient, wird von der Vernunft bestimmt. Die volle Implikation solcher Feststellung wird sogleich in den Blick treten, wenn nämlich die Gegenkräfte zum positiven Tun Glebs näher analysiert werden. Zuvor sei das zentrale Geschehen des Romans, die Wiederinbetriebnahme der Zementfabrik, zu Ende gezeichnet.

Die treibende Kraft ist Gleb. Er repräsentiert die »historische Bedeutung« des Arbeiters, und er musste deshalb gleichzeitig Revolutionär und Soldat gewesen sein. Er war aber Revolutionär und Soldat nur im Hinblick auf seine zukünftige Rolle als Arbeiter. Gleb Tschumalow sieht dies und hat darin ein ausgezeichnetes Bewusstsein. Sein Ziel ist es, ein arbeitendes Kollektiv herzustellen, in dem er dann selber rauschhaft aufgehen kann. Der Weg in ein solches Kollektiv, das nicht durch Bindung in den gemeinsamen Arbeitsvorgang, sondern durch eine echte Gesinnungsgleichheit, nämlich durch Einsicht in das menschheitlich Nützliche gekennzeichnet ist, schildert Gladkows Roman.

Das Fabrikgelände tritt uns zu Anfang des Romans als menschenleerer Friedhof entgegen, der stumm und verwaist daliegt. Am Ende des Romans indessen versammeln sich auf dem selben Gelände die Kolonnen der Arbeiter. Begeistertes Stimmengewirr mischt sich mit Marschmusik und dem Lärm der Maschinen. Die roten Fahnen lodern wie »Feuer«. Man beachte die gezielten Gegensatzpaare: Dem Friedhof steht jetzt das lebendige Leben entgegen, der Totenstille vorweltlicher Verwüstung, die der Bürgerkrieg zurückließ, das lärmende Menschengewühl optimistischer Arbeitskräfte, der eisigen Erstarrung das Feuer der Begeisterung. Der Roman endet mit »metallischem Gebrüll«. Der letzte Satz lautet:

> »Es heulten die Sirenen – eine, noch eine und eine dritte. Und sie erschütterten mit solcher Gewalt das Trommelfell, als wären es keine Sirenen, sondern heulende Berge, Felsen, Menschen, Fabrikgebäude und Schornsteine.«

Das ist Expressionismus in Reinkultur. Man denke nur an die Definition, wie sie Paul Hühnerfeld gegeben hat: »Der expressionistische Künstler gibt den Schrei wieder, den die Dinge ausstoßen würden, wenn sie nicht stumm wären.«

Der Feind

Vor solchem Erfolg, der ganz als Sache Gleb Tschumalows gestaltet wird, liegen zwei grundsätzliche Hemmnisse. Einmal wird die begonnene Wiederinstandsetzung der Fabrik von versprengten Einheiten der Weißgardisten verzögert. »Der Bremsberg war zerstört. Und die Loren lagen wieder zwischen den Steinen und Sträuchern umher.« Gleb hält wieder ein Gewehr in den Händen. Aber diese Gefahr, die der äußere Feind darstellt, wird schließlich überwunden. Gladkow lässt damit noch einmal deutlich werden, dass Gleb nur Soldat ist, um Arbeiter sein zu können. Gleb trägt während seines gesamten Agierens stets seinen Soldatenhelm mit dem Sowjetstern. Als treibende Kraft für die Errichtung einer menschenwürdigen Arbeitswelt bleibt er Soldat. Der Feind ist der Soldat der anderen Seite. Der Begriff des Feindes wird von Gladkow mit aller Sorgfalt veranschaulicht. Der Feind erscheint als Unmensch, dessen einziges Ziel die Niederhaltung und Vernichtung einer menschenwürdigen Kultur ist. Die Sicht des Romans ist ganz die Sicht der Bolschewisten, deren hervorragender Vertreter Gleb Tschumalow ist. Das heißt: Wir erhalten nirgends eine Innenschau des Feindes. Der Feind wird ohne Umschweife als reines Gegenbild alles Positiven präsentiert. Wir brauchen also mithin nur die explizite Sicht der Erzählung mitzumachen, um recht zu verstehen.

Während der mit besonderer Heftigkeit aufflackernden Kosakenaufstände erfahren Gleb Tschumalow und Sergej Iwagin die ärgerliche und beängstigende Präsenz des Feindes. Man beachte, mit welchen Mitteln die moralische Unterlegenheit der Angreifer suggeriert wird. Der Feind wird als »unerlegtes Tier« bezeichnet, das sich in Höhlen verbirgt, sowie als »Heuschrecke« (russ. saranca) und »Reptil« (russ. gad).

An anderer Stelle werden die Feinde des Kommunismus als »Ratten« bezeichnet, die sich vollfressen. Man sieht: Der Feind ist in seinem Wesen kein wirklicher Mensch, sondern ein Tier. In aller Eindeutigkeit werden die angreifenden Kosaken als »Tiermenschen« (russ. zveroljud) hingestellt. Im Anschluss an solche Kennzeichnung heißt es wörtlich:

> »Tagsüber verstecken sich die Feinde im dunklen Dickicht und in Höhlen oder spazieren durch die Stadt, maskiert als Freunde der Revolution. Sie sind überall: in den Reihen der Kämpfenden, in den Amtszimmern der sowjetischen Behörden, in den Wohnungen friedlicher, unbescholtener Bürger. Wer kann sie ausfindig machen, ihre Namen nennen, sie zertreten wie Reptilien? Sobald aber die Nacht heraufzieht, kriechen sie hervor, ausgestreut von der Dunkelheit, zu ihrem verräterischen Tun.«

Dieses Feindbild, das zunächst in Assoziation mit den aufständischen Kosaken vor Augen kommt, wird, wie man sieht, in einem umfassenden Sinne entworfen. Nicht nur die unmittelbaren Angreifer sind gemeint, denen es gelingt, bereits instandgesetzte Teile des Fabrikgeländes wieder zu zerstören, sondern auch jene Elemente, die innerhalb der fortschrittlichen, nämlich sowjetischen Gremien die Errungenschaften der Revolution wieder rückgängig machen wollen. Anders ausgedrückt: Der Feind tritt ungetarnt als Kosakeneinheit und getarnt als »wirtschaftliche Konterrevolution« auf.

Den Hintergrund solcher gedoppelten Manifestation der sowjetfeindlichen Kräfte bildet der implizit vorausgesetzte Sieg der Roten Armee im Bürgerkrieg. Auf solchem Hintergrund kommt den ungetarnten Angreifern eine nur noch unerhebliche Gefahrenrolle zu. Weitaus gefährlicher ist die »wirtschaftliche Konterrevolution«: der äußere Feind, getarnt als Mitkämpfer.

Man beachte, dass uns die militärische Macht der Entente am Beispiel des englischen Kriegsschiffes, das im Hafen einläuft, veranschaulicht wird. Die englischen Matrosen erweisen sich moralisch und militärisch als besiegt und sind heilfroh, mit dem Leben davonzukommen. Mit einem Wort: Der sichtbare äußere Feind konnte leicht besiegt werden.

Solches Geschehen ist, wie die Vertreibung der ehemals herrschenden Schichten aus ihren Wohnungen und ihre Einweisung in bescheidene Unterkünfte zeigen, nur die erste Phase der Handlung des Romans. Die wesentliche zweite Phase aber ist die Aufdeckung der »wirtschaftlichen Konterrevolution«.

Deren Zentrum ist die Persönlichkeit Schramms. Er steht stellvertretend für jene Kräfte der Revolution, deren Folge es ist, dass die Feinde der Revolution maskiert ihr Unwesen in den Amtszimmern treiben. Gewiss, Schramm kann nicht als Agent feindlicher Mächte bezeichnet werden. Er schafft aber durch seine Gesinnung, die bei äußerer Wahrung der bürokratischen Ordnung den Geist des Sozialismus vergessen lässt, jenen Freiraum, in dem sich die Feinde ansiedeln können.

Kurz vor Inbetriebnahme der Fabrik steht die »Säuberung« an (russ. čistka), die der wirtschaftlichen Konterrevolution gilt und deren wesentliches »Opfer« Schramm ist. Bedeutsam ist bereits jene Personenbeschreibung, die wir bei seinem ersten Auftreten erhalten. Schramm ist »von Kopf bis Fuß in Lederzeug gekleidet«. Er trägt eine Aktentasche, mehr noch: Er erscheint als »Mann mit einer Aktentasche«. Später heißt es von ihm, er sei ein »kommunistischer Automat«. Das Bild seines ersten Auftritts wird in genau diese Richtung angelegt: Schramm hat das »teigige Gesicht eines Kastraten«.

Er ähnelt, so heißt es schließlich, »der Wachsfigur aus einem Panoptikum: alles dem Leben nachgebildet, das Ganze ein ausgestopfter Balg«.

Es bedarf inzwischen keiner Hervorhebung mehr, dass solche Kennzeichnungen sozialtypische Implikationen mit sich führen. Schramms Aussehen ist das Aussehen der Sache, die durch ihn vertreten wird, so, wie für Gleb Tschumalow der Helm mit dem Sowjetstern über dem unerschrockenen Gesicht »typisch« ist, so, wie für Dascha, von der noch die Rede sein wird, das rote Kopftuch.

Welche Sache vertritt Schramm? Es ist die Erstarrung des revolutionären Impetus zur Bürokratie. Seine Sache ist keine positive Sache. Schramm verkörpert die Bürokratie. Damit entsteht, so demonstriert uns Gladkow, den Errungenschaften der Revolution eine ernstere Gefahr, als sie in der Existenz der äußeren, nämlich offenen, also erkennbar im gegnerischen Lager befindlichen Feinde gegeben ist. Die Rolle Schramms wird von Tschibis in einem Gespräch mit Gleb klarsichtig analysiert: »Der Bürokratismus, als System, das ist ein fester Bunker und eine sehr wirksame und oft unbesiegbare Waffe in den Händen des Feindes.« Es wird ausgeführt, dass mit einer solchen mechanischen Handhabung kommunistischer Prinzipien das »lebendige Leben« unterdrückt, der »schöpferische Gedanke« abgetötet wird. Wenig zuvor explizierte Gleb mit Nachdruck, dass es für den Kommunisten nicht in erster Linie um die Erfüllung von Direktiven und Vorschriften zu gehen habe, sondern vielmehr darum, »mit Initiative entschlossen und schöpferisch zu wirken« (russ. orudovat' initiativoj i tvorčestvom). Man sieht deutlich: Schramm ist der Gegentyp zu Gleb Tschumalow. Nach der inzwischen gebändigten Gefahr der Vernichtung der Fabrik von außen durch die anstürmenden Kosaken steht, viel bedrohlicher, weil noch im Entstehen begriffen, die Erstarrung zu mechanisch verwalteter Welt bevor. Die unschöpferisch gehandhabten Ordnungskriterien lassen jene Situation aufkommen, die schließlich dazu führt, dass Schramm einer »Säuberung« zum Opfer fällt. Unter seiner Ägide als Vorsitzender des Volkswirtschaftsrats zeigte die »Neue Wirtschaftspolitik« gefährliche Begleiterscheinungen. Betrügerische Abmachungen werden getroffen. Allerdings wird nicht in allen Fällen ein wissentliches Vorgehen Schramms unterstellt. Dennoch ist es seine bürokratische Amtsführung, die es ermöglichte, dass eine Lederfabrik an ihren früheren Besitzer verpachtet wird und der Plan einer Konzession ausgearbeitet wurde, der die Zementfabrik dem Staat wieder entreißen und in die Hände ihrer ehemaligen Aktionäre spielen soll. Über Schramm gewinnen jene Elemente an Boden, die Gleb auf seinen Gängen durch die Stadt ihr erneutes Unwesen treiben sieht. Es ist der billige Luxus der Schiebungen und Vergnügungen zum Schaden der

Interessen der Arbeiterklasse: dekadentes Kaffeehausleben. All diese Gestalten des Feindes weisen ein gemeinsames Kennzeichen auf: Sie haben keine Zukunft. Diese Eigenschaft wird durch die Metaphorik eindeutig ins Bild gebracht: Auf die »Tiermenschen« folgt der kastratenhafte »Mann mit der Aktentasche«.

Diese Zukunftslosigkeit gründet in den egoistischen Interessen einer inneren Ordnungslosigkeit. So werden die englischen Matrosen als regelrecht betrogen von der Macht, der sie dienen, dargestellt: als versklavtes Kollektiv, das kein eigenes Bewusstsein hat und nur durch eine Erweckung durch den Geist des Bolschewismus erlöst werden könnte. Solche Erweckung wird am Beispiel Kleists in aller Ausführlichkeit demonstriert. Mit seinem politisch neutralen Fachwissen hat sich der Ingenieur, innerlich orientierungslos, in den Dienst des Kapitalismus stellen lassen und kollaborierte mit den Weißgardisten. In der verfallenen Fabrik betrachtet er jetzt die Architektur der Spinnweben in den Fensterhöhlen, wird damit zum Sinnbild der Verhaftung ans Sinnentleerte. Erst die Begegnung mit Tschumalow macht Kleist zum Menschen, indem seine Kenntnisse, deren deutsche Herkunft voll im Blick bleibt, zum ersten Mal in menschenwürdiger Funktion verwendet werden.

Die Kosaken werden alle verstrickt in ihren pittoresken Ehrbegriff dargestellt. Als zarentreue Kämpfergemeinschaft ist ihre sowjetische Eingliederung schwierig. Der von Gleb besiegte Kosak lässt sich bezeichnenderweise nicht gefangennehmen, sondern begeht mit kühnem Sprung Selbstmord. Allerdings deutet Gladkow auch hier eine noch schlummernde Erweckung zum Vernünftigen an: Ein betrunkener Kosak bezeichnet die Bolschewiken als Friedensboten und sagt: »Wir sind die Toten«.

All diese Gestalten des Feindes werden als Sinnbilder der Zerstörung, des Egoismus, des Toten und Lebensfeindlichen dargestellt, solange sie nicht auf die Berührung mit dem Bolschewismus positiv reagieren.

Die Zukunftslosigkeit hat zwei Grundformen: einmal den Hang zur Vernichtung (Tiermenschenmetapher), zum anderen den Hang zur mechanischen Anwendung von Ordnungsprinzipien (Kastratenmetapher). Der Zukunftslosigkeit der feindlichen Kräfte steht das Zukunftsträchtige der bolschewistischen Welteinstellung entgegen. Diese Welteinstellung kommt in Gleb Tschumalow zu exemplarischer Höhe. Tschumalow handelt, so heißt es wörtlich, als »besessener Träumer«. Mit Hilfe von Bildern der fernen Zukunft wird die Gegenwart verändert. Solche Veränderung geschieht mit unbeirrbarer Begeisterung.

Auch die Eigenart der von Gladkow dargestellten Welt fügt sich der von Nietzsche bereitgehaltenen Kulturtypologie. Was ist die rauschhafte Begeisterung Gleb Tschumalows für die Welt der Arbeit im Namen einer konkret geträumten Zukunft anderes als dionysische Begierde im Banne der apollinischen Begierde! Der apollinische Traum ist hier vereint mit dem dionysischen Rausch. Mit einem Wort: Gleb Tschumalow lebt die apollinisch-dionysische Doppelnatur des prometheischen Tuns.

Folgendes aber sei hervorgehoben: Gladkow zeigt, wie die proletarische Kultur ihren blutigen Ursprung gerade *nicht* verleugnet. Der Frevel zum Heile der Menschheit wird offen bejaht. Es wird in dieser Hinsicht sogleich noch ein detailliertes Wort zum Tode Njurkas, der Tochter Glebs und Daschas, notwendig sein. Gleb, aber nicht nur er, sondern auch andere Gestalten des Romans übernehmen bewusst das grausame Gesetz des Werdens. In einer programmatischen Szene zwischen Gleb und Dascha begrüßen beide den Kampf ums eigene Dasein! An anderer Stelle heißt es durch den Mund Sergej Iwagins:

»Wir Kommunisten werden in die Geschichte eingehen. Man wird das Furchtbare an uns vergessen und uns nur als Schöpfer und Helden im Gedächtnis behalten.«

Das Gesetz des Werdens wird als »Notwendigkeit und Wahrheit der Geschichte« erfahren.

So wird Glebs Helm mit dem Sowjetstern über dem unerschrockenen Gesicht zum Sinnbild für die titanisch-barbarische Kulturtat, die im Namen des Glücks der Zukunft auch das Blutvergießen affirmativ mit einbezieht. Konfrontiert mit den Maximen des kommunistischen Handelns, gelangt Sergej Iwagin zu der Einsicht, und dies angesichts der Verelendung seines eigenen Vaters: »Es gibt eine natürliche Auslese, die unfehlbar ist und deren Resultate nicht vermieden werden können.«

Das Mitleid hört auf, Motiv des Handelns zu sein. Alles Tun ist orientiert am Glück der Zukunft. Die solcherart veranschaulichte Weltsicht ist derart radikal, dass ausführliches Zitieren nötig wird. Neben der Leiche eines Mitkämpfers, der soeben von einer Kosakenkugel getötet wurde, hält Gleb Tschumalow die folgende Ansprache, in der sämtliche Kriterien der in »Zement« verfochtenen Weltsicht zusammengefasst sind:

»Genossen, das war ein Opfer der Arbeit und des Kampfes ... Kein Weinen und kein Schluchzen, sondern die Freude des siegreichen Lebens! Es beginnt der große sozialistische Aufbau; bald ertönt der Lärm der Maschinen, flammt das Feuer der Öfen auf. Ja, es wurde Blut vergossen, wir haben viel gelitten, und gewiss erwarten uns noch viele Schwierigkeiten auf unserem Weg in die Zukunft. Doch dieser Weg führt zum Glück, zum endgültigen Sieg über die Welt der Gewalt. Unsere Welt aber schaffen wir nur mit unseren eigenen Händen. Mit Lenins Namen auf den Lippen, das Herz voller Glauben an ein grenzenloses Glück, verzehnfachen wir unsere Kräfte im Kampf um die Zukunft.«

Wie man sieht, ist Lenin die inspirierende Hintergrundsfigur für die Haltung Tschumalows. Man darf sagen: Lenin hat für »Zement« die gleiche Funktion wie Peter der Große für »Petersburg«. Beide Male haben wir es mit dem titanisch-barbarischen Gründer einer Kultur zu tun. Allerdings tritt uns in »Zement« die solcherart blutig begründete Kultur in ihrer Entstehungsphase entgegen, während in »Petersburg« die Endphase einer Kultur gestaltet wurde.

Zwar sind beide Kulturgründer einander darin gleich, dass sie die Grausamkeit des Werdens bejahen, doch ist der Charakter der jeweils intendierten Kultur ein anderer. Hält man sich an Nietzsches Kulturtypologie, so ist die von Belyj in »Petersburg« gestaltete Kultur eine »künstlerische«, die von Gladkow in »Zement« gestaltete hingegen eine »sokratische«. Bei Belyj entfaltet sich in der Kulturtat Peters des Großen das Individuum, das angesichts der Wunde des Daseins, angesichts des Wissens um die Endlichkeit seiner Existenz die höchste Selbstverwirklichung rücksichtslos betreibt. In der Erkennungsformel des Ehernen Reiters (»Ja, ja, ja ... das bin ich. Ich zerstöre unwiederbringlich.«) spricht sich das autonome Ich aus, das nur sich selber will. Solche Ichfindung kennt nur den metaphysischen Trost und ist fern von allem Optimismus.

Die Kulturtat Lenins, wie sie sich in Gladkows »Zement« zeigt, zielt indessen auf die Herstellung einer optimistischen Einstellung zum Dasein ab. Wir treffen an Stelle eines metaphysischen Trostes eine »irdische Konsonanz, ja einen deus ex machina«, nämlich den »Gott der Maschinen und Schmelztiegel«, so benennt Nietzsche in der »Geburt der Tragödie aus dem Geiste der Musik« das Wesen der »Heiterkeit des theoretischen Menschen«. Es ist der »Glaube an das Erdenglück aller«, der »Glaube an die allgemeine Wissenskultur«. Dieser ist, weil er darauf abzielt, bis in die »niedrigsten Schichten« der Gesellschaft zu dringen, darauf angewiesen, dass für den Sklaven »Beruhigungsworte« eingeführt werden, »Verführungs- und Beruhigungsworte«, sagt Nietzsche, von der »Würde des Menschen« und der »Würde der Arbeit«. Der Grundzug der »sokratischen Kultur« liege darin, dass sie an eine »Korrektur der Welt durch das Wissen«, an ein »durch Wissenschaft geleitetes Leben glaubt und auch wirklich imstande ist, den einzelnen Menschen in einen allerengsten Kreis von lösbaren Aufgaben zu bannen.« Solche Kultur basiere auf der Gleichung »Vernunft = Tugend = Glück«, wie Nietzsche an späterer Stelle zusammenfassend feststellt (»Götzen-Dämmerung«).

Solch detaillierter Rückgriff auf die von Nietzsche eingebrachten Formulierungen ist, wie man sieht, für die Herauslegung des »politischen« Gehalts des Gladkowschen Romans von höchster Relevanz. Gladkow schildert nichts anderes als die Entstehung eines Staatswesens, das den im »Dienste der Wissenschaft arbeitenden theoretischen Menschen« zum Ziele hat, dessen »Urbild und Stammvater Sokrates ist«. Gewiss, im Text von Gladkows »Zement« fallen all diese Termini nicht. Die Sache selbst aber liegt in geradezu erstaunlich konsequenter und umfassender Veranschaulichung vor. Im Rückblick auf Samjatins »Wir« sei daran erinnert, dass dort das Staatsoberhaupt, nämlich der »Wohltäter«, im Text mit Sokrates verglichen wird. Im Gegensatz zu Gladkow greift Samjatin Nietzsches Vorbehalte gegenüber der »sokratischen Kultur« bejahend auf: als vernichtende Kritik am Sowjetstaat.

Halten wir fest: Gladkows »Zement« setzt die Vernunft mit der Tugend und die Tugend mit dem Glück gleich. Dieser Grundzug der implizierten anthropologischen Prämisse wird von den Hauptgestalten des Romans konkret gelebt.

Wir erleben die Entstehung eines Staates aus der Anarchie des Bürgerkriegs nach gelungenem Umsturz. Es formiert sich ein Gemeinwesen, das von der Leidenschaft für das Vernünftige geprägt ist und nur darin sein Glück findet. Das zutiefst Vernünftige tritt uns als die Würde der Arbeit entgegen. Wie die soeben unternommene Analyse verdeutlicht hat, gelangt Gleb Tschumalow angesichts der vorgestellten Möglichkeit funktionierender Wirklichkeit in einen regelrechten Rauschzustand. Damit will Gladkow keine isolierte Vorliebe gestalten, sondern Gleb hat ein ausgezeichnetes Bewusstsein, weil er vor dem Allervernünftigsten in einen Rausch der Begeisterung gerät. Ja, der Roman demonstriert uns, dass nur angesichts der Arbeit ein Begeisterungsrausch überhaupt zulässig ist. Der »Gott der Maschinen und Schmelztiegel« hat seine Herrschaft angetreten. Aber solche Herrschaft ist, so stellt Gladkow es dar, eine von dem vorbildlichen Menschen selber gewünschte. Nur Arbeit ist Glück, alles private Glück bleibt Illusion. Solche Überzeugung ist allerdings an die Prämisse gebunden, dass Arbeit nicht mehr im Dienste privater Interessen, nicht mehr im Dienste des Kapitals geleistet wird, sondern im Dienste der Menschheit und damit freiheitlich.

Verzicht auf privates Glück

Die Zurückweisung allen privaten Glücks führt uns zur weiblichen Hauptgestalt des Romans, zu Dascha Tschumalowa. Programmatisch heißt es, Einsicht in die Notwendigkeit dürfe nicht »Wissen« bleiben, sondern müsse zu einem

»Gefühl« werden: Das ist Freiheit. Sobald sich die Notwendigkeit zum eigenen Gedanken wandelt, ist die gewünschte Welteinstellung wirklich vollzogen worden.

Gladkow konstruiert folgendermaßen. Das Ehepaar Tschumalow hat eine Tochter namens Njurka. Diese Tochter ist in einem Kinderheim untergebracht. Gleb, aus dem Krieg heimgekehrt, macht Dascha Vorwürfe, als sie es ablehnt, Njurka zu sich zu nehmen. Dascha ist der Ansicht, dass ihre Kräfte anderweitig gebraucht werden. »Ich gehöre der Partei, Gleb, vergiss das nicht.« Wie wir schließlich erfahren, hat Dascha in der Konfrontation mit der Möglichkeit des eigenen Todes, ausgelöst durch die Bestialitäten der Weißgardisten, eine neue Welteinstellung erlangt. Zwischen Gleb und Dascha findet eine Entfremdung statt. Aber solche Entfremdung führt zu einer Solidarität auf einer anderen Ebene: im Kampf um die vernünftige Einrichtung der Welt.

Gladkow nimmt die ideologische Forderung der Partei nach Verzicht auf privates Glück vollkommen wörtlich: Das Liebesleben zwischen den einstigen Liebespartnern hört auf. Nicht nur das: Die Tochter Njurka, untergebracht im Kinderheim »Krupskaja«, stirbt dort an verweigerter Liebe und Zuwendung. Dascha sieht voll ein, dass sie schuld ist am Tod ihrer Tochter. Die Gedanken an das Leid der politischen Mitkämpfer und an die eigenen Erfahrungen mit den Feinden der Revolution löschte jedoch, so heißt es, »das Bild des Kindes in ihr aus«. Gladkow stellt fest: »Sie begriff damals, dass es auf der Welt noch eine größere Liebe gab als die Liebe zum Kinde«. Gemeint ist nichts anderes als die Liebe zur vernünftigen Einrichtung der Welt: der »Glaube an das Erdenglück aller« (mit Nietzsche formuliert).

Dascha löscht alle privaten Gefühle in sich aus und wird dadurch zur reinen Kommunistin. Wenn Glebs enthusiastisches Aufgehen im Erleben der Arbeitswelt als der »Musik des Metalls« unter der Hand zur Selbstparodie wird, so wirkt Daschas Abwendung vom leiblichen Kind im Namen des Erdenglücks aller, die da kommen werden, wie ein unfreiwilliger Zynismus des Autors. Natürlich ist klar, was Gladkow will. Er möchte zu einem Ingenieur der menschlichen Seele werden, indem er seinen Lesern veranschaulicht, wie Bewusstseinsveränderung im Namen einer kommunistischen Zukunft auszusehen hat. Es geht also um die Überwindung des inneren Feindes im neuen Menschen, um das Vermeiden eines Rückfalls in »romantische« Bewusstseinslagen.

Beiden Hauptgestalten des Romans gelingt solche Überwindung. Aber wie? Antwort: Sie errichten das menschheitliche Glück der Zukunft buchstäblich auf der Leiche ihres eigenen Kindes. Solche Konstruktion hat ihr polemisches Ziel zweifellos in einem wesentlichen Gedanken Dostojewskijs. In den »Brüdern Karamasow« entwickelt Iwan Karamasow in einem intensiven Gespräch mit seinem Bruder Aleksej folgende Frage:

> »Stell dir vor, du selbst würdest das Gebäude des menschlichen Schicksals errichten mit dem Endziel, die Menschen zu beglücken, ihnen endlich Friede und Ruhe zu geben, aber du müsstest dazu unbedingt und unvermeidlich nur ein einziges winziges Geschöpf zu Tode quälen [...] und auf seine ungerächten Tränen dieses Gebäude gründen – wärest du unter dieser Bedingung bereit, der Architekt zu sein? Sag es, ohne zu lügen!« (Fünftes Buch, Kapitel 4: »Die Auflehnung«)

Jeder weiß: Dostojewskijs Roman verneint die Frage Iwans. Aleksej antwortet leise: »Nein, ich wäre dazu nicht bereit.« Gladkows Roman indessen bejaht die Frage Iwans. Das Bild des gequälten und schließlich toten Kindes wird nicht nur in der Gestalt Njurkas, der Tochter Glebs und Daschas, während des gesamten Romans vorbereitet und dann in den Vordergrund gerückt. Gegen Ende des Romans erblickt Sergej Iwagin, der schließlich aus der Kommunistischen Partei ausgestoßene Intellektuelle, die Leiche eines Kindes, umspült vom Brackwasser des Hafens inmitten von Unrat, Wasserpflanzen und Medusen bei einer betonierten Anlegestelle für Motorboote. Solcher Anblick rückt das Nebeneinander von nützlichem Bauwerk und absurdem Schicksal exemplarisch vors Auge. Und Sergejs Blick, erfüllt von Schmerz und ratloser Verwirrung, dokumentiert im Rahmen der anthropologischen Prämisse des Romans nur seine Untauglichkeit für den sozialistischen Aufbau. Sergej gerät ins Sinnieren:

> »Was bedeuteten seine Fragen und Gedanken, die ihm den Schädel sprengten? All das war nichts als ein Überbleibsel der verfluchten Vergangenheit. All das rührte vom Vater her, stammte aus der Jugendzeit, war Romantik eines Intellektuellen. Das alles musste mit der Wurzel ausgerottet werden.«

Und genau an dieser Stelle folgt jene Überlegung, die sofort an Samjatins »Wir« denken lässt: Sergej bejaht in konsequenter Selbstkritik die »Gehirnwäsche« als letzten Schutz des Menschen vor den Unbilden seiner eigenen Natur. Wörtlich lesen wir in direktem Anschluss an die soeben zitierte Passage: »All diese kranken Zellen des Hirns müssen abgetötet werden. Es gibt nur eins: die Partei.« Man beachte, dass Sergej diese Gedanken direkt nach seinem Ausschluss aus der Partei überkommen.

»Ob er rehabilitiert wurde oder nicht, an der Sache würde es nichts ändern: er, Sergej Iwagin, als Einzelpersönlichkeit (russ. obosoblennaja ličnost') existierte überhaupt nicht. Nur die Partei existierte, und er war nur ein nichtiges Teilchen in ihrem großen Organismus«.

So vollzieht sich nach dem Bürgerkrieg in der Realität der »Bürgerkrieg der Seele«, wie es eine Romangestalt ausdrückt. Das Resultat ist in der Außenwelt und in der Innenwelt dasselbe: Es siegt die Vernunft über alle Anfechtungen der Unvernunft. Erlaubt ist als einziges legales Ausleben der Kräfte der Seele das Aufgehen in der Arbeitswelt oder im Kollektiv der Arbeiterschaft, das heißt in der Begeisterung für einen zuvor von der Vernunft geadelten Gegenstand. So sind die »Musik des Metalls« und die Marschmusik der Arbeitskolonnen Bestandteil der »Legalität«, die Kaffeehausmusik der erneut aufschießenden Vergnügungsviertel aber »Untergrund«. Der philosophische Pessimismus des alten Iwagin wird zum objektiven Merkmal des Überflüssigen. Schließlich und endlich siegt in der von Gladkow beschworenen Welt die »Heiterkeit des theoretischen Menschen«, der sich den Inhalt seines Glücks im Namen der Vernunft selber vorschreibt und nur den »Glauben an eine allgemeine Wissenskultur« (Nietzsche) gelten lässt, deren Grundlage hier die freiheitlich erwählte Arbeit ist. Die Aneignung des Wissens zieht sich unauffällig, aber stetig durch den gesamten Roman. So wird den Fabrikarbeitern das Erlernen des Deutschen nahegelegt, weil sonst die in der Werkbibliothek vorhandene Spezialliteratur nicht ausgewertet werden kann. Des weiteren sehen wir Dascha als Leserin solcher Werke wie August Bebels »Die Frau und der Sozialismus« (1883) und Lenins »Materialismus und Empiriokritizismus« (1908).

Das institutionalisierte Gewissen eines solchen Staates ist die Kommunistische Partei, die stets nur »die Partei« genannt wird. Gladkow setzt hier einen unbestechlichen Garanten für die Einhaltung der menschheitlich notwendigen Verhaltensmaximen an. Die Partei ist das Gewissen des Staates. Refrainartig ziehen sich Nennungen und Anrufungen Lenins durch den gesamten Roman. Gladkow ist darauf aus, die Begriffe »Lenin«, »Partei« und »Arbeit« mit einer regelrecht elektrisierenden Wirkung auszustatten.

Gladkows »Zement« erfordert, um in seiner Intention voll realisiert zu werden, ein hohes Maß an Einfühlungsbereitschaft in ein determiniertes Menschenbild. So empfinden jene Gestalten, die sich mit der anthropologischen Prämisse, in der sie stehen, in Widerspruch befinden, ihre Abweichung als einen Frevel. Dies wird uns an der Gestalt Sergej Iwagins deutlich gemacht. Sergej Iwagin verkörpert den Intellektuellen und wird in solcher Rolle zum Exemplum erhoben. Sergej wird, wie schon erwähnt, gegen Ende des Romans, nämlich aufgrund der »Säuberung«, aus der Kommunistischen Partei ausgestoßen. Ganz offensichtlich formuliert sich in solcher Konstruktion die grundsätzliche Skepsis gegenüber der Rolle der »Intelligenzia« angesichts der historischen Aufgaben der Arbeiterklasse. Sergejs Vater, Iwan Iwagin, ist bezeichnenderweise ein völlig unbrauchbarer Träumer, der aber außer Sergej noch einen weiteren Sohn hat: Dmitrij, einen gefährlichen Konterrevolutionär.

Sergej aber akzeptiert seinen Ausschluss aus der Partei, ohne an der Sache des Kommunismus, der er sich verstandesmäßig verschrieben hat, irgendwelchen Anstoß zu nehmen. Und so erhalten wir aus der Sicht Sergejs jene Formulierungen, die den beunruhigenden Anspruch der von Gladkow gestalteten proletarischen Kultur am deutlichsten vor Augen führen.

Wir zitierten bereits Sergejs Gedanken von der »natürlichen Auslese«, die im Namen der geschichtlichen Notwendigkeit bejaht zu werden hat. Auch seine Liebe zu Polja Mechowa verdrängt er zugunsten der Parteiarbeit. Das Aufgehen in den Forderungen der Partei, nämlich in den Forderungen der »Vernunft«, ersetzt alles Persönliche.

Legalität und Untergrund

Das Verhältnis von Legalität und Untergrund in Gladkows »Zement« lässt sich jetzt auf folgende Weise zusammenfassen. Der Roman beschreibt die Entstehung und Selbstbehauptung einer proletarischen Kultur (russ. proletarskaja kul'tura). Grundvoraussetzung ist die geglückte Revolution als geglückte Machtergreifung. Mit dieser Revolution kommen die proletarischen Zielvorstellungen für die gesellschaftliche Entwicklung zur Herrschaft: im Sinne des Marxismus-Leninismus. Diese Vorstellungen richten sich auf das Glück der Zukunft, auf die Beseitigung der Gewalt im menschlichen Zusammenleben und haben die begeisterte Bejahung der Arbeit zur Grundlage. Die freiheitlich gewollte Arbeit ist hier das Vernünftige schlechthin. Nur dieses eine Vernünftige verdient Begeisterung. So hat die Legalität ihre Substanz im Willen zur Arbeit und in der Begeisterung für die Arbeit. Die Fähigkeit des Menschen zum Rausch, zur Selbstvergessenheit, ist nur als Begeisterung für Arbeit zulässig. Die Arbeiterklasse ist somit die auf natürliche Weise ausgezeichnete Gesellschaftsschicht. Sie nimmt alle Kenntnisse in ihren Dienst. Alles Seiende ist jetzt Material der Arbeit. Solche Sicht hat den unerschütterlichen Glauben an die Wissenschaft zur Grundlage, Wissenschaft verstanden als Dienlichmachung des Seienden im Interesse der Menschheit, deren Glück in der vernünftigen Herrichtung der Welt liegt.

Zur Legalität gehört deshalb all das und nur das, was der Arbeit in diesem weiten Sinne dient. Aus solcher Definition ergibt sich gleichzeitig, was dem »Untergrund« zuzurechnen ist. Es sind dies einmal alle äußeren Feinde, die dem hier geforderten Begriff von Arbeit widersprechen. Diese werden von Gladkow als Weißgardisten, als zum Teil eigenständig revoltierende Kosaken und als englische Interventionstruppen vor Augen geführt. Zum anderen sind es die zunächst unsichtbaren Feinde im eigenen Lager, die jeweils durch »Säuberungen« aufgedeckt und ausgestoßen werden müssen. Dieser Typus des Feindes ist insofern gefährlicher als der zuvor benannte, weil er innerhalb der Legalität einen Ort hat und die kommunistischen Prinzipien nach außen hin erfüllt, jedoch mit einer Gesinnung, die, auf Dauer gesehen, eine den Maximen dieser Legalität feindliche Wirklichkeit hervorbringt. Die Tätigkeit dieses Feindtyps wird als wirtschaftliche Konterrevolution gestaltet. Anders gesagt: Gladkow gestaltet den Feind im feindlichen Lager und den Feind im eigenen Lager. Diesen beiden Typen der Gegnerschaft ist aber noch ein dritter beigesellt: der Feind im Bewusstsein derer, die in ihrem tatsächlichen Handeln längst vorbildliche Kommunisten sind. Dieser Feind tritt als innere Anfechtung in der Form individualistischer Gefühlsregungen auf: als Liebe zum Geschlechtspartner, als Eifersucht auf den sexuellen Rivalen, als Mitleid zum Schaden des Gemeinwohls, ja, schon eine pessimistische Stimmung wird nun zum Verbrechen. Man beachte, mit welcher Sorgfalt Gladkow das Phänomen des je eigenen Todes ausblendet, indem beide Hauptgestalten des Romans, Gleb wie Dascha, angesichts der eigenen Todesmöglichkeit einzig an die Vernichtung des Gegners denken und damit ganz in der Welt bleiben.

Der Staat, dessen Gewissen die Partei ist, tritt als unbestechlicher Kontrollapparat auf. Man beachte aber, dass solche Kontrolle nicht als Zwangsmaßnahme empfunden wird. Die Forderungen des Staates sind ja Forderungen des Gewissens. Bezeichnenderweise wird die Säuberungsaktion nicht von oben initiiert, sondern Gleb Tschumalow empfindet angesichts konkreter Aufgaben, deren Nützlichkeit jenseits aller Diskussion liegt, die Notwendigkeit einer Säuberungsaktion, mit der die Durchführung dieser Aufgaben ermöglicht wird.

»Zement« ist Zeitsymptom darin, dass hier die bolschewistische Sicht auf die russische Wirklichkeit Gestalt angenommen hat. Es sei in aller Kürze erläutert, was das heißt. Gladkow gestaltet den Beginn der Epoche der »Neuen Wirtschaftspolitik«. Unsere Analysen haben die zentrale Situation bereits voll kenntlich gemacht: Russlands Wirtschaft ist nach den Wirren des Bürgerkriegs, der auf die Revolution folgte, an einem Tiefpunkt angelangt. Die zerstörte Zementfabrik wird zum Sinnbild der zerstörten russischen Wirtschaft. Lenin sieht, dass gezielte Einräumungen nötig sind, nämlich eine gewisse kontrollierte Rückkehr zu kapitalistischen Bräuchen.

In solcher Situation kommt der Ausbildung eines sozialistischen Bewusstseins gegenüber einer Wirklichkeit, in der die Spuren der kapitalistischen Wirtschaft noch allzu deutlich vorliegen, eine besonders wichtige Funktion zu. Zwar legt die Revolution mit der Aneignung der Produktionsmittel durch das Proletariat die Grundlage für ein »Absterben des Staates« ganz im marxistischen Sinne, zunächst aber wird der Staat nicht nur beibehalten, sondern in seiner Funktion als Unterdrückungsapparat gerade zur höchsten Wirkung gebracht: nun aber gegen die Feinde der Interessen des Proletariats.

»Zement« formuliert das Selbstverständnis des Sowjetstaates im Jahre 1921 als Bild vom neuen Menschen. Hervorstechend ist die Siegesgewissheit insbesondere der beiden Hauptgestalten Gleb und Dascha bezüglich der Aufgaben des sozialistischen Aufbaus.

Zur Profilierung dieses Bildes vom neuen Menschen gehört auch die Zurückweisung ganz bestimmter Positionen der literarischen Tradition Russlands. Auf die implizite Polemik mit Dostojewskij angesichts des toten Kindes ist soeben bereits verwiesen worden. Mit der programmatischen Zerstörung der familiären Einbindung Njurkas wird gleichzeitig ein Angriff gegen Tolstojs arterhaltende Ethik geführt, wie sie im Epilog von »Krieg und Frieden« aber auch in »Familienglück« und »Anna Karenina« so anschaulich hervortritt. Die Zerstörung der Familie als Institution, wie sie Gladkow im Namen des sowjetischen Staates bejaht, wäre für Tolstoj ein Frevel an der Natur des Menschen. Des weiteren richtet sich Gladkows negative Kennzeichnung der *vita contemplativa* des alten Iwagin ganz offensichtlich gegen bestimmte Grundtendenzen der Weltsicht Tschechows. Wie der alte Iwagin, so schätzte auch Tschechow die »Selbstbetrachtungen« des Marc Aurel.

Man kann Gladkow nur zustimmen, wenn er durch seine Anspielungen eindeutig erkennen lässt, dass Dostojewskij, Tolstoj und Tschechow als Anwälte eines kommunistischen Aktivismus nicht in Frage kommen. Von den Gründen unserer Zustimmung aber würde Gladkow gewiss nichts wissen wollen.

Zeitgeschichtliche Realitäten

Im einzelnen sei nun, um den zeitgeschichtlichen Bezug zu veranschaulichen, auf folgende Realitäten aufmerksam gemacht. Bestimmend für die Auswahl des Erzählwürdigen war der Schauplatz: Noworossijsk am Schwarzen Meer. Mit dieser Wahl wird festgelegt, dass Ereignisse, die sich in anderen Gegenden abspielten, auch wenn sie von entscheidender Bedeutung waren, keine Erwähnung finden. Über die Kronstädter Resolution vom 28. Februar 1921 etwa fällt kein Wort, obwohl der Aufstand der dortigen Matrosen wesentliche Maßnahmen gegen oppositionelle Strömungen innerhalb der Sowjetrepublik zur Folge hatte und vor allem die Gefahren erkennen ließ, die dem bolschewistischen Regime aus der durch den Kriegskommunismus bestimmten wirtschaftlichen Notlage erwuchsen. Es lag aber offensichtlich in der Absicht Gladkows, die Problemlage des sowjetischen Staates aus der Sicht einer ganz konkreten Aufgabenstellung zu erläutern, die an die Situation in Noworossijsk gebunden war. So steht denn folgerichtig nur der Wirkungsbereich der »weißen« Truppen unter Anton Denikin im Blick, der den Oberbefehl über die Reste seiner auf die Krim geflüchteten Truppen schließlich, im April 1920, an General Baron Peter Wrangel abgab. Wrangels Agrargesetz vom 20. Juni 1920 sprach den Bauern eine großzügige Landzuteilung zu, die aber um zwei Jahre zu spät kam. Offensichtlich war das Vertrauen in die Sache der »Weißen« (= Kurzform für die »Weiße Garde«) zerstört.

Wrangels großrussisch-zentralistische Einstellung hinderte die ukrainischen Bauern daran, hier eine Befriedigung ihrer Autonomiewünsche zu erwarten. Der Kosakenführer Nestor Machno war denn auch zu keiner wirklichen Zusammenarbeit zu bewegen. Seine »grünen« Banden wollten weder die Herrschaft der »Weißen« noch die Herrschaft der »Roten«. Inzwischen ändert sich die Situation erneut durch das Vordringen polnischer Truppen unter General Pilsudski bis nach Kiew. Der letzte zaristische Oberbefehlshaber, General Brusilow, ruft angesichts dieser Situation alle Offiziere der Zarenarmee auf, die Rote Armee im Kampf gegen die Polen zu unterstützen. Es kommt zum Polenfeldzug, der für die Russen nicht wie gewünscht verläuft, da die Koordination der Armeen (Tuchatschewskij, Jegorow, Budjonnyj) nicht zustandekommt und Pilsudski die Russen schlägt (»Wunder an der Weichsel«). Wrangel wird von den Truppen Frunses im Verlauf des November 1920 geschlagen und bringt seine Armee und auch Zivilisten auf dem Seeweg von den Krimhäfen nach Konstantinopel.

Von den Ententemächten tritt bei Gladkow nur England in den Blick. Die Rolle der Engländer wird insofern verhöhnt, als ihnen lediglich Profitstreben ohne politische Überzeugung unterstellt wird. Tatsache ist, dass England tatsächlich der Armee Wrangels die Unterstützung versagt hat. Die Intervention der Alliierten war zweifellos eine Halbheit, weil sie mit schwachen Mitteln durchgeführt wurde.

So siegte die Rote Armee wegen der denkbar schlechten Koordination der gegnerischen Kräfte. Diese Uneinheitlichkeit des Gegners in politischer und in strategischer Hinsicht findet ihren deutlichen Ausdruck in Gladkows

Zeichnung des äußeren Feindes: Die englischen Interventen werden als politisch orientierungslos gezeichnet, die »grünen« Kosaken als Kämpfer auf eigene Faust. Und die »Weißen« treten in der Erinnerung der beiden Hauptgestalten als brutale Vernichter auf.

Wenn in Belyjs »Petersburg« die Darstellung des Gegners zum halluzinogen erfahrenen Schreckbild emporschießt, so verfestigen sich in Gladkows »Zement« die blutigen Wirklichkeiten des Bürgerkriegs zu Siegeranekdoten aus bolschewistischer Sicht. Beide Mal ist die Sicht auf die geschichtliche Realität klassenspezifisch bedingt. Bei Belyj dominiert die Perspektive der Oberschicht, bei Gladkow folgt die Veranschaulichung den Interessen des Proletariats. Allerdings besteht ein wesentlicher Unterschied darin, dass Belyj in der gestalteten Sicht nicht eine Möglichkeit des Positiven ausdrückt, während bei Gladkow die explizite Sicht des Romans werbend an das Gewissen des Lesers appelliert.

In dem hier anstehenden Zusammenhang geht es lediglich darum, dass in politischer Hinsicht Gladkows »Zement« durch eine einzige Sicht gekennzeichnet ist. Diese Sicht ist keine partikuläre, nicht die private Sicht eines einzelnen Schriftstellers, sondern die Sicht des russischen Proletariats, besser noch: die Sicht der »Avantgarde des Proletariats«, der Kommunistischen Partei Russlands. Bezeichnend ist, dass Gleb Tschumalow mit der erneuten Inbetriebnahme der Zementfabrik einen Befehl der Armee und der Partei ausführt.

Als konkrete Maßnahme Lenins ist anzuführen: Die Gründung der Dritten Kommunistischen Internationale, die folgerichtig das Gespräch mit den englischen Interventen prägt, jedoch auch das Bewusstsein der Hauptgestalten erfüllt, indem die hier und jetzt geleistete Aufgabe als Baustein regelrecht planetarischer Verpflichtungen empfunden wird. Bereits in seinen Aprilthesen des Jahres 1917 forderte Lenin dringend die Gründung einer Dritten Internationale, die die Arbeit der Zweiten zwar fortsetzen, aber deren opportunistische und sozialchauvinistische sowie kleinbürgerlichen Auswüchse beseitigen sollte. Im März 1919 fand im Kreml der erste Kongress der Dritten Internationale statt. Auf dem zweiten Kongress, der im Juli 1920 in Petrograd eröffnet und dann nach Moskau verlegt wurde, wurden Lenins 21 Punkte, nämlich die Bedingungen für den Eintritt in die Komintern (= Kommunistische Internationale), angenommen. Hauptkennzeichen dieser Bedingungen sind: Unterordnung unter die Befehle der Zentrale, eiserne Disziplin und Koordinierung der Parteiarbeit in den einzelnen Ländern sowie scharfer Kampf gegen die Sozialdemokratie und aktive Propaganda in den Gewerkschaften und Armeen.

Die »Neue Wirtschaftspolitik« wurde auf dem 10. Parteitag der Kommunistischen Partei Russlands beschlossen, der am 8. März 1921 stattfand. Gladkow schildert mithin eine völlig aktuelle Maßnahme. Lenin gibt unverhohlen zu, dass sich das Ernährungsproblem mit den Methoden des Kriegskommunismus nicht lösen lässt. Dieses »Scheitern des bolschewistischen Sofortsozialismus« führt zur Einführung von Maßnahmen, über deren Vereinbarkeit mit marxistischen Prinzipien gewiss gestritten werden kann. Georg Lukács meint, Lenin sei sich auch mit der »Neuen Wirtschaftspolitik« treu geblieben, weil das Prinzip gewahrt blieb, »die Herrschaft des Proletariats in einem Universum von offenen und heimlichen Feinden, von schwankenden Verbündeten um jeden Preis aufrechtzuerhalten« (»Lenin«, verfasst in Wien 1924).

Wie sehen nun die Notstandsmaßnahmen aus, die ergriffen wurden, um das Proletariat an der Macht zu halten? Einmal führt Lenin mit großer Publizität eine Naturalsteuer für die Bauern ein, das heißt, an die Stelle der während des Kriegskommunismus völlig willkürlich betriebenen Zwangsrequisitionen tritt nun eine gesetzlich festgelegte Naturalabgabe, die sich prozentual verringert, je mehr der Bauer produziert. Zudem wird dem Bauern erlaubt, Überschüsse direkt an den Staat zu verkaufen. Mit dieser Maßnahme werden in Gladkows »Zement« die kosakischen Bauern in »Aufregung und Jubel« versetzt. Außerdem umfasst die »Neue Wirtschaftspolitik« zwei tiefgreifende Veränderungen, die ohne große Publizität durchgeführt werden, weil sie allzu deutlich einen »Rückfall in den Kapitalismus« bedeuten: nämlich die Wiederzulassung des freien Binnenhandels in beträchtlichem Umfang und die Erteilung von Konzessionen an private, meist ausländische industrielle Unternehmer.

Gladkow sah, wie sein Roman zeigt, die Konzessionen an private Unternehmer im Prisma Gleb Tschumalows mit Skepsis: »Konzessionen« – dieses neue, unheimliche Wort erschreckt Gleb, denn es bedeutet für ihn nichts anderes als »Ausbeutung der Fabrik durch Fremde«. In diesen Zusammenhang gehört auch das tiefe Befremden, mit dem Gleb den Rechtsanwalt Tschirskij betrachtet, der, im zufällig erhaschten Gespräch mit zwei »Subjekten mit Panamahüten« über den gewinnträchtigen Verkauf von Mehl und Tabak verhandelt. Mit einem Wort: Gladkow demonstriert, dass gewisse Einräumungen der »Neuen Wirtschaftspolitik« von einem echten Kommunisten nur mit tiefer Skepsis zugelassen werden.

In Daschas Verhalten rückt Gladkow das damals aktuelle Problem einer Lockerung der ehelichen und familiären Bindungen in den Blick. Durch die Ehegesetze von 1918 wurde die Eheschließung zur reinen Formsache: es genügte die Eintragung ins standesamtliche Register. Für die Scheidung reichte die Mitteilung eines Ehegatten an den anderen über die Absicht, die Ehe aufzulösen. Nur über die Kinder war eine zivilrechtliche Regelung zu treffen. In solchem Zusammenhang darf Alexandra Kollontaj (1872–1952) nicht unerwähnt bleiben, deren publizistische und belletristische Werke weithin gelesen wurden. Man denke an »Die neue Moral und die Arbeiterklasse« von 1918 oder »Wege der Liebe. Drei Erzählungen« von 1923. Immer geht es ihr um die Emanzipation der Frau. Gladkow trägt mit Dascha durchaus dem seriösen Kern dieses Aspekts der Emanzipationsbewegung Rechnung. Gleb lernt Dascha als Menschen schätzen, weil sie sich ihm als Sexualobjekt verweigert und sich als frei für andere Männer ansieht. Das Ausweichen vor der ehelichen Bindung wird aber gerade nicht als Freiwerden für beliebige intime Knüpfungen gestaltet, sondern als Freiwerden für ein ungehindertes kommunistisches Agieren, dem jegliches Aufgehen im libidinösen gesellschaftlichen Abseits entgegenstehen würde.

Der wesentlichste Grundzug der sich zur Praxis formierenden sozialistischen Bewusstheit aber ist die Verherrlichung der Arbeit, die mit den »kommunistischen Samstagen«, d. h. der unbezahlten Wochenendarbeit, ihren institutionell hervorstechenden Ausdruck findet. Lenin sah die historische Bedeutung dieser Samstage darin, dass sie die freiwillige Initiative der Arbeiter dokumentierten sowie den Übergang zu einer neuen Arbeitsdisziplin.

Man beachte, dass angesichts der objektiven Zwangslage, in der sich der junge Sowjetstaat befand, eine Einführung tatsächlich sozialistischer Lebensbedingungen nicht möglich war. So kommt es zu jener Sachlage, die bereits weiter oben kurz skizziert wurde. Der Staat als funktionierender Unterdrückungsapparat wird beibehalten, nun aber als »Waffe« des führenden und herrschenden Proletariats. »Avantgarde des Proletariats«, nämlich Ausdruck des revolutionären Willens des Proletariats, ist die Kommunistische Partei. Das heißt: nicht das gesamte Proletariat ist von sich aus in der Lage, sich revolutionär-klassenbewusst zu verhalten. Es bedarf der Führung durch Vorkämpfer, die, selber geschult, Schulungen vornehmen, aber auch Säuberungen veranlassen können. Hieraus ergibt sich notwendig, dass der Staat als Waffe des Proletariats auch Maßnahmen gegen innere Feinde, irrende Exegeten der kommunistischen Lehre, Zweifler und Opportunisten ergreifen muss. Zur Ausübung solcher Kontrolle ist ein straff organisiertes Netz von Gremien notwendig, die von Lenin radikal zentralistisch ausgerichtet wurden. Wie Georg Lukács in seiner bereits oben zitierten Studie über den Zusammenhang der Gedanken Lenins feststellte, ist ein solcher proletarischer Staat der erste Klassenstaat in der Geschichte, der sich ganz offen und ungeheuchelt dazu bekennt, ein Klassenstaat zu sein: ein Unterdrückungsapparat als Instrument des Klassenkampfes.

Was Lukács hier 1924 in provokativer Zuspitzung ausspricht, nämlich das Faktum einer notwendigen Zwangsausübung gegen Andersdenkende, wird von Gladkow auf geradezu natürliche Weise affirmativ gestaltet. Gladkow zeigt uns seine beiden Hauptgestalten, aber auch den Lehrer Sergej Iwagin in einer Bewusstseinslage, die solche äußeren Forderungen bereits voll verinnerlicht hat.

Die Folge davon ist eine grenzenlose, ja obsessive Bejahung der Arbeit. Es findet eine Umbesetzung derselben durch verändertes Bewusstsein statt. Keine erleichterte Arbeit erwartet den Proletarier, nachdem er die Produktionsmittel in Besitz genommen hat. So, wie der Staat noch mehr Zwang ausüben muss als zuvor, so muss auch noch mehr gearbeitet werden als zuvor, um die Herrschaft des Proletariats aufrechtzuerhalten.

Herbert Marcuse hat die hier zugrundeliegende Auffassung der Arbeit, die, wie die Auffassung vom Staat, auch in der Folgezeit sich nicht änderte, in seiner Schrift »Die Gesellschaftslehre des sowjetischen Marxismus« (1957) kritisch gekennzeichnet. Nach Marcuse hat der Sowjetmarxismus den Unterschied zwischen entfremdeter und nicht-entfremdeter Arbeit verwischt, indem vorausgesetzt wird, dass unter dem Sozialismus mit der Sozialisierung der Produktion der Charakter der Arbeit selber sich geändert hat.

In unserem Zusammenhang kommt es allein darauf an, den in Gladkows »Zement« implizierten Begriff vom Staat kenntlich zu machen. Es lässt sich jetzt zusammenfassend sagen, dass sowohl die veranschaulichte Auffassung vom Staat, als auch die daraus sich ergebende Auffassung von der Arbeit das wesentliche Kennzeichen gemein haben. Die von der Vernunft diktierte Notwendigkeit wird vom neuen Menschen freiheitlich übernommen. Den Inhalt des Notwendigen wiederum bestimmt die sozialistische Moral. Die Forderungen der Vernunft werden damit zum Garanten des Glücks. Das Gefühl steht im Dienst der Vernunft. Die Einübung in die Forderungen der Kommunistischen Partei Russlands hat zum höchsten Ziel, die rational eingesehene Notwendigkeit zur Sache der Emotion werden zu lassen, was uns mit den beiden Hauptgestalten Gleb und Dascha in Vollendung vorgeführt wird.

Nachbemerkung

Einen völlig anderen Zugriff auf den totalitären Staat demonstriert Arthur Koestlers Roman »Darkness at Noon« (1941), worin an einem Einzelschicksal die Verhörmethoden mit Folter und Hinrichtung während der Stalinschen

»Säuberungen« (1936–1938) vor Augen geführt werden. Die Vorbemerkung des Autors lautet: »The characters of this book are fictitious. The historical circumstances which determined their actions are real. The life of the man N. S. Rubashov is a synthesis of the lives of a number of men who were victims of the so-called Moscow Trials. Several of them were personally known to the author. This book is dedicated to their memory. PARIS, October, 1938–April, 1940.«

Deutsche Ausgabe mit Kommentar und bibliographischen Hinweisen: Sonnenfinsternis. Roman. Frankfurt am Main, Berlin, Wien 1979. Vgl. insbesondere Joseph P. Strelka: Arthur Koestler: Autor – Kämpfer – Visionär. Tübingen 2006 (= Edition Patmos; Bd. 10). Koestlers deutsche Erstfassung seines Romans ist verlorengegangen, so dass die jetzige deutsche Fassung eine Übersetzung aus dem Englischen ist.

ZWANZIGSTES KAPITEL

Große Liebe ohne Happy End: Puschkins Versroman »Jewgenij Onegin« aktualisiert »Tristan und Isolde«

In seinem Hauptwerk, dem Versroman »Jewgenij Onegin«, liefert Puschkin nicht nur die Geschichte einer großen Liebe ohne Happy End, sondern gleichzeitig die Geschichte der Entstehung dieses Romans. Ja, Puschkin lässt es sich nicht nehmen, sich selber in die Welt seines Romans einzugliedern und dessen Personen wie tatsächliche Zeitgenossen zu beobachten und zu beschreiben.

Die Dichtung »Jewgenij Onegin« wird uns im Text als geboren aus dem Anblick eines jungen Mädchens gekennzeichnet, das in Puschkins Garten erschienen ist, als er sich auf dem Lande aufhielt. Puschkin lässt dies aber erst in seinem Musenanruf des letzten Kapitels erkennen und kommt in den zwei allerletzten Strophen noch einmal darauf zurück. Ja, in der zweitletzten Strophe deckt Puschkin sein Verfahren auf: »Viele Tage« seien »seit jener Zeit« vergangen, als ihm »die junge Tatjana« und mit ihr Onegin im »dunklen Traum« zum ersten Mal erschienen sind (Kapitel 8, Strophe 50). Das heißt: Die Dichtung »Jewgenij Onegin« wird nun explizit als »dunkler Traum« (russ.: smutnyj son) bezeichnet: angesichts eines jungen Mädchens, das traurig ein französisches Büchlein in Händen hält. Puschkin nennt dieses Mädchen »Tatjana«; und den Namen des empirischen Vorbilds, das Puschkin zur Inspiration geworden ist, erfahren wir gar nicht.

Das heißt: Puschkin lässt auch die Inspiration zum Titel seiner Dichtung zum Teil seiner Dichtung werden: Im Namen Tatjanas hat Puschkin nicht nur Onegin erfunden, sondern alles, was uns als Dichtung mit dem Titel »Jewgenij Onegin« vorliegt.

Ein zweites Mal geschieht solche Inspiration durch eine Szene der empirischen Wirklichkeit, als Puschkin, viele Jahre später, vom Lande nach Petersburg zurückgekehrt, eine Abendgesellschaft besucht und dort eine selbstbewusste Grande Dame unter anderen Vertreterinnen der »Hautevolee« beobachtet (Kapitel 8, Strophe 14 und 15) – und es kommt ihm der Gedanke: So könnte sie heute aussehen, das Mädchen von damals in meinem Garten, das ich »Tatjana« genannt habe. Und Puschkin phantasiert seine Geschichte von der großen Liebe ohne Happy End zu Ende: im »magischen Kristall« seiner dichterischen Einbildungskraft.

Was aber ist das für eine Geschichte? Puschkin meint es gut mit Tatjana und Onegin. Er durchkreuzt ihnen zweimal die Möglichkeit der Eheschließung, denn im Alltag eines Ehelebens würde die anfängliche Verklärung des Partners bzw. der Partnerin auf beiden Seiten bald ein Ende finden. Puschkin bewahrt die Verklärung durch eine Konstruktion von jesuitischer Paradoxie: Zunächst schreibt Tatjana ihren Liebesbrief an Onegin (Kapitel 3, zwischen Strophe 31 und 32), doch er, als Liebling der Frauen, weist das unbedarfte und naive Provinzfräulein zurück. Als Onegin Tatjana später als selbstbewusste Ehefrau eines Generals wiedersieht, ist er es, der ihr einen Liebesbrief schreibt (Kapitel 8, zwischen Strophe 32 und 33). Und nun weist sie ihn zurück, weil sie ihrem Gatten treu sein will.

Durch diese Konstruktion Puschkins bewahren sich beide, ohne dies zu bemerken, die Illusion, dass sie mit dem anderen für immer glücklich geworden wären, wenn das Schicksal es nicht anders bestimmt hätte. Puschkins Botschaft: Große Liebe hat nur darin ihre unzerstörbare Wirklichkeit, dass die Partner durch äußere Umstände daran gehindert werden, zueinander zu finden.

Zum festen Referenzrahmen der anthropologischen Prämisse Puschkins gehört die Vergänglichkeit: Sie verhindert und zerstört alles, nichts ist gegen sie gefeit. Puschkin selbst bedauert (im Text), dass all diejenigen, die bei ihm waren, als er seine Dichtung begonnen hat, nun, als sie zum Vorlesen fertig ist, entweder bereits gestorben sind oder sich in weiter Ferne befinden (russ.: inych už net, a te daleče, Kap. 8, Strophe 51). Und so geht es auch mit den Leidenschaften. Tatjana und Onegin haben ihre Liebe zueinander schriftlich bejaht, indem sie ihre Liebeserklärungen zum jeweils falschen Zeitpunkt formulierten.

An zwei Liebesbriefen befestigt Puschkin die Handlung seines Hauptwerks und liefert uns gleichzeitig einen Einblick in seine Werkstatt als Dichter, der seine Inspiration aus der empirischen Realität bezieht, um diese dann vor unseren Augen zu verändern: im Namen des Ideals der vollkommenen Liebe.

Auf diese Weise aktualisiert Puschkin jene Liebesgeschichte, die, wie Denis de Rougemont nachgewiesen hat, allen Liebesgeschichten unseres Abendlands zugrundeliegt: die Geschichte von »Tristan und Isolde«. Gottfried von Strassburg hat sie aufgrund verschiedener Quellen fixiert, wenngleich nicht zu Ende geführt. Sie blieb ein umfangreiches Fragment.

Richard Wagner hat mit seiner Oper »Tristan und Isolde« die Übersetzung aus dem Mittelhochdeutschen verkürzt und zum bühnenwirksamen Libretto pointiert. Von einem Fragment kann hier keine Rede mehr sein. Wagner hat Gottfried hinter sich gelassen. »Mild und leise / wie er lächelt, / wie das Auge hold er öffnet – / seht Ihr's, Freunde ? / Seht Ihr's nicht?« So beginnt Isoldes letzte Arie. Und der Nebentext lautet: »Isolde sinkt, wie verklärt, in Brangänes Arme sanft auf Tristans Leiche. Rührung und Entrücktheit unter den Umstehenden. Marke segnet die Leichen. Der Vorhang fällt langsam.«

Und ganz ähnlich, aber doch wieder anders, ist Pjotr Tschaikowskijs Oper »Jewgenij Onegin« die Intention Puschkins nicht mehr anzusehen: die Verklärung nämlich des Partners (und der Partnerin) vor dem Untergang im Alltag zu retten durch Liebeserklärungen zur falschen Zeit, wodurch der Augenblick der vollendeten Liebe durch Verlagerung in die »Vorstellung« erhalten bleibt. Das junge Mädchen, das einen französischen Roman gelesen hat und dessen Gedanken fortspinnt, fehlt in der Oper. Es bleibt Sache des Zuhörers, Puschkins Reflexionen in Tschaikowskijs subjektiv genialer Vertonung der verhinderten Liebesgeschichte hineinzutragen. Die Verhinderung ist hier objektiv Rettung und nicht Unglück, als das es Tatjana und Onegin als die Betroffenen jeweils subjektiv sehen müssen.

Analysieren wir nun die Konstruktion bei Gottfried von Strassburg, denn es geht ja darum, Gemeinsamkeiten im Grundsätzlichen bei Gottfried und bei Puschkin aufzudecken. Rainer Gruenter ist es, der in seinen »Tristan-Studien« Wesentliches zutage gefördert hat, was bei Gottfrieds vertrackter Personenkonstellation gar nicht so einfach ist, denn uns wird ja keine Dreiecksgeschichte präsentiert, wie man sie gewohnt ist, sondern ein Viereck der besonderen Art. Isolde hat eine Freundin, die ihr ergeben dient. Sie heißt Brangäne. Sie verabreden, dass Brangäne und nicht Isolde die Hochzeitsnacht mit König Marke verbringt. Und so geschieht es denn auch. Der Frauentausch bleibt unbemerkt. König Marke hat Brangäne geliebt, meint aber, es sei Isolde gewesen. Und Isolde hat sich für Tristan aufgespart, ist ihm nicht untreu geworden, indem sie dem König Marke eine falsche Braut zuführte. Gottfried ist daran gelegen, das politische Intrigenspiel bei Hofe in allen Richtungen und mit allen Details vor Augen zu führen: mit König Marke als anerkanntem, glanzvollem Herrscher über England und seinem Favoriten und Neffen Tristan an der Spitze. Tristan, sehr viel jünger als König Marke, hat soeben Isolde aus Irland im Auftrag des Königs nach England zurückgeführt. In dieser Situation verlieben sich Tristan und Isolde ineinander; und der Liebestrank, den König Marke und Isolde trinken sollen, wird von Tristan und von Isolde getrunken. Beide verbergen ihre »Liebe« (= minne) zueinander vor einer vom Leitbegriff der »Ehre« (= ere) geprägten Öffentlichkeit, und die Täuschung wird zu ihrer Lebensform: bis sie im Liebestod für immer zueinander finden.

Hierzu Rainer Gruenter:

»Marke empfängt Isolde als Danaergeschenk aus Tristans Händen. Was ihn quälen, schwächen und erniedrigen wird, nähert sich ihm in berückender Schönheit. Was er als höchste Ehre seines Lebens zu feiern bereit ist, wird ihm jedes Ansehen, das er als König und als Mann besitzt, ebenso schmählich wie unerbittlich rauben. Marke steht es nicht frei, dies zu verhindern, denn er ist bereits betrogen, bevor er den Verdacht schöpft, betrogen zu werden, und er konnte nicht früher misstrauen, da sein Vertrauen ebenso ungebrochen war wie der Betrug, dem er erlag, geschmeidig ersonnen. Ein Vertrauen, das in seiner Haltlosigkeit ohnehin jede Angriffsfläche bot, traf auf ein Täuschungsvermögen, das auch das wachsamste Misstrauen hätte irreleiten können.

Freilich bleibt dem Paare keine andere Wahl als Täuschung ohne Unterlass, wenn es seine *ere* nicht verlieren will und im unaufhaltsamen ›Siechtum‹ der Gefühle die Stärkungen der *arzatinne Minne* nicht entbehren kann. Der Dichter versucht mit einer Beredsamkeit und Einfühlung ohnegleichen die Unternehmungen und Unterlassungen der durch den *tranc* ›Vergifteten‹, wenn nicht zu entschuldigen, so doch unserer Sympathie, ja unserem Verständnis zu empfehlen, das auch eine Form der Rechtfertigung ist. Mit Bedacht flicht er eine kurze *rede von guoten minnen*, eine aller höfischen Zügelung abholde Apologie des *wunders* der Minne, in seine Schilderung ein. Die Verteidigung der wie eine Bettlerin *getribenen* und *gejagten minne* ist zugleich ein Plädoyer für die Liebeskranken, die *unsinnic* geworden sind *mit wunderlichem leide*, mit denen, wie Brangaene ausruft, der *volant* seinen Spott getrieben hat.« (Gruenter 1993, S. 159–160).

Das heißt: Gottfried verteidigt die verbotene Liebe und nicht die moralischen Maßstäbe der höfischen Öffentlichkeit. Was aber hat solche Argumentationslinie mit Puschkins »Jewgenij Onegin« zu tun? Die Antwort ist nicht schwer zu finden: Beide, Gottfried wie Puschkin, verlagern das Liebesglück aus der Wirklichkeit in die Welt der Vorstellung. Bei Gottfried heißt das: Verlagerung ins Jenseits (Liebestod) – und bei Puschkin: Tatjana ist zwar verheiratet, wir aber sind füreinander bestimmt, was wir erst jetzt, als es zu spät ist, wirklich wissen. Die Pointe des Autors besteht beide Mal darin, dass die Paare für ein Unglück halten, was in Wahrheit ihr Glück ist: Ihre gegenseitige Verklärung wird nicht durch ein alltägliches Zusammenleben vernichtet.

Denis de Rougemont hat seine Monografie »Die Liebe und das Abendland« mit Gottfrieds »Tristan« im Zentrum später ergänzt um den Aufsatz: »Tristans neue Gestalt«, worin Musils »Mann ohne Eigenschaften«, Pasternaks »Doktor Schiwago« und Nabokovs »Lolita« das Thema sind. Auf Puschkins »Jewgenij Onegin« kommt Denis de Rougemont nicht zu sprechen. Und doch ist auch Onegin eine neue Gestalt Tristans, wobei König Marke zur Metapher für Tatjanas Gatten wird. Puschkins Poetik kennt allerdings keine Mystik: der Liebestrank fehlt.

Detaillierte Überlegungen würden zeigen, dass auch Shakespeares »Romeo and Juliet«, Goethes »Die Leiden des jungen Werthers« und Schnitzlers »Traumnovelle« zu unserer literarischen Reihe gehören. Immer geht es dabei um die Diskrepanz zwischen der innerfiktionalen Frustration der Liebespartner, die nicht zueinander finden können, und der Wahrheit des außerfiktionalen Anblicks für uns, die Leser, die das Unglück der Trennung zur Voraussetzung für die garantierte gegenseitige Verklärung werden lässt. Das Ideal wird mit solcher Voraussetzung durch keine Wirklichkeit getrübt.

EINUNDZWANZIGSTES KAPITEL

Swetlana Geiers Sammelband »Puschkin zu Ehren«: Statt einer russischen Literaturgeschichte

In chronologischer Folge stellt Swetlana Geier 1999 im Ammann Verlag, Zürich, insgesamt acht Texte zusammen, die, nacheinander gelesen, eine Einführung in die russische Literatur ab Puschkin liefern. Die Dichter selbst kommen zu Wort: Puschkin, Dostojewskij, Tolstoj, Block, Gorkij, Sinjawskij, Brodskij. Mit den Kommentaren Swetlana Geiers insgesamt 269 Seiten. Auf die pro-sowjetische Stellungnahme Gorkijs, »Die sowjetische Literatur«, folgt Sinjawskijs anti-sowjetische Stellungnahme »Sozialistischer Realismus – was ist das?«. Zum Schluss wird Brodskijs Nobelpreisrede von 1987, »Der Staat, die Sprache und die Dichter«, ungekürzt wiedergegeben. Seit 1977 war Brodskij, Josif amerikanischer Staatsbürger.

Den ersten Text in Swetlana Geiers Sammelband bilden Puschkins Fragment gebliebene Überlegungen aus dem Jahre 1834 zur bedauerlichen Vorherrschaft der französischen Literatur in Russland und seine Forderung, eine russische Literatur zu begründen, die über Kantemir, Lomonosow, Tretjakowskij, Fonwisin und Derschawin hinausgehe, woran er selber dann den größten Anteil hat. Es folgt Dostojewskijs berühmte Puschkin-Rede, gehalten am 8. Juni 1880 vor der »Gesellschaft der Freunde der Russischen Literatur« zur Einweihung des Puschkin-Denkmals in Moskau. Dostojewskij lobt und charakterisiert darin Puschkin als nationalen Dichter, der den »negativen Helden« entdeckt habe – ein Lob ganz in »eigener Sache«, wie Swetlana Geier zu Recht hervorhebt. Die zwei Beiträge Tolstojs, eine Rede, gehalten vor der Gesellschaft der Freunde der Russischen Literatur am 28. Januar 1859, und der Entwurf eines Briefes an N. A. Alexandrow zeigen uns den jungen Tolstoj, der die Autonomie der Kunst gegen deren wachsende Politisierung verteidigt. Später wird Tolstoj in seinem Traktat »Was ist Kunst?« genau das Gegenteil vertreten: Kunst habe die Aufgabe, den Leser moralisch zu festigen durch gezielte Veranschaulichung negativer und positiver Beispiele, sonst sei sie »schlechte« Kunst. Blocks Rede »Von der Bestimmung des Dichters« vom 13. Februar 1921 zum 84. Todestag Puschkins ist in sowjetischer Zeit ein nicht ungefährliches Bekenntnis zur Weltanschauung des Russischen Symbolismus.

Man sieht: Swetlana Geiers Sammelband »Puschkin zu Ehren« führt uns durch die russische Literatur von Puschkin bis Brodskij, was sie in ihrem »Vorwort« (S. 5–11) erläutert, und liefert zahlreiche Empfehlungen zu eigenständiger Lektüre.

Swetlana Geier-Iwanowa wird 1923 als Tochter russischer Eltern in Kiew geboren. Schon früh erhält sie Privatunterricht in Französisch und Deutsch. Ihr Vater ist Naturwissenschaftler, wird 1938 im Zuge von Stalins Großem Terror verhaftet und stirbt 1939 nach seiner Entlassung an den Folgen der während der Haft erlittenen Foltern. Nach dem Einmarsch der deutschen Truppen in Kiew arbeitet Swetlana Iwanowa als Dolmetscherin auf der dortigen Baustelle der »Dortmunder Brückenbau AG« und gelangt 1943, zusammen mit ihrer Mutter, in ein Lager für Ostarbeiter in Dortmund, dem beide mit Hilfe von Freunden nach einem halben Jahr entkommen können. Noch während des Krieges kann sie die Begabtenprüfung ablegen, erhält ein Alexander-von-Humboldt-Stipendium und verwirklicht ab 1944 ihren Traum von einem Studium der Literaturwissenschaft und vergleichenden Sprachwissenschaft in Freiburg im Breisgau, wo sie mit ihrer Mutter im Stadtteil Günterstal wohnt. Zu ihren Universitätslehrern dort gehört Walther Rehm. Durch Heirat am 26. April 1945, ihrem 22. Geburtstag, mit Christmut Geier ändert sich ihr Familienname. Sie wird Mutter zweier Kinder und lebt bis zu ihrem Tod in Günterstal.

Swetlana Geier war jahrzehntelang Lektorin für russische Sprache an den Universitäten Freiburg und Karlsruhe. An verschiedenen Waldorfschulen in Deutschland betreute sie 25 Jahre lang den Russischunterricht. 1957 erschien ihre erste Übersetzung in der Reihe »Rowohlts Klassiker«. Darüber hinaus hat sie sich durch zahlreiche Übersetzungen der Werke von Tolstoj, Bulgakow, Bunin, Solschenizyn, Sinjawskij, Belyj, Platonow, Valentin Katajew, Jewgenija Ginsburg, Lydia Tschukowskaja, Wladimir Wojnowitsch, Jelena Kusmina und Afanasjews »Russischen Volksmärchen« größte Verdienste erworben. 1994 beginnen mit »Verbrechen und Strafe« die großen Romane Dostojewskijs in ihrer Neuübersetzung zu erscheinen – mit teilweise ungewöhnlichen, neuen Titelformen: So heißt es jetzt »Böse Geister« (anstatt »Die Dämonen«) und »Ein grüner Junge« (anstatt: »Der Jüngling«).

Swetlana Geiers Leistungen als Vermittlerin russischer Kultur, Geschichte und Literatur führten zu verschiedensten Ehrungen und Auszeichnungen: 1995 Reinhold Schneider-Preis der Stadt Freiburg; 1995 Leipziger Buchpreis zur Europäischen Verständigung; 1998 Verdienstmedaille der Universität Karlsruhe; 2000 Goldene Eule der Sokratischen Gesellschaft; 2003 Verdienstmedaille des Landes Baden-Württemberg; 2004 Ehrendoktorwürde der

Philosophisch-Historischen Fakultät der Universität Basel; 2007 Ehrendoktorwürde der Albert-Ludwigs Universität Freiburg.

Am 7. November 2010 ist Swetlana Geier in ihrem Haus in Freiburg-Günterstal im Alter von 87 Jahren verstorben.

Zu Leben und Werk berichtet ausführlich der 2008 erschienene Band »Swetlana Geier. Ein Leben zwischen den Sprachen. Russisch-deutsche Erinnerungsbilder«. Aufgezeichnet von Taja Gut. Des Weiteren sei auf den Film »Die Frau mit den 5 Elefanten« verwiesen (Regie: Vadim Jendreyko), der 2009 in die Kinos kam und uns Swetlana Geier auf ihrer Reise von Freiburg nach Kiew (mit der Bahn) vor Augen führt, wo sie die Stätten ihrer Kindheit aufsucht und dazwischen immer wieder in ihrer Wohnung in Günterstal gezeigt wird: beim Übersetzen des Romans »Der Spieler«. Die »5 Elefanten« aber, das sind Dostojewskijs fünf große Romane. Die »Neue Zürcher Zeitung« schrieb: »Vadim Jendreyko zeichnet ein differenziertes Porträt der bescheidenen Grande Dame der Übersetzung«. Und »Die Zeit« vermerkte: »Sein Gelingen verdankt ›Die Frau mit den 5 Elefanten‹ in erster Linie der filmischen Übersetzung des Geistigen ins Taktile«.

ZWEIUNDZWANZIGSTES KAPITEL

Die Prostituierte als literarische Gestalt: Sonja Marmeladowa (Dostojewskij) und Jekaterina Maslowa (Tolstoj)

Im 19. Jahrhundert werden der Verbrecher und die Prostituierte zu den Helden des kollektiven bürgerlichen Bewusstseins, das seine Lektüre hauptsächlich aus den Fortsetzungsromanen der großen Zeitungen bezieht. Der Zeitungsleser bestimmt den Markt und fordert sensationelle Ereignisse mit einem unmittelbaren Bezug zur Gegenwart. Ortega y Gasset hat dies bedauert und sah in der Französischen Revolution den Grund dafür, dass die Unterschicht plötzlich und dauerhaft den Geschmack der Öffentlichkeit bestimmt.

Allerdings haben sich auch bedeutende Schriftsteller diesen »Geschmack« zu eigen gemacht, um Erfolg zu haben. Hervorzuheben sind insbesondere E. T. A. Hoffmann und Charles Dickens. Und was die provozierend mitreißende Darstellung von Prostituierten betrifft, so sind aus der französischen Literatur zu nennen: Balzacs »Glanz und Elend der Kurtisanen«, Dumas' »Die Kameliendame« und Zolas »Nana«.

In Russland haben Dostojewskij und Tolstoj den Vogel abgeschossen: Dostojewskij mit seinem Roman »Schuld und Sühne«, worin ein Mörder und eine Prostituierte die Hauptpersonen sind, und Tolstoj mit dem Roman »Auferstehung«, worin eine Prostituierte nach Sibirien deportiert wird: als Strafe für die Ermordung eines Freiers (was sich als Fehlurteil der Geschworenen herausstellt). Tolstoj setzt mit diesem Roman Kirche und Justizapparat des Zarenreichs auf die Anklagebank. Das Vorgehen Dostojewskijs und Tolstojs sei nun im Detail erörtert.

»Schuld und Sühne«

Drei Personen stehen im Zentrum: (I.) Rodion Raskolnikow, 23 Jahre alt, der zwei wehrlose Frauen mit dem Beil erschlagen hat, (II.) Sonja Marmeladowa, 18 Jahre alt, eine Prostituierte, die, als Geliebte Raskolnikows, ihn schließlich ins sibirische Zuchthaus begleitet, und (III.) der Untersuchungsrichter Porfirij Petrowitsch, der Raskolnikow in intensiven Gesprächen aushorchen und überführen will, ohne über einen juristisch haltbaren Beweis zu verfügen.

Raskolnikow hat ein perfektes Verbrechen begangen, was auch ihm selbst erst nachträglich klar wird, da verschiedenste Zufälle mit im Spiel waren. Solche Konstruktion hat zur Folge, dass Raskolnikow nur durch sein Geständnis als Täter identifiziert werden kann. In den Gesprächen mit dem Untersuchungsrichter provoziert er, weil es ihm Spaß macht, lässt sich aber nicht aus der Reserve locken. Das heißt: Das Strafgesetz bleibt gegen ihn machtlos. Sein Gewissen aber spricht ihn schuldig, und es ist Sonja, der er seine Tat gesteht, wobei die Ermordung der unschuldigen Lisawjeta im Vordergrund steht. Das Strafgesetz hätte Freispruch zur Folge: wegen mangels an Beweisen. Raskolnikow aber entscheidet sich für das Gewissen, als er schließlich zur Polizei geht und sein Geständnis zu Protokoll gibt. Der russische Titel des Romans, »Prestuplenie i nakazanie« (= Verbrechen und Strafe) hat das Strafgesetz zur Grundlage, der im Deutschen übliche Titel, »Schuld und Sühne«, basiert auf dem Gewissen und damit auf der freiheitlichen Bejahung und Annahme der Strafe. Beide Titel sind der im Roman gestalteten Sache adäquat und formulieren nur eine jeweils andere Perspektive.

Angesichts solch zwar notwendiger, aber doch regelrecht abstrakter Auseinandersetzung mit den Inhalten des Romans darf aber Dostojewskijs gezielte Provokation nicht vergessen werden, einen Mörder und eine Prostituierte als Liebespaar an die Spitze seines Romans zu setzen.

Aber nicht nur das: Der Mörder und die Prostituierte lesen auch noch gemeinsam die Bibel: die Geschichte von der Auferweckung des Lazarus – bei Kerzenschein, wenn es Nacht wird in St. Petersburg. Eine Szene, so schön, so romantisch und so kitschig, dass Vladimir Nabokov hier, wie wir wissen, Dostojewskij einen eklatanten und unverzeihlichen Stilbruch angekreidet hat, ohne zu erwähnen, dass Dostojewskij »so etwas« programmatisch arrangiert, weil er möglichst viele Leser finden und behalten will.

Über dem Schicksal Sonja Marmeladowas liegt denn auch der romantische Zauber der Erniedrigten und Beleidigten, die sich nicht unterkriegen lassen. Sonja hat einen unheilbaren Trinker zum Vater, der nach dem Tode ihrer Mutter von seiner zweiten Frau gedemütigt wird, weil er zu nichts mehr taugt. Ihre neue Mutter leidet an der Schwindsucht und bringt drei kleine Kinder mit in die neue Ehe, so dass Sonja, inzwischen »herangewachsen«, »auf die Strasse geht«, wie es euphemistisch heißt, um ihre Familie zu ernähren. Raskolnikow weiß das alles; und so finden zwei, von der Gesellschaft Ausgestoßene in echter Liebe zueinander: die vom Christentum inspirierte Sonja und der von Napoleon inspirierte Raskolnikow. Behutsam folgt sie ihm auf seinem Weg zum Büro der Polizei, wo er sein Geständnis ablegen wird; und entschlossen geht sie mit ihm nach Sibirien, wo er seine Strafe verbüßt, um in die menschliche Gesellschaft zurückzukehren, die er durch sein Verbrechen verlassen hat.

Allerdings hat Dostojewskij zuvor dafür gesorgt, dass Sonjas drei kleine Geschwister durch die unerwartet großzügige finanzielle Hilfe eines älteren Herrn (= Swidrigajlow) bis zu ihrem Schulabschluss gut untergebracht sind, damit Sonja nicht mehr »auf die Strasse gehen« muss.

»Auferstehung«

Ganz offensichtlich kann auch Tolstoj auf das Bibelzitat nicht verzichten, um seiner Darstellung einer Prostituierten den adäquaten Rahmen zu sichern. Ja, dem Roman »Auferstehung« sind als Motto gleich vier Bibelzitate vorangestellt, von denen das dritte lautet: »Wer unter euch ohne Sünde ist, der werfe den ersten Stein auf sie« (Johannes VIII, 7). Trotz solch expliziter Bezugnahme auf die Heilige Schrift ließ sich die russisch-orthodoxe Kirche allerdings nicht davon abhalten, Tolstoj wegen seines Romans »Auferstehung« (erschienen 1899) zu exkommunizieren, was ihm unter seinen Anhängern den Ehrentitel des »exkommunizierten Propheten« einbrachte. Auslöser war Tolstojs Darstellung der Priester während eines Gefängnisgottesdienstes. Dabei hatte Tolstoj das Labyrinth der Justizbehörden noch weitaus negativer dargestellt (ausgehend von einem Bericht des Juristen Anatolij Koni).

Wie auch in Dostojewskijs »Schuld und Sühne« ist in Tolstojs »Auferstehung« die Prostituierte zwar die weibliche Hauptgestalt, nicht aber die Hauptgestalt des Romans. Bei Dostojewskij ist das der Mörder Raskolnikow und bei Tolstoj der Lebemann Fürst Nechljudow. Nechljudow ist einer der Geschworenen, von denen die Prostituierte Jekaterina Maslowa des Giftmords für schuldig gesprochen wird, obwohl sie unschuldig ist. Da größte Anstrengungen nötig sind, um das Urteil zu kassieren, begleitet Nechljudow die Verurteilte in die Verbannung nach Sibirien, weil er zudem in ihr schon während der Verhandlung das Mädchen wiedererkannt hat, das er einst verführt und damit, wie er jetzt sieht, auf die schiefe Bahn gebracht hat: Seit sieben Jahren lebt sie in einem Bordell. In Sibirien will er sie sogar heiraten; sie aber lehnt ab und heiratet einen anderen, weil sie sehen muss, dass es Nechljudow nur um sich selbst geht und er nichts anderes als seine eigene »Auferstehung« im Sinne hat: zu einem »neuen Leben«, wie es der letzte Absatz des Romans allerdings nur andeutet: »Seit dieser Nacht begann für Nechljudow ein ganz neues Leben...«

Geir Kjetsaa stellt fest: »Durch Nechljudow – den Abgesandten des Autors – bekommen wir einen schonungslosen Einblick in das offizielle Russland, mit den vergoldeten Lügen der Kirche und dem kalten Formalismus der Bürokratie« (Lew Tolstoj, 1999, S. 328).

Mit Jekaterina Maslowa hat Tolstoj zweifellos eine der bedeutendsten Frauengestalten der russischen Literatur geschaffen, wobei er auch hier seinem Prinzip treu geblieben ist, dass moralisch positive Menschen nicht schön sein können: denn Katjuscha hat »einen schielenden Blick« (ona ... kosjaščim vzgljadom posmotrela emu v glaza).

DREIUNDZWANZIGSTES KAPITEL

Musik als Literatur:
»Beethovens letztes Quartett« (Odojewskij),
»Die Sänger« (Turgenjew),
»Die Kreutzersonate« (Tolstoj)
»Bahnhofskonzert« (Mandelstam)

Vorbemerkung

Wie lässt sich Musik literarisch darstellen? Innerhalb unserer empirischen Wirklichkeit sind drei Erscheinungsformen der Welt der Musik zu unterscheiden. Da sind zunächst 1.) die Musiker, das heißt: die Komponisten und die Ausführenden (Dirigenten, Orchestermusiker, Solisten). Und da sind 2.) die musikalischen Werke und 3.) die Zuhörer. Ohne den Komponisten kein musikalisches Werk, und ohne Ausführende keine Zuhörer. Über diese drei Erscheinungsformen der Welt der Musik innerhalb unserer empirischen Wirklichkeit verfassen Musikwissenschaftler und Musikkritiker, je nach Zuständigkeit, ihre Texte. Und diese Texte sind »nicht-literarische« Texte, denn sie ermitteln die Sachhaltigkeit ihrer Thematik, sei es den künstlerischen Rang der Komposition oder die Kompetenz der Ausführung.

Über diese drei Erscheinungsformen der Welt der Musik schreiben aber auch die Dichter ihre Texte. Ihre Texte aber sind »literarische« Texte, mit denen die empirische Wirklichkeit verwandelt wird: zur Wahrheit der Dichtung, einer Wahrheit, die etwas anderes ist als sachliche Richtigkeit. Wie diese Wahrheit der Dichtung aussieht, soll im Folgenden an vier literarischen Beispielen erörtert werden, worin auf jeweils andere Weise die Musik das Thema ist.

»Beethovens letztes Quartett«

Wladimir Odojewskij lebte von 1803 bis 1869. Sein Zyklus »Russische Nächte« (1844) steht im Zentrum der russischen Romantik und wurde unter dem Einfluss Schellings und E. T. A. Hoffmanns geschrieben. 1967 veröffentlichte Alfred Rammelmeyer seine grundlegende Einleitung zu Odojewskijs »Russischen Nächten« – und das zum Reprint der Moskauer Ausgabe von 1913, nach der der Zyklus in Russland nicht mehr aufgelegt worden war (»Russkie noči«. Slavische Propyläen, Bd. 24. München 1967, S. V–XXXVI).

Im Zyklus »Russische Nächte« diskutiert eine Gruppe von vier Freunden in Moskau acht Nächte lang verschiedene Erzählungen im Referenzrahmen philosophischer Fragen. Unter ihnen der »Russische Faust«, ein Deckname, hinter dem sich der Autor Odojewskij verbirgt. Zu den Fragen gehören: Worin bestehen die Ursachen für Aufstieg und Fall ganzer Völker und Kulturen? Was ist der Sinn des eigenen Lebens? Wozu leben die anderen? Gleicht nicht der Zustand eines Dichters im Moment der Inspiration oder der eines Erfinders im Moment der Eingebung dem Zustand eines Wahnsinnigen?

Die letzten drei Erzählungen fragen, ob die »Kunst« das vermag, was die »Wissenschaft« nicht vermochte. Die sechste Nacht enthält »Beethovens letztes Quartett«. Hierzu erläutert Alfred Rammelmeyer:

»Der kranke, taube und für die Welt ›wahnsinnige‹ Beethoven leidet ebenso an der Ungeeignetheit des Materials, wie an der Unzulänglichkeit der Wiedergabe seiner Werke, wie auch an der eigenen Unfähigkeit, das innerlich Gehörte entsprechend zum Ausdruck zu bringen. In gewaltigen Harmonien des Gefühls wollte er alle Kräfte der Natur zusammenfassen und die Seele des Menschen neu erschaffen, aber er bricht unter dem unausgesprochenen Gefühl zusammen und muß sich vom jenseitigen Gericht sagen lassen, dass er sein Leben dem Gefühl geopfert habe« (S. XXV).

Wie wir wissen, gehören Beethovens fünf Streichquartette, die sogenannten »Galitzinquartette«, Op. 127, Op. 130, Op. 131, Op. 132 und Op. 135 zum Kühnsten, was die Musik des Abendlandes hervorgebracht hat. Odojewskijs Erzählung macht sich fest an Op. 135 F-Dur. »Den dichterischen Sinn des Finale enthüllte Beethoven, indem er die ersten Noten des Grave als ›Muß es sein?‹ und die ersten Noten des darauf folgenden Allegro als ›Es muß sein‹ deutete«, so Casper Höweler in »Der Musikführer« (München: Paul List Verlag 1952, S. 123). Odojewskij schildert in seiner Erzählung »Beethovens letztes Quartett« zunächst völlig unvermittelt die radikale Ablehnung, die diese Komposition in ihren ersten Hörern auslöste, um dann ins Bewusstsein Beethovens einzusteigen, der selber anwesend ist, und eine Innenschau ganz aus der Perspektive Beethovens zu liefern.

Im Sinne unserer Fragestellung, die ganz darauf ausgerichtet ist, die literarischen Zugänge zur Welt der Musik zu systematisieren, bedeutet das: Odojewskij lässt uns den Denkraum des Komponisten betreten, worin dieser Selbstzweifel formuliert, die nicht auf fehlender Meisterschaft beruhen, sondern darin, dass die echten und wesentlichen Gefühle nicht adäquat in musikalisches Geschehen umsetzbar sind. In diesem Sinne will Odojewskijs

Beethoven auch sein »letztes Quartett« empfunden und verstanden sehen: als Versuch, das Unmögliche zu gestalten und darin sein Ziel zu haben.

»Seit meiner frühesten Jugend habe ich den Abgrund erblickt, der zwischen dem Gedanken und dem Ausdruck gähnt. [...] In meiner Einbildungskraft schweben ganze Reihen harmonischer Klänge; originelle Melodien überschneiden einander und verschmelzen zu einer geheimnisvollen Einheit; aber wenn ich es ausdrücken will, ist alles verschwunden: die hartnäckige Materie gibt mir nicht einen Ton heraus – und grobe Gefühle vernichten die ganze seelische Tätigkeit«,

so klagt Odojewskijs Beethoven.

»Die Sänger«

Einen völlig anderen literarischen Zugang zur Welt der Musik demonstriert Iwan Turgenjews Erzählung »Die Sänger«. Die Ausführenden und die Zuhörer stehen jetzt im Zentrum. Schauplatz ist eine Kneipe in der russischen Provinz mit dem schönen Namen »Zur Gemütlichen Bleibe«, wo ein Sängerwettstreit stattfindet. Der Ich-Erzähler ist ein Jäger auf der Durchreise, der zur Zeit zu Fuß unterwegs ist, die Kneipe aber schon aus früheren Zeiten kennt. Zwei Sänger treten auf, die jeweils ein anderes Volkslied singen. Der erste Sänger tritt vor, und es heißt:

»Er schloss die Augen halb und begann im höchsten Falsett zu singen. Seine Stimme war recht angenehm und weich, wenn auch etwas belegt; er spielte mit seiner Stimme und trieb sie hin und her wie einen Kreisel, ließ sie unaufhörlich in gleitenden Übergängen von oben nach unten schwingen und kehrte immer wieder zu den hohen Tönen zurück, die er mit besonderem Eifer hielt und langzog; dann verstummte er einen Augenblick und nahm plötzlich die gleiche Melodie mit übermütiger, herausfordernder Verwegenheit wieder auf.«

Die Zuhörer sind begeistert. Und dann singt ein anderer Sänger:

»Er seufzte tief auf und begann zu singen. Der erste Ton war schwach und unsicher; er schien nicht aus seiner Brust zu kommen, sondern aus weiter Ferne herzudringen und gleichsam zufällig im Zimmer zu schweben. Seltsam wirkte dieser zitternde, klagende Ton auf uns alle, wir sahen einander an, und die Frau Nikolaj Iwanowitschs richtete sich auf. Diesem ersten Ton folgte ein zweiter, schon besser und länger anhaltend, aber noch immer merklich zitternd, eine Saite, die unvermutet unter einem kräftigen Finger erklingt und in den letzten, schnell ersterbenden Schwingungen ausschwingt; dem zweiten Ton folgte ein dritter, und endlich strömte allmählich anschwellend und sich ausweitend, ein schwermütiges Lied dahin.«

Der zweite Sänger aber hat gewonnen. Sein Konkurrent stürzt aus dem Zimmer, und es heißt: »Es war, als habe seine schnelle, entschlossene Bewegung die Verzauberung gelöst. Alle fingen plötzlich laut und erfreut an zu sprechen.« Der Erzähler aber geht hinaus. »Ich wollte nicht erleben – ich fürchtete, mir den guten Eindruck zu verderben.«

Als es dunkel ist, kehrt der Erzähler nochmal zur Kneipe zurück und blickt durchs Fenster:

»Von Zeit zu Zeit brach wirres Gelächter los. Ich näherte mich dem Fenster und drückte das Gesicht gegen die Scheibe. Ich sah ein unerfreuliches, wenn auch buntes, lebendiges Bild: Alle waren betrunken – alle.«

Und so endet die Verzauberung durch die Musik in einem völlig banalen, allgemeinen Besäufnis. Der Augenblick der Begeisterung, den die beiden Sänger mit ihrer Kunst evozierten, dauert nicht lange. Und schon ist er vergessen.

Turgenjew demonstriert: Musik als solche lässt sich nicht beschreiben. Realistisch geschildert werden können immer nur die Vortragstechnik der Musikausübenden und die Reaktionen der Zuhörer, deren nonverbale Emotionen (Weinen, Lachen, Staunen, Begeisterung) sich allerdings nur in sprachlichen Klischees formulieren lassen, weil es gar nicht anders möglich ist.

»Die Kreutzersonate«

Wiederum völlig anders sieht die literarische Darstellung der Musik in Tolstojs Erzählung »Die Kreutzersonate« aus. Und wieder ist, wie bei Odojewskij, Beethoven der Held, diesmal aber nur mit dem ersten Satz der Violinsonate Opus 47, A-Dur aus dem Jahre 1803.

Es heißt in Tolstojs Erzählung (Kapitel 23): »Kennen Sie das erste Presto? Kennen sie es? Oh, – diese Sonate ist etwas Schreckliches. Namentlich dieser Teil. Die Musik überhaupt ist etwas Schreckliches. Was ist das nur? Ich weiß es nicht.« Das sagt Posdnyschew, der Ehemann, der sich von seiner Frau, einer Pianistin, betrogen fühlt, als sie mit dem Geiger Truchatschewskij zusammen Beethovens sogenannte »Kreutzersonate« spielt. Ja, es gelingt Tolstoj, das Zusammenspiel von Klavier und Geige, mit Posdyschew als Zuhörer, wie eine sexuelle Vereinigung zu gestalten, so dass Posdnyschew seine Frau schließlich qualvoll ersticht.

Vor Gericht freigesprochen, erzählt Posdnyschew schließlich die ganze Geschichte einem völlig Unbekannten während einer Zugfahrt im dunklen Abteil und behauptet, »die ganze Welt« wisse doch, »dass durch die Beschäftigung mit der Musik der Ehebruch in unserer Gesellschaft am meisten gefördert wird.«

In der Literatur ist Tolstojs Konnex zweifellos originell und vielleicht sogar einmalig. Solche musikalischen Parallelschaltungen aber sind in Oper und Film allerdings das Übliche, weil die Musik dort der Verständnislenkung dient.

»Bahnhofskonzert«

Ossip Mandelstam lebte von 1891 bis 1938. Das Gedicht »Bahnhofskonzert« schrieb er 1921. Es schildert in vier Strophen zu sechs Zeilen den assoziativen Tumult im Bewusstsein eines Menschen, der einen Bahnhof betritt und unter dessen »Glas der Bahnhofskugel« wartet und nachdenkt. Es wird Nacht. »Den Bahnhofsglaswald habe ich betreten. / Den Geigen-Bau in Tränen, tief verwirrt.« Musik liegt in der Luft und sucht Harmonie. Ein Zug verlässt die Station, verschwindet im Nebel »zum Fest des Klangs«. Über dem Dach des Bahnhofs spricht kein Stern mit dem andern. »Das Firmament voll Maden.« Nur die im erlebenden Ich lebendige Musik lässt die Wirklichkeit erträglich werden »Die Eisenwelt erneut verzaubert vom Gesang«. Die Pfiffe einer Lok »durchbrachen die Geigenluft«.

Mandelstams »Bahnhofskonzert« beschwört den Geist der Poesie mit Klavier, Geige und Gesang auf dem Bahnhof von Pawlowsk: gerichtet gegen die »eiserne Welt« der Wirklichkeit. Der Schlüssel zur Einfühlung in das erlebende Ich aber ist die Musik. Eine einsame Geige vertritt die Welt der Musik und ist die Musik der Welt. Das Gedicht protokolliert diesen Vorgang an Ort und Stelle hier und jetzt, ist aber zugleich ein »poetologisches Gedicht«, das die Geburt der Poesie aus der hässlichen Wirklichkeit zum Thema hat. Und da ist es kein Zufall, dass Mandelstam für das russische Ohr eine Zeile von Lermontow und eine Zeile von Tjutschew anklingen lässt, was allerdings für den von uns verfolgten Gedanken beiläufig bleibt.

Wie Ralph Dutli ausführt, reagiert Mandelstam mit diesem Gedicht auf den Tod Alexander Blocks und dessen Thema der Atemnot des Dichters und des Verstummens der Musik:

»Mandelstam denkt sich zurück in die Konzerte seiner Kindheit im Bahnhof von Pawlowsk, jenem architektonischen Gemisch aus Eisen und Glas, in dem Musik und technischer Fortschritt, Tschaikowskij und die Pfiffe der Lokomotiven schmerzhaft aufeinanderprallen« (Mandelstam. Meine Zeit, mein Tier. Eine Biographie. Zürich 2005, S. 226–227).

VIERUNDZWANZIGSTES KAPITEL

Die Russen in Berlin: Nabokovs Roman »Maschenka«

»Maschenka« erscheint 1926 in Berlin auf Russisch als Nabokovs erster Roman. Die Gegenwartshandlung spielt im April 1925. Schauplatz ist eine Berliner Pension, in der russische Emigranten wohnen. Geschildert werden nur sechs aufeinanderfolgende Tage. Solche Dehnung der Zeit – das ist Dostojewskijs Eigenart. In dessen Roman »Der Doppelgänger«, den Nabokov sehr schätzte, werden nur vier aufeinanderfolgende Tage geschildert. Die Emigranten befinden sich, allegorisch betrachtet, auf der Lebensreise. Die Rückkehr in die Kindheit und Jugend ist ihnen verbaut. Buchstäbliche Begründung: Sie können nach Sowjetrussland aus politischen Gründen nicht zurück. Aber sie werden von Sehnsucht nach dem Glück der Zukunft ergriffen, dessen Veranschaulichung jetzt Paris ist. Vom Dichter erfasst werden sie in ihrer Gegenwart. Diese ist durch eine ihnen fremde Umgebung, Berlin, charakterisiert, zu der die eingedeutschte russische Pensionswirtin die Kontakte pflegt. Der neu ausgestellte Personalausweis wird zum Garanten der Identität.

Die Titelfigur, Maschenka, ist nicht die Hauptperson des Romans, sondern nur die zentrale Bezugsperson im Horizont Lew Ganins, aus dessen Perspektive der Roman in der dritten Person erzählt wird. Für ihn ist Maschenka die verlorene Heimat und die verlorene Jugendliebe zugleich, die zwar im Sich-Erinnern wiedergefunden werden kann, sich aber nicht an die Realität der Gegenwart anschließen lässt. Die erste deutsche Übersetzung des Romans erschien 1928 in der »Vossischen Zeitung« unter dem Titel »Sie kommt – kommt sie?«

Nabokovs Konstruktion, in der Maschenka, die nicht auftritt, die Hauptperson ist, sieht folgendermaßen aus: Lew Ganin lernt im steckengebliebenen Fahrstuhl seiner Pension einen Mitbewohner kennen, der ebenfalls aus Russland kommt: Alexej Alfjonow. In sechs Tagen wird dessen Ehefrau in Berlin aus Russland eintreffen, von der er vier Jahre getrennt war und die jetzt die Erlaubnis bekommen hat, aus der Sowjetunion auszureisen und zu ihm zu kommen.

Der Leser ahnt sofort: Es handelt sich um Lew Ganins Maschenka, die sich in Russland neu verliebt hat und nun die Ehefrau eines anderen ist. Was geschieht? Lew Ganin erwartet Maschenka auf dem Bahnhof – allein, denn er hat Alexej Alfjonow betrunken gemacht, damit dieser zu spät zum Zug kommt. Ganin wird aber plötzlich bewusst, dass sie nicht mehr dieselbe Frau sein wird, die er damals geliebt hat: und verlässt den Bahnhof, bevor sie eingetroffen ist.

Auf der Suche nach der verlorenen Zeit ist Lew Ganin zum Realisten geworden: das ist die psychologische Botschaft des Romans. Nabokov aber geht es zentral um die politische Botschaft: Maschenka ist das Symbol der vorrevolutionären Heimat, die für immer verloren ist. Und das auch für die anderen russischen Emigranten in der Berliner Pension. Nabokov starb 1977 und hat sich nicht träumen lassen, dass die Sowjetunion zusammenbrechen und auf Nimmerwiedersehen verschwinden würde. Auf der psychologischen Ebene aber verwirklicht der Roman »Maschenka« das ahistorische Paradima der verlorenen Jugend, die nur als Erinnerung anwesend bleibt: unwiederbringlich.

Nachbemerkung

Man könnte meinen, Eduard Mörike habe, kurz bevor er sein Gedicht »Maschinka« geschrieben hat (mit dem »i« genau in Mitte), Nabokovs Roman »Maschenka« gelesen. Es handelt sich um ein Gedicht, das aus sechs Zeilen besteht:

> Dieser schwellende Mund, den Reiz der Heimat noch atmend,
> Kennt die Sprache nicht mehr, die ihn so lieblich geformt:
> Nach der Grammatik greift die müßige Stimme verdrießlich,
> Stammelt russischen Laut, weil es der Vater befiehlt.
> Euer Stammeln ist süß, doch pflegt ihr, trutzige Lippen,
> Heimlich ein ander Geschäft, das euch vor allem verschönt!

FÜNFUNDZWANZIGSTES KAPITEL

»Nekropolis«:
Ein Kommentar zum russischen Fin-de-Siècle von Wladislaw Chodassewitsch

»Nekropolis« – das bedeutet: Totenstadt, Grabstätte, Friedhof. Und gemeint ist hier hauptsächlich der Russische Symbolismus in der Perspektive des Marxismus-Leninismus. Wohin man blickt: Dekadenz, keine Revolution, keine Zukunft. Die Wahrheit liegt in der höheren Wirklichkeit der Kunst, die die empirische Wirklichkeit überwindet: »realiora« anstatt »realia« forderte programmatisch Wjatscheslaw Iwanow. Nietzsches Formel gab die Richtung an: »Die Wahrheit ist hässlich: wir haben die Kunst, damit wir nicht an der Wahrheit zugrunde gehn.« Davon wollten Lenin und seine lettischen Scharfschützen allerdings nichts wissen. Schon Marx hatte befohlen, die Welt zu verändern und nicht immer nur zu interpretieren. Zwar hatte Alexander Block mit seinem Poem »Die Zwölf« die Revolutionäre verherrlicht – doch ihnen vorweg schreitet Jesus Christus! Was aber ist das für eine Revolution? Schlimmer noch Andrej Belyjs Roman »Petersburg«, worin ein Fanatiker, inspiriert von Peter dem Großen, den Koordinator der Revolutionäre ermordet und über seiner Tat wahnsinnig wird.

Wladislaw Chodassewitsch wurde 1886 in Moskau geboren und starb 1939 in Billancour bei Paris. 1922 emigrierte er über Berlin nach Paris. Heute gehört er zu den »bedeutendsten Dichtern der russischen Emigration« (Gero von Wilpert). Thematisch gründet seine Lyrik, ganz im Geiste des Russischen Symbolismus, auf dem Gegensatz zwischen Freiheit der Seele und den Zwängen der Notwendigkeit. Seine Erinnerungen unter dem Titel »Nekropolis« (1939) zeigen ihn als Literaturkritiker mit einer auffälligen Vorliebe, Leben und Werk miteinander analytisch zu verbinden.

2016 erschien eine deutsche Übersetzung dieser Erinnerungen im Helmut Lang Verlag, Münster, übersetzt und sorgfältig ediert von Frank Göbler. Damit liegt eine wichtige Dokumentation zur russischen Literaturgeschichte zum ersten Mal leicht zugänglich vor. Erwähnt sei auch, dass Nina Berberowa seit 1922 mit Wladislaw Chodassewitsch verheiratet war (ab 1932 zweite Ehe mit N. Makejew, bis 1947). Sie wurde 1901 in Petersburg geboren und starb 1993 in Philadelphia (USA). 1922 ging sie zusammen mit Chodassewitsch ins

Exil und lebte ab 1950 in den USA. In Deutschland wurde sie mit ihrem Roman »Die Begleiterin« bekannt. Außerdem veröffentlichte sie ihre Autobiografie (»Ich komme aus St. Petersburg«, Originaltitel: Kursiv moj) und eine besonders erfolgreiche Tschaikowskij-Biografie.

Der von Frank Göbler zusammengestellte und ins Deutsche übersetzte Sammelband »Nekropolis« verschafft zum ersten Mal auch dem nicht slawistisch instruierten Leser einen lebendigen Zugang zum Literaturwissenschaftler Wladislaw Chodassewitsch, der nicht nur als Dichter ein intensives Interesse verdient. Der Sammelband hat den Untertitel »Porträts, Essays, Erinnerungen«, so dass hier, wie ich sagen möchte, die Resultate einer hohen Kunst der Vergegenwärtigung verlorener Zeit auf uns warten, Resultate, die auch dem Slawisten viel Neues bringen werden.

So informiert gleich das erste Porträt den Leser darüber, dass in Brjusows Roman »Der feurige Engel« (der von Prokofjew zu einer Oper verarbeitet wurde) die Gestalt der Renata Nina Berberowa nachgezeichnet ist. Oft gehen Porträt, Essay und Erinnerung ineinander über. Von den zwei Teilen des Sammelbandes trägt der erste die Überschrift »Nekropolis«, der zweite »Stationen, Wege, Irrwege«. Aber auch im zweiten Teil wird eindringlich geschildert, wie tödlich doch die Sowjetherrschaft für den Literaturunterricht gewesen ist: Der Essay »Proletkult« lässt dies deutlich erkennen. Also auch hier: Totenstadt.

Mit einem Wort: Dem Leser wird eine bunte Mischung präsentiert, sowohl inhaltlich als auch in systematischer Hinsicht, deren Elemente jedoch eines gemeinsam haben: Sie sind ausnahmslos lesenswert.

Besonders hervorzuheben sind die Porträts, Essays oder Erinnerungen zu Belyj, Gumiljow, Block, Sologub und Jessenin. Die von den Sowjets angeordnete »Nekropolis« hat den aufrechten Chodassewitsch unsterblich gemacht.

SECHSUNDZWANZIGSTES KAPITEL

Lyrik in fremder Sprache: Rilkes russische Gedichte

Rainer Maria Rilke wurde 1875 in Prag geboren und ist 1926 in Val Mont bei Montreux gestorben. Im Mai 1899 und im Sommer 1900 besuchte er Russland. Dort begegnete er Tolstoj, erlebte die Weite des russischen Landes sowie die russisch-orthodoxe Frömmigkeit.

1986 erscheint der umfangreiche Sammelband »Rilke und Russland«, herausgegeben von Konstantin Asadowski im Insel Verlag, Frankfurt am Main, aus dem Russischen übersetzt von Ulrike Hirschberg (659 Seiten). Darin befinden sich sechs russische Gedichte Rilkes, die er in Deutschland im Dezember 1900 geschrieben hat, sowie ein Gedicht in deutscher Sprache mit dem Titel »Nächtliche Fahrt (Sankt Petersburg)«, das er im August 1907 in Paris geschrieben hat.

Ich beschränke mich hier auf das Gedicht »Lico« (Das Antlitz), um Rilkes Kunst, in fremder Sprache zu dichten, vor Augen zu führen. Der »Inhalt« sieht folgendermaßen aus: »Das Antlitz«. Wäre ich als einfacher Bauer geboren, dann lebte ich mit einem großen, geräumigen Gesicht: In meinen Zügen verriete ich nicht, was schwer zu denken und unmöglich ist zu sagen... Und nur die Hände würden sich füllen mit meiner Liebe und meiner Geduld, – tags aber würden sie sich mit Arbeit bedecken, die Nacht würde sie im Beten verschließen. Niemand ringsum würde erfahren – wer ich bin. Ich bin alt geworden, und mein Kopf schwamm auf die Brust hinab, mit der Strömung. Er scheint weicher zu sein. Ich verstand, dass der Tag der Trennung nah ist, und ich öffnete meine Hände wie ein Buch und legte beide auf Wangen, Mund und Stirn. Leer werde ich sie abnehmen, und ich lege sie in den Sarg – doch an meinem Gesicht werden die Enkel alles erkennen, was ich war... aber dennoch bin ich es nicht: in diesen Zügen sind sowohl Freuden als auch Qualen gewaltig und stärker als ich: ja, das ist das ewige Antlitz der Arbeit. Nachts, 6. Dezember 1900. Anbei das russische Original.

Auch hier begegnen wir Rilkes zentralem Thema der Selbstfindung des Menschen, das er in den »Aufzeichnungen des Malte Laurids Brigge« so

> Лицо
>
> Родился-бы я простымъ мужикомъ,
> то жилъ-бы съ большимъ просторнымъ
>   лицомъ:
> въ моихъ чертахъ не доносилъ-бы я
> что думать трудно и чего нельзя
> сказать ...
> И только руки наполнились-бы
> моею любовью и моимъ терпѣніемъ, —
> но днемъ работой-то закрылись-бы,
> ночь запирала-бъ ихъ моленіемъ.
> Никто кругомъ не бы узналъ — кто я.
> Я постарѣлъ, и моя голова
> плавала на груди внизъ, да съ теченіемъ.
> Какъ будто мягче кажется она.
> Я понималъ, что близко день разлуки,
> и я открылъ, какъ книгу, мои руки
> и оба клалъ на щеки, ротъ и лобъ ....
>
> Пустыя сниму ихъ, кладу ихъ въ гробъ, —
> но на моемъ лицѣ узнаютъ внуки
> все, что я былъ .... но всетаки не я;
> въ этихъ чертахъ и радости и муки
> огромныя и сильнѣе меня:
> вотъ, это вѣчное лицо труда.
>
>   Nachts, 6. Dez.

ausführlich gestaltet hat, dass einer der bedeutendsten Entwicklungsromane der deutschsprachigen Literatur entstanden ist.

Doch kehren wir zum Lyriker zurück: Das Gedicht »Nächtliche Fahrt« endet mit der Vorstellung, dass Petersburg eine phantastische Stadt ist, die sich jederzeit wieder in Luft auflösen könne, einer Vorstellung, die auch bei Dostojewskij zu finden ist. In seiner frühen Erzählung »Ein schwaches Herz« (1848) schildert Dostojewskij, wie an einem Winterabend der phantastische Charakter der Petersburger Wirklichkeit deutlich wird: Diese ganze Welt mit all ihren Bewohnern, mit den Hütten der Armen und den Palästen der Reichen wird in der Dämmerung zu einem »verrückten Traumgebilde«, das sich plötzlich wie eine Rauchwolke am dunkelblauen Himmel aufzulösen scheint. Bei Rilke heißt es:

»damals hörte diese Stadt
auf zu sein. Auf einmal gab sie zu,

daß sie niemals war, um nichts als Ruh
flehend; wie ein Irrer, dem das Wirrn
plötzlich sich entwirrt, das ihn verriet,
und der einen jahrelangen kranken
gar nicht zu verwandelnden Gedanken,
den er nie mehr denken muß: Granit –
aus dem leeren schwankenden Gehirn
fallen fühlt, bis man ihn nicht mehr sieht.«
Paris, im August 1907.

Fazit: Rilke gestaltet auch sein Russlanderlebnis ganz im Referenzrahmen der maßgebenden Grenzsituationen seines Gesamtwerks.

Und natürlich darf auch in unserem Kontext nicht vergessen werden, dass Rilke so gut Russisch konnte, dass er eine neue und eigenständige Übersetzung des »Igor-Liedes« unternommen und hinterlassen hat – leicht zugänglich in der Ausgabe: »Das Igor-Lied. Eine Heldendichtung«. Der altrussische Text mit der Übertragung von Rainer Maria Rilke und der neurussischen Prosafassung von D. S. Lichatschow. Herausgegeben von Wilhelm Haupt. Leipzig: Insel Verlag 1960 (= Insel-Bücherei Nr. 689).

SIEBENUNDZWANZIGSTES KAPITEL

Ichentwürfe:
Strategien der Autobiografie
zwischen Awwakum und Alexander Herzen

Vorbemerkung

Die Autobiografie als literarische Gattung hat bislang drei Texte hervorgebracht, die zur Weltliteratur gehören: die »Confessiones« des Augustinus (um 400), »Les Confessions« (1765–1770) von Jean-Jacques Rousseau und Goethes »Aus meinem Leben. Dichtung und Wahrheit« (1811–1822). Immer ist die Absicht zu spüren, Zeitgenossen und Nachwelt zu belehren, durchgehend der Hang zur philosophischen Erörterung der Frage nach dem Sinn des Lebens, wobei die Selbststilisierung des Autors im Vordergrund steht.

Erzähltechnisch gesehen, beherrscht die Ich-Form die Darstellung. Und was den »Realismus« betrifft, so sind das Nächste und das Fernste, das Intimste und das weltgeschichtlich Entscheidende in gleicher Weise erzählwürdig. Jean Paul hat das Wort »Selberlebensbeschreibung« geprägt, woran sehr schön zum Ausdruck kommt, dass man die Beschreibung des eigenen Lebens nicht anderen überlassen sollte.

Autobiografien versetzen den Leser auf besondere Weise in die Position eines Voyeurs. Der Autor ernennt seinen Leser zum Freund, dem er die Geheimnisse seiner Seele offenbart. Und das kann auf ganz verschiedene Weise geschehen: Selbstbezichtigung und Selbstrechtfertigung vermischen sich. Zu berücksichtigen bleibt, dass wir einen Raskolnikow anders wahrnehmen als den Autor einer Autobiografie, der sich selber zur Hauptperson werden lässt.

Russische Autobiografien

Ulrich Schmid hat in seiner Monografie aus dem Jahre 2000 russische Autobiografien zwischen Awwakum und Alexander Herzen analysiert und spricht von »Ichentwürfen«. Denn genau so ist es: Wer eine Autobiografie schreibt, entwirft sein eigenes Ich, erfindet sich regelrecht selbst: So bin ich und will auch nicht anders sein.

Ich denke, es lässt sich ohne Übertreibung sagen, dass die Art, wie Ulrich Schmid die Textsorte »Autobiografie« an Beispielen der russischen Literatur vor Augen führt, inzwischen als »klassisches Modell« zu gelten hat.

Als Leitlinie für die Systematisierung der analysierten Autobiografien dient die Unterscheidung zwischen Innenwelt (Seele) und Außenwelt (empirische Wirklichkeit). Awwakums »Leben« (Žitie, 1669–1675) kennt als »imitatio Christi« keine autonome Außenwelt. Das Ich wird als Text Gottes erfahren, und das Leben des Ich wird zur »Autohagiografie«. Das christliche Ideal des »richtigen Lebens« bedient sich schon sehr früh der Vorbildfunktion von Heiligenbiografien, vermerkt Ulrich Schmid: Deshalb kommt der Hagiografie in der Ausbildung lebensbeschreibender Texte eine zentrale Bedeutung zu.

Mit der »Aufklärung« im 18. Jahrhundert verändert sich die Situation. Alexander Herzens »Erinnerungen« (Byloe i dumy, 1851–1867) kennen keine Rückbindung der Innerlichkeit an das Göttliche mehr: Die Außenwelt wird als Kampfplatz um den rechten Ort im Leben positiv erfahren: Weltgeschichte als Familiendrama.

Dazwischen liegen als Wegmarken der Selbstbehauptung des Individuums: Fonwisins Rousseau-Adaption, Derschawins Selbstheroisierung, Gogols schizophrene Integration und Sergej Aksakows Rückzug aus der Krise in die Idylle.

Fazit: Autobiografien belegen, von 1669 bis 1867 betrachtet, das Unterwegs des europäischen Individuums zu sich selbst unter Ausblendung der Wirklichkeit, je nach Temperament und Charakter: Ichentwürfe als Versuche der Ichfindung unter den Augen einer imaginierten Öffentlichkeit – mit dem Leser als Voyeur.

ACHTUNDZWANZIGSTES KAPITEL

Die Sprache spricht: Futurismus – von Majakowskij über Chlebnikow zu Krutschonych

Die Sprache spricht. Was bedeutet das? In den ersten beiden Jahrzehnten des 20. Jahrhunderts kam es in der Literatur verschiedener europäischer Nationen dazu, die Sprache als solche zu betrachten, ohne Rücksicht auf die Bedeutung. In Frankreich hieß das »Surrealismus«, in Deutschland »Dadaismus« und in Russland »Futurismus«. Das war eine völlig neue Einstellung zur Tradition, obwohl Raoul Hausmann behauptete: »Dada war da, bevor Dada da war.«

Im normalen Gespräch unseres Alltags sind wir beim Verstandenen und achten nicht auf die Grammatik oder den Dialekt des Gesprächspartners. Die Sprache verbirgt sich, indem sie verstanden wird. Sobald wir aber auf die Sprache als solche achten, verschwindet das Verstandene und unsere Aufmerksamkeit richtet sich auf das Wort als solches. Wir sehen plötzlich, dass Wörter eine Physiognomie haben: Sie können kurz sein oder lang, und manche Buchstaben können komisch aussehen, wenn sie mit der Hand geschrieben werden. Kurzum: Ein Wort »besteht« immer aus Signum, Designatum und Intentum – auf Deutsch: aus dem Zeichen, dem Bezeichneten und dem Gemeinten. Und dieses Faktum geht verloren, wenn wir lesen oder zuhören und deshalb ganz auf das »Gemeinte« ausgerichtet sind, ohne uns das klarzumachen.

Im Deutschen hat uns der »Dadaismus« das durchaus »kindliche« Bewusstsein zurückgegeben, Sprache wieder als Sprache wahrzunehmen und die Automatismen von Sprachspielen nicht durch die »ernste« Kohärenz des Gemeinten zu unterbinden. Aber auch Unsinnspoesie wird, sprachgeboren, immer wieder zum Politikum, weil die Politik selber immer wieder an der Unsinnsküste strandet. Zu nennen sind hier insbesondere Hans Arp, Hugo Ball und Kurt Schwitters, die alle nur denkbaren Möglichkeiten des »Dadaismus« in ihre Praxis umgesetzt haben. Arp dichtet: »klavier, klasechs, klaacht, klazehn / das schwatz- und plauderblei im mund«; Ball behauptet: »Ich bin aus dem Abgrund der falsche Prophet / Der hinter den Rädern der Sonne steht«; und Schwitters wendet sich »An Anna Blume« mit den Zeilen: »Oh, Du, Geliebte meiner 27 Sinne, ich liebe Dir! / Blau ist die Farbe Deines gelben Haares, / Rot ist die Farbe Deines grünen Vogels«. Unter »Weisheiten« notiert Schwitters:

> Das Urteil ist ein Teil der Uhr,
> Jedoch ein kleines Teilchen nur.
>
> Vergangenheit ist eine Zier,
> Doch weiter kommt man ohne ihr.
>
> Ich pfeife auf die Ideale,
> Ich fraß den Apfel mit der Schale.

Man sieht: Der Unsinn wird gefeiert, weil in ihm die Überraschung steckt. Im Normalen steckt die Langeweile.

In Russland haben sich Wladimir Majakowskij, Welimir Chlebnikow und Alexej Krutschonych als Meister des »Futurismus« erwiesen. Worin aber besteht ihre Meisterschaft? Die inzwischen »klassische« Darstellung hat Vladimir Markov mit seiner Monografie »Russian Futurism. A History« geliefert (1968). Wichtig auch die von Vladimir Markov herausgegebenen »Manifeste und Programmschriften der russischen Futuristen« (1967).

Sehen wir uns nun, abschließend, die Biografien der drei russischen Meister an.

Wladimir Majakowskij lebte von 1893 bis 1930. 1908 wegen revolutionärer Tätigkeit als Mitglied der Bolschewiki verhaftet, besucht er ab 1910 eine Moskauer Kunstschule und widmet sich bald darauf der Dichtung: 1912 gibt er mit anderen das erste Manifest des russischen Futurismus heraus: »Eine Ohrfeige dem öffentlichen Geschmack« (Poščetčina obščestvennomu vkusu) und wird einer der bedeutendsten Vertreter des russischen Futurismus. Nach der Oktoberrevolution stellt er sich den neuen Machthabern zur Verfügung. Nach dem Bürgerkrieg Agitationsdichter im Dienst des neuen Staats und seiner kulturellen Einrichtungen. Meistübersetzter Dichter der Sowjetunion. Zwischen 1922 und 1930 Auslandsreisen. 1930 Selbstmord aus körperlicher und geistiger Erschöpfung. Wichtiges Dokument der Biografie: Wladimir W. Majakowskij: Liebesbriefe an Lilija. Herausgegeben und übertragen von Karl Dedecius (Frankfurt am Main 1969).

Welimir Chlebnikow lebte von 1885 bis 1922. Er studierte Mathematik, Biologie und Slawistik. Erste Gedichte 1908. Gründete mit David Burljuk und Alexej Krutschonych in Anlehnung an Marinetti den russischen Futurismus. Sein auf einer einzigen sprachlichen Wurzel aufgebautes Gedicht »Beschwörung durch Lachen« (Zakljatie smechom) machte ihn berühmt. Lebte in Moskau und an anderen Orten in Armut. 1921 mit kommunistischen Truppen in Persien. Betrachtete die »Übersinnsprache« (zaumnyj jazyk) als das der Dichtung angemessene Mittel. Für die Mehrzahl der Leser unverständlich. Seine »Gesammelten Werke in vier Bänden«, darunter auch seine Erzählungen, sind von 1968 bis 1971 in einem Nachdruck der Moskauer Ausgabe im Verlag Wilhelm Fink, München, erschienen: mit einem Vorwort von Vladimir Markov.

Alexej Krutschonych lebte von 1886 bis 1968 und gilt heute, neben Chlebnikow und Majakowskij, als führender Futurist. Seine Spezialität: »zaum«-Gedichte, das heißt: Gedichte in »translogischer Sprache« (zaumnyj jazyk): begriffslose Poesie mit neugebildeten, frei erfundenen Wörtern. Radikale Ablehnung der Tradition. 1930 Verfemung als »Formalist«. Entdeckte in der Dichtung Puschkins »Fehl-Lautungen« (sdvigi), die, wie er meinte, den Sinn stören. Vgl. hierzu: Dmitrij Tschižewskij (Hrsg.): Formalistische Dichtung bei den Slaven. Wiesbaden 1958. Krutschonych ist mit seiner »Unsinnspoesie« unter den russischen Futuristen zweifellos der radikalste, was allerdings zur Folge hat, dass seine originellen Experimente mit den Möglichkeiten seiner Muttersprache für einen nicht-russischen Leser kaum nachvollziehbar sind. Deswegen kann in unserem Kontext nur auf die abstrakten und somit verständlichen Erörterungen bei Vladimir Markov verwiesen werden (Russian Futurism. A History, op. cit.).

NEUNUNDZWANZIGSTES KAPITEL

Psychologie des Jugendalters, staatlich gesteuert: Anton Makarenkos »Der Weg ins Leben« und Karl Aloys Schenzingers »Der Hitlerjunge Quex«

Anton Makarenkos Hauptwerk erschien in Deutschland unter dem Titel »Der Weg ins Leben. Ein pädagogisches Poem« (Berlin 1954. Aus dem Russischen von Ingo-Manfred Schille). Gattungspoetisch sowohl Sachbuch als auch Roman, veranschaulicht das Werk höchst lebendig die Prinzipien kommunistischer Jugenderziehung. Makarenko, von Beruf Pädagoge, hat sich mit der Betreuung jugendlicher Straftäter größte Verdienste erworben. Aus dieser Praxis ist sein Hauptwerk hervorgegangen. Der erste Teil ist 1933 erschienen, der zweite und der dritte Teil 1935. Titel: »Pedagogičeskaja poema« (= Pädagogisches Epos, wodurch zwei Gattungen, die sich gegenseitig ausschließen, fusioniert werden. »Poema« mit »Poem« zu übersetzen, will diesen Gegensatz auflösen). Das Manuskript lag allerdings schon 1928 abgeschlossen vor, wurde vom Autor aber erst nach intensivem Zuspruch Maxim Gorkijs veröffentlicht. Als Standardwerk kommunistischer Lehrerausbildung gehört es zu den klassischen Werken der Sowjetliteratur. Gewidmet ist es »In Ergebenheit und Liebe unserem Paten, Freund und Lehrer Maxim Gorkij«. Makarenko lebte von 1888 bis 1939. Ab 1905 Lehrer. Von 1920 bis 1935 Aufbau und Leitung von Kolonien für jugendliche Straftäter. Ab 1935 Schriftsteller.

Worin besteht die Lehre seines Hauptwerks? In seiner einflussreichen »Geschichte der Sowjetliteratur« vermerkt Gleb Struve:

> »Makarenko war ein bekannter Sowjetpädagoge, der sich insbesondere krimineller Jugendlicher annahm, von denen es in der Sowjetunion eine große Anzahl gab. ›Der Weg ins Leben‹ beschreibt ausführlich das erzieherische Wagnis Makarenkos in der berühmten Gorkijkolonie für heimatlose und verwahrloste Kinder der Revolution. Im großen und ganzen klingt der Roman echt und ist für Untersuchungen über das sowjetische Erziehungssystem von großen Interesse, obwohl er vermutlich nicht alles oder nicht die ganze Wahrheit sagt.«

Im gleichen Sinne äußert sich Marc Slonim in seiner Monografie »Soviet Russian Literature«, wenn er Makarenko ehrliche Überzeugungen bescheinigt, die wie ein Infekt um sich griffen, so dass Millionen von Lesern seinen »gesunden Optimismus« teilen konnten.

Zweifellos hat Anton Makarenko die insgesamt 61 Kapitel seiner Doku-Fiktion »Der Weg ins Leben« mitreißend erzählt, so dass wir das Nachwort von E. Wendt zur deutschen Ausgabe von 1954 mit Zustimmung lesen können, worin es heißt:

> »Die Oktoberrevolution, von dem Neunundzwanzigjährigen leidenschaftlich begrüßt, eröffnete ihm ein weites Arbeitsfeld. 1918 und 1919 formen sich seine Anschauungen über die neue kommunistische Erziehung.«

Wie es scheint, wäre es jetzt geboten, die abendländischen Konzepte der Erziehung Revue passieren zu lassen: von der »Nikomachischen Ethik« des Aristoteles über Rousseaus »Emile oder Von der Erziehung« bis zu Jean Pauls »Levana oder Erziehlehre in Acht Bruchstücken«. Aber das ist hier nicht meine Absicht, denn es geht mir hier ausschließlich um den Tugendkatalog des totalitären Staates am Beispiel von Kommunismus und Nationalsozialismus.

»Der Hitlerjunge Quex« macht neuerdings wieder von sich reden, wenn auch nicht als Roman, so doch als Film (Regie: Hans Steinhoff, 1933), in dem Heinrich George die Rolle des kommunistischen Vaters spielt, der seinen Sohn davon abhalten will, in die Hitlerjugend einzutreten. Filmregisseur Nico Hoffmann hat sich im »Spiegel« vom 6. Mai 2017 über die »dunkle Vergangenheit« der Ufa geäußert.

> *Hoffmann*: Als Münchner Filmstudent habe ich die Propagandafilme aus dieser Zeit fast alle gesehen, mit Abscheu, aber auch mit riesigem Interesse. Die stärkste Wirkung auf mich hatte »Hitlerjunge Quex«, ein Film, in dem die Geschichte des »Dritten Reichs« am Werdegang eines Jungen erzählt wird, der sich seinem kommunistischen Vater widersetzt. Es gibt diese berühmte Szene, in der er dem von Heinrich George gespielten Vater erklärt, dass er in die Hitlerjugend eintreten will. Er führt die Debatte auf einem sehr erwachsenen Niveau, und am Ende ist man komplett auf der Seite des Nazijungen. Unfassbar, mit welchem Geschick diese Filme inszeniert sind.
> *Spiegel*: Kann ein Film, der hetzt und diffamiert, große Kunst sein?
> *Hoffmann*: Nein. »Quex« ist ein perfides Machwerk. Dasselbe gilt für »Jud Süß« oder für viele Filme von Leni Riefenstahl. Ich habe ihren »Triumph des Willens« bestimmt zehnmal angeschaut. Er hat mich als Student

enorm angezogen, auch weil die perfide Machart noch immer funktioniert. Bilder sind bis heute die stärkste Propaganda.

Wenden wir uns nun dem Roman von Karl Aloys Schenzinger zu: »Der Hitlerjunge Quex«, geschrieben von Mai bis September 1932, erschienen im Dezember 1932. Worum geht es auf den 256 Seiten, von denen es alsbald im Impressum heißt: »Gegen die Herausgabe dieser Schrift werden seitens der NSDAP keine Bedenken erhoben.« Gezeichnet: Der Vorsitzende der parteiamtlichen Prüfungskommission zum Schutze des NS-Schrifttums. München, 6. November 1934.

Schenzinger lebte von 1886 bis 1962. Nach Apothekerlehre Studium der Medizin in Freiburg, München und Kiel. Arzt in Hannover. Von 1923 bis 1925 in New York. Seit 1928 freier Schriftsteller. Anfangs nationalsozialistische Propagandaromane für den »Völkischen Beobachter«, dann romanartige Monografien zur Geschichte der technischen, naturwissenschaftlichen und industriellen Entwicklung: »Anilin« (1936), »Metall« (1939), »Atom« (1950), »Schnelldampfer« (1951) et cetera (Gero von Wilpert: Deutsche Autoren. Stuttgart 2004, S. 539).

In seiner »Geschichte der deutschsprachigen Literatur 1918 bis 1933« (München 2017) fasst Helmuth Kiesel zusammen:

»›Hitlerjunge Quex‹ gilt als Jugendbuch, und zweifellos versuchte Schenzinger auch, dem Erfahrungshorizont und der Gefühlswelt von Jugendlichen zu entsprechen. Zugleich geht es über das Niveau des Jugendbuchs hinaus, da es nicht um Kindheits- und Pubertätsprobleme geht, sondern um politische Bewußtwerdung, politische Identitätsfindung und Mobilisierung für den Bürgerkrieg. Man sieht das mit den Augen eines Jungen, dem aber Kindlichkeit weitgehend abhanden gekommen ist, und was an ihm noch kindlich ist, seine Treuherzigkeit und seine Begeisterungsfähigkeit, wirkt anrührend und einnehmend. Das Wirkungspotenzial des ›Hitlerjungen Quex‹ war beträchtlich und erklärt sowohl die hohe Auflage von 120 000 Exemplaren, die das Buch bis 1934 erreichte, als auch den Erfolg des Films, der 1933 nach dem Roman gedreht wurde, mit Starbesetzung (Jürgen Ohlsen als Heini, Heinrich George und Berta Drews als seine Eltern) und Liedern von Baldur von Schirach« (S. 966–967).

Schlusswort

Kommunismus und Nationalsozialismus werden auf dem Gebiet der Jugenderziehung von ein und demselben Prinzip geleitet: Loslösung des Individuums von Kirchen und Elternhaus und Eingliederung in ein Kollektiv, das dann, staatlich indoktriniert, als Befehlsempfänger bereitsteht. Die Indoktrinierung geschieht unter Nutzung jugendpsychologisch wirksamer Verhaltensmuster (Lagerleben, Geltungsdrang, Wettkampf).

Die Psychologie der Indoktrinierung lässt sich an Makarenkos »Der Weg ins Leben« und Schenzingers »Der Hitlerjunge Quex« wie unter der Lupe beobachten. Beide Texte dürfen als Meisterwerke der ideologischen Überrumpelung des Lesers gelten, und es überrascht nicht, dass Makarenko in der ehemaligen DDR ein hohes Ansehen besaß, während Schenzingers Text nach 1945 der Furie des Vergessens zum Opfer fiel.

DREISSIGSTES KAPITEL

Ein russisches Märchen: Igor Strawinskys »Geschichte vom Soldaten«

Was ist das für eine Geschichte, die uns hier »zu lesen, zu spielen und zu tanzen« mit orchestraler Begleitung erzählt wird? Aufführungsdauer 60 bis 70 Minuten. Eine Oper ohne Gesang, in der aber viel erzählt und gesprochen wird. Mit vier Schauspielern: dem Erzähler, dem Soldaten und dem Teufel sowie einer Prinzessin, die Pantomimen tanzt.

Zeit und Raum bleiben unbestimmt. Ein Soldat auf Urlaub ist unterwegs zu seinem Heimatort: mit leeren Taschen, im Sack nur eine Geige. Vom Teufel (als altem Mann) wird er in einen Handel verwickelt, gibt dem Mann seine Geige und erhält dafür ein Zauberbuch, das ihm Reichtum verspricht. Der Teufel fordert ihn auf, drei Tage seines Urlaubs bei ihm zu verbringen und ihm bei bester Bewirtung das Geigenspiel beizubringen. Als der Soldat nach Hause zurückkehrt, sind nicht drei Tage, sondern drei Jahre vergangen. Die Mutter läuft vor ihm davon, die Braut hat Mann und Kinder. Den Verzweifelten lehrt der Teufel (als Viehhändler), wie man mit dem Zauberbuch sein Glück machen kann. Der Teufel (als alte Frau, Kramhändlerin und Kupplerin) zeigt ihm seinen Plunder, darunter die Geige. Der dann reiche Soldat vermag das Instrument aber nicht mehr zu spielen. Er wirft die Geige weg und zerreißt das Zauberbuch. Das ist der Erste Teil der Geschichte, der aus drei Szenen besteht.

Der Zweite (und letzte) Teil besteht ebenfalls aus drei Szenen: Einem Aufruf folgend, gelangt der Soldat an den Königshof. Der König verspricht seine Tochter dem zur Frau, der sie von ihrer (seelischen) Krankheit heilt. Der Teufel tritt als Geigenvirtuose auf. Und der Soldat spielt ein Glücksspiel mit ihm um seine Geige, verliert, macht den Teufel betrunken, nimmt ihm die Geige ab und spielt auf ihr im Zimmer der Prinzessin, so dass sie von ihrer Krankheit befreit wird. Er fiedelt sie gesund, inspiriert ihre Pantomimen. Drei Tänze sind es, die er spielt: Tango (als Musik der Verruchtheit und des Todes), Walzer und Ragtime. Der Teufel überrascht ihn dabei; doch der Soldat spielt ihm zum Tanz auf, bis er erschöpft umfällt. Soldat und Prinzesssin umarmen einander. Der Teufel warnt den Soldaten, die Grenze zur Heimat nicht zu überschreiten. Die Prinzessin aber möchte die Herkunft des Soldaten erfahren und drängt ihn, seine Heimat aufzusuchen. Als der Soldat die Grenze überschreitet, bricht ihm der Teufel das Genick. Der Böse triumphiert. Mit dem Triumphmarsch des Teufels endet die Geschichte vom Soldaten.

Wir haben es mit einer Liebesgeschichte zu tun, worin ein Soldat mit seinem Spiel als Geigenvirtuose seine Prinzessin von ihrer Depression befreit und ihre Liebe gewinnt. In ihren Pantomimen findet sie ihr Glück. Er kann sie aber nicht heimführen, weil ihm der Teufel einen Strich durch die Rechnung macht. Igor Strawinsky und seinem Librettisten Charles Ferdinand Ramuz ist ein gattungspoetisches »Unikum« gelungen, das Meisterstück einer Einheit des völlig Disparaten. Verflucht sei, wer hier nach einem tieferen Sinn sucht! Das Unglück lauert dem Glücklichen auf. Aus dem Banalen entsteht das Erhabene. Wort und Musik kommen zueinander in sonderbarstem Zwiegespräch. Es entsteht der Eindruck einer Improvisation hier und jetzt.

Betrachten wir nur die Instrumentierung: Sieben Instrumentalisten befinden sich gut sichtbar auf der Bühne. A-Klarinette, Fagott und Tenor- plus Bass-Posaune im Hintergrund, Kontrabass und Kornett in A im Mittelfeld, Geige und Schlagzeug vorne (2 Rührtrommeln, mit und ohne Schnarrsaiten, Schellentamburin, große Trommel, Becken, Triangel).

»Gattungsgeschichtlich und werkstilistisch bleibt Strawinskys Geschichte vom Soldaten als janusköpfig anzusehen: Rückwärts gesehen hat sie polymetrische, spaltpolyphone, engintervallige Elemente russischer Herkunft nachgebildet, vorwärts gesehen hat sie Stereotypen neuerer westlicher Gebrauchsmusik stilisiert: Marsch, Walzer, Tango, Paso doble und Ragtime. Gattungspoetisch hat sie das musikalische Miniaturtheater, Fabelspiel und Farce, auch instrumental vorgeprägt. Umdeutungen und Ausweitungen der Geschichte vom Soldaten in Richtung eines multimedialen oder Agitprop-Theaters bleiben seit den 70er Jahren nicht aus« (Lindlar 1982, S. 83).

Der beherrschende Reiz des Ganzen besteht hier zweifellos im märchenhaften Charakter der Handlungsführung. Durch fehlende Kulisse und die Instrumentalisten auf der Bühne werden Zuhörer und Zuschauer sofort in eine Welt der Kunst entführt, in der alles möglich ist und die greifbare Existenz des Teufels in verschiedenster Gestalt nicht verwundert; und ein Soldat, der Geige spielt, fesselt unsere Aufmerksamkeit von Anfang bis Ende.

Tatsächlich haben Strawinsky und Ramuz ihrem »erlesenen« Konstrukt ein russisches Märchen zugrundegelegt, das alle Details assoziativ überlagert, selbst aber nie die Herrschaft übernimmt. Es ist das »Märchen vom Soldaten, der die Prinzessin erlöste«. Erzählt wird darin auf knapp acht Seiten, wie der Soldat ein ganzes Rudel von Teufeln trickreich besiegt und damit die Zarentochter vom »bösen Geist« befreit, der sie schon das dritte Jahr jede Nacht heimgesucht hat. Der erste Absatz lautet:

> »Es war einmal ein Soldat, der wurde nach den fernen Grenzen seines Landes geschickt. Dort diente er die festgesetzte Zeit, dann erhielt er seinen Abschied und machte sich auf den Weg in die Heimat. Er wanderte durch viele Länder, durch die verschiedensten Reiche und kam auch einmal in die Hauptstadt. Bei einer alten Frau nahm er Quartier und fing an, sie auszufragen: ›Wie steht es in euerm Reich, Großmütterchen, ist alles gesund?‹ – ›Ach nein, Soldat! Unser Zar hat eine wunderschöne Tochter, Prinzessin Marfa, um die warb ein fremder Prinz, und als sie ihn nicht wollte, legte er einen bösen Geist in sie. Nun ist sie schon das dritte Jahr krank, in der Nacht lässt ihr der böse Geist keine Ruhe, die Ärmste schlägt sich und schreit, bis sie bewusstlos wird. Was hat der Zar nicht alles schon unternommen? Zauberer und Magier hat er herbeigerufen, doch keiner konnte sie erlösen!‹ Als der Soldat das hörte, dachte er bei sich selber: ›Wohlan, ich will mein Glück versuchen, vielleicht kann ich die Prinzessin erlösen, und der Zar gibt mir eine Belohnung auf den Weg.‹ Er nahm seinen Soldatenmantel, reinigte die Knöpfe mit Kreide, zog ihn an, – und marsch, in den Palast! Beim Eingang erblickte ihn eine kaiserliche Dienerin, und als sie erfahren hatte, weshalb er gekommen war, nahm sie ihn bei der Hand und führte ihn zum Zaren. ›Grüß euch Gott, Soldat, was hast du mir Gutes zu berichten?‹ ›Ich wünsche eurer kaiserlichen Majestät ein langes Leben! Ich habe gehört, dass eure Tochter krank ist und will sie heilen.‹ ›Gut, Bruder, wenn du sie heilen kannst, dann will ich dich von Kopf bis zu den Füßen mit Gold überschütten.‹«

Und so geschieht es auch. Die Geschichte nimmt ein gutes Ende. Der letzte Satz lautet: Der Soldat reiste »in seine Heimat und lebte dort reich und glücklich.« Zuvor begegnet er den Teufeln, die er in die Flucht geschlagen hatte. »Als die Teufel ihn sahen, erschraken sie so, dass sie sich alle Hals über Kopf in das Loch unter dem Mühlrad stürzten. Und dort blieben sie bis in alle Ewigkeit« (Russische Märchen, 1954, S. 60–67).

Die »Geschichte vom Soldaten« aber nimmt ein böses Ende. Der Teufel bricht dem Soldaten das Genick. Und doch ist der Referenzrahmen in beiden Fällen der gleiche: mit einer Liebesgeschichte wie auch immer im Mittelpunkt, eingelagert in den Kampf zwischen Soldat und Teufel, der in verschiedensten Gestalten auftritt. Erst Strawinskys Musik lässt allerdings das

Märchen zu einer Erscheinungsform der Avantgarde werden: über die Zeiten hinweg, bis heute.

Biographische Nachbemerkung

Strawinsky, Igor, russischer Komponist. 17. 6. 1882 Oranienbaum bei St. Petersburg – 6. 4. 1971 New York. 1914 Emigration in die Schweiz, seit 1920 Frankreich, seit 1939 USA. Seit 1934 französische, seit 1945 amerikanische Staatsbürgerschaft. Detaillierte Beschreibung von Herkunft, Leben und Werk in Heinrich Lindlar: Lübbes Strawinsky Lexikon. Bergisch Gladbach 1982, S. 6–17.

Ramuz, Charles Ferdinand, schweizerischer Romanschriftsteller französischer Sprache. 24. 9. 1878 Cully-sur-Lausanne/Vaud – 21. 5. 1947 Lausanne. Daten zu Herkunft, Leben, Werk und Forschung in Gero von Wilpert: Lexikon der Weltliteratur. Biographisch-bibliographisches Handwörterbuch nach Autoren und anonymen Werken. Fremdsprachige Autoren. 2 Bde. Stuttgart 2008. Bd. 2, S. 1498–1499.

EINUNDDREISSIGSTES KAPITEL

Abschied von gestern:
Iwan Bunins Roman »Das Leben Arsenjews«

Vorbemerkung

1933 erhielt Iwan Bunin den Nobelpreis »für die strenge Kunst, in der er die klassische russische Tradition in der Prosadichtung weitergeführt hat«. 1870 in Woronesch geboren, verlässt Iwan Bunin 1920 Russland, um in Frankreich zu leben, wo er 1953 in Paris gestorben ist.

Der Roman »Das Leben Arsenjews« ist zu Lebzeiten Bunins dreimal erschienen. Zunächst in den Emigrantenzeitschriften »Rossija«, »Poslednie novosti« und »Illustrirovannaja Rossija« (Paris) von 1927 bis 1937. Danach in der Zeitschrift »Sovremennye zapiski« (Paris) von 1928 bis 1933 (ohne die letzten Kapitel des Fünften Buches, die noch nicht geschrieben waren). Und schließlich erschien im Tschechow-Verlag, New York, eine separate Ausgabe des Romans: Copyright beim Autor. Diese Edition liegt der heute gültigen Textfassung zugrunde – als Band 6 der Ausgabe: I. A. Bunin: Sobranie sočinenij. 9 Bde. Moskva: Izdatel'stvo »Chudožestvennaja literatura« 1965–1967.

»Das Leben Arsenjews«

1980 erschien im Hanser-Verlag, München, die deutsche Übersetzung von Georg Schwarz. Eingekleidet als Autobiografie einer fiktiven Person, beschwört der Roman eine Jugend im vorrevolutionären Russland. Bunins Anknüpfen an Puschkin, Turgenjew, Tolstoj und Tschechow ist deutlich zu spüren. Über dem Ganzen liegt die Melancholie angesichts einer verlorenen Welt. Der »Blick zurück« aus der Emigration erfasst diese verlorene Welt wirklichkeitsschaffend als unwiederbringlich.

Und so wurde Bunins Meisterwerk schon früh mit Marcel Prousts Meisterwerk »Auf der Suche nach der verlorenen Zeit« (1913–1927) in Beziehung gesetzt. Allerdings fehlt bei Proust die spezielle politische Implikation, die bei Bunin unausgesprochen überall vorhanden ist. Die »Jugend« in Bunins Text ist ebenso vergangen wie das ihr entsprechende Milieu. Lenins Oktoberrevolution des Jahres 1917 mit den »Zehn Tagen, die die Welt erschütterten« hat den Zauber dieses Milieus für immer zerstört. Aus diesem Zauber aber bezieht Bunins Text seinen besonderen Reiz.

Bunins »Leben Arsenjews« leistet zweierlei gleichzeitig: Auf der psychologischen Ebene ist es die Erinnerung eines erwachsenen Mannes an seine Jugendzeit in Form einer Autobiografie. Auf der politischen Ebene aber ist es die historische Rekonstruktion eines Milieus, das durch die Revolution vernichtet wurde. Das Cover der deutschen Übersetzung im Hanser-Verlag plakatiert zu Recht: »Das Leben Arsenjews. Eine Jugend im alten Rußland«, während das Titelblatt den Untertitel weglässt. Das russische Original enthält den Untertitel »Eine Jugend« (= Junost').

Halten wir fest: »Das Leben Arsenjews« spricht zu uns auf zwei verschiedenen Ebenen: mit einem jeweils anderen Ziel der Information. Um Bunin adäquat zu verstehen, haben wir als die von ihm angesprochenen Leser beide Informationsziele im Auge zu behalten.

Anders ausgedrückt: Bunins Roman »Das Leben Arsenjews« präsentiert uns zwei verschiedene »Zeitwelten«. Der Begriff »Zeitwelt« wurde von dem Philosophen Reiner Wiehl geprägt: »Zeitwelten. Philosophisches Denken an den Rändern von Natur und Geschichte« (Frankfurt am Main: Suhrkamp Verlag 1998). Wiehl definiert folgendermaßen: »Zeitwelten sind subjektive Eigenwelten.« Eine Zeitwelt ist eine »einzigartige Welt«, verbunden mit einer »je einmaligen Zeit« und einem »je einzigen Subjekt«. Das heißt:

> »Eine Zeitwelt ist in dieser Verbindung ein Individuum: eine einmalige, einzigartige, einzige Verbindung von Welt, Zeit und Subjekt. Die Komponenten dieser Verbindung gehören untrennbar zusammen. Keine hat außerhalb ihrer Verbindung ein eigenständiges Sein« (S. 7).

Fazit

Bunins Roman »Das Leben Arsenjews« konfrontiert uns zunächst mit der Zeitwelt des Ich-Erzählers Arsenjew, der in fünf Teilen (die er »Bücher« nennt) über seine Jugend und den schließlichen Tod des geliebten Mädchens Lika berichtet. Mit der Lektüre dieses literarischen Textes werden wir in eine Zeitwelt entführt, die so und nicht anders nur auf Grund dieses einen literarischen Textes existiert.

Der Roman »Das Leben Arsenjews« konfrontiert uns aber auch mit der Zeitwelt Bunins, innerhalb derer er »Das Leben Arsenjews« geschrieben hat. Und wir sehen plötzlich, dass Bunin durch Lenins erfolgreiche Revolution zur Emigration gezwungen wurde und von 1927 bis 1933 sein eigenes Dasein im »alten Russland« nacherzählt – mit einem fiktiven Ich-Erzähler. Wir befinden uns damit in einer Zeitwelt, deren Realien von unserem eigenen Wissen mitbestimmt werden. Samjatins Roman »Wir« steht plötzlich neben Bunins »Leben Arsenjews« als sowjetische »Fortsetzung« des alten vorrevolutionären Russlands. Wir sammeln Kennnisse über das Leben Bunins, der von 1870 bis 1953 lebte, und recherchieren die lebensgeschichtlichen Kontexte seiner anderen Werke. Und doch können wir zu jeder Zeit zur autonomen Zeitwelt des Romans »Das Leben Arsenjews« zurückkehren und darin vorgegebenes Neues entdecken.

An dieser Stelle jedoch breche ich meine Überlegungen ab, denn es sind jetzt alle Voraussetzungen gegeben, um sich den Roman »Das Leben Arsenjews« als autonome oder auch abhängige Zeitwelt anzueignen.

ZWEIUNDDREISSIGSTES KAPITEL

Parodien der Literatur:
Kosma Prutkow – gemeinsames Pseudonym Alexej Tolstojs und der Brüder Shemtschushnikow

Den Dichter Kosma Prutkow hat es nie gegeben. Sein Leben und seine Werke wurden von seinen »Zeitgenossen« Alexej Tolstoj und den Brüdern Shemtschushnikow erfunden. Ja, die renommierte »Biblioteka poeta« präsentiert einen ganzen Band mit den Werken Kosma Prutkows (480 Seiten), der nun neben Nekrasow, Zwetajewa und Fet in unserem Bücherschrank steht: mit von ihm selbst signiertem Porträt, aus dem er seine Leser stolz und verächtlich anblickt: als physiognomische Verkörperung der Parodie unseres Wissens.

Sucht man nach einer Parallele in der deutschen Literatur, so wären mit entfernter Ähnlichkeit Christian Morgensterns »Galgenlieder« (ab 1905) zu nennen, in denen jeweils das Bewusstsein »Palmströms«, »Palma Kunkels« und des »Gingganz« schöpferisch tätig wird: als »ein Lugaus der Phantasie ins Rings«, wie Morgenstern selber sagt. Hier drei Bespiele: Parodie, Scherzgedicht und Unsinn.

Das Gebet

Die Rehlein beten zur Nacht,
hab acht!
   Halb neun!
   Halb zehn!
   Halb elf!
   Halb zwölf!
   Zwölf!
Die Rehlein beten zur Nacht,
hab acht!
Sie falten die kleinen Zehlein,
die Rehlein.

Morgenstern liefert hier eine Parodie auf das »Trunkene Lied«, das Nietzsches »Zarathustra« durchzieht und mit dem Nietzsches berühmtester Text schließlich auch endet, als Mahnruf und Auftakt:

> O Mensch! Gib acht!
> Was spricht die tiefe Mitternacht?
> »Ich schlief, ich schlief –,
> aus tiefen Traum bin ich erwacht; –
> Die Welt ist tief,
> und tiefer als der Tag gedacht.
> Tief ist ihr Weh –,
> Lust – tiefer noch als Herzeleid:
> Weh spricht: Vergeh!
> Doch alle Lust will Ewigkeit –,
> will tiefe, tiefe Ewigkeit!«

Ein Scherzgedicht wiederum liefert Morgenstern mit:

> Wie sich das Galgenkind
> die Monatsnamen merkt
>
> Jaguar
> Zebra
> Nerz
> Mandrill
> Maikäfer
> Pony
> Muli
> Auerochs
> Wespenbär
> Locktauber
> Robbenbär
> Zehenbär

Und reinen Unsinn liefert:

> Die Mittagszeitung
>
> Korf erfindet eine Mittagszeitung,
> welche, wenn man sie gelesen hat, ist man satt.
> Ganz ohne Zubereitung
> irgendeiner andern Speise.

Jeder auch nur etwas Weise
hält das Blatt.

Den »Galgenliedern« lässt Christian Morgenstern deren Deutungen durch Jeremias Mueller, Dr. phil., Privatgelehrter, folgen unter dem Titel »Das aufgeklärte Mondschaf«. Darin heißt es über das Gedicht »Der Rabe Ralf«: »In diesem Gedicht wird die Sozialdemokratie charakterisiert bzw. ihr Übergang von Lassalleschen zu Marxistischen Ideen.« Die erste Strophe des Gedichts lautet:

Der Rabe Ralf
will will hu hu
dem niemand half
still still du du
half sich allein
am Rabenstein
will will stiill still hu hu

Fazit: Die Werke Kosma Prutkows eröffnen den gleichen Denkraum wie Christian Morgensterns »Galgenlieder« und deren Deutung durch Jeremias Mueller, Dr. phil., Privatgelehrter. In diesem Denkraum werden weder Primärtext noch Deutung ernst genommen: gefeiert werden gespielte Naivität gegenüber der Tradition und falsche Gelehrsamkeit, wodurch die Sprache von ihrer Fesselung im Dienste alltäglicher Kommunikation und der Wissenschaft befreit wird, was wenig später Dadaismus, Surrealismus und Futurismus systematisch betrieben haben. Für diese Befreiung sind die Werke Kosma Prutkows das erste und zugleich umfassende Dokument, dessen Lektüre eine Rückbesinnung auf die schlummernde Autonomie sprachlicher Ausdrucksformen in Gang setzt.

Gegliedert sind die »Sämtlichen Werke« Kosma Prutkows folgendermaßen: Gedichte, Resultate der Besinnung (Gedanken und Aphorismen), Aufzeichnungen meines Großvaters in Auszügen, Bühnenstücke, Biographische Informationen, Anhänge. Die immanente Ironie der Edition liegt darin, dass hier kein Werk vorliegt, das zur Edition ansteht: vielmehr wird das Werk eines nicht-existenten Dichters erst erfunden, damit diese Edition möglich wird. Das heißt: Seine Werke lassen auch sein Leben »wirklich« werden: jene haben dieses zur Folge. Nachzulesen ist nun: Kosma Pertrowitsch Prutkow wurde am 11. April 1803 geboren und starb 1863 nach vierzig Jahren Dienst im Finanzministerium. Erst im Alter von fünfzig Jahren entdeckte er sein Talent als Dichter und Schriftsteller.

Wie wir inzwischen wissen, wurde er von dem Triumvirat Alexej Tolstoj (1817–1875), Alexej Shemtschushnikow (1821–1908) und Vladimir Shemtschushnikow (1830–1884) erfunden. Alle drei waren adeliger Herkunft, hatten einen besonderen Sinn für Humor und keinen Sinn für die Revolution. Sie feierten gerne, waren jederzeit für Späße zu haben und fehlten nicht bei den zahlreichen Geselligkeiten ihres »Milieus«. Dem entsprach auch ihr »Kosma Prutkow«: kritisch und lustig, niemals aber hat er die Grenze des Erlaubten überschritten. Zwar wurde sein erstes Bühnenstück, »Phantasie«, das die Gattung des Vaudeville durch maßlose Übertreibung des Unwahrscheinlichen verulkte, vom Zaren Nikolaus I., der bei der Premiere anwesend war, sofort verboten; das lag aber daran, dass dem Zaren die Intention verborgen blieb, so dass er das Stück für »unsinnig« hielt.

Allerdings wurde die Rezeption Kosma Prutkows in der russischen Öffentlichkeit von einem ständigen Missverständnis begleitet, das die Frage aufwirft, ob denn eine Parodie das Parodierte wirklich vernichtet. So ist innerhalb der deutschen Literatur Friedrich Schiller der meist parodierte Dichter, doch haben die Parodien in keiner Weise seiner Dichtung geschadet. Einen Sonderfall liefert Cervantes mit seinem »Don Quijote«: Die Parodie wurde bis ins letzte Detail unsterblich, und die parodierten Ritterromane kennt heute niemand mehr.

Die Parodie kann also das Parodierte vernichten, muss es aber nicht. So gilt etwa auch für Christian Morgensterns Nietzsche-Parodie, dass Nietzsches Gedicht, recht besehen, davon unbetroffen bleibt. Dieser Gedanke ist, wie ich meine, auch auf Kosma Prutkows Parodien anzuwenden. Das Triumvirat, das hier seinen Dichter erfunden hat, wollte durch Parodie geistreich vernichten. Das damit beschworene Phänomen aber hat zwei Gesichter.

Die Werke Prutkows können als kritische Abrechnung mit der Spätromantik gelesen werden, aber auch als naive Bestätigung des Parodierten, das den »Kitsch-Menschen« im Leser beherbergt. Insofern dürfen die »Gesammelten Werke« Kosma Prutkows als ästhetisches Faszinosum betrachtet werden, was zweifellos nicht das Ziel der drei Erfinder dieses Dichters gewesen ist.

In seiner »Russischen Literaturgeschichte des 19. Jahrhunderts« (1967) vermerkt Dmitrij Tschižewskij: »Kosma Prutkows Werke erfreuen sich bis heute einer großen Beliebtheit. Da die parodierten Werke zum größten Teil der Vergessenheit anheim gefallen sind, empfindet man seine Gedichte jetzt oft einfach als Scherzgedichte.«

Als Beispiel für Prutkows Parodie »spät-byronistischer« Zeitgenossen zitiert Tschižewskij in eigener Übersetzung:

> Wenn du in der Menge einem Menschen begegnest,
> der nackt ist,
> Dessen Stirn finsterer ist als der neblige Kazbek,
> dessen Schritt schwankend ist,
> Der mit immer neuer Bosheit jede Generation verwundet,
> Dem die Menge wütend seinen Lorbeerkranz
> herunterreißt,
> Wisse – das bin ich!
> Auf meinen Lippen ist ein ruhiges Lächeln,
> in meiner Brust – eine Schlange!

Auch scheue sich Prutkow nicht, zu formulieren, wie Wahrheit, Schönheit und Glück im Polizeistaat Nikolaus I. zu erreichen sind:

> Nur im Staatsdienst erkennst du die Wahrheit.
> Willst du schön sein, dann geh zu den Husaren.
> Einen mit Sternen besäten Himmel werde ich mit der Brust
> eines verdienten Generals vergleichen.
> Willst du ruhig leben, dann buche Trauer und
> Unannehmlichkeiten nicht auf dein eigenes Konto, sondern auf
> das des Staates.

So akzentuiert Dmitrij Tschižewskij seine Darstellung des Dichters, den es nicht gegeben hat.

Und Prutkow-Experte B. Buchstab beschließt seine umfassende »Einführung« mit dem Satz: »Das Werk Kosma Prutkows ist mit seinen besten Zügen ganz auf den Kampf des russischen progressiven Gedankens ausgerichtet, eine engagierte Kunst zu sein, die in der Wahrheit ihre Wirklichkeit hat« (Moskau 1965). Integration ist hier alles.

DREIUNDDREISSIGSTES KAPITEL

Was muss der Leser wissen?
Ein Gespräch ohne Ende zwischen einem Idealisten und einem Skeptiker über Weltliteratur heute

Vorbemerkung

»Ich« bin der Idealist. »Er« ist der Skeptiker. Wir duzen uns. Das will aber nichts heißen, sind wir doch beide Komponenten und das bedeutet »Stimmen« eines einzigen Bewusstseins. Jeder von uns will recht behalten. Denn: »Lesetipps« sind ja das Resultat einer Selektion, die jeweils begründet wird. Und der Leser ist es, der für sich entscheidet, was er glauben wird.

Gespräch ohne Ende

Ich: Die Weltliteratur ist eine große Herausforderung für den begeisterten Leser. Und doch dürfen wir glücklich sein, dass sich über die Jahrhunderte hindurch ein verbindlicher Kanon des Lesenswerten herausgebildet hat.
Er: Einen solchen Kanon kann es nicht geben. Jede Generation hat ihren eigenen Kanon, weil alle Wertung zeitbezogen ist und auf Kontexten beruht, die sich ändern.
Ich: Das mag für einen jeweils begrenzten Referenzrahmen zutreffen, und doch hat sich, aufs Ganze gesehen, ein fester Kanon der abendländischen Literatur herausgebildet. So kann Ezra Pound unwidersprochen behaupten, dass die Kenntnis von insgesamt vier Texten die Basis unserer abendländischen Bildung ausmacht. Und er nennt von Homer die »Ilias« und die »Odyssee«, von Ovid die »Metamorphosen« und von Dante »Die Göttliche Komödie«.
Er: Zweifellos keine schlechte Auswahl. Und doch wird jede Zeit andere Kriterien dafür parat haben, warum gerade diese Werke so zu schätzen sind. Ich würde den vier Texten Ezra Pounds noch die drei großen Autobiographien hinzufügen: die »Bekenntnisse« des Augustinus, die »Bekenntnisse« Rousseaus und Goethes »Aus meinem Leben. Dichtung und Wahrheit«. Auch hier werden die Kriterien der Hochschätzung jeweils zeitbedingt wechseln.
Ich: Den vier Texten Ezra Pounds würde ich noch die »Bibel« hinzufügen: das »Alte Testament« und das »Neue Testament«. Hier würde ich aller-

dings Dir voll zustimmen, dass die Kriterien für Anerkennung und Ablehnung jeweils zeitbedingt sind. Denn die »Bibel« ist kein normaler literarischer Text, wenn sie auch als eine Enzyklopädie aller nur denkbaren Erzählverfahren zu gelten hat.

Er: Was aber heißt in diesem Zusammenhang »normal«? Und damit sind wir bei unserem heutigen Thema angelangt: »Lesetipps zur russischen Literatur«. Unsere Auswahl umfasst ja auch nicht-literarische Texte wie John Reeds »Ten Days That Shook the World« und René Fülöp-Millers »Der Heilige Teufel. Rasputin und die Frauen«.

Ich: Und unsere Auswahl hat nicht die Aufstellung eines Kanons zum Ziel, obwohl sie einen solchen Kanon bezüglich der russischen Literatur parat hält.

Er: Den wir diskutieren müssen.

Ich: Es werden aber gezielt auch solche Werke nach vorn gerückt, die ausschließlich aufgrund ihrer politischen Tendenz Interesse erweckt haben, wie zum Beispiel Tschernyschewskijs Roman »Was tun?« oder Makarenkos »Der Weg ins Leben«.

Er: Die russische Literatur besteht als Ganzes aus einer großen Anzahl unterschiedlichster Textsorten, vom lyrischen Vierzeiler Tjutschews (Umom Rossiju ne ponjat') bis zum vierbändigen Epos »Krieg und Frieden«.

Ich: Was also muss der Leser wissen, wenn er sich der russischen Literatur nähern möchte, ohne Slawistik studiert zu haben?

Er: Genau darum geht es. Wie kann man einem gebildeten Leser die russische Literatur nahebringen, ohne dass er zuvor Slawistik studiert hätte.

Ich: Erläutern wir also unsere Gliederung.

Er: Sie hat ihr Zentrum darin, dass es seit 1917 siebzig Jahre lang zwei russische Literaturen gegeben hat: eine prosowjetische und eine antisowjetische, deren Ursprung allerdings schon im 19. Jahrhundert festzustellen war, als sich die Slawophilen von den Westlern trennten.

Ich: Ganz so einfach aber liegen die Dinge nicht. Und deshalb präsentieren wir ja auch keine Geschichte der russischen Literatur in chronologischer Folge. Die einzelnen Epochen dieser Geschichte sind zwar als Faktum gegeben und lassen sich nicht verändern. Immer wieder aber haben gelungene Kunstwerke den Kontext, aus dem sie hervorgegangen sind, durchbrochen und hinter sich gelassen, so dass sie als Veranschaulichungen ahistorischer Paradigmen über den Zeiten stehen und zeitlos verständlich sind.

Er: Wer behauptet das?

Ich: Immanuel Kant hat dies mit seiner »Kritik der Urteilskraft« bewiesen,

worin er zwischen mechanischer Kunst und schöner Kunst unterscheidet. Mechanische Kunst ist Produkt des Verstandes und lässt sich erlernen. Schöne Kunst aber ist Produkt des Genies, das nach Regeln schafft, die es selber nicht kennt, im Umgang aber mit der zur Gestaltung anstehenden Sache (dem »Zweck«, wie Kant sagt) befolgt. Und diese Befolgung von Regeln, die der Autor selber nicht kennt, bringt die »ästhetischen Ideen« hervor: Anschauungen, denen niemals ein Begriff entspricht: Sie stellen sich bei der Lektüre eines Werks der Schönen Kunst im Leser ein, als freie Assoziationen zum Dargestellten, die bei jedem Leser jeweils andere sind. Das allen Lesern eines Werks der Schönen Kunst Gemeinsame aber besteht im »interesselosen Wohlgefallen«: einem Gefühl, das unabhängig von der gestalteten Thematik ist, weil sein Auslöser die »freie Schönheit« (pulchritudo vaga) ist, die im freien Spiel unserer Erkenntniskräfte »Einbildungskraft« und »Verstand« zustandekommt. Der Verstand schematisiert angesichts der freien Schönheit, deren Material die Einbildungskraft bereit stellt, ohne Begriff. Und diese Art der verlockenden, aber ausbleibenden Schematisierung löst Lust aus. Ein Paradoxon unseres Bewusstseins, wie Kant vermerkt. Ja, wörtlich heißt es: »Obzwar mechanische oder schöne Kunst, die erste als bloße Kunst des Fleißes und der Erlernung, die zweite als die des Genies, sehr voneinander unterschieden sind, so gibt es doch keine schöne Kunst, in welcher nicht etwas Mechanisches, welches nach Regeln gefasst und befolgt werden kann, und also etwas ›Schulgerechtes‹ die wesentliche Bedingung der Kunst ausmachte. Denn etwas muss dabei als Zweck gedacht werden, sonst kann man ihr Produkt gar keiner Kunst zuschreiben; es wäre ein bloßes Produkt des Zufalls. Um aber einen Zweck ins Werk zu richten, dazu werden bestimmte Regeln erfordert, von denen man sich nicht freisprechen darf.«
Er: Sieh an, er kann seinen Kant auswendig.
Ich: Warum wohl? Kant lässt deutlich werden, dass zur vernünftigen Beurteilung eines Kunstwerks auf Seiten des Lesers auch die Einsicht in das darstellungstechnische Know-How des Autors nötig ist. Als Basiswissen. Und dieses Know-How sieht im Epos anders aus als in der Lyrik und im Drama. Konfrontiert mit einem genialen Kunstwerk, taucht für den Leser eine ganz andere Gefahr auf: seine Wertschätzung an inhaltlichen Elementen festzumachen und nicht das Wohlgefallen ohne alles Interesse zu reflektieren, das angesichts der »freien Schönheit« keinen thematischen Rückbezug kennt. Das heißt: Ein abstoßender Inhalt, wie etwa »Die Erschießung der Aufständischen« von Goya ist im Sinne der »freien Schönheit« durchaus ein schönes Bild. Um nicht den Faden zu

verlieren: Für all diese Überlegungen liefern unsere »Lesetipps zur russischen Literatur« eine Schulung durch Textbeispiele verschiedenster Machart. Damit solche Schulung erfolgreich sein kann, ist natürlich die gleichzeitige Lektüre einschlägiger Lehrbücher zur Literaturtheorie notwendig, wie etwa »Theory of Literature« (New York 1949) von René Wellek und Austin Warren. Zu empfehlen sind auch Hegels »Vorlesungen über die Ästhetik« sowie Walter Mehrings Autobiographie einer Kultur unter dem Titel »Die verlorene Bibliothek«. Immer geht es um den Status der Weltliteratur im Referenzrahmem unserer Kultur, die von der Informationsflut der Massenmedien immer nachhaltiger beherrscht wird, obwohl diese auf den einsamen Leser und seine Welt gar nicht verzichten können.
Er: So sehe ich das auch.
Ich: Schon ein erster Blick auf die Gliederung unserer »Lesetipps« lässt erkennen: Hier geht es um Einzeltexte, die zum Teil separat, zum Teil in Gruppen präsentiert werden. Ein einziges Mal wird der Leser zum Zeugen eines Gesprächs zwischen zwei Dichtern: Gottfried Benn und Vladimir Nabokov unterhalten sich in einem Café am Kurfürstendamm über Literatur. Ansonsten sprechen die Texte, die allerdings zuweilen verdolmetscht werden müssen, um nicht missverstanden zu werden. Die Dostojewskij-Forschung der USA nach 1945 erhält ein eigenes Kapitel: als Gegengewicht zur Deutung literarischer Texte in der gleichzeitigen Sowjetunion. Ein buntes Programm, das den Leser hellsichtig machen will gegenüber der russischen Literatur vom »Igor-Lied« bis »Doktor Schiwago«. Zum Abenteuer der Interpretation gehört auch der rechte Umgang mit den Kitsch-Elementen, die von verschiedenen großen Dichtern systematisch eingesetzt werden, um ihre Leser zu fesseln. Man denke nur an Puschkins fünf »Geschichten des verstorbenen Iwan Belkin«, die aus der Trivial-Literatur ihre Poesie beziehen, oder an Dostojewskijs »Schuld und Sühne«, worin der Mörder und die Prostituierte zusammen die Bibel lesen. Wie solche Wirkungsmechanismen zustande kommen, das hat Ludwig Giesz mit seiner »Phänomenologie des Kitsches« erläutert. Unseren Lesern wünsche ich nun alles Gute und viel Vergnügen!

Bibliographie

Erster Teil: Quellenangaben zu den einzelnen Kapiteln

Kap. 1

Lermontov, Michail Ju.: Geroj našego vremeni. In: Lermontov, Sobranie sočinenij. 4 Bde. Moskva: Gosudarstvennoe izdatel'stvo chudožestvennoj literatury 1957–1958. Bd. 4, S. 7–153.

Lermontow, Michail J.: Ein Held unserer Zeit. Deutsch von Arthur Luther. Mit einem Nachwort von Annelore Naumann. Frankfurt am Main und Hamburg: Fischer Bücherei 1963 (= Die Fischer Bibliothek der hundert Bücher. Exempla classica; Bd. 92).

Lermontow, Michail: Ein Held unserer Zeit. Deutsch von Günther Stein. In: Lermontow, Prosa und Dramatik. Mit einem Nachwort von Roland Opitz. Berlin: Rütten & Loening 1987, S. 253–428.

Lermontov, Mikhail: A Hero of Our Time. Translated by Vladimir Nabokov in collaboration with Dmitri Nabokov. Foreword by Vladimir Nabokov. Oxford: Oxford University Press 1984 (= The World's Classics).

Ejchenbaum, Boris M.: Lermontov. Opyt istoriko-literaturnoj ocenki / Lermontov. Versuch einer historisch-literarischen Würdigung. Nachdruck der Leningrader Ausgabe von 1924. München: Wilhelm Fink Verlag 1967 (= Slavische Propyläen. Texte in Neu- und Nachdrucken. Herausgegeben von Dmitrij Tschižewskij in Zusammenarbeit mit Dietrich Gerhardt, Ludolf Müller, Alfred Rammelmeyer und Linda-Sadnik-Aitzetmüller; Bd. 35). Darin über »Geroj našego vremeni«, S. 147–156.

Heier, Edmund: Lavater's System of Physiognomy as a Mode of Characterisation in Lermontov's Prose. In: Arcadia. Zeitschrift für Vergleichende Literaturwissenschaft. Herausgegeben von Horst Rüdiger. Berlin, New York: Verlag Walter de Gruyter 1971, Bd. 6, S. 267–282.

Scholle, Christine: Das Duell in der russischen Literatur. Wandlungen und Verfall eines Ritus. München: Verlag Otto Sagner in Kommission 1977 (= Arbeiten und Texte zur Slavistik. Herausgegeben von Wolfgang Kasack; Bd. 14). Darin über das Duell im Roman »Ein Held unserer Zeit«, S. 68–90.

Reißner, Eberhard: Michail Lermontow – Ein Held unserer Zeit. In: Der russische Roman. Herausgegeben von Bodo Zelinsky. Düsseldorf: August Bagel Verlag 1979, S. 69–85. Mit Bibliographie auch zum englischen Sprachraum, S. 409.

Freise, Matthias und Walter Kroll (Hrsg.): M. Ju. Lermontov (1814–1841). Interpretationen. Beiträge des Göttinger Lermontov-Symposiums vom 15. März 2005 zu Ehren von Reinhard Lauer, mit einem Gesamtverzeichnis seiner Schriften von 1958–2008. Wiesbaden: Harrassowitz Verlag 2009 (= Opera Slavica, begründet von Maximilian Braun und Alois Schmaus. Neue Folge, herausgegeben von Reinhard Lauer; Bd. 50). Darin Christiane Schuchart: Der Held unserer Zeit – im Untergrund, S. 73–88; Alexander Graf: Pečorin als Verführter, S. 103–116; Reinhard Lauer: Pečorin als Verführer, S. 117–132; Andrea Meyer-Fraatz: Der Kaukasus und seine Bewohner im Werk Michail Lermontovs, S. 45–72.

Kiseleva, I. A. (Hrsg.): M. Ju. Lermontov. Enciklopedičeskij slovar'. Moskva: Izdatel'sto »Indrik« 2014. Darin: »Geroj našego vremeni«, S. 75–76; Geroj romana »Geroj našego vremeni«, S. 77–78.

Turgenev, Ivan: Pis'mo iz Peterburga. In: Turgenev, Sočinenija, Bd. 14: Vospominanija. Kritika i publicistika 1854–1883. S. 72–84. (Ausgabe: Werke und Briefe, russisch, in 28 Bänden. Moskva, Leningrad 1960–1968). Turgenjew beschreibt in diesem »Brief« seine Begegnung mit Lermontow.

Turgenjew, Iwan: Ein Brief aus Petersburg. In: Turgenjew, Literaturkritische und publizistische Schriften. Deutsch von Walter Schade. Berlin und Weimar: Aufbau Verlag 1994, S. 74–86.

Kap. 2

Slovo o polku Igoreve. Vstupitel'naja stat'ja N. S. Lichačeva. Sostavlenie i podgotovka tekstov L. A. Dmitrieva i D. S. Lichačeva. Primečanija O. V. Tvorogova. i L. A. Dmitrieva. Leningrad: Izdatel'stvo »Sovetskij pisatel'« 1967.

Das Igor-Lied. Eine Heldendichtung. Der altrussische Text mit der Übertragung von Rainer Maria Rilke und der neurussischen Prosafassung von D. S. Lichatschow. Herausgegeben von Wilhelm Haupt. Leipzig: Insel-Verlag 1960 (= Insel-Bücherei Nr. 689).

Das Lied vom Heerzug Igors, des Swjatoslawsohnes, des Oleg-Enkels. Ins Deutsche übertragen von Hans Baumann. In: Aus dem alten Russland. Epen, Chroniken und Geschichten. Herausgegeben und mit einem Nachwort versehen von Serge A. Zenkovsky. München: Carl Hanser Verlag 1968, S. 143–163.

Das Lied von der Heerfahrt Igor's. Aus dem altrussischen Urtext übersetzt, eingeleitet und erläutert von Ludolf Müller. München: Erich Wewel Verlag 1989 (= Quellen und Studien zur russischen Geistesgeschichte. Herausgeber: Ludolf Müller; Bd. 8).

Borodin, Alexander Porfirjewitsch: Fürst Igor (Knjas Igor). Oper in vier Akten, einem Prolog und Epilog. Libretto von Alexander Borodin auf der Grundlage des russischen Epos »Das Lied von der Heerfahrt Igors«. In: Neef, Sigrid: Handbuch der russischen und sowjetischen Oper. Kassel und Basel: Bärenreiter-Verlag Karl Vötterle 1989, S. 98–106.

Pasternak, Boris: Doktor Živago. Milano: Feltrinelli Editore 1957.

Pasternak, Boris: Doktor Schiwago. Roman. Aus dem Russischen von Reinhold von Walter. Frankfurt am Main: S. Fischer 1959.

Pasternak, Boris: Doktor Shivago. Deutsch von Thomas Reschke. Die Gedichte Juri Shiwagos wurden von Richard Pietraß nachgedichtet. Mit einem Nachwort von Ulrich Schmid. Frankfurt am Main: S. Fischer 2014. In seinem Nachwort vermerkt Ulrich Schmid: »Doktor Shiwago wurde erst 1988 in Russland veröffentlicht, pikanterweise in der Zeitschrift ›Novyj Mir‹, deren Redakteure den Roman 32 Jahre zuvor mit der Begründung abgelehnt hatten, der Standpunkt des Autors unterscheide sich diametral von ihrem eigenen.«

Pasternak, Boris: Prosa und Essays. Berlin und Weimar: Aufbau Verlag 1991.

Doctor Zhivago. The Screenplay by Robert Bolt. Based on the Novel by Boris Pasternak. New York: Random House 1965.

Aucouturier, Michel: Boris Pasternak. Der Text wurde aus dem Französischen, die Zitate aus dem Russischen übertragen von Rolf-Dietrich Keil. Reinbek bei Hamburg: Rowohlt Taschenbuch Verlag 1965 (= Rowohlts Monographien; Bd. 109).

Burkhart, Dagmar: Doktor Živago – neu gelesen. In: Slavische Literaturen im Dialog. Festschrift für Reinhard Lauer zum 65. Geburtstag. Herausgegeben von Ulrike Jekutsch und Walter Kroll. Wiesbaden: Harrassowitz Verlag 2000, S. 307–331.

Guski, Andreas: Boris Pasternak – Doktor Živago. In: Der russische Roman. Herausgegeben von Bodo Zelinsky unter Mitarbeit von Jens Herlth. Köln, Weimar, Wien: Böhlau Verlag 2007, S. 406–425.

Rougemont, Denis de: Tristans neue Gestalt. Dr. Schiwago, Lolita und der Mann ohne Eigenschaften. In: Der Monat. Eine internationale Zeitschrift. In Berlin herausgeben von Melvin J. Lasky und Hellmut Jaesrich. 11. Jahrgang, April 1959, Heft 127, S. 9–21.

Berkenkopf, Galina: Dr. Schiwago – der Lebendige. In: Stimmen der Zeit. Monatsschrift für das Geistesleben der Gegenwart. 163. Bd. 1958 / 1959. Verlag Herder Freiburg, S. 241–252.

Bowra, C. M.: The Creative Experiment. London, Melbourne, Toronto: Macmillan 1967. Darin: Boris Pasternak, 1917–1923, S. 128–158.

Tschižewskij, Dmitrij: Boris Pasternak. Nobelpreis für Literatur. In: Ruperto-Carola. Mitteilungen der Vereinigung der Freunde der Studentenschaft der Universität Heidelberg e. V. Herausgegeben von Gerhard Hinz, Senatsassistent der Universität Heidelberg. 11. Jahrgang, Bd. 25, Juni 1959, S. 12–19. Kritische Auseinandersetzung mit der politischen Rezeption des Romans »Doktor Zhivago« und seines Autors.

»A za mnoju šum pogoni ...« Boris Pasternak i vlast'. 1956–1972. Dokumenty. Moskva: Izdatel'stvo »Rosspen« 2001. Vgl. hierzu Ulrich M. Schmid: Pasternak und die Sowjetmacht. Neue offizielle Dokumente zur Affäre »Doktor Schiwago«. In: Neue Zürcher Zeitung, 28. August 2001, Nr. 198, S. 33.

Finn, Peter und Petra Couvée: Die Affäre Schiwago. Der Kreml, die CIA und der Kampf um ein verbotenes Buch. Aus dem Englischen von Jutta Orth und Jörn Pinnow. Stuttgart: Theiss 2016. Zuerst: The Živago Affair – The Kremlin, the CIA, and the Battle Over a Forbidden Book. New York: Pantheon Books 2014.

Dante Alighieri: Vita Nuova. Introduzione di Giorgio Petrocchi. Nota al testo e commento di Marcello Ciccuto. Milano: Biblioteca Universale Rizzoli 1984.

Dante Alighieri: Das neue Leben. Vita Nova. Aus dem Italienischen übertragen von Hannelise Hinderberger. Zürich: Manesse Verlag 1967 (= Manesse Bücherei; Bd. 2).

Kap. 3

Lennig, Walter: Gottfried Benn. Reinbek bei Hamburg: Rowohlt Taschenbuch Verlag 1962 (= Rowohlts Monographien; Bd. 71).

Kiesel, Helmuth: Geschichte der literarischen Moderne. Sprache – Ästhetik – Dichtung im zwanzigsten Jahrhundert. München: Verlag C. H. Beck 2004. Darin Sechster Teil, Kap. 3: Gottfried Benns Montagegedicht, S. 393–436.

Lethen, Helmut: Der Sound der Väter. Gottfried Benn und seine Zeit. Berlin: Rowohlt 2006.

Dyck, Joachim: Der Zeitzeuge. Gottfried Benn 1929–1949. Göttingen: Wallstein Verlag 2006.

Benn, Gottfried: Gesammelte Werke in vier Bänden. Herausgegeben von Dieter Wellershoff. Wiesbaden: Limes Verlag 1960–1963.

Benn, Gottfried: Sämtliche Werke. Stuttgarter Ausgabe in Verbindung mit Ilse Benn herausgegeben von Gerhard Schuster. 7 Bde. Stuttgart: Klett-Cotta 1989.

Lohner, Edgar (Hrsg.): Gottfried Benn. München: Ernst Heimeran Verlag 1969 (= Dichter über ihre Dichtungen. Verantwortliche Herausgeber Rudolf Hirsch und Werner Vordtriede).

Auden, Wystan Hugh: Das Zeitalter der Angst. Ein barockes Hirtengedicht. Eingeleitet von Gottfried Benn. Deutsche Übertragung von Kurt Heinrich Hansen. Wiesbaden und München: Limes Verlag Niedermayer und Schlüter 1951 und 1981. S. 7–19: Einführung von Gottfried Benn.

Auden, W. H.: The Age of Anxiety. A Baroque Eclogue. In: Auden, Collected Longer Poems. London: Faber and Faber 1968, S. 253–353.

Hernach. Gottfried Benns Briefe an Ursula Ziebarth. Mit Nachschriften zu diesen Briefen von Ursula Ziebarth und einem Kommentar von Jochen Meyer. München: Deutscher Taschenbuch Verlag 2003. Zuerst: Göttingen: Wallstein Verlag 2001.

Gottfried Benn, Friedrich Wilhelm Oelze. Briefwechsel 1931–1956. Herausgegeben von Harald Steinhagen und kommentiert von Stephan Kraft. 4 Bde. Göttingen: Klett-Cotta / Wallstein 2016.

Muschg, Walter: Die Zerstörung der deutschen Literatur. Dritte, erweiterte Auflage. Bern und München: Verlag Francke 1958. Darin: Der Ptolemäer. Abschied von Gottfried Benn, S. 140–159.

Morton, Donald E.: Vladimir Nabokov. Aus dem Amerikanischen übersetzt und durch Anmerkungen und Zeugnisse ergänzt von Annelore Engel-Braunschmidt. Reinbek bei Hamburg: Rowohlt Taschenbuch Verlag 1984 (= Rowohlts Monographien; Bd. 50328).

Nabokov, Vladimir: Lectures on Literature. Edited by Fredson Bowers, Introduction by John Updike. San Diego, New York, London: A Harvest Book. Bruccoli Clark, Harcourt Brace & Company 1980. Mit zwei Stellungnahmen Nabokovs zur literarischen Wertung: »Good Readers and Good Writers«, S. 1–6; »The Art of Literature and Commonsense«, S. 371–380.

Nabokov, Vladimir: Lectures on Russian Literature. Edited with an Introduction by Fredson Bowers. London: Weidenfeld and Nicolson 1981. Mit zwei Stellungnahmen Nabokovs zur literarischen Wertung: »Russian Writers, Censors, and Readers«, S. 1–12; »Philistines and Philistinism«, S. 309–314.

Nabokov, Vladimir: Lectures on Don Quixote. Edited by Fredson Bowers with an Introduction by Guy Davenport. New York: Harcourt Brace Jovanovic, Inc. 1983. Mit einem Anhang von Texten aus Sir Thomas Malorys »Le Morte D'Arthur«.

Nabokov, Vladimir: A Guide to Berlin (written in December 1925 in Berlin: Putevoditel' po Berlinu, in: »Rul'«, December 24, 1925). In: The Stories of Vladimir Nabokov. New York: Vintage Books 1997 (= Vintage International), S. 155–160 (translated by Dmitri Nabokov in collaboration with the author).

Lolita, 1962 (British), 152 Minuten. Regie: Stanley Kubrick. Mit James Mason (Humbert), Shelley Winters (Charlotte Haze), Sue Lyon (Lolita), Peter Sellers (Quilty). Drehbuch: Vladimir Nabokov. Musik: Nelson Riddle. Lolita ist in diesem Film mit Rücksicht auf die Zensur 14 Jahre alt, nicht 12.

Schiff, Stephen: Lolita. The Book of the Film. Based on the Novel by Vladimir Nabokov. Foreword by Jeremy Irons. Preface by Adrian Lyne. New York & London: Applause Books 1998. Regie: Adrian Lyne (British-French, 1997). 137 Minuten. Mit Jeremy Irons (Humbert), Melanie Griffith (Charlotte Haze), Dominique Swain (Lolita), Frank Langella (Quilty). Drehbuch: Stephen Schiff. Musik: Ennio Morricone.

Gerigk, Horst-Jürgen: Salome und Lolita. Die »Kindfrau« als Archetypus. In: Frauen – Körper – Kunst. Literarische Inszenierungen weiblicher Sexualität. Mit 16 Abbildungen und 13 Vignetten. Herausgegeben von Karin Tebben. Göttingen: Vandenhoeck & Ruprecht 2000 (= Sammlung Vandenhoeck), S. 173–190.

Schmid Ulrich M.: Im Laboratorium des Meisters. Viele von Vladimir Nabokovs Erzählungen sind Keimzelle seiner grossen Romane – und überraschend politisch. In: Neue Zürcher Zeitung, 6. Juni 2015, Internationale Ausgabe, S. 30.

Nabokov, Vladimir: Strong Opinions. New York: Vintage Books 1990 (= Vintage International).

Nabokov, Vladimir: Eigensinnige Ansichten. Aus dem Englischen, Russischen, Französischen und Italienischen von Dieter E. Zimmer, Sabine Hartmann, Christel Gersch, Kurt Neff, Gabriele Forbert-Schneider, Katrin Finkemeier und Norbert Randow. Reinbek bei Hamburg: Rowohlt Verlag 2004 (= Vladimir Nabokov. Gesammelte Werke. Herausgegeben von Dieter E. Zimmer; Bd. 21).

Ruland, Bernd: Das war Berlin. Die goldenen Jahre 1918–1933. Bayreuth: Hestia Verlag, 2. Aufl. 1986.

Gerigk, Horst-Jürgen: Dichterprofile. Tolstoj, Gottfried Benn, Nabokov. Heidelberg: Universitätsverlag Winter 2012 (= Beiträge zur neueren Literaturgeschichte; Bd. 312).

Kap. 4

Dostoevskij, F. M.: Prestuplenie i nakazanie. Roman v šesti častjach s epilogom. Bd. 6 der Ausgabe: Dostoevskij, Polnoe sobranie sočinenij v tridcati tomach. Leningrad: Izdatel'stvo »Nauka«. Leningradskoe otdelenie 1972–1990.

Dostojewskij, Fjodor M.: Schuld und Sühne (Rodion Raskolnikow). Aus dem Russischen übertragen von Richard Hoffmann. München: Winkler Verlag 1960.

Gerigk, Horst-Jürgen: Ein Meister aus Russland. Beziehungsfelder der Wirkung Dostojewskijs. Vierzehn Essays. Heidelberg: Universitätsverlag Winter 2010 (= Beiträge zur neueren Literaturgeschichte; Bd. 275).

Jackson, Robert Louis (ed.): Crime and Punishment. A Collection of Critical Essays. Englewood Cliffs, New Jersey: Prentice-Hall 1974 (= Twentieth Century Interpretations).

Schiller, Friedrich: Versuch über den Zusammenhang der tierischen Natur des Menschen mit seiner geistigen. In: Schiller, Sämtliche Werke. 5 Bde. Darmstadt: Wissenschaftliche Buchgesellschaft 1993. Bd. 5: Erzählungen. Theoretische Schriften, S. 287–324.

Schiller, Friedrich: Der Verbrecher aus verlorener Ehre. In: Schiller, Sämtliche Werke, op. cit. Bd. 5, S. 13–35.

Müller-Dietz, Heinz: Kriminalitäts-, Sozial- und Strafrechtsgeschichte in Schillers Erzählung »Verbrecher aus Infamie«. In: Schiller, Verbrecher aus Infamie (1786). Mit Kommentaren von Heinz Müller-Dietz und Martin Huber. Berlin: BWV = Berliner Wissenschafts-Verlag 2006 (= Juristische Zeitgeschichte. Abteilung 6: Recht in der Kunst – Kunst im Recht; Bd. 24), S. 25–71.

Gadamer, Hans-Georg: Wahrheit und Methode. Grundzüge einer philosophischen Hermeneutik. Tübingen: Mohr / Siebeck 1960. Darin S. 345–346 (Prüfungsgespräch) und S. 363 (Arzt und Patient sowie Verhör des Angeklagten).

Gerigk, Horst-Jürgen: Lesen und Interpretieren. Mit zwei Abbildungen. Dritte Auflage. Heidelberg: Mattes Verlag, 2013.

Hoffmann, E. T. A.: Die Marquise de la Pivardiere. In: Hoffmann, Späte Werke. München: Winkler Verlag 1965, S. 327–358.

Passage, Charles E.: Dostoevski, the Adapter. A Study in Dostoevski's Use of The Tales of Hoffmann. Chapel Hill: University of North Carolina Press 1954 (= University of North Carolina Studies in Comparative Literature; 10).

Nabokov, Vladimir: Lectures on Russian Literature. Edited, with an Introduction, by Fredson Bowers. London: Weidenfeld and Nicolson 1981.

Nabokov, Vladimir: Lolita. Paris: The Olympia Press 1955 (= The Traveller's Companion Series).

Kap. 5

Turgenev, I. S.: Polnoe sobranie sočinenij i pisem v dvadcati vos'mi tomach. Moskva, Leningrad: Izdatel'stvo Akademii nauk SSSR 1960–1968. Ab 1964: Izdatel'stvo »Nauka«.

(Turgenev) I. S. Turgenev. Novye materialy i issledovanija. Moskva: Izdatel'stvo »Nauka« 1967 (= Literaturnoe nasledstvo; Bd. 76).

Krätz, Otto: Iwan Turgenjew und die russischen Chemiker in Heidelberg. In: Chemie in unserer Zeit (VCH Verlagsgesellschaft, 6940 Weinheim), 21. Jahrgang, Heft 3 (Juni 1987), S. 89–98. Darin: Über die Chemie in »Väter und Söhne« (Basarow).

Laage, Karl Ernst: Theodor Storm und Iwan Turgenjew. Persönliche und literarische Beziehungen, Einflüsse, Briefe, Bilder. Vaduz, Liechtenstein: Topos Verlag 1989. Zuerst Heide in Holstein: Westholsteinische Verlagsanstalt Boyens 1967 (= Schriften der Theodor-Storm-Gesellschaft; 16).

Kluge, Rolf-Dieter: Ivan S. Turgenev. Dichtung zwischen Hoffnung und Entsagung. Unter Mitwirkung von Regine Nohejl. München: Erich Wewel Verlag 1992 (= Quellen und Studien zur russischen Geistesgeschichte; Bd. 11).

Reimann, Ute (Hrsg.): Ivan Sergeevič Turgenev und seine Zeit. Mit Exponatenliste (Nr. 1–158) zur Ausstellung. Baden-Baden: Stadt Baden-Baden / Kulturamt 1993.

Thiergen, Peter (Hrsg.): Ivan S. Turgenev. Leben, Werk und Wirkung. Beiträge der Internationalen Fachkonferenz aus Anlaß des 175. Geburtstages an der Otto-Friedrich-Universität Bamberg, 15.–18. September 1993. München: Verlag Otto Sagner 1995 (= Vorträge und Abhandlungen zur Slavistik. Herausgegeben von P. Thiergen; Bd. 27).

Thieme, Galina: Ivan Turgenev und die deutsche Literatur. Sein Verhältnis zu Goethe und seine Gemeinsamkeiten mit Berthold Auerbach, Theodor Fontane und Theodor Storm. Frankfurt am Main, Berlin, Bern, Bruxelles, New York, Oxford, Wien: Peter Lang 2000 (= Heidelberger Publikationen zur Slavistik. B. Literaturwissenschaftliche Reihe. Herausgegeben von Horst-Jürgen Gerigk und Wilfried Potthoff; Bd. 15).

Kroo, Katalin: Intertekstual'naja poetika romana I. S. Turgeneva »Rudin«. Čtenie po russkoj i evropejskoj literature. Sankt-Peterburg: Akademičeskij proekt. Izdatel'stvo DNK 2008 (= Sovremennaja zapadnaja rusistika).

(Turgenev) I. S. Turgenev. Novye issledovanija i materialy. Vypusk 3. K 150-letiju romana »Otcy i deti«. Moskva – Sankt-Peterburg: »Aljans-Archeo« 2012 (= Rossijskaja Akademija nauk. Institut russkoj literatury (Puškinskij Dom).

Gerigk, Horst-Jürgen: Turgenjew. Eine Einführung für den Leser von heute. Heidelberg: Universitätsverlag Winter 2015 (= Beiträge zur neueren Literaturgeschichte; Bd. 338).

Turgenjew, der russische Europäer. Fünf Vorträge der Turgenjew-Konferenz 2016 in Baden-Baden. Mit einem Geleitwort von Renate Effern, Präsidentin der Deutschen Turgenjew-Gesellschaft, und einer Einführung herausgegeben von Horst-Jürgen Gerigk. Heidelberg: Mattes Verlag 2017.

Gerigk, Horst-Jürgen: Turgenjew und die Musik. Ein Vergleich mit Dostojewskij und Tolstoj. Turgenjew-Konferenz 2017 in Baden-Baden. Heidelberg: Mattes Verlag 2017.

Dostoevskij, F. M.: Polnoe sobranie sočinenij v tridcati tomach. Leningrad: Izdatel'stvo »Nauka«. Leningradskoe otdelenie 1972–1990.

Lavrin, Janko: Fjodor M. Dostojevskij. Aus dem Englischen übertragen von Rolf-Dietrich Keil. Ergänzung des Nachtrags zur Bibliographie (1992) durch Clemens Heithus. Reinbek bei Hamburg: Rowohlt Taschenbuch Verlag 1963 (= Rowohlts Monographien. Begründet von Kurt Kusenberg. Herausgegeben von Wolfgang Müller; Bd. 88).

Neuhäuser, Rudolf: F. M. Dostojevskij: Die großen Romane und Erzählungen. Interpretationen und Analysen. Wien, Köln, Weimar: Böhlau Verlag 1993.

Wellek, René (ed.): Dostoevsky. A Collection of Critical Essays. Englewood Cliffs, New Jersey: Prentice-Hall 1962 (= Twentieth Century Views. Maynard Mack, Series Editor, Yale University).

Rothe, Hans (Hrsg.): Dostojevskij und die Literatur. Vorträge zum 100. Todestag des Dichters auf der 3. internationalen Tagung des »Slavenkomitees« in München 12.–14. Oktober 1981. Köln und Wien: Böhlau Verlag 1983 (= Schriften des Komitees der Bundesrepublik Deutschland zur Förderung der Slawischen Studien. Herausgegeben von Hans Rothe; Bd. 7).

Rice, James L.: Dostoevsky and the Healing Art: An Essay in Literary and Medical History. Ann Arbor, Michigan: Ardis Publishers 1984.

Kjetsaa, Geir: Dostojewskij. Sträfling, Spieler, Dichterfürst. Aus dem Norwegischen ins Deutsche übertragen von Astrid Arz. Gernsbach: Casimir Katz Verlag 1986.

Gerigk, Horst-Jürgen: Dostojewskijs Entwicklung als Schriftsteller. Vom »Toten Haus« zu den »Brüdern Karamasow«. Frankfurt am Main: Fischer Taschenbuch Verlag 2013 (= Fischer Klassik).

Gerigk, Horst-Jürgen: Literaturnoe masterstvo Dostoevskogo v razvitii. Ot »Zapisok iz Mertvogo doma« do »Brat'ev Karamazovych«. Avtorizovannyj perevod s nemeckogo i naučnaja redakcija K. Ju. Lappo-Danilevskogo. Sankt-Peterburg: Izdatel'stvo Puškinskogo Doma Nestor-Istorija 2016 (= Sovremennaja rusistika. Tom 4).

Kirpotin, Valerij Jakovlevič: Razočarovanie i krušenie Rodiona Raskol'nikova. Kniga o romane F. M. Dostoevskogo »Prestuplenie i nakazanie«. Moskva: Izdatel'stvo »Sovetskij pisatel'« 1970.

Weinczyk, Raimund Johann: Myškin und Christus. Ein fiktives Gespräch mit J. Ratzinger auf der Basis von F. M. Dostoevskijs Roman »Idiot«. Heidelberg: Universitätsverlag Winter 2006 (= Beiträge zur slavischen Philologie. Herausgegeben von Wilfried Potthoff; Bd. 13).

Vladiv, Slobodanka V.: Narrative Principles in Dostoevskij's »Besy«. A Structural Analysis. Bern, Frankfurt am Main, Las Vegas: Peter Lang 1979 (= European University Papers. Series 116: Slavonic Languages and Literatures; Vol. 10).

Camus, Albert: Kirillow. In: Camus, Der Mythos von Sisyphos. Ein Versuch über das Absurde. Mit einem kommentierenden Essay von Liselotte Richter. Hamburg: Rowohlt 1959 (= rowohlts deutsche enzyklopädie. Herausgeber: Ernesto Grassi, München; Bd. 90), S. 87–93.

Gerigk, Horst-Jürgen: Versuch über Dostoevskijs »Jüngling«. Ein Beitrag zur Theorie des Romans. München: Wilhelm Fink Verlag 1965 (= Forum Slavicum. Herausgeben von Dmitrij Tschižewskij; Bd. 4).

(Dostoevskij) Tvorčestvo Dostoevskogo. Moskva: Izdatel'stvo Akademii nauk SSSR 1959

(Dostoevskij) F. M. Dostoevskij v rabote nad romanom »Podrostok«. Tvorčeskie rukopisi. Moskva: Izdatel'stvo »Nauka« 1965 (= Literaturnoe nasledstvo; Bd. 77).

(Dostoevskij) Neizdannyj Dostoevskij. Zapisnye knižki i tetradi 1860–1881 gg. Moskva: Izdatel'stvo »Nauka« 1971 (= Literaturnoe nasledstvo; Bd. 83).

Gerigk, Horst-Jürgen (Hrsg.): »Die Brüder Karamasow.« Dostojewskijs letzter Roman in heutiger Sicht. Elf Beiträge des IX. Symposiums der Internationalen Dostojewskij-Gesellschaft, Gaming, Niederösterreich 30. Juli – 6. August 1995. Dresden: Dresden University Press 1997 (= Artes liberales. Beiträge zu Theorie und Praxis der Interpretation. Herausgegeben von Horst-Jürgen Gerigk; Bd. 1).

Čicovacki, Predrag and Maria Granik (eds.): Dostoevsky's »Brothers Karamazov«. Art, Creativity, and Spirituality. Heidelberg: Universitätsverlag Winter 2010 (= Beiträge zur slavischen Philologie. Herausgegeben von Edith W. Clowes, Horst-Jürgen Gerigk, Urs Heftrich, Jens Herlth, Adrian Wanner; Bd. 16).

Dostojewskij, Fjodor M.: Der Großinquisitor. Übersetzt von Marliese Ackermann. Herausgegeben und erläutert von Ludolf Müller. München: Erich Wewel Verlag 1985 (= Quellen und Studien zur russischen Geistesgeschichte. Herausgeber: Ludolf Müller; Bd. 4).

Tolstoj, L. N.: Sobranie sočinenij v dvadcati tomach. Moskva: Gosudarstvennoe izdatel'stvo »Chudožestvennaja literatura« 1960–1965.

Lavrin Janko: Lev Tolstoj. Aus dem Englischen übertragen von Rolf-Dietrich Keil. Den dokumentarischen und bibliographischen Anhang bearbeitete Paul Raabe. Reinbek bei Hamburg: Rowohlt Taschenbuch Verlag 1961 (= Rowohlts Monographien. Herausgegeben von Kurt Kusenberg; Bd. 57).

Matlaw, Ralph E. (ed.): Tolstoy. A Collection of Critical Essays. Englewood Cliffs, New Jersey: Prentice-Hall 1967 (= Twentieth Century Views. Maynard Mack, Series Editor, Yale University).

Gifford, Henry (ed.): Leo Tolstoy. A Critical Anthology. Harmondsworth, Middlesex, England: Penguin Books 1971 (= Penguin Critical Anthologies. General Editor: Christopher Ricks).

Lettenbauer, Wilhelm: Tolstoj. Eine Einführung. München und Zürich: Artemis Verlag 1984 (= Artemis Einführungen; Bd.11).

Kjetsaa, Geir: Lew Tolstoj. Dichter und Religionsphilosoph. Aus dem Norwegischen von Dr. Ute Hempen, Bremen. Gernsbach: Casimir Katz Verlag 2001.

Schmid, Ulrich: Lew Tolstoi. München: C. H. Beck 2010 (= Beck Wissen; 2493).

Keller, Ursula und Natalja Sharandak: Lew Tolstoj. Reinbek bei Hamburg: Rowohlt Taschenbuch Verlag 2010 (= Rowohlts Monographien. Begründet von Kurt Kusenberg. Herausgegeben von Uwe Naumann; Bd. 50717).

Tolstoi, Lew: Für alle Tage. Ein Lebensbuch. Mit einem Geleitwort von Volker Schlöndorff und einem Nachwort von Ulrich Schmid. Auf Grundlage der russischen Ausgabe letzter Hand von Christiane Körner revidierte und ergänzte Übersetzung von E. Schmitt und A. Skarvan. München: Verlag C. H. Beck 2010.

Gerigk, Horst-Jürgen: Dichterprofile. Tolstoj, Gottfried Benn, Nabokov. Heidelberg: Universitätsverlag Winter 2012 (= Beiträge zur neueren Literaturgeschichte; Bd. 312).

Kap. 6

Černyševskij, Nikolaj G.: Čto delat'? Iz rasskazov o novych ljudjach. Roman. Leningrad: Izdatel'stvo »Chudožestvennaja literatura« 1967.

Tschernyschewski, Nikolaj Gawrilowitsch: Was tun? Aus Erzählungen von neuen Menschen. Aus dem Russischen übersetzt von M. Hellmann und Hermann Gleistein. Reinbek bei Hamburg: Rowohlt Taschenbuch Verlag 1988 (= Rowohlt Jahrhundert; Bd. 30).

Kap. 7

Makogonenko, G. P. (Hrsg.): Russkaja literatura XVIII veka. Leningrad: Izdatel'stvo »Prosveščenie«. Leningradskoe otdelenie 1970. Darin: Deržavin: Bog, S. 564–565.

Dershawin, Gawriil: Gott (übersetzt von Ludolf Müller). In: Russische Lyrik. Gedichte aus drei Jahrhunderten. Ausgewählt und eingeleitet von Efim Etkind. München und Zürich: Piper & Co. Verlag 1981, S. 36–39.

Gogol', N. V.: Vij. In: Gogol', Sobranie sočinenij. 7 Bde. Moskva: Izdatel'stvo »Chudožestvennaja literatura« 1966–1967. Bd. 2: Mirgorod. Darin S. 165–205.

Gogol, Nikolaj: Der Wij. In: Gogol, Werke. Auswahl, Übersetzung und Nachwort von Xaver Franz Schaffgotsch. Wien, München, Basel: Verlag Kurt Desch 1955, S. 385–425.

Leskov, Nikolaj: Soborjane (1872). In: Leskov, Sobranie sočinenij. 11 Bde. 1956–1958.

Lesskow, Nikolai: Die Klerisei. Eine Kleinstadtchronik. Deutsch von Arthur Luther. Mit einem Nachwort von Jurij Striedter. Frankfurt am Main und Hamburg: Fischer Bücherei 1960 (= Die Fischer Bibliothek der hundert Bücher. Exempla classica; Bd. 16).

Ostrovskij, Nikolaj: Kak zakaljalas' stal'. Roman. Moskva: Izdatel'stvo »Progress« 1975.

Ostrowski, Nikolai: Wie der Stahl gehärtet wurde. Deutsche Übersetzung von E. Dornhof. Mit Zeichnungen von Kurt Zimmermann. Berlin: Verlag Neues Leben 1947.

Struve, Gleb: Geschichte der Sowjetliteratur. Vom Verfasser durchgesehene, ergänzte und autorisierte Übersetzung aus dem Englischen und Russischen von Horst Neerfeld und Günter Schäfer. München: Isar Verlag Dr. Günter Olzog 1957.

Mathewson, Jr., Rufus W.: The Positive Hero in Russian Literature. Second Edition. Stanford, California: Stanford University Press 1975. Darin über N. Ostrovsky: S. 247–250.

James, William: The Varieties of Religious Experience. A Study in Human Nature. Being the Gifford-Lectures on Natural Religion Delivered at Edinburgh in 1901–1902. New York: The Modern Library 1999.

Kap. 8

Puškin, Aleksandr Sergeevič: Povesti pokojnogo Ivana Petroviča Belkina. In: Puškin, Sobranie sočinenij v 10 tt. Moskva: Gosudarstvennoe izdatel'stvo chudožestvennoj literatury 1959–1962, Bd. 5, S. 45–108.

Puschkin, Alexander: Die Geschichten des verstorbenen Iwan Petrowitsch Belkin. In: Puschkin, Erzählungen. Aus dem Russischen von Fred Ottow. Mit einem Nachwort von Dmitrij Tschižewskij. München: Winkler Verlag 1957, S. 49–134.

Schmid, Wolf: Puškins Prosa in poetischer Lektüre. Die Erzählungen Belkins. München: Wilhelm Fink Verlag 1991 (= Theorie und Geschichte der Literatur und der schönen Künste. Texte und Abhandlungen. Herausgegeben von Manfred Fuhrmann, Renate Lachmann, Max Imdahl, Wolfgang Iser, Hans Robert Jauss, Wolfgang Preisendanz, Jurij Striedter; Bd. 82. Neue Folge. Reihe A: Hermeneutik, Semiotik, Rhetorik; Bd. 4).

Turgenev, I. S.: Zapiski ochotnika. 1847–1874. Bd. 4 der (russischen) Gesamtausgabe in 28 Bänden (Werke und Briefe), Moskva-Leningrad: Izdatel'stvo Akademii nauk SSSR 1960–1968. Sočinenija. Bd. 4 (1963), S. 7–388.

Turgenjew, Iwan: Aufzeichnungen eines Jägers. Deutsch von Herbert Wotte. Berlin und Weimar: Aufbau Verlag 1994, S. 5–436.

Babel', Isaak Emmanuilovič: Konarmija. In: Babel', Izbrannoe. Moskva: Izdatel'stvo »Chudožestvennaja literatura« 1966, S. 27–156.

Babel, Isaak: Die Reiterarmee. Mit Dokumenten und Aufsätzen im Anhang (S. 171–363). Aus dem Russischen übersetzt von Karl-Heinz Jahn, Thomas Reschke, Dmitri Umanski. Herausgegeben von Fritz Mierau. Leipzig: Philipp Reclam 1968 (= Reclams Universal-Bibliothek; Bd. 362).

Babel, Isaak: Die Reiterarmee. In: Babel, Mein Taubenschlag. Sämtliche Erzählungen. Herausgegeben von Urs Heftrich und Bettina Kaibach. Übersetzt von Bettina Kaibach und Peter Urban. München: Carl Hanser Verlag 2014, S. 197–386. Mit einer Landkarte zur Reiterarmee.

Stowe, Harriet Beecher: Uncle Tom's Cabin. New York: The Modern Library 1996.

Kap. 9

Fülöp-Miller, René: Der heilige Teufel. Rasputin und die Frauen. Leipzig und Zürich: Grethlein & Co. 1927.

Jussupoff, Fürst Felix: Rasputins Ende. Erinnerungen. Mit einer Studie von Boris Groys. Aus dem Russischen von Dimitrij Chasin. Frankfurt am Main: Insel Verlag 1990 (= Insel Taschenbuch 1262).

Klabund (= Alfred Henschke): Rasputin. Göttingen: Steidl Verlag 1997 (= Bibliothek der Erzähler; Bd. 24).

Kap. 10

Reed, John: Ten Days That Shook the World. In: The Collected Works of John Reed. Introduction by Robert A. Rosenstone. New York: The Modern Library 1995, S. 569–937.

Reed, John: Zehn Tage, die die Welt erschütterten. Aus dem Amerikanischen übertragen von Willi Schulz. Mit einem Vorwort von Konrad Farner. Reinbek bei Hamburg: Rowohlt Taschenbuch Verlag 1967. Lizenzausgabe des Dietz Verlages GmbH, Berlin. Enthält Lenins Vorwort zur amerikanischen Ausgabe (S. 7) und Krupskajas Vorwort zur russischen Ausgabe (S. 8).

Weber, Gerda und Hermann (Hrsg.): Lenin-Chronik. Daten zu Leben und Werk. München: Deutscher Taschenbuch Verlag 1983.

Weber, Hermann: Lenin. Reinbek bei Hamburg: Rowohlt Taschenbuch Verlag 1970 (= Rowohlts Monographien. Begründet von Kurt Kusenberg, Herausgegeben von Uwe Naumann; Bd. 50168).

Lukács, Georg: Lenin (1924). In: Lukács, Geschichte und Klassenbewußtsein. Neuwied und Berlin: Hermann Luchterhand Verlag 1968 (= Georg Lukács Werke. Frühschriften II: Bd. 2), S. 519–588.

Shub, David: Lenin. Deutsch von Gräfin Margret Zedtwitz. Wiesbaden: Limes Verlag 1958. (Amerikanische Originalausgabe: Lenin, 1948).

Dutschke, Rudi: Versuch, Lenin auf die Füße zu stellen. Über den halbasiatischen und den westeuropäischen Weg zum Sozialismus. Lenin, Lukács und die Dritte Internationale. Berlin: Verlag Klaus Wagenbach 1974 (= Politik; Bd. 53).

Aaron, Daniel: American Notes. Selected Essays. Boston: Northwestern University Press 1994. Darin: American Writers in Russia: The Three Faces of Lenin, S. 19–38.

Kap. 11

Gerigk, Horst-Jürgen: Belyjs »Petersburg« und Nietzsches »Geburt der Tragödie«. In: Nietzsche-Studien. Internationales Jahrbuch für die Nietzsche-Forschung, 9 (1980), S. 356–373.

Belyj, Andrej: Peterburg. Roman v vos'mi glavach s prologom i epilogom. Izdanie podgotovil L. K. Dolgopolov. Moskva: Izdatel'stvo »Nauka« 1981 (= Literaturnye pamjatniki).

Belyj, Andrey: Petersburg. Roman. Aus dem Russischen übertragen von Gisela Drohla. Wiesbaden: Insel Verlag 1959. Mit Anmerkung (S. 444): Die russische Originalausgabe erschien 1913.

Belyj, Andrej: Petersburg. Roman in acht Kapiteln mit Prolog und Epilog. Aus dem Russischen von Gabriele Leupold. Mit einem Nachwort von Ilma Rakusa. Frankfurt am Main und Leipzig: Insel Verlag 2001.

Belyj, Andrej: Peterburg. Roman. Vstupitel'naja stat'ja A. S. Mjasnikova, posleslovie P. G. Antokol'skogo, kommentarij L. K. Dolgopolova. Moskva: Izdatel'stvo »Chudožestvennaja literatura« 1978. Vom Autor gekürzte Fassung in der Ausgabe von 1928 (identisch mit der Ausgabe Berlin 1922).

Bely, Andrej: Petersburg. Roman. Deutsch von Günter Dalitz. Mit einem Nachwort von Fritz Mierau. Berlin und Weimar: Aufbau Verlag 1982. Zweite Fassung von 1922, vom Autor um mehr als ein Drittel gekürzt. Auch als Taschenbuch: 1999.

Bjäly, Andrej: Petersburg. Autorisierte Übersetzung aus dem Russischen von Nadja Strasser. München: Georg Müller 1919. Erste deutsche Übersetzung (Langfassung), gekürzt.

Ivanov-Razumnik, R. I.: »Peterburg« Belogo / Belyjs Roman »Petersburg«. Teilnachdruck des Buches »Veršiny«, Petrograd 1923 mit einer Vorbemerkung von Dmitrij Tschižewskij. München: Wilhelm Fink Verlag 1972 (= Slavische Propyläen. Texte in Neu- und Nachdrucken. Herausgegeben von Dmitrij Tschižewskij in Zusammenarbeit mit Dietrich Gerhardt, Ludolf Müller, Alfred Rammelmeyer und Linda Sadnik-Aitzetmüller; Bd. 118).

Mochul'skij, K.: Andrej Belyj. Paris: YMCA-Press 1955.

Burkhart, Dagmar: Schwarze Kuben – roter Domino. Eine Strukturbeschreibung von Andrej Belyjs Roman »Peterburg«. Frankfurt am Main, Bern, New York, Nancy: Peter Lang 1984 (= Europäische Hochschulschriften. Reihe 16: Slawische Sprachen und Literaturen; Bd. 32).

Ferdinandy, Michael de: Tschingis Khan. Der Einbruch des Steppenmenschen. Hamburg: Rowohlt Taschenbuch Verlag 1958 (= rowohlts deutsche enzyklopädie. Herausgeber Ernesto Grassi; Bd. 64.)

Chamberlain, Houston Stewart: Die Grundlagen des Neunzehnten Jahrhunderts. 2 Bde. München: Verlagsanstalt F. Bruckmann 1909.

Spengler, Oswald: Jahre der Entscheidung. München, C.H. Beck, 1933.

Rosenberg, Alfred: Der Mythus des 20. Jahrhunderts. Eine Wertung der seelisch-geistigen Gestaltenkämpfe unserer Zeit. München: Hoheneichen-Verlag 1935.

Belyj, Andrej: Verwandeln des Lebens. Erinnerungen an Rudolf Steiner. Aus dem Russischen von Swetlana Geier. Basel: Zbinden Verlag 1975.

Kap. 12

Gogol', N. V.: Sobranie sočinenij. 7 Bde. Moskva: Izdatel'stvo »Chudožestvennaja literatura« 1966–1967. Darin: Šinel', Bd. 3: S. 135–169; Ženit'ba, Bd. 4: S. 107–169; Mertvye duši. Poema. Bd. 5: S. 7–288.

Gogol, Nikolai: Der Mantel. In: Gogol, Werke. Auswahl, Übersetzung und Nachwort von Xaver Franz Schaffgotsch. München, Wien, Basel: Verlag Kurt Desch 1955, S. 506–541.

Ejchenbaum, Boris: Kak sdelana »Šinel'« Gogolja. In: Ejchenbaum, O Proze. Sbornik statej. Leningrad: Izdatel'stvo »Chudožestvennaja literatura« 1969, S. 306–326.

Hoffmann, E. T. A.: Des Vetters Eckfenster. In: Hoffmann, Späte Werke. München: Winkler Verlag 1965, S. 595–622.

Nabokov, Vladimir: Nikolai Gogol. New York: New Directions, corrected edition 1961 (= A New Directions Paperbook; 76). Zuerst 1944.

Lavrin, Janko: Nikolai Gogol (1809–1852). A Centenary Survey. London: Sylvan Press 1951.

Erlich, Victor: Gogol. New Haven and London: Yale University Press 1989 (= Yale Russian and East European Studies, 8).

Gogol, Nikolai: Die Heirat. In: Gogol, Sämtliche Dramen. Aus dem Russischen übersetzt von Georg Schwarz. Mit einem Nachwort von Johannes Holthusen. München: Winkler Verlag 1974, S. 147–235.

Gippius, Vasilij: Gogol'. Leningrad: Izdatel'stvo »Mysl'« 1924. Reprinted by Brown University Press. Providence. Rhode Island 1963. Darin: Kap. VII: Missija komičeskogo pisatelja, S. 87–122.

Gogol, Nikolai: Tote Seelen oder Tschitschikoffs Abenteuer. Übersetzt von Sigismund von Radecki. Mit den Zeichnungen von Alexander Agin. München: Kösel-Verlag 1954.

Gogol, Nikolai: Die toten Seelen. Aus dem Russischen übersetzt von Michael Pfeiffer. Mit einem Nachwort von Michael Wegner. Berlin und Weimar: Aufbau Verlag 1976 (= Bibliothek der Weliteratur).

Gogol, Nikolai: Die toten Seelen. Roman. Deutsch von Philipp Löbenstein. Die vorliegende Textfassung folgt wort- und buchstabengetreu der ersten deutschen Übersetzung von Philipp Löbenstein aus dem Jahre 1846, die vier Jahre nach der russischen Erstausgabe erschien. Zürich: Diogenes 1977.

Gerigk, Horst-Jürgen: Nikolaj Gogol: Mertvye duši – Die toten Seelen. In: Der russische Roman. Herausgegeben von Bodo Zelinsky unter Mitarbeit von Jens Herlth. Köln, Weimar, Wien: Böhlau Verlag 2007, S. 117–138 und S. 501–503.

Bojko-Blochyn, Jurij: Zum Kern der Gogol'schen Problematik (1971). In: Bojko-Blochyn, Gegen den Strom. Ausgewählte Beiträge zur Geschichte der slavischen Literaturen. Heidelberg: Carl Winter Universitätsverlag 1979 (= Beiträge zur neueren Literaturgeschichte. Dritte Folge; Bd. 43), S. 80–104. Behandelt Gogols ukrainische Herkunft.

Kap. 13

Čechov, A. P.: Polnoe sobranie sočinenij i pisem. 30 Bde. Darin: Sočinenija, 18 Bde. Moskva: Izdatel'stvo »Nauka« 1974–1983. Černyj monach, Bd. 8, S. 226–257; Dama s sobačkoj, Bd. 10, S. 128–143.

Tschechow, Anton: Der schwarze Mönch (1894), Die Dame mit dem Hündchen (1899). Übertragen von Hertha von Schulz. In: Tschechow, Die Dame mit dem Hündchen. Späte Erzählungen 1893–1903. Mit einem Nachwort von Karla Hielscher. München: Winkler Verlag 1988, S. 93–126 und S. 691–707.

Laffitte, Sophie: Anton Tschechov. Aus dem Französischen und Russischen übertragen von Friedrich Kolmar-Kalleschitz. Den dokumentarischen und bibliographischen Rahmen bearbeitete Paul Raabe. Hamburg: Rowohlt Taschenbuch Verlag 1960 (= Rowohlts Monographien. Herausgegeben von Kurt Kusenberg; Bd. 38).

Selge, Gabriele: Anton Čechovs Menschenbild. Materialien zu einer poetischen Anthropologie. München: Verlag Wilhelm Fink 1970 (= Forum Slavicum. Herausgegeben von Dmitrij Tschižewskij; Bd. 15).

Bruford, W. H.: Chekhov and His Russia. London: Routledge & Kegan Paul 1971 (= International Library of Sociology and Social Reconstruction. Founded by Karl Mannheim. Editor: W. J. H. Sprott). Zuerst 1948.

Troyat, Henri: Tschechow. Leben und Werk. Aus dem Französischen von Christian D. Schmidt. Stuttgart: Deutsche Verlags-Anstalt 1987.

Kluge, Rolf-Dieter: Anton P. Čechov. Eine Einführung in Leben und Werk. Darmstadt: Wissenschaftliche Buchgesellschaft 1995.

Gerigk, Horst-Jürgen: Anton Tschechow: Die Dame mit dem Hündchen. In: Die russische Novelle. Herausgegeben von Bodo Zelinsky. Düsseldorf: Pädagogischer Verlag Schwann-Bagel 1982, S. 120–129 und S. 309–310.

Gerigk, Horst-Jürgen: Dostojewskij und Tschechow: Vom intelligiblen zum empirischen Menschen. In: Geschichte und Vorgeschichte der modernen Subjektivität. Herausgegeben von Reto Luzius Fetz, Roland Hagenbüchle und Peter Schulz. 2 Bde. Berlin und New York: Walter de Gruyter 1998 (= European Cultures. Studies in Literature and the Arts. Edited by Walter Pape. Volume 11 / 1 und 2). Bd. 2, S. 965–978.

Kap. 14

Griboedov A. S.: Gore ot uma. Komedija v četyrech dejstvijach. In: Griboedov, sočinenija v stichach. Vstupitel'naja stat'ja, podgotovka teksta i primečanija J. N. Medvedevoj. Leningrad: Izdatel'stvo »Sovetskij pisatel'« 1967 (= Biblioteka poeta. Bol'saja serija. Vtoroe izdanie), S. 63–172.

Piksanov, Nikolaj K.: Tvorčeskaja istorija »Gorja ot uma«. Moskva: Izdatel'stvo »Nauka« 1971 (= Akademija nauk SSSR. Otdelenie literatury i jazyka. Komissija po istorii filologičeskich nauk).

Gribojädoff, Alexander: Verstand schafft Leiden. (Gore ot uma.) Schauspiel in vier Akten, und in Versen nach dem Russischen des Gribojädoff metrisch übertragen von Dr. Bertram. Den Bühnen gegenüber als Manuscript zu betrachten. Leipzig, In Commission bei F. A. Brockhaus 1853.

Gribojedow, Alexander S.: Verstand schafft Leiden. Verskomödie in vier Akten. Aus dem Russischen von Arthur Luther (zuerst 1922). Leipzig: Insel-Verlag 1970 (= Insel-Bücherei Nr. 924).

Griboedov, Aleksandr Sergeevič: Bitternis durch Geist. Vers-Komödie in vier Aufzügen. Deutsch von Rudolf Bächtold. München: Verlag Otto Sagner 1988 (= Vorträge und Abhandlungen zur Slavistik. Herausgegeben von Peter Thiergen; Bd. 10).

Gogol', N. V.: Revizor. In: Gogol', Sobranie sočinenij. 7 Bde. Moskva: Izdatel'stvo »Chudožestvennaja literatura« 1966–1967, Bd. 4, S. 5–105.

Gogol, Nikolai: Der Revisor. In: Gogol, Sämtliche Dramen. Aus dem Russischen übersetzt von Georg Schwarz. Mit einem Nachwort von Johannes Holthusen. München: Winkler Verlag 1974, S. 5–145.

Čechov, A. P.: Čajka. Komedija v cetyrech dejstvijach. In: Čechov, Sobranie sočinenij, 12 Bde. Moskva: Gosudarstvennoe izdatel'stvo chudožestvennoj literatury 1960–1964. Bd. 9, S. 426–481. Darin auch der Brief Afanasij Konis: S. 685–686.

Tschechow, Anton: Die Möwe. Komödie in vier Akten. In: Tschechow, Werke. 3 Bde. Herausgegeben und ins Deutsche übertragen von Johannes von Guenther. Hamburg und München: Verlag Heinrich Ellermann 1963. Bd. 3, S. 477–547.

Selge, Gabriele: Anton Čechovs Menschenbild. Materialien zu einer poetischen Anthropologie. München: Wilhelm Fink Verlag 1970 (= Forum Slavicum. Herausgegeben von Dmitrij Tschižewskij; Bd. 15).

Brühl, Christine Gräfin von: Die nonverbalen Ausdrucksmittel in Anton Čechovs Bühnenwerk. Frankfurt am Main, Berlin, Bern, New York, Paris, Wien: Peter Lang. Europäischer Verlag der Wissenschaften 1996 (= Europäische Hochschulschriften. Reihe 16: Slavische Sprachen und Literaturen; Bd. 52).

Gerigk, Horst-Jürgen: Wie nervös alle sind! – »Die Möwe« von Anton Tschechow. Eine Sendereihe des Bayerischen Schulfunks. In: Schulfunk und Schulfernsehen. München: Bayerischer Rundfunk, Heft 2: Oktober 2003, S. 27–30.

Gerigk, Horst-Jürgen: Experimentelles Erzählen in Čechovs »Möwe«. In: Nohejl, Regine und Heinz Setzer (Hrsg.): Anton P. Čechov – der Dramatiker. Drittes internationales Čechov-Symposium Badenweiler im Oktober 2004. München, Berlin, Washington, D. C.: Verlag Otto Sagner 2012 (= Die Welt der Slaven. Sammelbände. Herausgegeben von Peter Rehder und Igor Smirnow; Bd. 44), S. 206–215.

Urban, Peter (Hrsg.): Über Čechov. Zürich: Diogenes Verlag 1988.
Stender-Petersen, Adolf: Geschichte der russischen Literatur. 2 Bde. München: C. H. Beck'sche Verlagsbuchhandlung 1957.
Tschižewskij, Dmitrij: Russische Literaturgeschichte des 19. Jahrhunderts. Bd. I: Die Romantik. München: Eidos Verlag 1964 (= Forum Slavicum. Herausgegeben von Dmitrij Tschižewskij; Bd. 1).

Kap. 15

Puškin, Aleksandr S.: Boris Godunov. In: Puškin, Sobranie sočinenij. 10 Bde. Moskva: Gosudarstvennoe izdatel'stvo chudožestvennoj literatury 1959–1962, Bd. 4, S. 201–298.
Schulze, Martin (Hrsg.): Alexander S. Puschkin: Boris Godunow. Text des Dramas in der Übersetzung von Ferdinand Löwe. Vollständiger Text des Fragments des Trauerspiels »Demetrius« von Friedrich Schiller (mit Szenar). Frankfurt am Main und Berlin: Verlag Ullstein 1963 (= Dichtung und Wirklichkeit. Herausgegeben von Hans von Schwab-Felisch und Wolf Jobst Siedler. Ullstein Buch Nr. 5006).
Mussorgskij, Modest: Boris Godunow. Texte, Materialien, Kommentare. Herausgegeben von Attila Csampai und Dietmar Holland. Reinbek bei Hamburg: Rowohlt Taschenbuch Verlag 1982 (= rororo Opernbücher 7466).
Neef, Sigrid: Handbuch der russischen und sowjetischen Oper. Kassel und Basel: Bärenreiter Verlag Karl Vötterle 1989. Darin: Modest Petrowitsch Mussorgski: Boris Godunow. Oper in vier Akten und einem Prolog. Sujet nach der gleichnamigen Dramatischen Chronik von Alexander Puschkin unter Beibehaltung eines Großteils seiner Verse. Libretto von Modest Mussorgski, S. 274–287.
Emerson, Caryl: Boris Godunov. Transpositions of a Russian Theme. Bloomington and Indianapolis: Indiana University Press 1986 (= Indiana-Michigan Series in Russian and East-European Studies. Alexander Rabinowitch and William G. Rosenberg, general editors). Behandelt werden Karamzin, Pushkin, Musorgsky und die sowjetische Rezeption der Oper »Boris Godunov«.
Mussorgsky: Boris Godunow. In: Musikalische Meilensteine. 111 Werke, die man kennen sollte. 2 Bde. Herausgegeben von Silke Leopold, Dorothea Redepenning, Joachim Steinheuer. Basel, London, New York, Praha: Bärenreiter Verlag Karl Vötterle 2012. Bd. 2, S. 194–195.

Kap. 16

Tolstoj, Aleksej K.: Sobranie sočinenij. 4 Bde. Moskva: Izdatel'stvo chudožestvennoj literatury 1963–1954. Bd. 1: Stichotvorenija. Darin deutsche Gedichte. S. 674–692.
Pavlova, Karolina: Polnoe sobranie stichotvorenij. Vstupitel'naja stat'ja P. P. Gromova. Podgotovka teksta i primečanija N. M. Gajdenkova. Moskva, Leningrad: Sovetskij pisatel' 1964 (= Biblioteka poeta. Bol'šaja serija). Darin Gedichte in deutscher Sprache: S. 469–490.

Kap. 17

Gorer, Geoffrey: Die Amerikaner. Eine völkerpsychologische Studie. Deutsche Übersetzung von Harry Kahn. Reinbek bei Hamburg: Rowohlt Taschenbuch Verlag 1956 (= Rowohlts Deutsche Enzyklopädie. Herausgeber: Ernesto Grassi; Bd. 9).

Schneider, Herbert W.: Geschichte der amerikanischen Philosophie. Die deutsche Übersetzung und Bearbeitung besorgte Peter Krausser. Hamburg: Verlag Felix Meiner 1957. Zuerst 1946 unter dem Titel: A History of American Philosophy. New York: Columbia University Press.

Behnen, Michael (Hrsg.): Lexikon der deutschen Geschichte von 1945 bis 1990. Ereignisse, Institutionen, Personen im geteilten Deutschland. Stuttgart: Alfred Kröner Verlag 2002. Darin: Eiserner Vorhang (S. 181), Kalter Krieg (S. 934–935), Kapitulation (S. 937–939).

Bucco, Martin: René Wellek. Boston: Twayne Publishers 1981 (= Twayne's United States Authors Series. Editor of this volume: Warren French).

Lerner, Max: America as a Civilization. Volume One: The Basic Frame. Volume Two: Culture and Personality. New York: Simon and Schuster 1957 (= A Touchstone Book).

Walker, Martin: Makers of the American Century. London: Vintage 2001.

Huntington, Samuel P.: Who Are We? The Challenges to America's National Identity. New York, London, Toronto, Sydney: Simon and Schuster 2004.

Gerigk, Horst-Jürgen: Die Spur der Endlichkeit. Meine akademischen Lehrer. Vier Portraits. Dmitrij Tschižewskij, Hans-Georg Gadamer, René Wellek, Paul Fussell. Heidelberg: Universitätsverlag Winter 2007 (= Beiträge zur Philosophie. Neue Folge).

Hoover, Herbert: American Individualism. Garden City, New York: Doubleday, Doran & Company, Inc. 1928.

Kap 18

Sologub, Fedor: Melkij bes. Roman. Sankt-Peterburg: Izdatel'stvo »Sipovnik« 1908.

Sollogub, Fjodor: Der kleine Dämon. Roman. Autorisierte Übersetzung aus dem Russischen von Reinhold von Walter. München und Leipzig: Georg Müller 1909. [Schreibung »Sollogub« nicht korrekt.] Erste deutsche Übersetzung.

Sologub, Fjodor: Der kleine Teufel. Roman. Aus dem Russischen übertragen und mit einem Nachwort von Ortrud Rohl. München: Winkler Verlag 1969 (= Die Fundgrube; Bd. 44). Leider nicht ganz vollständig.

Sologub, Fjodor: Der kleine Dämon. Roman. Aus dem Russischen von Eckhard Thiele. Leipzig: Verlag Philipp Reclam 1980.

Sologub, Fedor: Stichotvorenija. Vstupitel'naja stat'ja sostavlenie, podgotovka teksta i primečanija M. I. Dikman. Leningrad: Izdatel'stvo »Sovetskij pisatel'« 1975 (= Biblioteka poeta. Bol'šaja serija. Vtoroe izdanie). Darin: »Nedotykomka seraja ...«, S. 234.

Selegen', Galina: »Prechitraja vjaz'«. (Simvolizm v russkoj proze: »Melkij bes« Fedora Sologuba). Washington, D. C.: Victor Kamkin, Inc. 1968.

Čebotarevskaja, Anastasija (Hrsg.): O Fedore Sologube. Kritika. Stat'i i zametki. (Zuerst: Sankt-Peterburg 1911). Ann Arbor: Reprint by Ardis 1983.
Sologub, Fedor: Sobranie sočinenij. Tom vtoroj. Rasskazy (1909–1921). Sostavitel' Ulrich Steltner. München: Verlag Otto Sagner 1997 (= Slavistische Beiträge. Begründet von Alois Schmaus. Herausgegeben von Peter Rehder; Bd. 343).
Ssologub, Fjodor Meisternovellen. Aus dem Russischen übertragen von Alexander Eliasberg. Nachwort von Friedrich Schwarz. Zürich: Manesse Verlag 1960. [Die Schreibung »Ss« ist ungewöhnlich und markiert das im Deutschen nicht existente scharfe »S« im Anlaut.]
Sologub, Fjodor: Der vergiftete Garten. Phantastisch-unheimliche Geschichten. Herausgegeben und mit einem Nachwort von Eckhard Thiele. Aus dem Russischen übertragen von Eckhard Thiele, Christa Ebert und Hans Loose. Mit 15 Illustrationen von Sabine Seidemann. Berlin: Buchverlag Der Morgen 1988.
Leitner, Andreas: Die Erzählungen Fedor Sologubs. München: Verlag Otto Sagner 1956 (= Slavistische Beiträge. Begründet von Alois Schmaus. Herausgegeben von Johannes Holthusen und Josef Schrenk. Redaktion Peter Rehder; Bd. 101).
Blok, Aleksandr: Tvorčestvo Fedora Sologuba (Ijul' 1907). In: Blok, Sobranie sočinenij. 8 Bde. Moskva, Leningrad: Gosudarstvennoe izdatel'stvo chudožestvennoj literatury 1960–1963. Bd. 5, S. 160–163.
Heftrich, Urs: Fedor Sologub: Melkij bes – Der kleine Dämon. In: Der russische Roman. Herausgegeben von Bodo Zelinsky unter Mitarbeit von Jens Herlth. Köln, Weimar, Wien: Böhlau Verlag 2007. S. 299–318 und S. 528–532.

Kap. 19

Zamjatin, Evgenij: My. Roman. Vstupitel'naja stat'ja: Evgenii Žiglevič. Stat'ja-posleslovie Vladimira Bondarenko. New York: Inter-Language Literary Associates 1967.
Samjatin, Jewgenij: Wir. Roman. Mit einem Nachwort von Jürgen Rühle. Aus dem Russischen von Gisela Drohla. Köln: Kiepenheuer und Witsch 1984.
Zamjatin, Evgenij: Lica. Vstupitel'naja stat'ja Michaila Korjakova. Stat'ja-posleslovie Vladimira Bondarenko. New York: Inter-Language Literary Associates 1967.
Brown, Edward J.: Brave New World, 1984, and We. An Essay on Anti-Utopia (Zamyatin and English Literature). Ann Arbor, Michigan: Ardis 1976 (= Ardis Essay Series, No. 4). Darin: Zamyatin – Selected Bibliography (S. 57–61), compiled by the editors of Ardis.
Rakusa, Ilma: Jewgenij Samjatins Ketzertum. In: Rakusa, Von Ketzern und Klassikern. Streifzüge durch die russische Literatur. Frankfurt am Main: Suhrkamp Verlag 2003 (= edition suhrkamp 2325), S. 103–117.
Gladkov, Fedor: Cement. Roman. Moskva: Izdatel'stvo »Chudožestvennaja literatura« 1967. (1941 überarbeitete Fassung der Erstausgabe, die 1925 in der Zeitschrift »Krasnaja nov'« und 1926 als Buch erschienen war.)
Gladkow, Fjodor: Zement. Roman. Aus dem Russischen übertragen von Olga Halpern. Berlin und Wien: Verlag für Literatur und Politik 1927. (Nach der ersten russischen Buchausgabe von 1926.)

Gladkow, Fjodor: Zement. Deutsch von Alfred E. Thoss. Mit einem Nachwort von Hans Mayer. Berlin: Kultur und Fortschritt 1949. Neuauflage: Berlin: Oberbaumverlag 1971, 2. Aufl. 1972 (= Proletarisch-revolutionäre Romane; Bd. 3). (Nach der überarbeiteten russischen Fassung von 1941.) Roman und Bühnenfassung von Heiner Müller sind enthalten in: Fjodor Gladkow / Heiner Müller: Zement. Mit einem Anhang herausgegeben von Fritz Mierau. Mit 17 Szenenfotos. Leipzig: Philipp Reclam, jun. 1975 (= Reclams Universal-Bibliothek, Bd. 638). Deutsche Übersetzung des Romans von Olga Halpern, S. 5–402. Heiner Müllers Bühnenfassung: S. 403–497. Der Anhang dokumentiert Forschungslage, Rezeption sowie die ungewöhnlich vielfältigen Texteditionen des Romans.

Mannheim, Karl: Ideologie und Utopie (zuerst 1929). Mit einer Einleitung von Jürgen Kaube. Frankfurt am Main: Vittorio Klostermann 2015.

Koestler, Arthur: Darkness at Noon. Translated by Daphne Hardy. New York: Bantam Books 1979.

Strelka, Joseph P.: Arthur Koestler. Autor – Kämpfer – Visionär. Tübingen: Narr Francke Attempto 2006 (= Edition Patmos; Bd. 10).

Boveri, Margret: Der Verrat im 20. Jahrhundert. Mit einem Geleitwort von Gustav Heinemann und einer Einführung von Hellmut Becker. Reinbek bei Hamburg: Rowohlt 1976.

Gerigk, Horst-Jürgen: Unterwegs zu einer Theorie des Verrats: Eric Hoffer und Margret Boveri. In: Verrat. Geschichte – Medizin – Philosophie – Kunst – Literatur. Herausgegeben von Dietrich von Engelhardt. Heidelberg: Mattes Verlag 2012, S. 17–49. Darin über Ezra Pound, Arthur Koestler und Knut Hamsun.

Kap. 20

Puškin, Aleksandr S.: Evgenij Onegin. Roman v stichach. In: Bd. 4, S. 5–198 der Ausgabe: Puškin, Sobranie sočinenij. 10 Bde. Moskva: Gosudarstvennoe izdatel'stvo chudožestvennoj literatury 1960–1962.

Puschkin, Alexander: Jewgeni Onegin. Roman in Versen. Aus dem Russischen und mit einem Nachwort und Erläuterungen von Rolf-Dietrich Keil. München und Zürich: Piper 1987 (= Serie Piper; Bd. 690).

Pushkin, Alexander Sergeevich: Evgenij Onegin. A Novel in Verse. The Russian Text. Edited with Introduction and Commentary by Dmitry Čiževsky. Cambridge: Harvard University Press 1953.

Neef, Sigrid: Handbuch der russischen und sowjetischen Oper. Kassel und Basel: Bärenreiter Verlag Karl Vötterle 1989. Darin: Pjotr Iljitsch Tschaikowski: Eugen Onegin (Jewgeni Onegin). Lyrische Szenen in drei Akten, sieben Bildern. Libretto von Pjotr Tschaikowski und Konstantin Schilowski nach dem gleichnamigen Roman in Versen von Alexander Puschkin, S. 672–678.

Gottfried von Straßburg: Tristan. Herausgegeben von Karl Marold. Unveränderter vierter Abdruck nach dem dritten mit einem auf Grund von F. Rankes Kollationen verbesserten Apparat besorgt von Werner Schröder. Berlin und New York: Walter de Gruyter 1977.

Gottfried von Straßburg: Tristan und Isold. Nach der Übertragung von Hermann Kurtz bearbeitet von Wolfgang Mohr. Göppingen: Kümmerle Verlag 1979.
Gottfried von Straßburg: Tristan und Isolde. Übersetzung aus dem Mittelhochdeutschen von Herman Kurtz, überarbeitet von Wolfgang Mohr. Mit einem Nachwort von Peter Wapnewski. München: Verlag C. H. Beck 2008 (= Die großen Geschichten der Menschheit; Bd. 12). Gekürzte Ausgabe.
Wagner, Richard: Tristan und Isolde. In drei Aufzügen. Vollständiges Buch. Herausgegeben und eingeleitet von Wilhelm Zentner. Stuttgart: Philipp Reclam 1970 (= Universal-Bibliothek Nr. 5638).
Wagner: Tristan und Isolde. In: Musikalische Meilensteine. 111 Werke, die man kennen sollte. Herausgegeben von Silke Leopold, Dorothea Redepenning, Joachim Steinheuer. 2 Bde. Basel, London, New York, Praha: Bärenreiter Verlag Karl Vöttele 2008. Bd. 2, S. 192–193.
Eliot, T. S.: The Waste Land (1922). Darin: I. The Burial of the Dead (mit dem deutschen Zitat: Frisch weht der Wind / Der Heimat zu / Mein irisch Kind / Wo weilest du?). In: Eliot, Collected Poems 1909–1935 London: Faber & Faber 1959, S. 61–63, hier S. 62.
Borchmeyer, Dieter: Richard Wagner. Werk – Leben – Zeit. Mit 34 Abbildungen. Stuttgart: Philipp Reclam 2013. Darin: »Nacht-geweihte« – Tristan und Isolde, S. 213–220.
Nabokov, Vladimir: Eugene Onegin. A Novel in Verse by Aleksandr Pushkin. Translated from the Russian with a Commentary by Vladimir Nabokov. In four volumes. New York: Bollingen Foundation 1964 (= Bollingen Series; 72. Pantheon Books, a Division of Random House, New York).
Troyat, Henri: Puschkin. Die Biographie. Aus dem Französischen übersetzt von Gertrud Bertsch. München: Nymphenburger Verlagshandlung 1959.
Ziegler, Gudrun: Alexander Puschkin. Reinbek bei Hamburg: Rowohlt Taschenbuch Verlag 1979 (= Rowohlts Monographien. Herausgegeben von Kurt Kusenberg; Bd. 279).
Tschaikowsky, Peter: Eugen Onegin. Texte, Materialien, Kommentare. Herausgegeben von Attila Csampai und Dietmar Holland. Reinbek bei Hamburg: Rowohlt Taschenbuch Verlag 1985 (= rororo Opernbücher 7896).
Lotman, Ju. M.: Puškin. Biografija pisatelja. Stat'i i zametki 1960–1990. »Evgenij Onegin«. Kommentarij. Sankt-Peterburg: Izdatel'stvo »Iskusstvo – SPB« 1995.
Gruenter, Rainer: Tristan-Studien. Herausgegeben von Wolfgang Adam. Heidelberg: Universitätsverlag Winter 1993 (= Beihefte zum »Euphorion«. Zeitschrift für Literaturgeschichte. Herausgegeben von Wolfgang Adam; 27. Heft).
Rougemont, Denis de: Die Liebe und das Abendland. Aus dem Französischen von Friedrich Scholz. Köln und Berlin: Verlag Kiepenheuer & Witsch 1966. Zuerst 1939: L'amour et l'occident. Librairie Plon.
Wellershoff, Dieter: Der verstörte Eros. Zur Literatur des Begehrens. Köln: Verlag Kiepenheuer & Witsch 2001.
Tebben, Karin: Von der Unsterblichkeit des Eros und den Wirklichkeiten der Liebe. Geschlechterbeziehungen – Realismus – Erzählkunst. Heidelberg: Universitätsverlag Winter 2011 (= Neues Forum für Allgemeine und Vergleichende Literaturwis-

senschaft. Herausgegeben von Horst-Jürgen Gerigk und Maria Moog-Grünewald; Bd. 45).

Kap. 21

Geier, Swetlana (Hrsg.): Puschkin zu Ehren. Von russischer Literatur. Zürich: Ammann Verlag 1999.
Swetlana Geier – Leben ist Übersetzen. Gespräche mit Lerke von Saalfeld. Zürich: Ammann Verlag 2008.
Gut, Taja: Swetlana Geier. Ein Leben zwischen den Sprachen. Russisch-deutsche Erinnerungsbilder. Dornach: Pforte Verlag 2008, 3. Aufl. 2010.
Schmid, Ulrich M.: Zwischen den Kulturen. Die Übersetzerin Swetlana Geier erinnert sich an ihr bewegtes Leben. In: Neue Zürcher Zeitung. Internationale Ausgabe, 24. / 25. Mai 2008.
Die Frau mit den 5 Elefanten. Ein Film von Vadim Jendreyko. 93 Minuten. 2010, Mira Film GmbH.
Swetlana Geier: Eintrag in Wikipedia, der freien Enzyklopädie, vom 20. November 2016, S. 1–4.

Kap. 22

Dostoevskj, F. M.: Prestuplenie i nakazanie. Bd. 6 der Ausgabe: Dostoevskij, Polnoe sobranie sočinenij. 30 Bde. Leningrad: Izdatel'stvo »Nauka«. Leningradskoe otdelenie 1972–1990.
Dostojewskij, Fjodor M.: Schuld und Sühne (Rodion Raskolnikow). Aus dem Russischen übertragen von Richard Hoffmann. München: Winkler Verlag 1960.
Tolstoj, L. N.: Voskresenie. Bd. 13 der Ausgabe: Tolstoj, Sobranie sočinenij. 20 Bde. Moskva: Gosudarstvennoe izdatel'stvo chudožestvennoj literatury 1960–1965.
Tolstoi, Lew: Auferstehung. Übersetzt und kommentiert von Barbara Conrad. München: Carl Hanser Verlag 2017.
Schelsky, Helmut: Soziologie der Sexualität. Über die Beziehungen zwischen Geschlecht, Moral und Gesellschaft. Hamburg: Rowohlt Taschenbuch Verlag 1955 (= Rowohlts Deutsche Enzyklopädie. Herausgegeben von Ernesto Grassi, Universität München; Bd. 2).
Ortega y Gasset, José: Die Vertreibung des Menschen aus der Kunst. Auswahl aus dem Werk. Aus dem Spanischen von Helene Weyl, Helma Flessa, Ulrich Weber, Gustav Kilpper. München: Deutscher Taschenbuch Verlag 1964.
Gerigk, Horst-Jürgen: Dostojewskijs Entwicklung als Schriftsteller. Vom »Toten Haus« zu den »Brüdern Karamasow«. Frankfurt am Main: Fischer Taschenbuch Verlag 2013 (= Fischer Klassik).
Dornemann, Axel: Im Labyrinth der Bürokratie. Tolstojs »Auferstehung« und Kafkas »Schloß«. Heidelberg: Carl Winter Universitätsverlag 1984 (= Beiträge zur neueren Literaturgeschichte. Neue Folge: Bd. 60).
Kjetsaa, Geir: Lew Tolstoj. Dichter und Religionsphilosoph. Aus dem Norwegischen von Dr. Ute Hempen, Bremen. Gernsbach: Casimir Katz Verlag 2001.

Gerigk, Horst-Jürgen: Dichterprofile. Tolstoj, Gottfried Benn, Nabokov. Heidelberg: Universitätsverlag Winter 2012 (= Beiträge zur neueren Literaturgeschichte; Bd. 312).

Kap. 23

Odojewskij, Fürst Wladimir F.: Beethovens letztes Quartett. In: Odojewskij, Russische Nächte. Mit einem Nachwort von Heinrich A. Stammler. Deutsch von Johannes von Guenther und Heinrich A. Stammler. Zürich: Diogenes Verlag 1984, S. 161–174.

Odoevskij, Vladimir F.: Poslednij kvartet Betchovena. In: Odoevskij, Russkie noči / Russische Nächte. Nachdruck der Moskauer Ausgabe von 1913 mit einer Einleitung von Alfred Rammelmeyer. München: Wilhelm Fink Verlag 1967 (= Slavische Propyläen. Texte in Neu- und Nachdrucken. Herausgegeben von Dmitrij Tschižewskij in Zusammenarbeit mit Dietrich Gerhardt, Ludolf Müller, Alfred Rammelmeyer und Linda Sadnik-Aitzetmüller; Bd. 24). S. 187–202, Einleitung: S. V–XXVIII.

Leister, Judith: Das russische Universalgenie. Ein neu zu entdeckender Klassiker des 19. Jahrhunderts – der Erzähler Wladimir Odojewski. In: Neue Zürcher Zeitung. Internationale Ausgabe: 26. März 2014, S. 23.

Kluge, Rolf-Dieter: Zur Deutung der Musik in der Dichtungstheorie einiger russischer Romantiker und Symbolisten.In: Die Musikforschung. Herausgegeben von der Gesellschaft für Musikforschung, Jahrgang 22 (1969), Heft 1: S. 13–22. Darin über Odojewskijs »Russische Nächte«: S. 15–17.

Turgenjew, Iwan: Die Sänger. In: Turgenjew, Aufzeichnungen eines Jägers. Deutsch von Herbert Wotte. Berlin und Weimar: Aufbau Verlag 1994, S. 253–273.

Turgenev, I. S.: Pevcy. In: Turgenev, Sočinenija, Bd. 4, S. 225–244. Polnoe sobranie sočinenij i pisem. 28 Bde. Moskva, Leningrad: Izdatel'stvo Akademii Nauk SSSR 1960–1968.

Tolstoj, Leo N.: Die Kreutzersonate. In: Tolstoj, Späte Erzählungen. Übersetzt und herausgegeben von Josef Hahn. München: Winkler Verlag 1962, S. 13–126. Darin auch: »Nachwort« des Autors, S. 109–126.

Tolstoj, L. N.: Krejcerova sonata. In: Tolstoj, Sobranie sočinenij. 20 Bde. Moskva: Gosudarstvennoe izdatel'stvo chudožestvennoj literatury 1960–1965. Bd. 12, S. 132–211. Daran anschließend: Posleslovie k »Krejcerovoj sonate«, S. 212–226.

Mandelstam, Ossip: Bahnhofskonzert. In: Bahnhofskonzert. Das Ossip-Mandelstam-Lesebuch. Aus dem Russischen übertragen und herausgegeben von Ralph Dutli. Frankfurt am Main: S. Fischer Verlag 2015 (= Fischer Klassik), S. 128.

Mandel'štam, O.: Koncert na vokzale. In: Mandel'štam, Stichotvorenija. Vstupitel'naja stat'ja L. Dymšica. Sostavlenie, podgotovka teksta i primečanija N. I. Chardžieva. Leningrad: Izdatel'stvo »Sovetskij pisatel'«. Leningradskoe otdelenie 1973 (= Biblioteka poeta. Bol'šaja serija), S. 125.

Mandel'štam, Osip: Sobranie sočinenij v trech tomach. Edited by Prof. G. P. Struve and B. S. Filipoff. Washington and (vols. 2 and 3) New York: Inter-Language Associates 1967–1969. Tom pervyj: Stichotvorenija. Darin No. 125: Koncert na vokzale: S. 95 und S. 462–463 (Kommentar von Clarence Brown, G. P. Struve, E. M. Rais).

Dutli, Ralph: Mandelstam. Meine Zeit, mein Tier. Eine Biographie. Zürich: Ammann Verlag 2005.
Görner, Rüdiger: Literarische Betrachtungen zur Musik. Achtzehn Essays. Frankfurt am Main und Leipzig: Insel Verlag 2001 (= Insel Taschenbuch 2711).

Kap. 24

Zirin (= Pseudonym Nabokovs, um sich von seinem Vater zu unterscheiden, der ebenfalls Vladimir Nabokov hieß): Mašenka. Berlin: Slowo 1926 (= Erstausgabe in einem russischen Emigrantenverlag).
Nabokov, Vladimir: Mary. New York and Toronto: McGraw-Hill Book Company 1970.
Nabokov, Vladimir: Maschenka. Roman. Aus dem Englischen von Klaus Birkenhauer. Reinbek bei Hamburg: Rowohlt Taschenbuch Verlag 1993. Mit einem »Vorwort des Autors zur englischsprachigen Ausgabe« (1970): S. 173–176, und einem »Nachwort des Herausgebers«: S. 177–183.
Morton, Donald E.: Vladimir Nabokov. Mit Selbstzeugnissen und Bilddokumenten. Aus dem Amerikanischen übersetzt von Annelore Engel-Braunschmidt. Reinbek bei Hamburg: Rowohlt Taschenbuch Verlag 1984 (= Rowohlts Monographien. Begründet von Kurt Kusenberg. Herausgegeben von Wolfgang Müller und Uwe Naumann; 50328).
Urban, Thomas: Blaue Abende, braune Spießer. Vladimir Nabokov. In: Urban, Russische Schriftsteller im Berlin der zwanziger Jahre. Berlin: Nikolaische Verlagsbuchhandlung GmbH 2003, S. 194–211.
Gerigk, Horst-Jürgen: Zweifache Heimatlosigkeit. Nabokovs »Pnin«. In: Steltner, Ulrich (Hrsg.): Auf der Suche nach einer grösseren Heimat. Sprachwechsel / Kulturwechsel in der slawischen Welt. Literaturwissenschaftliches Kolloquium anlässlich der Verleihung des Andreas-Gryphius-Preises 1998 an Milo Dor und Ludvik Kundera. Jena: Collegium Europaeum Jenense 1999, S. 63–70.
Gerigk, Horst-Jürgen: Dichterprofile. Tolstoj, Gottfried Benn, Nabokov. Heidelberg: Universitätsverlag Winter 2012 (= Beiträge zur neueren Literaturgeschichte; Bd. 312).

Kap. 25

Chodassewitsch, Wladislaw: Nekropolis. Portraits, Essays, Erinnerungen. Herausgegeben und übersetzt von Frank Göbler. Nachwort von Alexei Makushinsky. Münster: Verlag Helmut Lang 2016.
Berberova, Nina: Die Begleiterin. Roman. Deutsch von Anna Kemp. Reinbek bei Hamburg: Rowohlt Taschenbuch Verlag 1991.
Berberova, Nina: Ich komme aus St. Petersburg. Deutsch von Christina von Süß. Reinbek bei Hamburg: Rowohlt Taschenbuch Verlag 1992. Motto: »If you can look into seeds of the time / And say which grain will grow and which will not, / Speak then to me ...« (Macbeth, 1, 3).
Brjusov, V. Ja: Ognennyj angel / V. Ja. Brjusov, Der feurige Engel. Nachdruck der revidierten Ausgabe Moskau 1909. Mit einer Einführung von Brigitte Flickin-

ger. München: Wilhelm Fink Verlag 1971 (= Slavische Propyläen. Texte in Neu- und Nachdrucken. Herausgegeben von Dmitrij Tschižewskij in Zusammenarbeit mit Dietrich Gerhardt, Ludolf Müller, Alfred Rammelmeyer und Linda Sadnik-Aitzetmüller; Bd. 88).

Flickinger, Btigitte: Dichtung als Magie. Kritische Analyse des »Feurigen Engels«. München: Wilhelm Fink Verlag 1976 (= Forum Slavicum. Herausgegeben von Dmitrij Tschižewskij; Bd. 46).

Kap. 26

Asadowski, Konstantin (Hrsg.): Rilke und Russland. Briefe, Erinnerungen und Gedichte. Aus dem Russischen von Ulrike Hirschberg. Frankfurt am Main: Insel Verlag 1996. Darin Rilkes russische Gedichte: S. 488–494.

Rilke, Rainer Maria: Werke. Kommentierte Ausgabe in vier Bänden. Herausgegeben von Manfred Engel, Ulrich Fülleborn, Horst Lalewski, August Stahl. Frankfurt am Main: Insel Verlag 1996.

Rilke, Rainer Maria: Briefe zur Politik. Herausgegeben von Joachim W. Storck. Frankfurt am Main und Leipzig: Insel Verlag 1992. Darin werden erwähnt: Tolstoj (19 Mal), Dostojewskij (5 Mal), Boris Pasternak (2 Mal), Leonid Pasternak (2 Mal), Block (2 Mal), Puschkin (2 Mal), Tschechow (1 Mal), Turgenjew (1 Mal), Garschin (1 Mal).

Kap. 27

Schmid, Ulrich: Ichentwürfe. Russische Autobiographien zwischen Awwakum und Gercen. Zürich: Pano-Verlag 2000 (= Basler Studien zur Kulturgeschichte Osteuropas. Herausgegeben von Andreas Guski und Heiko Haumann; Bd. 1).

Gitermann, Valentin: Geschichte Russlands. 3 Bde. Zürich: Büchergilde Gutenberg 1944–1949.

Stökl, Günther: Russische Geschichte. Von den Anfängen bis zur Gegenwart. Mit 6 Karten und 2 Stammtafeln. 2., erweiterte Auflage. Stuttgart: Alfred Kröner Verlag 1965 (= Kröners Taschenausgabe; Bd. 244).

Kap. 28

Markov, Vladimir: Russian Futurism: A History. Berkeley and Los Angeles: University of California Press 1968.

Markov, Vladimir (Hrsg.): Manifesty i programmy russkich futuristov / Die Manifeste und Programmschriften der russischen Futuristen. Mit einem Vorwort herausgegeben von Vladimir Markov. München: Wilhelm Fink Verlag 1967 (= Slavische Propyläen. Texte in Neu- und Nachdrucken. Herausgegeben von Dmitrij Tschižewskij in Zusammenarbeit mit Dietrich Gerhardt, Ludolf Müller, Alfred Rammelmeyer und Linda Sadnik-Aitzetmüller; Bd. 27).

Tschižewskij, Dmitrij (Hrsg.): Anfänge des russischen Futurismus. Wiesbaden: Otto Harrassowitz 1963 (= Heidelberger slavische Texte. Herausgegeben von Dmitrij

Tschižewskij und Johann Schröpfer; Bd. 7). Darin: Chlebnikov (S. 38–54), Majakovskij (S. 68–72), Kručenych (S. 82–87).
Wilpert, Gero von: Sachwörterbuch der Literatur. 8., verbesserte und erweiterte Auflage. Stuttgart: Alfred Kröner Verlag 2001. Darin »Futurismus«: S. 287–288; »Dadaismus«: S. 151–152; »Surrealismus«: S. 798–799.
Schifferli, Peter (Hrsg.): Dada in Zürich. Bildchronik und Erinnerungen der Gründer. Erweiterte Sonderausgabe zum 50. Geburtstag von Dada. In Zusammenarbeit mit Hans Arp und Richard Huelsenbeck herausgegeben von Peter Schifferli. Zürich: Peter Schifferli, Verlags AG »Die Arche« 1957.
Mehring, Walter: Berlin Dada. Eine Chronik mit Photos und Dokumenten. Zeichnungen von George Grosz, Ludwig Meidner, Kurt Schwitters u.a. Zürich: Peter Schifferli, Verlags AG »Die Arche« 1959.
Taeuber-Arp, Sophie und Hans Arp: Zweiklang. Mit Photos und Originallithographien. Herausgegeben von Ernst Scheidegger. Zürich: Peter Schifferli, Verlags AG »Die Arche« 1960.
Arp, Hans: Gesammelte Gedichte. 3 Bde. In Zusammenarbeit mit dem Autor herausgegeben von Marguerite Arp-Hagenbach und Peter Schifferli. Wiesbaden: Limes Verlag 1963.
Ball, Hugo: Gesammelte Gedichte. Mit Photos und Faksimiles. Herausgegeben von Annemarie Schütt-Hennings. Zürich: Peter Schifferli, Verlags AG »Die Arche« 1963.
Ball, Hugo: Die Flucht aus der Zeit. Luzern: Verlag Josef Stocker 1956.
Schwitters, Kurt: Das literarische Werk. 5 Bde. Herausgegeben von Friedhelm Lach. Köln: Verlag M. DuMont Schauberg 1972–1981.
Tzara, Tristan: 7 Dada Manifeste. Aus dem Französischen von Pierre Gallisaires. Hamburg: Verlag Lutz Schulenburg 1978 (= Edition Nautilus).
Huelsenbeck, Richard: En avant Dada. Hamburg: Verlag Lutz Schulenburg 1978 (= Edition Nautilus).
Serner, Walter: Letzte Lockerung. manifest dada. Hannover, Leipzig, Wien, Zürich: Paul Steegemann Verlag 1920. Nachdruck Erlangen: Verlag Klaus G. Renner 1960.
Majakovskij, Vladimir: Polnoe sobranie sočinenij. 13 Bde. Moskva: Gosudarstvennoe izdatel'stvo chudožestvennoj literatury 1955–1961 (= Akademija nauk SSSR. Institut mirovoj literatury im. A. M. Gor'kogo).
Majakowski, Wladimir: Werke. 3 Bde. Herausgegeben von Leonhard Kossuth. Deutsche Nachdichtung von Hugo Huppert. Mit Abbildungen. Frankfurt am Main: Insel Verlag 1973–1974 (= Insel Taschenbuch 16, 53, 79).
Gerigk, Horst-Jürgen: »Aus einer Straße in die andere«. Majakowskij und die Seele im technischen Zeitalter. In: Literarische Avantgarde. Festschrift für Rudolf Neuhäuser. Herausgegeben von Horst-Jürgen Gerigk. Heidelberg: Mattes Verlag 2001, S. 65–71.
Chlebnikov, V. V.: Sobranie sočinenij / V. V. Chlebnikov: Gesammelte Werke. 4 Bde. Nachdruck der Ausgaben Moskau 1928–1940. München: Wilhelm Fink Verlag 1968–1971 (= Slavische Propyläen. Texte in Neu- und Nachdrucken. Herausgegeben von Dmitrij Tschižewskij in Zusammenarbeit mit Dietrich Gerhardt, Ludolf Müller, Alfred Rammelmeyer und Linda Sadnik-Aitzetmüller; Bd. 37, I–IV).

Lachmann, Renate: Die »Verfremdung« und das »neue Sehen« bei Viktor Šklovskij. In: Poetica 3 (1970), S. 226–249.

Kap. 29

Schenzinger, Karl Aloys: Der Hitlerjunge Quex. Roman. Berlin: Zeitgeschichte-Verlag Wilhelm Andermann 1932. Die Ausgabe von 1934 (181.–186. Tausend) enthält den Vermerk: »Gegen die Herausgabe dieser Schrift werden seitens der NSDAP keine Bedenken erhoben«. Der Vorsitzende der parteiamtlichen Prüfungskommission zum Schutze des NS-Schrifttums. München, 6. 10. 1934.

Haffner, Sebastian: Anmerkungen zu Hitler: Frankfurt am Main: Fischer Taschenbuch, 31. Auflage 2015. Zuerst München: Kindler 1978.

Steffahn, Harald: Adolf Hitler. Reinbek bei Hamburg: Rowohlt Taschenbuch Verlag 1983 (= Rowohlts Monographien. Begründet von Kurt Kusenberg. Herausgegeben von Uwe Naumann; 50316).

Rosenberg, Alfred: Der Mythus des 20. Jahrhunderts. Eine Wertung der seelisch-geistigen Gestaltungskämpfe unserer Zeit. München: Hoheneichen-Verlag, Gesamtauflage 1935: 283 000 Exemplare (zuerst 1930). Widmung: »Dem Gedenken der zwei Millionen deutscher Helden / die im Weltkrieg fielen für ein Deutsches Leben und ein Deutsches Reich der Ehre und Freiheit.« Das Namenverzeichnis verweist auf Dostojewski (S. 113, 114, 206f., 408), Tolstoi (S. 139, 211, 607), Turgenjew (S. 209), Gorki (S. 113).

Kiesel, Helmuth: Geschichte der deutschsprachigen Literatur 1918 bis 1933. München: C. H. Beck 2017. Darin über »Hitlerjunge Quex«: S. 964–967.

Makarenko, Anton S.: Pedagogičeskaja poema. Leningrad: Lenizdat 1973. (Zuerst 3 Bde. 1933–1935).

Makarenko, Anton S.: Der Weg ins Leben. Ein pädagogisches Poem. Aus dem Russischen von Ingo-Manfred Schille. Berlin: Aufbau Verlag 1954.

Ryklin, Michail: Kommunismus als Religion. Die Intellektuellen und die Oktoberrevolution. Aus dem Russischen von Dirk und Elena Uffelmann. Frankfurt am Main und Leipzig: Verlag der Weltreligionen im Insel Verlag 2008.

Goebbels, Joseph: Michael. Ein deutsches Schicksal in Tagebuchblättern. München: Zentralverlag der NSDAP, Franz Eher Nachf. 1929.

Michel, Kai: Vom Poeten zum Demagogen. Die schriftstellerischen Versuche Joseph Goebbels'. Köln, Weimar, Wien: Böhlau Verlag 1999 (= Literatur in der Geschichte, Geschichte in der Literatur. Herausgegeben von Klaus Amann, Friedbert Aspetsberger in Verbindung mit Claudio Magris; Bd. 47).

Kap. 30

Ramuz, Charles Ferdinand: Erinnerungen an Igor Strawinsky. Aus dem Französischen von Leonharda Gescher. Berlin und Frankfurt am Main: Suhrkamp Verlag 1953 (= Bibliothek Suhrkamp; Bd. 17).

Lindlar, Heinrich: Lübbes Strawinsky Lexikon. Bergisch Gladbach: Gustav Lübbe Verlag 1982. Darin: Geschichte vom Soldaten, S. 80–83.

Neef, Sigrid: Igor Strawinski, 1882–1971: Geschichte vom Soldaten (Histoire du soldat). Zu lesen, zu spielen und zu tanzen (A reciter, jouer et danser). Worte von Charles Ferdinand Ramuz. In: Neef, Handbuch der russischen und sowjetischen Oper. Kassel und Basel: Bärenreiter Verlag Karl Vötterle 1989, S. 604–611.
Russische Märchen. Auswahl und deutsche Übertragung von Margret Wernle. Basel: Benno Schwabe & Co. Verlag 1954 (= Sammlung Klosterberg. Neue Folge. Herausgegeben von Julius Schwabe). Darin: Das Märchen vom Soldaten, der die Prinzessin erlöste, S. 60–67.

Kap. 31

Bunin, Ivan A.: Žizn' Arsen'eva. Junost'. In: Bunin, Sobranie sočinenij. 9 Bde. Moskva: Izdatel'stvo chudožestvennoj literatury 1965–1967. Bd. 6, S. 7–288.
Bunin, Iwan: Das Leben Arsenjews. Eine Jugend im alten Rußland. Aus dem Russischen übersetzt von Georg Schwarz. München und Wien: Carl Hanser Verlag 1980.
(Bunin) Ivan Bunin. Literaturnoe nasledstvo. Tom 84, v dvuch knigach. Moskva: Izdatel'stvo »Nauka« 1973 (= Akademija Nauk SSSR. Institut mirovoj literatury im. A. M. Gor'kogo).
Stepun, F. A.: Sočinenija. Sostavlenie, vstupitel'naja stat'ja, primečanija i bibliografija V. K. Kantora. Moskva: Rossijskaja političeskaja enciklopedija 2000. Darin: »Ivan Bunin«: S. 680–690.

Kap. 32

Prutkov, Koz'ma: Polnoe sobranie sočinenij. Vstupitel'naja stat'ja, podgotovka teksta i primečanija B. Ja. Buchstaba. Moskva, Leningrad: Sovetskij pisatel' 1965 (= Biblioteka poeta. Bol'šaja serija. Vtoroe izdanie). Darin besonders wichtig S. 5–50: Einführung »Koz'ma Prutkov« von B. Ja. Buchstab.
Tschižewskij, Dmitrij: Russische Literaturgeschichte des 19. Jahrhunderts. Bd. II: Der Realismus. München: Wilhelm Fink Verlag 1967 (= Forum Slavicum. Herausgegeben von Dmitrij Tschižewskij: Bd. 1/II). Darin über Prutkov: S. 137–140.
Lauer, Reinhard: Geschichte der russischen Literatur. Von 1700 bis zur Gegenwart. München: Verlag C. H. Beck 2000. Darin über Prutkov: S. 319.
Morgenstern, Christian: Alle Galgenlieder. Wiesbaden: Insel-Verlag 1958.
Morgenstern; Christian: Das aufgeklärte Mondschaf. Achtundzwanzig Galgenlieder und deren gemeinverständliche Deutung durch Jeremias Mueller, Dr. phil., Privatgelehrter. Frankfurt am Main: Insel-Verlag 1963 (= Insel-Bücherei Nr. 802).

Kap. 33

Kant, Immanuel: Kritik der Urteilskraft. Herausgegeben von Karl Vorländer. Hamburg: Verlag Felix Meiner 1959 (= Philosophische Bibliothek; Bd. 39a).
Jean Paul: Vorschule der Ästhetik und Kleine Nachschule zur Ästhetischen Vorschule. In: Jean Paul, Werke. 6 Bde. Herausgegeben von Norbert Miller. München: Carl Hanser Verlag 1960–1963. Bd. 5, S. 11–456 und S. 459–514.

Hegel, Georg Wilhelm Friedrich: Ästhetik. Nach der zweiten Ausgabe Heinrich Gustav Hothos (1842) redigiert und mit einem ausführlichen Register versehen von Friedrich Bassenge. 2 Bde. Berlin und Weimar: Aufbau Verlag 1976.
Schopenhauer, Arthur: Die Welt als Wille und Vorstellung. Erster Band. Darin: Drittes Buch. Die Welt als Vorstellung: zweite Betrachtung. Die Vorstellung unabhängig vom Satze vom Grunde: die Platonische Idee: das Objekt der Kunst. §30–§52: S. 197–316. In: Schopenhauer, Sämtliche Werke. Herausgegeben von Arthur Hübscher. 7 Bände. Wiesbaden: Eberhard Brockhaus Verlag 1948–1950. Bd. 2.
Dilthey, Wilhelm: Das Erlebnis und die Dichtung. Lessing, Goethe, Novalis, Hölderlin. Göttingen: Vandenhoeck & Ruprecht 1970 (= Kleine Vandenhoeck-Reihe; Bd. 191).
Gadamer, Hans-Georg: Wahrheit und Methode. Grundzüge einer philosophischen Hermeneutik. Tübingen: J. C. B. Mohr (Paul Siebeck) 1960.
Gerigk, Horst-Jürgen: Lesendes Bewusstsein. Untersuchungen zur philosophischen Grundlage der Literaturwissenschaft. Berlin und Boston: Walter de Gruyter 2016 (= Abhandlungen der Akademie der Wissenschaften zu Göttingen. Neue Folge. Bd. 42).
Mehring, Walter: Die verlorene Bibliothek. Autobiographie einer Kultur. Hamburg: Rowohlt 1952.
Pound, Ezra: Literary Essays. Edited with an Introduction by T. S. Eliot. London: Faber and Faber 1954. Darin: How to Read, S. 15–40 (später erweitert zu der Monografie: ABC of Reading).
Strich, Fritz: Goethe und die Weltliteratur. Zweite, verbesserte und erweiterte Auflage. Bern: Francke Verlag 1957.
Priestley, J. B.: Literature and Western Man. London, Melbourne, Toronto: Heinemann 1960.
Giesz, Ludwig: Phänomenologie des Kitsches. Zweite, vermehrte und verbesserte Auflage. München: Wilhelm Fink Verlag 1971 (= Theorie und Geschichte der Literatur und der Schönen Künste. Texte und Abhandlungen. Herausgegeben von Max Imdahl, Wolfgang Iser, Hans Robert Jauss, Wolfgang Preisendanz, Jurij Striedter; Bd. 17).
Eliot, T. S.: To Criticize the Critic and Other Writings. London: Faber and Faber 1978.
Mühlmann, Wilhelm E.: Pfade in die Weltliteratur. Königstein / Ts.: Athenäum 1984.
Fuhrmann, Manfred: Bildung. Europas kulturelle Identität. Stuttgart: Philipp Reclam Verlag 2002 (= Reclams Universal-Bibliothek Bd. 18182).
Bloom, Harold: The Western Canon. The Books and School of the Ages. New York, San Diego, London: Harcourt Brace & Company 1994.
Hesse, Hermann: Eine Bibliothek der Weltliteratur. In: Hesse, Schriften zur Literatur. Herausgegeben von Volker Michels. 2 Bde. Frankfurt am Main: Suhrkamp Verlag 1972. Bd. 1, S. 335–372.
Schmeling, Manfred (Hrsg.): Weltliteratur heute. Konzepte und Perspektiven. Würzburg: Königshausen & Neumann 1995 (= Saarbrücker Beiträge zur Vergleichenden Literatur- und Kulturwissenschaft. Herausgegeben von Manfred Schmeling; Bd. 1).
Wilpert, Gero von: Sachwörterbuch der Literatur. 8., verbesserte und erweiterte Auflage. Stuttgart: Alfred Kröner Verlag 2001.

Zweiter Teil: Weiterführende Literatur
Primärtexte und Forschung
Russische Literatur: Politische Geschichte, Literaturgeschichte, Kulturgeschichte, Lexika

Achmatova, Anna: Ja – golos vas ... Vstupitel'naja stat'ja Davida Samojlova. Sostavlenie i primečanija V. A. Černych. Moskva: Izdatel'stvo »Knižnaja palata« 1989 (= Populjarnaja biblioteka).

Afanasjew, Alexander N.: Russische Volksmärchen. Aus dem Russischen von Swetlana Geier. München: Winkler Verlag 1985.

Afiani, V. Ju. (otvetstvennyj redaktor): Ideologičeskie kommissii CK KPSS. 1958–1964: Dokumenty. Moskva: Rossijskaja političeskaja enciklopedija (ROSSPEN) 1998 (= Kul'tura i vlast' ot Stalina do Gorbačeva. Dokumenty. Glavnyj redaktor: Karl Eimermacher, Ruhr-Universität, Bochum).

Ajchenval'd, Julij I.: Siluety russkich pisatelej. Moskva: Izdatel'stvo »Respublika« 1994.

Aksakov, S. T.: Istorija moego znakomstva s Gogolem. Izdanie podgotovili sotrudniki muzeja »Abramcevo« AN SSSR E. P. Naselenko i E. A. Smirnova. Moskva: Izdatel'stvo Akademii nauk SSSR 1960 (= Literaturnye pamjatniki).

Allen, Elizabeth Cheresh and Gary Saul Morson (eds.): Freedom and Responsibility in Russian Literature. Essays in Honor of Robert Louis Jackson. Evanston, Illinois: Northwestern University Press and the Yale Center for International and Area Studies 1995 (= Studies in Russian Literature and Theory. Yale Russian and East European Publications, No. 12).

Anciferov, N. N.: Duša Peterburga. Gravjury na dereve A. P. Ostroumovoj-Lebedevoj. (Zuerst: Peterburg: Izdatel'stvo »Brokgauz-Efron« 1922.) Paris: YMCA-Press 1978.

Andreev, Leonid: Povesti i rasskazy v dvuch tomach. Tom pervyj: 1898–1906 gg. Tom vtoroj: 1907–1919 gg. Moskva: Izdatel'stvo »Chudožestvennaja literatura« 1971.

Andrejev, Leonid N.: Die sieben Gehenkten. Lazarus. Judas Ischariot. Übersetzt von Ingrid Tinzmann und Svetlana Geier. Mit einem Essay »Zum Verständnis der Werke« und einer Bibliographie von Svetlana Geier. Hamburg: Rowohlt 1957 (= Rowohlts Klassiker der Literatur und der Wissenschaft. Herausgegeben von Ernesto Grassi unter Mitarbeit von Wolfgang von Einsiedel; Bd. 15).

Anikst, A.: Teorija dramy v Rossii. Ot Puškina do Čechova. Moskva: Izdatel'stvo »Nauka« 1972.

Anweiler, Oskar und Karl-Heinz Ruffmann (Hrsg.): Kulturpolitik der Sowjetunion. Stuttgart: Alfred Kröner 1973 (= Kröners Taschenausgabe; Bd. 429).

Aufschnaiter, Barbara und Dunja Brötz (Hrsg.): Russische Moderne Interkulturell. Von der Blauen Blume zum Schwarzen Quadrat. Maria Deppermann zum 65. Geburtstag. Innsbruck, Wien, München, Bozen: Studien Verlag 2004.

Auras, Christiane: Sergej Esenin. Bilder- und Symbolwelt. München: Verlag Otto Sagner 1965 (= Slavistische Beiträge. Herausgegeben von A. Schmaus, München; Bd. 12a).

Bal'mont, Konstantin D.: Izbrannoe: Stichotvorenija, Perevody, Stat'i. Moskva: Izdatel'stvo »Chudožestvennaja literatura« 1983.

Baluchatyj, S. D.: Problemy dramaturgičeskogo analiza. Čechov. / S. D. Baluchatyj: Probleme der Dramenanalyse. Čechov. Nachdruck der Ausgabe Leningrad 1927. München: Wilhelm Fink Verlag 1969 (= Slavische Propyläen. Texte in Neu- und Nachdrucken. Herausgegeben von Dmitrij Tschižewskij in Zusammenarbeit mit Dietrich Gerhardt, Ludolf Müller, Alfred Rammelmeyer und Linda Sadnik-Aitzetmüller; Bd. 68).

Baumgärtner, Isolde; Wasserzeichen. Zeit und Sprache im lyrischen Werk Iosif Brodskijs. Köln, Weimar, Wien: Böhlau Verlag 2007 (= Bausteine zur slavischen Philologie und Kulturgeschichte. Neue Folge. Reihe A: Slavistische Forschungen; Bd. 56; Brodskij-Studien; Bd. 2).

Belinski, W. G.: Ausgewählte philosophische Schriften. Aus dem Russischen übersetzt von Alfred Kurella. Moskau: Verlag für fremdsprachige Literatur 1950.

Belobratow, Alexandr W. und Alexej I. Žerebin (Hrsg.): Dostojewskij und die russische Literatur in Österreich seit der Jahrhundertwende (Literatur, Theater). St. Petersburg: Verlag FANTAKT 1994 (= Jahrbuch der Österreich-Bibliothek in St. Petersburg; Bd. 1).

Benz, Ernst: Geist und Leben der Ostkirche. Hamburg: Rowohlt 1957 (= Rowohlts Deutsche Enzyklopädie; Bd. 40).

Berezkin, Viktor: Chudožnik v teatre Čechova. Moskva: »Izobrazitel'noe iskusstvo« 1987.

Berlin, Isaiah: Russian Thinkers. Edited by Henry Hardy and Aileen Kelly. With an Introduction by Aileen Kelly. Harmondsworth, Middlesex, England: Penguin Books 1979.

Bethea, David M.: The Superstitious Muse: Thinking Russian Literature Mythopoetically. Boston: Academic Studies Press 2009.

Beyer, Thomas R. / Kratz, Gottfried und Xenia Werner (Hrsg.): Russische Autoren und Verlage in Berlin nach dem Ersten Weltkrieg. Berlin: Berlin Verlag Arno Spitz 1987 (= Staatsbibliothek Preußischer Kulturbesitz. Veröffentlichungen der Osteuropa-Abteilung; Bd. 7).

Beyme, Klaus von: Die Russland-Kontroverse. Eine Analyse des ideologischen Konflikts zwischen Russland-Verstehern und Russland-Kritikern. Wiesbaden: Springer Fachmedien, 2. korr. Aufl. 2018.

(Bibel: Neues Testament und Psalter) Novyj Zavet i Psaltir'. Amerikanskoe Biblejskoe Obščestvo. Osnovano v 1816 godu. N'ju-Iork. New York 1944.

Bicilli, Petr M.: Anton P. Čechov. Das Werk und sein Stil. Aus dem Russischen übersetzt und mit Ergänzungen aus anderen Artbeiten des Autors herausgegeben von Vincent Sieveking. München: Wilhelm Fink Verlag 1966 (= Forum Slavicum. Herausgegeben von Dmitrij Tschižewskij; Bd. 7).

Bjalyj, G. A.: V. M. Garšin. Kritiko-biografičeskij očerk. Moskva: Gosudarstvennoe izdatel'stvo chudožestvennoj literatury 1955.

Blok, Aleksandr: Sobranie sočinenij. 8 Bde. Moskva, Leningrad: Gosudarstvennoe izdatel'stvo chudožestvennoj literatury 1960–1963. Ergänzungsband: Zapisnye knižki 1901–1920. Moskva: Gosudarstvennoe izdatel'stvo »Chudožestvennaja literatura« 1965.

Böckmann, Paul (Hrsg.): Stil- und Formprobleme in der Literatur. Vorträge des VII. Kongresses der Internationalen Vereinigung für moderne Sprachen und Literaturen in Heidelberg. Heidelberg: Carl Winter Universitätsverlag 1974. Darin S. 389–412: über Gogol, Tolstoj, Dostojewskij und Tschechow. S. 459–473: über Andrej Belyj und Alexej N. Tolstoj (20. Jahrhundert).

Bograd, Ganna: Proizvedenija izobrazitel'nogo iskusstva v tvorčestve F. M. Dostoevskogo. New York: Izdatel'stvo Slovo-Word 1998.

Bojko-Blochyn, Jurij: Gegen den Strom. Ausgewählte Beiträge zur Geschichte der slavischen Literaturen. Heidelberg: Carl Winter Universitätsverlag 1979 (= Beiträge zur neueren Literaturgeschichte. Dritte Folge; Bd. 43).

Boveri, Margret: Der Verrat im 20. Jahrhundert. Geleitwort von Gustav Heinemann. Einleitung von Hellmut Becker. Reinbek bei Hamburg: Rowohlt 1976.

Brang, Peter in Verbindung mit Herbert Bräuer und Horst Jablonowski (Hrsg.): Festschrift für Margarete Woltner zum 70. Geburtstag am 4. Dezember 1967. Heidelberg: Carl Winter Universitätsverlag 1967.

Braun, Maximilian: Der Kampf um die Wirklichkeit in der russischen Literatur. Göttingen: Vandenhoeck & Ruprecht 1958 (= Kleine Vandenhoeck-Reihe; Bd. 57).

Breitenfellner, Kirstin: Lavaters Schatten. Physiognomie und Charakter bei Ganghofer, Fontane und Döblin. Mit einem Exkurs über den Verbrecher als literarische Gestalt von Schiller bis Böll und einer systematischen Bibliographie zum Thema »Physiognomie und Charakter«. Dresden und München: Dresden University Press 1999 (= Artes liberales. Beiträge zu Theorie und Praxis der Interpretation. Herausgegeben von Horst-Jürgen Gerigk; Bd. 5).

Brewster, Dorothy: East-West Passage. A Study in Literary Relationships. London: George Allen and Unwin 1954.

Brötz, Dunja: Dostojewskis »Der Idiot« im Spielfilm. Analogien bei Akira Kurosawa, Saša Gedeon und Wim Wenders. Bielefeld: transcript Verlag 2008.

Brühl, Christine Gräfin von: Die nonverbalen Ausdrucksmittel in Anton Čechovs Bühnenwerk. Frankfurt am Main, Berlin, Bern, New York, Paris, Wien: Peter Lang 1996 (= Europäische Hochschulschriften. Reihe 16: Slavische Sprachen und Literaturen; Bd. 52). Phil. Diss. Universität Heidelberg. Referent: Horst-Jürgen Gerigk.

Bruford, W. H.: Chekhov and his Russia. A Sociological Study. London: Routledge & Kegan Paul 1971. Zuerst 1948 (= International Library of Sociology and Social Reconstruction. Founded by Karl Mannheim. Editor: W. J. H. Sprott).

Bulgakow, Michail: Master i Margarita. Roman. Frankfurt / M.: Possev Verlag. V. Gorachek KG. 1969.

Bulgakow, Michail: Der Meister und Margarita. Roman. Aus dem Russischen von Thomas Reschke. Neuwied und Berlin: Hermann Luchterhand Verlag 1968.

(Bulgakow) Natov, Nadine: Mikhail Bulgakow. Boston 1985.

(Bulgakow) Zelinsky, Barbara: Michail Bulgakow: Master i Margarita – Der Meister und Margarita. In: Der russische Roman. Herausgegeben von Bodo Zelinsky unter Mitwirkung von Jens Herlth. Köln, Weimar, Wien: Böhlau Verlag 2007: S. 382–405.

Busch, Ulrich: Puschkin. Leben und Werk. München: Erich Wewel Verlag 1989 (= Quellen und Studien zur russischen Geistesgeschichte. Herausgeber: Ludolf Müller; Bd. 7).

Buss, Andreas: Die Wirtschaftsethik des russisch-orthodoxen Christentums. Heidelberg: Carl Winter Universitätsverlag 1989.

Cadot, Michel: Dostoievski d'un siècle a l'autre ou la Russie entre Orient et Occident. Avant-propos: Rudolf Neuhäuser. Paris: Maisonneuve et Larose 2001 (= Les champs de la liberté).

(Čajkovskij, P. I.) Muzikal'noe nasledie Čajkovskogo. Iz istorii ego proizvedenij. Moskva: Izdatel'stvo Akademii nauk SSSR 1958.

Calder, Angus: Russia Discovered. 19th-Century Fiction from Pushkin to Chekhov. London: Heinemann / New York: Barnes and Noble 1976.

Caldwell, Erskine: All-Out on the Road to Smolensk. NewYork: Duell, Sloan and Pearce 1942. Erlebnisbericht. Der erste Absatz lautet: »For several years I had had a growing desire to visit the Soviet Union, but it was not until the first week in 1941 that I finally decided that the time had come for me to go. My reason then was that I wished to reach Moscow before the Germans began their attack on the Russians. I believed this would take place before the year was over.«

Caldwell, Erskine: All Night Long. A Novel of Guerilla Warfare in Russia. New York: Duell, Sloane and Pearce 1942.

Caspers, Olga: Ein Schriftsteller im Dienst der Ideologie. Zur Dostoevskij-Rezeption in der Sowjetunion. München, Berlin, Washington D. C.: Verlag Otto Sagner 2012 (= Arbeiten und Texte zur Slavistik. Begründet von Wolfgang Kasack. Herausgegeben von Frank Göbler und Rainer Goldt; Bd. 91).

Čechov. Moskva: Izdatel'stvo Akademii nauk SSSR 1960 (= Literaturnoe nasledstvo; Bd. 68).

Čechov i teatr. Pis'ma, fel'etony, sovremenniki o Čechove-dramaturge. Sostavitel', avtor vstupitel'noj stat'i i kommentariev E. D. Surkov. Moskva: Izdatel'stvo »Iskusstvo« 1961.

(Čechov) Bunin, Ivan: O Čechove. In: Bunin, Sobranie sočinenij. 9 Bde. Moskva: Izdatel'stvo »Chudožestvennaja literatura« 1965–1967, Bd. 9, S. 169–250.

(Čechov) Selge, Gabriele: Anton Čechovs Menschenbild. Materialien zu einer poetischen Anthropologie. München: Wilhelm Fink Verlag 1970 (= Forum Slavicum. Herausgegeben von Dmitrij Tschižewskij; Bd. 15).

(Čechov) Anton Pavlovič: Čechov in Jalta und Deutschland. Katalog der Ausstellung »Anton P. Čechov«, die vom 15. Juni bis zum 18. Juli 1994 im Jesuitensaal des Rathauses Baden-Baden stattfand. Baden-Baden: Stadt Baden-Baden / Kulturamt 1994. Darin Rolf-Dieter Kluge: Anton Čechov und Badenweiler, S. 56–69.

(Čechov) Der Tschechow-Clan. Geschichte einer deutsch-russischen Künstlerfamilie. Von Renata Helker und Claudia Lenssen. Berlin: Parthas-Verlag 2001.

(Čechov) Steinberg-Pavlova, Viktoria: Musik in Anton Čechovs Erzählungen. Frankfurt am Main, Berlin, Bern, Bruxelles, New York, Oxford, Wien: Peter Lang 2008 (= Heidelberger Publikationen zur Slavistik. B. Literaturwissenschaftliche Reihe. Bd. 34. Herausgeber: Horst-Jürgen Gerigk, Urs Heftrich, Wilfried Potthoff).

Cejtlin, Aleksandr G.: Stanovlenie realizma v russkoj literature (Russkij fiziologičeskij očerk). Moskva: Izdatel'stvo »Nauka« 1965 (= Akademija nauk SSSR. Institut mirovoj literatury im. A. M. Gor'kogo).

Chlebnikov, Velimir V.: Sobranie sočinenij. 4 Bde. / Gesammelte Werke, 4 Bde. Nachdruck der Ausgaben Moskau 1928–1940. München: Wilhelm Fink Verlag 1968–1971 (= Slavische Propyläen. Texte in Neu- und Nachdrucken. Herausgegeben von Dmitrij Tschižewskij in Zusammenarbeit mit Dietrich Gerhardt, Ludolf Müller, Alfred Rammelmeyer und Linda Sadnik-Aitzetmüller; Bd. 37, I–IV).

Chodassewitsch, Wladislaw: Nekropolis. Porträts, Essays, Erinnerungen. Herausgegeben und übersetzt von Frank Göbler. Nachwort von Alexei Makushinsky. Münster: Verlag Helmut Lang 2016. Die Einleitung von Frank Göbler (S. 7–16) hat den Titel: Leben und Literatur in der russischen Moderne.

Christa, Boris: Andrey Bely. Centenary Papers. Amsterdam: Verlag Adolf M. Hakkert 1980 (= Bibliotheca Slavonica. Ediderunt: Ch. A. v. d. Berk et D. Gerhardt; Bd. 21).

Čužak, N. F. (Hrsg.): Literatura fakta. Nachdruck der Ausgabe Moskau 1929 mit einer Einleitung von Hans Günther. München: Wilhelm Fink Verlag 1972 (= Centrifuga. Russian Reprintings and Printings. Edited by Karl Eimermacher, Johannes Holthusen, Simon Karlinsky, Reinhard Lauer und Vladimir Markov. Vol. 10).

Cvetaeva, Marina: Izbrannye proizvedenija. Vstupitel'naja stat'ja Vl. Orlova. Sostavlenie, podgotovka teksta i primečanija A. Efron i A. Saakjanc. Moskva, Leningrad: Sovetskij pisatel' 1965 (= Biblioteka poeta, osnovana M. Gor'kim. Bol'šja serija. Vtoroe izdanie).

(Cvetaeva) Marina Zwetajewa: Mein weiblicher Bruder. Brief an die Amazone. Übertragung aus dem Französischen und Nachwort von Ralph Dutli. München: Matthes & Seitz Verlag 1995.

Dahlmann, Dittmar und Wilfried Potthoff (Hrsg.): Deutschland und Rußland. Aspekte kultureller und wissenschaftlicher Beziehungen im 19. und frühen 20. Jahrhundert. Wiesbaden: Harrassowitz Verlag 2004 (= Opera Slavica, begründet von Maximilian Braun und Alois Schmaus. Neue Folge, herausgegeben von Reinhard Lauer; Bd. 47).

Danilevskij, Rostislav Ju.: Fridrich Šiller i Rossija. Sankt-Peterburg: Izdatel'stvo »Puškinskij Dom« 2013 (= Serija Biblioteka Puškinskogo Doma).

Dobroljubov, N. A.: Russkie klassiki. Izbrannye literaturno-kritičeskie stat'i. I. A. Gončarov, F. M. Dostoevskij, A. N. Ostrovskij, M. E. Saltykov-Ščedrin, I. S. Turgenev. Izdanie podgotovil Ju. G. Oksman. Moskva: Izdatel'stvo »Nauka« 1970 (= Literaturnye pamjatniki).

Dobroljubow, N. A.: Ausgewählte philosophische Schriften. Aus dem Russischen übersetzt von Alfred Kurella. Moskau: Verlag für fremdsprachige Literatur 1951.

Dobroljubow, Nikolai A.: Ein Lichtstrahl im finsteren Reich. Aufsätze zur Literatur. Ausgewählt und mit einem Nachwort versehen von Dr. Michael Wegner. Übersetzt von Alfred Kurella und Oskar von Törne. Leipzig: Verlag Philipp Reclam 1961.

Dornemann, Axel: Im Labyrinth der Bürokratie. Tolstojs »Auferstehung« und Kafkas »Schloß«. Heidelberg: Carl Winter Universitätsverlag 1984 (= Beiträge zur neueren

Literaturgeschichte. Dritte Folge; Bd. 60). Phil. Diss. Universität Heidelberg. Referent: Horst-Jürgen Gerigk.
Dostoevskij, F. M.: Polnoe sobranie sočinenij. Izdanie v avtorskoj orfografii i punktuacii pod redakciej professora V. N. Zacharova. Kanoničeskie teksty. Petrozavodsk: Izdatel'stvo Petrozavodskogo universiteta 1995. Bde. 1–9 (2010).
Dreiser, Theodore: Dreiser Looks at Russia. New York: Liveright 1928.
Dudincev, Vladimir D.: Ne chlebom edinym. Moskva: Sovetskij pisatel' 1957.
Dudinzew, Wladimir: Der Mensch lebt nicht vom Brot allein. Roman. Aus dem Russischen von Ingo-Manfred Schille. Hamburg: Verlag der Sternbücher 1957 (= SM Bücher. Taschenbücher im Sigbert Mohn Verlag; Bd. 2).
Dudkin, Viktor V.: Dostoevskij – Ničše (Problema čeloveka). Petrozavodsk: Izdatel'stvo KGPI 1994 (= Ministerstvo obrazovanija Rossijskoj Federacii. Karel'skij ordena »Znak Početa« gosudarstvennyj pedagogičeskij institut).
Dutli, Ralph: Ossip Mandelstam. »Als rufe man mich bei meinem Namen«. Dialog mit Frankreich. Ein Essay über Dichtung und Kultur. Zürich: Ammann Verlag 1985.
Dutli, Ralph: Meine Zeit, mein Tier. Ossip Mandelstam. Eine Biographie. Zürich: Ammann Verlag 2003.
Dutli, Ralph: Nichts als Wunder. Essays über Poesie. Zürich: Ammann Verlag 2007.
Dutli, Ralph (Hrsg.): Bahnhofskonzert. Das Ossip-Mandelstam-Lesebuch. Aus dem Russischen übertragen und herausgegeben von Ralph Dutli. Frankfurt am Main: Fischer Taschenbuch Verlag 2015 (= Fischer Klassik).
Dutli, Ralph: Mandelstam, Heidelberg. Gedichte und Briefe 1909–1910. Mit einem Essay über deutsche Echos in Ossip Mandelstams Werk: »Ich war das Buch, das euch im Traum erscheint.« Göttingen: Wallstein Verlag 2016.
Düwel, Wolf (Hrsg.): Geschichte der klassischen russischen Literatur. Berlin und Weimar: Aufbau Verlag 1965.
Egeberg, Erik / Morch, Audun J. and Ole Michael Selberg (eds.): Life and Text. Essays in Honour of Geir Kjetsaa on the Occasion of his 60th Birthday. Oslo: Universitetet i Oslo. Slavisk-Baltisk Avdeling 1997 (= Meddelelser Nr. 79).
Erenburg, Il'ja: Neobyčajnye pochoždenija Chulio Churenito i ego učenikov. Berlin und Moskau: Gelikon 1922.
Ehrenburg, Ilja: Die ungewöhnlichen Abenteuer des Julio Jurenito und seiner Jünger. Aus dem Russischen von Alexander Eliasberg. Frankfurt am Main: Suhrkamp Verlag 1976 (= Bibliothek Suhrkamp; Bd. 455).
Erenburg, Il'ja: Ljudi, gody, žizn'. 6 Bde. Moskva: Sovetskij pisatel' 1961–1966. Vollständige Ausgabe. Moskva: Sovetskij pisatel' 1990.
Ehrenburg, Ilja: Menschen, Jahre, Leben. Übersetzt von Alexander Kaempfe. München: Kindler 1962–1965. Vollständige Ausgabe (inkl. zensierte Kapitel und siebtes Buch, übersetzt von Harry Burck und Fritz Mierau). Berlin: Volk und Welt 1978–1990.
Eimermacher, Karl: Wie grell, wie bunt, wie ungeordnet. Modelltheoretisches Nachdenken über die russische Kultur. Bochum: Universitätsverlag Dr. N. Brockmeyer 1995 (= Dokumente und Analysen zur russischen und sowjetischen Kultur; Bd. 6).

Eimermacher, Karl und Karen Laß (Hrsg.): Transformation von Hochschulen und Wissenschaftsbetrieb: Westliche Sichtweisen auf den Umbruch in Rußland. Bochum: Lotman-Institut 1997.

Eisenstein, Sergei: Ausgewählte Aufsätze. Aus dem Russischen übertragen von Dr. Lothar Fahlbusch. Mit einer Einführung von R. Jurenéw. Berlin: Henschelverlag 1960.

Ejchenbaum, B. M.: O proze. Leningrad: Izdatel'stvo »Chudožestvennaja literatura«. Leningradskoe otdelenie 1969.

Ejchenbaum, B. M.: O poezii. Leningrad: Izdatel'stvo Sovetskij pisatel'. Leningradskoe otdelenie 1969.

Ejchenbaum, B. M.: Lev Tolstoj. Nachdruck der Ausgabe Leningrad 1928/31. München: Wilhelm Fink Verlag 1968 (= Slavische Propyläen. Texte in Neu- und Nachdrucken. Herausgegeben von Dmitrij Tschižewskij in Zusammenarbeit mit Dietrich Gerhardt, Ludolf Müller, Alfred Rammelmeyer und Linda Sadnik-Aitzetmüller; Bd. 54).

Emerson, Caryl: The Life of Musorgsky. Cambridge, United Kingdom: Cambridge University Press 1999 (= Musical lives).

Engelhardt, Dietrich von / Schneble, Hansjörg und Peter Wolf (Hrsg.): »Das ist eine alte Krankheit«. Epilepsie in der Literatur. Mit einer Zusammenstellung literarischer Quellen und einer Bibliographie zur Forschungslage. Stuttgart und New York: Schattauer 2000.

Engelhardt, Dietrich von: Epilepsie zwischen Phänomen und Symbol im Werk Dostojewskijs. In: Dostoevsky Studies. New Series. Vol. 7 (2003), S. 41–79.

Engelhardt, Dietrich von: F. M. Dostojewskij: »Der Spieler«. Phänomene, Ursachen, Ziele und Symbolik einer Sucht. In: Dostoevsky Studies. New Series. Vol. 14 (2010), S. 89–114.

Erlich, Victor: Russian Formalism. History – Doctrine. Third edition. The Hague and Paris: Mouton 1969 (= Slavistic Printings and Reprintings. Edited by C. H. van Schooneveld, Stanford University; Vol. 4).

Eršov, Petr Pavlovič: Konek-Gorbunok. Russkaja skazka v trech častjach. Chudožnik D. Dmitriev. Dlja detej mladšego škol'nogo vozrasta. Moskva: Izdatel'stvo »Sovetskaja Rossija« 1974.

Esaulov, Ivan A.: Paschal'nost' russkoj slovesnosti. Moskva: Krug 2004 (= Ministerstvo obrazovanija Rossijskoj Federacii. Gosudarstvennaja akademija slavjanskoj kul'tury. Centr literaturovedčeskich issledovanij).

Esenin, Sergej: Sobranie sočinenij. 5 Bde. Moskva: Gosudarstvennoe izdatel'stvo chudožestvennoj literatury. 1961–1962.

Evtušenko, Evgenij: Poet v Rossi – bol'še čem poet. Četyre poemy. Moskva: Izdatel'stvo »Sovetskaja Rossija« 1973.

Evtušenko, Evgenij: Babij Jar. In: Russische Lyrik. Von den Anfängen bis zur Gegenwart. Russisch / Deutsch. Herausgegeben von Kay Borowsky und Ludolf Müller. Stuttgart: Philipp Reclam 1983 (= Reclams Universal-Bibliothek Nr. 7994) S. 604.

Fanger, Donald (ed.): Gorky's Tolstoy and Other Reminiscences. Key Writings by and about Maxim Gorky. Translated, Edited, and Introduced by Donald Fanger. New Haven and London: Yale University Press 2008 (= Russian Literature and Thought).

Fetscher, Iring: Von Marx zur Sowjetideologie. Frankfurt am Main, Berlin, Bonn: Verlag Moritz Diesterweg 1959 (= Staat und Gesellschaft. Historisch-politische Bücherei; Bd. 4).

Fiedler, Friedrich: Aus der Literatenwelt. Charakterzüge und Urteile. Tagebuch. Herausgegeben von Konstantin Asadowski. Göttingen: Wallstein Verlag 1996 (= Veröffentlichungen der Deutschen Akademie für Sprache und Dichtung Darmstadt; Bd. 71).

Figes, Orlando: Natasha's Dance. A Cultural History of Russia. New York: Metropolitan Books. Henry Holt and Company 2002.

Fischer, Hugo: Lenin, der Machiavell des Ostens. Erstausgabe. Herausgegeben von Steffen Dietzsch und Manfred Lauermann. Berlin: Matthes & Seitz 2017.

Fischer von Weikerstal, Felicitas und Karoline Thaidigsmann (Hrsg.): (Hi-)Stories of the Gulag. Fiction and Reality. Heidelberg: Universitätsverlag Winter 2016 (im Auftrag der Heidelberger Akademie der Wissenschaften, Akademie des Landes Baden-Württemberg).

Frank, Joseph: Dostoevsky. 5 Bde. Princeton, New Jersey: Princeton University Press 1976–2002.

Freeborn, Richard: The Rise of the Russian Novel. Studies in the Russian novel from Eugene Onegin to War and Peace. Cambridge: Cambridge University Press 1973.

Friedell, Egon: Kulturgeschichte der Neuzeit. Die Krisis der europäischen Seele von der Schwarzen Pest bis zum Ersten Weltkrieg. München: C. H. Beck'sche Verlagsbuchhandlung 1965. Ungekürzte Sonderausgabe in einem Band.

Fusso, Susanne: Editing Turgenev, Dostoevsky, and Tolstoy. Mikhail Katkov and the Great Russian Novel. DeKalb, Illinois: Northern Illinois University Press 2017.

Garšin, Vsevolod M.: Sočinenija. Moskva: Gosudarstvennoe Izdatel'stvo chudožestvennoj literatury 1955.

Garschin, Wsewolod M.: Die Erzählungen. Übertragen und mit einem Nachwort von Valerian Tornius. Leipzig: Dieterich'sche Verlagsbuchhandlung 1956 (= Sammlung Dieterich; Bd. 177).

Garstka, Christoph: Arthur Moeller van den Bruck und die erste deutsche Gesamtausgabe der Werke Dostojewskijs im Piper-Verlag 1906–1919. Eine Bestandsaufnahme sämtlicher Vorbemerkungen und Einführungen von Arthur Moeller van den Bruck und Dmitri S. Mereschkowskij unter Nutzung unveröffentlichter Briefe der Übersetzerin E. K. Rahsin. Mit ausführlicher Bibliographie. Geleitwort von Horst-Jürgen Gerigk. Frankfurt am Main, Berlin, Bern, New York, Paris, Wien: Peter Lang 1998 (= Heidelberger Publikationen zur Slavistik. B. Literaturwissenschaftliche Reihe. Herausgeber: Horst-Jürgen Gerigk und Wilfried Potthoff; Bd. 9).

Garstka, Christoph: Das Herrscherlob in Russland. Katharina II., Lenin und Stalin im russischen Gedicht. Ein Beitrag zur Ästhetik und Rhetorik politischer Lyrik. Heidelberg: Universitätsverlag Winter 2005 (= Beiträge zur slavischen Philologie. Herausgeben von Wilfried Potthoff; Bd. 11). Phil. Diss. Universität Heidelberg. Referent: Horst-Jürgen Gerigk.

Geier, Swetlana: Ein Leben zwischen den Sprachen. Russisch-deutsche Erinnerungsbilder. Aufgezeichnet von Taja Gut. Dornach: Pforte Verlag 2008.

George, Martin / Herlth, Jens / Münch, Christian und Ulrich Schmid (Hrsg.): Tolstoj als theologischer Denker und Kirchenkritiker. Übersetzung der Tolstoj-Zitate von Olga Radetzkaja und Dorothea Trottenberg. Kommentierung von Daniel Riniker. Göttingen: Vandenhoeck & Ruprecht 2014.

Gerhardt, Dietrich: Gogol und Dostojewskij in ihrem künstlerischen Verhältnis. Zuerst 1941. Reprint München: Wilhelm Fink Verlag 1970.

Gerhardt, Uta (Hrsg.): Zeitperspektiven. Studien zu Kultur und Gesellschaft. Beiträge aus der Geschichte, Soziologie, Philosophie und Literaturwissenschaft. Stuttgart: Franz Steiner Verlag Wiesbaden GmbH 2003.

Gerigk, Horst-Jürgen: Vsevolod M. Garšin als Vorläufer des russischen Symbolismus. In: Die Welt der Slaven. Jahrgang 7 (1962), Heft 3, S. 246–292.

Gerigk, Horst-Jürgen: Entwurf einer Theorie des literarischen Gebildes. Berlin und New York: Walter de Gruyter 1975. Darin: Lev Tolstojs »Krieg und Frieden«, S. 147–173.

Gerigk, Horst-Jürgen: Alexander Puschkin: Pique-Dame. In: Die russische Novelle. Herausgegeben von Bodo Zelinsky. Düsseldorf: Pädagogischer Verlag Schwann-Bagel 1982, S. 34–45 und S. 292–294.

Gerigk, Horst-Jürgen: Der Mensch als Affe in der deutschen, französischen, russischen, englischen und amerikanischen Literatur des 19. und 20. Jahrhunderts. Hürtgenwald: Guido Pressler Verlag 1989. Darin Kap. VI / 4: Lew Luntz: Die Affen kommen! und Kap. VIII / 3: Michail Soschtschenko: Die Abenteuer eines Affen.

Gerigk, Horst-Jürgen: Die Russen in Amerika. Dostojewskij, Tolstoj, Turgenjew und Tschechow in ihrer Bedeutung für die Literatur der USA. Hürtgenwald: Guido Pressler Verlag 1995.

Gerigk, Horst-Jürgen: Dostojewskij, der »vertrackte Russe«. Die Geschichte seiner Wirkung im deutschen Sprachraum vom Fin-de-siècle bis heute. Tübingen: Attempto Verlag 2000.

Gerigk, Horst-Jürgen: Salome und Lolita. Die »Kindfrau« als Archetypus. In: Frauen – Körper – Kunst. Literarische Inszenierungen weiblicher Sexualität. Herausgegeben von Karin Tebben. Göttingen: Vandenhoeck & Ruprecht 2000 (= Sammlung Vandenhoeck), S. 173–190.

Gerigk, Horst-Jürgen (Hrsg.): Literarische Avantgarde. Festschrift für Rudolf Neuhäuser. Heidelberg: Mattes Verlag 2001.

Gerigk, Horst-Jürgen: Staat und Revolution im russischen Roman des 20. Jahrhunderts, 1900–1925. Eine historische und poetologische Studie. Heidelberg: Mattes Verlag 2005.

Gerigk, Horst-Jürgen und Rudolf Neuhäuser: Dostojewskij im Kreuzverhör. Ein Klassiker der Weltliteratur oder Ideologe des neuen Rußland? Zwei Abhandlungen. Heidelberg: Mattes Verlag 2008.

Gerigk, Horst-Jürgen: Puschkin und die Welt unserer Träume. Zwölf Essays zur russischen Literatur des 19. und 20. Jahrhunderts. Herausgegeben von Renate Breuninger und Roman Yaremko. Ulm: Humboldt-Studienzentrum, Universität Ulm, 2. Aufl. 2012 (= Bausteine zur Philosophie; Bd. 30).

Gerigk, Horst-Jürgen: Lesendes Bewusstsein. Untersuchungen zur philosophischen Grundlage der Literaturwissenschaft. Berlin und Boston: Walter de Gruyter 2016 (= Abhandlungen der Akademie der Wissenschaften zu Göttingen. Neue Folge. Bd. 42).

Gerigk, Horst-Jürgen: Turgenjew und die Musik. Ein Vergleich mit Dostojewskij und Tolstoj. Turgenjew-Konferenz 2017 in Baden-Baden. Heidelberg: Mattes Verlag 2017.

Gippius, Vasilij: Gogol'. Leningrad: Izdatel'stvo »Mysl'« 1924. Reprinted by Brown University Press, Providence, Rhode Island 1963.

Gitermann, Valentin: Geschichte Russlands. 3 Bde. Zürich: Büchergilde Gutenberg 1944–1949.

Goerdt, Wilhelm: Russische Philosophie. Zugänge und Durchblicke. Freiburg und München: Verlag Karl Alber 1984.

Goerdt, Wilhelm: Russische Philosophie. Texte. Freiburg und München: Verlag Karl Alber 1989.

Gofman, Modest (Hrsg.): Poety Simvolizma. Dichter des Symbolismus. Nachdruck der Ausgabe Petersburg 1908. München: Wilhelm Fink Verlag 1970 (= Slavische Propyläen. Texte in Neu- und Nachdrucken. Herausgegeben von Dmitrij Tschižewskij in Zusammenarbeit mit Dietrich Gerhardt, Ludolf Müller, Alfred Rammelmeyer und Linda Sadnik-Aitzetmüller; Bd. 106).

Gojowy, Detlef: Dimitri Schostakowitsch. Die Bibliographie bearbeitete Wolfgang Werner. Reinbek bei Hamburg: Rowohlt Taschenbuch Verlag 1983 (= Rowohlts Monographien. Begründet von Kurt Kusenberg. Herausgegeben von Wolfgang Müller und Uwe Naumann; Bd. 50320).

Gordon, Jakov Il'ič: Heine in Rußland: 1830–1860. Aus dem Russischen von Eva-Maria Fiedler. Hamburg: Hoffmann und Campe, Heinrich-Heine-Verlag 1982 (= Heine-Studien. Begründet von Manfred Windfuhr. Herausgegeben von Joseph A. Kruse. Heinrich-Heine-Institut der Landeshauptstadt Düsseldorf).

Gorkij, Maxim: Mein Freund Fjodor. Das Leben Schaljapins. Übertragung aus dem Russischen, Anmerkungen und Nachwort von Erich Müller-Kamp. Tübingen: Rainer Wunderlich Verlag Hermann Leins 1963.

Gourfinkel, Nina: Maxim Gorki. Aus dem Französischen übertragen von Rolf-Dietrich Keil. Den dokumentarischen und bibliographischen Anhang bearbeitete Paul Raabe. Hamburg: Rowohlt Taschenbuch Verlag 1958 (= Rowohlts Monographien. Herausgegeben von Kurt Kusenberg; Bd. 9).

Grasshoff, Helmut / Raab, Harald / Reissner, Eberhard und Michael Wegner: Russische Literatur im Überblick. Frankfurt am Main: Röderberg-Verlag 1974.

Grieser, Dietmar: Im Tiergarten der Weltliteratur. Auf den Spuren von Kater Murr, Biene Maja, Bambi, Möwe Jonathan und den anderen. München: Langen Müller 1991.

Grimstad, Knut Andreas & Ingunn Lunde (eds): Celebrating Creativity. Essays in Honour of Jostein Bortnes. Bergen: Department of Russian Studies. University of Bergen 1997.

Grojs, Boris: Utopija i obmen. 1. Stil' Stalina 2. O novom 3. Stat'i. Moskva: Izdatel'stvo »Znak« 1993.
Grossman, Joan Delaney: Edgar Allan Poe in Russia. A Study in Legend and Literary Influence. Würzburg: jal-Verlag 1973 (= colloquium slavicum. Beiträge zur Slavistik. Herausgeber: Heinrich Kunstmann und Vsevolod Setchkarev; Bd. 3).
Grüner, Frank / Heftrich, Urs und Heinz-Dietrich Löwe (Hrsg.): »Zerstörer des Schweigens.« Formen künstlerischer Erinnerung an die nationalsozialistische Rassen- und Vernichtungspolitik in Osteuropa. Köln, Weimar, Wien: Böhlau Verlag 2006.
Gudzij, Nikolaj K.: Istorija drevnej russkoj literatury. Izdanie šestoe, ispravlennoe. Moskva: Gosudarstvennoe učebno-pedagogičeskoe izdatel'stvo ministerstva prosveščenija RSFSR 1956.
Gudzij, Nikolaj K. (Hrsg.): Chrestomatija po drevnej russkoj literature XI–XVII vekov. Izdanie sed'moe, ispravlennoe. Moskva: Gosudarstvennoe učebno-pedagogičeskoe izdatel'stvo ministerstva prosveščenija RSFSR 1962.
Günther, Hans: Das Groteske bei N. V. Gogol'. Formen und Funktionen. München: Verlag Otto Sagner 1968 (= Slavistische Beiträge. Herausgegeben von A. Schmaus, München; Bd. 34).
Günther, Hans: Andrej Platonow. Leben, Werk, Wirkung. Berlin: Suhrkamp Verlag 2016 (= Suhrkamp Taschenbuch 4737).
Guenther, Johannes von: Ein Leben im Ostwind. Zwischen Petersburg und München. Erinnerungen. München: Biederstein Verlag 1969.
Gurvič-Liščiner, S.: Gercen i russkaja chudožestvennaja kul'tura 1860-ch godov. Tel'-Aviv: Tel'-Avivskij universitet. Centr Kammingsa po issledovaniju Rossii i stran Vostočnoj Evropy 1997. Printed in Jerusalem due to kindly support of the »Apotropus« foundation of Israeli Ministry of Absorption.
Hässner, Wolfgang: Anna Achmatowa. Reinbek bei Hamburg: Rowohlt Taschenbuch Verlag 1998 (= Rowohlts Monographien. Begründet von Kurt Kusenberg. Herausgegeben von Wolfgang Müller und Uwe Naumann; Bd. 50563).
Hamsun, Knut: Im Märchenland. Aus dem Norwegischen übertragen von Cläre Greverus Mjöen: S. 7–185 (beschreibt Hamsuns Reise 1899 durch Russland mit Kommentaren zu den russischen Klassikern). In: Hamsun, Im Märchenland. Reisebilder. München und Wien: Albert Langen, Georg Müller Verlag GmbH 1979. (Der zweite Teil, »Unter dem Halbmond«, aus dem Norwegischen von Gertrud Ingeborg Klett: S. 187–243, beschreibt Hamsuns Eindrücke in Konstantinopel, ebenfalls 1899).
Hansson, Carola: Fedor Sologub as a Short-Story Writer. Stylistic Analyses. Stockholm, Sweden: Almqvist & Wiksell International 1975 (= Stockholm Studies in Russian Literature; 3).
Harreß, Birgit: Mensch und Welt in Dostoevskijs Werk. Ein Beitrag zur poetischen Anthropologie. Köln, Weimar, Wien: Böhlau Verlag 1993 (= Bausteine zur slavischen Philologie und Kulturgeschichte. Reihe A: Slavistische Forschungen. Begründet von Reinhold Olesch. Herausgegeben von Karl Gutschmidt, Hans-Bernd Harder und Hans Rothe. Neue Folge; Bd. 8 / 68).

Harreß, Birgit / Herlth, Jens und Angelika Lauhus (Hrsg.): Die Lust an der Maske. Festschrift für Bodo Zelinsky. Frankfurt am Main, Bern, New York, Paris: Peter Lang 2007 (= Heidelberger Publikationen zur Slavistik. B. Literaturwissenschaftliche Reihe. Herausgegeben von Horst-Jürgen Gerigk, Wilfried Potthoff und Urs Heftrich; Bd. 32).

Heer, Friedrich: Europäische Geistesgeschichte. Stuttgart: W. Kohlhammer Verlag 1953.

Heftrich, Urs: Gogol's Schuld und Sühne. Versuch einer Deutung des Romans »Die toten Seelen«. Hürtgenwald: Guido Pressler Verlag 2004.

Heftrich, Urs: Vom Kreisen des Logos: Anmerkungen zum Teufelsgespräch in Dostoevskijs »Brüdern Karamazov«. In: Sprache, Literatur, Kultur: Studien zur slavischen Philologie und Geistesgeschichte. Festschrift für Gerhard Ressel zum 60. Geburtstag. Herausgegeben von Thomas Bruns und Henrieke Stahl. Frankfurt am Main, Berlin, Bern, Bruxelles, New York, Oxford, Wien: Peter Lang 2005, S. 301–310.

Heftrich, Urs: Fedor Sologub: Melkij bes – Der kleine Dämon. In: Der russische Roman. Herausgegeben von Bodo Zelinsky unter Mitarbeit von Jens Herlth. Köln, Weimar, Wien: Böhlau Verlag 2007 (= Russische Literatur in Einzelinterpretationen. Herausgegeben von Bodo Zelinsky; Bd. 2), S. 299–318 und S. 528–532.

Heier, Edmund: Comparative Literary Studies: Lermontov, Turgenev, Gončarov, Tolstoj, Blok – Lavater, Lessing, Schiller, Grillparzer. München: Verlag Otto Sagner 2000 (= Vorträge und Abhandlungen zur Slavistik. Herausgegeben von P. Thiergen; Bd. 39).

Henry, Peter: A Hamlet of his Time. Vsevolod Garshin. The Man, his Works, and his Milieu. Oxford: Willem A. Meeuws 1983.

Herlth, Jens: Ein Sänger gebrochener Linien. Iosif Brodskijs dichterische Selbstschöpfung. Köln, Weimar, Wien: Böhlau Verlag 2004 (= Bausteine zur Slavischen Philologie und Kulturgeschichte. Neue Folge. Reihe A: Slavistische Forschungen; Bd. 47; Brodskij-Studien, Bd. 1).

Hielscher, Karla: Von Marx zu Dostoevskij. Die Rolle F. M. Dostoevskijs in den aktuellen ideologischen Debatten in der Sowjetunion 1954–1983. Hagen: Margit Rottmann Medienverlag 1987 (= Bochumer slavistische Beiträge; Bd. 11).

Hochhut, Rolf und Herbert Reinoß (Hrsg.): Ruhm und Ehre. Die Nobelpreisträger für Literatur. Mit einem Vorwort von Martin Walser. Gütersloh: Bertelsmann, Reinhard Mohn 1971. Darin: Iwan Bunin (1933), S. 537 f.; Boris Pasternak (1958), S. 799 f.; Michail Scholochow (1965), S. 885 f. Es folgten Alexander Solschenyzin (1970); Iosif Brodskij (1987).

Hoefert, Sigfrid (Hrsg.): Russische Literatur in Deutschland. Texte zur Rezeption von den Achtziger Jahren bis zur Jahrhundertwende. Tübingen: Max Niemeyer Verlag 1974 (= Deutsche Texte. Herausgegeben von Gotthart Wunberg; Bd. 32).

Holdheim, W. Wolfgang: Die Suche nach dem Epos. Der Geschichtsroman bei Hugo, Tolstoi und Flaubert. Heidelberg: Carl Winter Universitätsverlag 1978 (= Beiträge zur neueren Literaturgeschichte. Dritte Folge; Bd. 38).

Holthusen, Johannes: Studien zur Ästhetik und Poetik des russischen Symbolismus. Göttingen: Vandenhoeck & Ruprecht 1957.

Holthusen, Johannes und Dmitrij Tschižewskij (Hrsg.): Versdichtung der russischen Symbolisten. Ein Lesebuch. Wiesbaden: Otto Harrassowitz 1959 (= Heidelberger slavische Texte. Herausgegeben von Dmitrij Tschižewskij und Johann Schröpfer; Bd. 5/6).

Holthusen, Johannes: Fedor Sologubs Roman-Trilogie (Tvorimaja legenda). Aus der Geschichte des russischen Symbolismus. 's-Gravenhage: Mouton & Co 1960 (= Musagetes. Contributions to the History of Slavic Literature and Culture. Edited by Dmitrij Čiževskij; Vol. 9).

Holthusen, Johannes: Russische Gegenwartsliteratur. Bd. I: 1880–1940: Die literarische Avantgarde. Bd. II: 1941–1987: Prosa und Lyrik. Bern und München: Francke Verlag 1963 und 1968 (= Dalp Taschenbücher; Bd. 368D und Bd. 369D).

Holthusen, Johannes: Prinzipien der Komposition und des Erzählens bei Dostojevskij. Köln und Opladen: Westdeutscher Verlag 1969 (= Arbeitsgemeinschaft für Forschung des Landes Nordrhein-Westfalen. Geisteswissenschaften; Heft 154).

Holthusen, Johannes: Russland in Vers und Prosa. Vorträge zur russischen Literatur des 19. und 20. Jahrhunderts. München: Verlag Otto Sagner 1973 (= Slavistische Beiträge. Begründet von Alois Schmaus. Herausgegeben von Henrik Birnbaum und Johannes Holthusen. Redaktion Peter Rehder; Bd. 69).

Huppert, Hugo: Wladimir Majakowski. Den Anhang besorgte Helmut Riege. Reinbek bei Hamburg: Rowohlt Taschenbuch Verlag 1965 (= Rowohlts Monographien. Herausgegeben von Kurt Kusenberg; Bd. 102).

Ingold, Felix Philipp: Dostojewskij und das Judentum. Frankfurt am Main: Insel Verlag 1981.

Ingold, Felix Philipp: Der Autor am Werk. Versuche über literarische Kreativität. München und Wien: Carl Hanser Verlag 1992 (= Edition Akzente. Herausgegeben von Michael Krüger). Von Tolstoj und Lenin über Majakowskij, Pasternak, Mandelstam und Nabokov bis Joseph Brodsky.

Istorija russkoj sovetskoj literatury. Bd. 1: 1917–1929; Bd. 2: 1929–1941. Moskva: Izdatel'stvo Akademii nauk SSSR 1958 und 1960.

Jackson, Robert Louis: Dostoevsky's Underground Man in Russian Literature. Westport, Connecticut: Greenwood Press 1981.

Jackson, Robert Louis: Close Encounters. Essays On Russian Literature. Boston: Academic Studies Press 2013.

Jekutsch, Ulrike und Walter Kroll (Hrsg.): Slavische Literaturen im Dialog. Festschrift für Reinhard Lauer zum 65. Geburtstag. Wiesbaden: Harrassowitz Verlag 2000.

Kabakow, Viktor St.: Bleibe in Strelna nur ein paar Tage. Vom Zwangsarbeiter im Schwarzwald zum Deputierten des Obersten Sowjets. Mit einen Geleitwort von Prof. Dr. Clemens Renker. Görlitz: Neisse Verlag 2002.

Kaibach, Bettina: Risse in der Zeit. Zur Bedeutung des Augenblicks im Werk von Vladimir Solov'ev und Aleksandr Blok. Heidelberg: Universitätsverlag C. Winter 2002 (= Beiträge zur slavischen Philologie. Herausgegeben von Wilfried Potthoff; Bd. 6). Phil. Diss. Universität Heidelberg. Referent: Horst-Jürgen Gerigk.

Kantor, Vladimir: Russkij evropeec kak javlenie kul'tury. Moskva: Rossijskaja političeskaja enciklopedija 2001.

Karpejeva, O. E. (Hrsg.): Musenalmanach. V čest' 80-letija Rostislava Jur'jeviča Danilevskogo. Sankt-Peterburg: Izdatel'stvo »Nestor-Istorija« 2013.

Kasack, Wolfgang: Lexikon der russischen Literatur ab 1917. Stuttgart: Alfred Kröner 1976 (= Kröners Taschenausgabe; Bd. 451).

Kasack, Wolfgang: Russische Autoren in Einzelporträts. Mit 67 Abbildungen. Stuttgart: Philipp Reclam 1994 (= Universal-Bibliothek Nr. 9322).

Kasatkina, T. A. (Hrsg.): Roman F. M. Dostoevskogo »Idiot«. Sovremennoe sostojanie izučenija. Sbornik rabot otečestvennych i zarubežnyvch učenych. Moskva: »Nasledie« 2001 (= Rossijskaja Akademija nauk. Institut mirovoj literatury im. A. M. Gor'kogo. Komissija po izučeniju tvorčestva F. M. Dostoevskogo IMLI RAN).

Kesting, Hanno: Geschichtsphilosophie und Weltbürgerkrieg. Deutungen der Geschichte von der Französischen Revolution bis zum Ost-West-Konflikt. Heidelberg: Carl Winter Universitätsverlag 1959.

Kiraly, Gjula und Arpad Kovacs (Hrsg.): Poetika. Trudy russkich i sovetskich poetičeskich škol. Budapest: Tankönyvkiado 1982.

Kissel, Wolfgang S.: Die Metropolenreise als Hadesfahrt: Andrej Belyjs Berliner Skizzen »Im Reich der Schatten«. In: Berlin, Paris, Moskau. Reiseliteratur und die Metropolen. Herausgegeben von Walter Fahnders, Nils Plath, Hendrik Weber, Inka Zahn. Bielefeld: Aisthesis Verlag 2005, S. 227–251.

Kjetsaa, Geir / Gustavsson, Sven / Beckman, Bengt and Steinar Gil: The Authorship of »The Quiet Don«. Oslo: Solum Forlag A. S. 1984 / Atlantic Highlands, New Jersey: Humanities Press Inc. 1984.

Kjetsaa, Geir / Lönngren, Lennart and Gunnar Opeide (eds.): Translating Culture. Essays in Honour of Erik Egeberg. Oslo: Solum Forlag 2001.

Klimpel, Volker: Schriftsteller-Ärzte. Biographisch-bibliographisches Lexikon von den Anfängen bis zur Gegenwart. Hürtgenwald: Guido Pressler Verlag 1999. Darin: Michail Bulgakow (S. 40–42), Anton Tschechow (S. 176–177) und Wikenti Weressajew (S. 186–187).

Kljutschewskij, W. O.: Russische Geschichte. Von Peter dem Grossen bis Nikolaus I. Erster Band. Aus dem Russischen übertragen von Waldemar Jollos. Zürich: Artemis-Verlag 1945.

Kluge, Rolf-Dieter: Westeuropa und Russland im Weltbild Aleksandr Bloks. München: Verlag Otto Sagner 1967.

Kluge, Rolf-Dieter: Vom kritischen zum sozialistischen Realismus. Studien zur literarischen Tradition in Rußland 1880 bis 1925. München: Paul List Verlag 1973.

Kluge, Rolf-Dieter: Die Gestalt Christi in der russischen Literatur der Revolutionszeit. In: Kluge, Rolf-Dieter und Heinz Setzer (Hrsg.): Tausend Jahre Russische Kirche: 988–1988. Geschichte, Wirkungen, Perspektiven. Tübingen: Attempto Verlag 1989, S. 177–195.

Kluge, Rolf-Dieter: Perestrojka – von innen gesehen. Beobachtungen, Erfahrungen, Perspektiven. Wiesbaden: Otto Harrassowitz 1990 (= Sammlung Harrassowitz).

Kluge, Rolf-Dieter (Hrsg.): »Ein Denkmal schuf ich mir...« Alexander Puschkins literarische Bedeutung. Eine Ringvorlesung aus Anlaß seines 200. Geburtstages. Tübingen: Attempto Verlag 2000.

Kluge, Rolf-Dieter: A. P. Čechov. Eine Einführung in Leben und Werk. Darmstadt: Wissenschaftliche Buchgesellschaft 1995. 2. Aufl. 2005.

Kluge, Rolf-Dieter: Richard Wagner in Russland. Ein Problemaufriss. Tübingen 1996 (= Vorträge am Slavischen Institut der Universität Tübingen; Nr. 11B. Herausgegeben von Tilman Berger, Rolf-Dieter Kluge, Jochen Raecke. Redaktion: Michaela Fischer).

Koestler, Arthur: Darkness at Noon. Translated by Daphne Hardy. Toronto, New York, London: Bantam Books 1979. Zuerst 1941.

Koestler, Arthur: Sonnenfinsternis. Frankfurt am Main, Berlin, Wien: Ullstein 1979 (= Ullstein-Buch Nr. 20029).

Koestler, Arthur: The Yogi and the Commissar and other Essays. London: Jonathan Cape 1971. Zuerst 1945.

(Koestler) Astride the Two Cultures. Arthur Koestler at 70. Edited by Harold Harris. New York: Random House 1976.

(Koestler) Joseph P. Strelka: Arthur Koestler. Autor, Kämpfer, Visionär. Tübingen: Narr Francke Attempto 2006 (= Edition Patmos. Herausgegeben von Joseph P. Strelka; Bd. 10).

Kolovskij, O. P. (Hrsg.): Russkie narodnye pesni. Leningrad: Gosudarstvennoe muzykal'noe izdatel'stvo 1959.

Kopelew, Lew (Hrsg.): West-östliche Spiegelungen. Russen und Russland aus deutscher Sicht und Deutsche und Deutschland aus russischer Sicht von den Anfängen bis zum 20. Jahrhundert. München: Wilhelm Fink Verlag 1985 ff.

Korolenko, Wladimir: Die Geschichte meines Zeitgenossen. Aus dem Russischen übersetzt und eingeleitet (1918) von Rosa Luxemburg. Frankfurt am Main: März Verlag 1970.

Koroliov, Sonja: Lev Šestovs Apotheose des Irrationalen. Mit Nietzsche gegen die Medusa. Frankfurt am Main, Berlin, Bern, Bruxelles, New York, Oxford, Wien: Peter Lang 2007 (= Heidelberger Publikationen zur Slavistik. B. Literaturwissenschaftliche Reihe. Herausgeber: Horst-Jürgen Gerigk, Urs Heftrich und Wilfried Potthoff; Bd. 31). Phil. Diss. Universität Heidelberg. Referent: Horst-Jürgen Gerigk.

Koroliov, Sonja (Hrsg.): Emotion und Kognition. Transformationen in der europäischen Literatur des 18. Jahrhunderts. Berlin und Boston: Walter de Gruyter 2013 (= Hallesche Beiträge zur Europäischen Aufklärung. Schriftenreihe des Interdisziplinären Zentrums für die Erforschung der Europäischen Aufklärung. Martin-Luther-Universität Halle-Wittenberg; Bd. 48).

Kortländer, Bernd und Ursula Roth (Hrsg.): Russkij Gejne – Der russische Heine. Russlands Blick auf Heinrich Heine. Düsseldorf: Heinrich-Heine-Institut 2011.

Koschmal, Walter: Vom Realismus zum Symbolismus. Zu Genese und Morphologie der Symbolsprache in den späten Werken I. S. Turgenevs. Amsterdam: Rodopi 1984 (= Studies in Slavic Literature and Poetics; edited by B. J. Amsenga, J. J. van Baak, R. Grübel, A. G. F. van Holk, W. G. Weststeijn. Volume 5).

Koschorke, Albrecht: Adolf Hitlers »Mein Kampf«. Zur Poetik des Nationalsozialismus. Berlin: Matthes & Seitz 2016 (= Fröhliche Wissenschaft 092).

Kottmann, Hildegard: Das Bühnenwerk Turgenevs. Frankfurt am Main, Bern, New York: Verlag Peter Lang 1984. Phil. Diss. Universität Heidelberg. Referent: Horst-Jürgen Gerigk.

Kratkaja Literaturnaja Enciklopedija. Moskva: Gosudarstvennoe naučnoe izdatel'stvo »Sovetskaja Enciklopedija«. 9 Bde., 1962–1978.

Krinicyn, A. B.: Ispoved' podpol'nogo čeloveka. K antropologii F. M. Dostoevskogo. Moskva: MAKS Press 2001.

Krischke, Roland: Iwan S. Turgenjew in Heidelberg. Halle (Saale): Mitteldeutscher Verlag 2014.

Kručenych, A. E.: Izbrannoe. Selected works. Edited and with an introduction by Vladimir Markov. München: Wilhelm Fink Verlag 1973 (= Centrifuga. Russian Reprintings and Printings. Edited by Karl Eimermacher, Johannes Holthusen, Simon Karlinsky, Reinhard Lauer und Friedrich Scholz. Vol. 8).

Kunin, Josif Filippowitsch: Nikolai Andrejewitsch Rimski-Korsakow. Übersetzer: Ernst Kuhn. Berlin: Verlag Neue Musik 1981 (= Meister der russischen und sowjetischen Musik).

Kunina, A. A.: Sovetskie pisateli. Rekomendatel'nyj ukazatel' literatury v pomošč' samoobrazovaniju molodeži. Moskva: Izdatel'stvo »Kniga« 1970. Darin: Fedor Gladkov, 1883–1958: S. 158–169. Anton Makarenko, 1888–1939: S. 248–258. Nikolaj Ostrovskij, 1904–1936: S. 259–275.

Laage, Karl Ernst: Theodor Storm und Iwan Turgenjew. Persönliche und literarische Beziehungen. Einflüsse, Briefe, Bilder. Vaduz, Liechtenstein: Topos Verlag 1989. Zuerst: Heide in Holstein: Boyens 1967 (= Schriften der Theodor-Storm-Gesellschaft; Schrift 6, 1967).

Lägreid, Annelies: Einige Bemerkungen zum Igorlied. In: Anzeiger für Slavische Philologie, 2 (1967), S. 67–72.

Lachmann, Renate: Bachtins Konzept der Menippeischen Satire und das Phantastische. In: Fremde Wirklichkeiten. Literarische Phantastik und antike Literatur. Herausgegeben von Nicola Hömke und Manuel Baumbach. Heidelberg: Universitätsverlag Winter 2006, S. 19–39.

Lakšin, Vladimir: Tolstoj i Čechov. Moskva: Sovetskij pisatel' 1963.

Lappo-Danilevskj, Konstantin Ju.: Gefühl für das Schöne. Johann Joachim Winckelmanns Einfluss auf Literatur und ästhetisches Denken in Russland. Köln, Weimar, Wien: Böhlau Verlag 2007 (= Bausteine zur Slavischen Philologie und Kulturgeschichte. Neue Folge. Begründet von Hans-Bernd Harder und Hans Rothe. Herausgegeben von Karl Gutschmidt, Roland Marti, Peter Thiergen, Ludolf Müller und Bodo Zelinsky. Reihe A: Slavistische Forschungen. Begründet von Reinhold Olesch; Bd. 57).

Lary, N. M.: Dostoevsky and Dickens. A Study of Literary Influence. London and Boston: Routledge and Kegan Paul 1973.

Lauer, Reinhard: Geschichte der russischen Literatur. Von 1700 bis zur Gegenwart. München: C. H. Beck 2000.

Lauer, Reinhard: Aleksandr Puškin. Eine Biographie. München: C. H. Beck 2006.

Lauth, Reinhard: »Ich habe die Wahrheit gesehen.« Die Philosophie Dostojewskis in systematischer Darstellung. München: R. Piper & Co. Verlag 1950.

Lavrin, Janko: An Introduction to the Russian Novel (1942). Westport, Connecticut: Greenwood Press 1974.

Lazari, Andrzej (ed.): The Russian Mentality. Lexicon. Translated by Witold Liwarowski & Richard Wawro. Katowice: Interdisciplinary Team of Soviet Studies at the University of Lodz 1995 (= Ideas in Russia. Editorial: Marian Broda, Andrzej Lazari, Elzbieta Lazari, Jacek Walicki).

Lehfeldt, Werner: Zur Modernisierung der Texte Puschkins und ihren Folgen. Eine Kritik des Probebandes der geplanten Akademieausgabe der Werke Puschkins. Göttingen: Seminar für Slavische Philologie der Georg-August-Universität 1998 (= Der blaue Turm. Kleine Schriften zur Slavistik. Herausgegeben von Reinhard Lauer; Bd. 18).

Lehfeldt, Werner: Akzent und Betonung im Russischen. München: Verlag Otto Sagner 2003 (= Vorträge und Abhandlungen zur Slavistik. Herausgegeben von P. Thiergen; Bd. 45).

Lehmann, Jürgen: Der Einfluß der Philosophie des deutschen Idealismus in der russischen Literaturkritik des 19. Jahrhunderts. Die »organische Kritik« Apollon A. Grigor'evs. Heidelberg: Carl Winter Universitätsverlag 1975 (= Beiträge zur neueren Literaturgeschichte. Zweite Folge; Bd. 23).

Lehmann, Jürgen: Russische Literatur in Deutschland. Ihre Rezeption durch deutschsprachige Schriftsteller und Kritiker vom 18. Jahrhundert bis zur Gegenwart. Stuttgart: Metzler 2015.

Leitner, Andreas: Die Erzählungen Fedor Sologubs. München: Verlag Otto Sagner 1976 (= Slavistische Beiträge. Begründet von Alois Schmaus. Herausgegeben von Johannes Holthusen und Josef Schrenk. Redaktion Peter Rehder; Bd. 101). Phil. Diss. Universität Heidelberg. Referent: Horst-Jürgen Gerigk.

Lenin o propagande i agitacii. Moskva: Gosudarstvennoe izdatel'stvo političeskoj literatury 1956. Mit einem Vorwort von N. K. Krupskaja: Lenin kak propagandist i agitator, S. 5–18.

Lenin o literature i iskusstve. Moskva: Gosudarstvennoe izdatel'stvo političeskoj literatury 1967.

Lettenbauer, Wilhelm: Russische Literaturgeschichte. Frankfurt am Main und Wien: Humboldt-Verlag 1955.

Leyda, Jay: Kino. A History of the Russian and Soviet Film. London: George Allen & Unwin 1960.

Liechtenhan, Francine-Dominique (Hrsg.): L'ours et le coq. Trois siècles de relations franco-russes. Essais en l'honneur de Michel Cadot. Paris: Presses de la Sorbonne Nouvelle 2000. Darin Wladimir Troubetzkoy: Nabokov comparatiste, S. 211–223.

Ljalikov, Nikolaj I.: Ekonomičeskaja geografija SSSR. Ucebnik dlja IX klassa srednej školy. Utveržden Ministerstvom prosveščenija RSFSR. Moskva: Gosudarstvennoe učebno-pedagogičeskoe izdatel'stvo ministerstva prosveščenija RSFSR 1959.

Lobkovskoj, A. (Hrsg.): Pesennik. Leningrad: Sovetskij kompozitor 1959. Darin: Lenin vsegda s toboj, Pesnja o Lenine, Lenin – naše znamja, Partija – naš rulevoj etc.

Lo Gatto, Ettore: Il mito di Pietroburgo. Storia, leggenda, poesia. Milano: Feltrinelli Editore 1960 (= I fatti e le idee; 30).
Longworth, Philip: Die Kosaken. Legende und Geschichte. Mit einer Einführung von Professor Dr. Hellmut Diwald. Deutsch von Maximiliane von Meng. München: König Verlag. Buch und Taschenbuch GmbH 1973 (= Menschen und Mächte – Geschichte im Blickpunkt. Herausgegeben von Hellmut Diwald; Bd. 31). Zuerst London 1969: The Cossacks.
Lorenz, Richard (Hrsg.): Proletarische Kulturrevolution in Sowjetrußland (1917–1921). Dokumente des »Proletkult«. Übersetzt von Uwe Brügmann und Gert Meyer. München: Deutscher Taschenbuch Verlag 1969.
Lotman, Ju. M.: Struktura chudožestvennogo teksta. Moskva: Izdatel'stvo »Iskusstvo« 1970 (= Semiotičeskie issledovanija po teorii iskusstva).
Lotman, Ju. M.: Analiz Poetičeskogo Teksta. Struktura sticha. Posobie dlja studentov. Leningrad: Izdatel'stvo »Prosveščenie« 1972.
Lotman, Ju. M.: Stat'i po tipologii kul'tury. Tartu: Tartuskij gosudarstvennyj universitet 1973 (= Materialy k kursu teorii literatury, vyp. 2)
Lukács, Georg: Russische Literatur – Russische Revolution. Puschkin, Tolstoi, Dostojewskij, Fadejew, Makarenko, Scholochow, Solschenizyn. Hamburg: Rowohlt 1969 (= Rowohlts Deutsche Enzyklopädie; 314, 315, 316).
Maguire, Robert A.: Red Virgin Soil. Soviet literature in the 1920's. Princeton, New Jersey: Princeton University Press 1968 (= Studies of the Russian Institute of Columbia University).
Majakovskij, Vladimir: Polnoe sobranie sočinenij. 13 Bde. Moskva: Gosudarstvennoe izdatel'stvo chudožestvennoj literatury 1955–1961 (= Akademija nauk SSSR. Institut mirovoj literatury im. A. M. Gor'kogo).
Majakowskij, Wladimir W.: Liebesbriefe an Lilja. Herausgegeben und übertragen von Karl Dedecius. Frankfurt am Main: Suhrkamp Verlag 1969 (= Bibliothek Suhrkamp; Bd. 238).
Makogonenko, G. P. (Hrsg.): Russkaja literatura XVIII veka. Leningrad: Izdatel'stvo »Prosveščenie«. Leningradskoe otdelenie 1970.
Mandelstam, Nadeschda: Das Jahrhundert der Wölfe. Eine Autobiographie. Aus dem Russischen von Elisabeth Mahler. Frankfurt am Main: Fischer Tachenbuch Verlag 1973.
Mandel'štam, Osip: Sobranie sočinenij v trech tomach. Pod redakciej Prof. G. P. Struve i B. A. Filippova. Tom pervyj: Stichotvorenija. Tom vtoroj: Proza. Tom tretij: Očerki, pis'ma. New York, Washington: Inter-Language Literary Associates 1967 (tom 1), 1971 (tom 2), 1969 (tom 3).
Mandelstam, Ossip: Wort und Schicksal. Heidelberg: Verlag Wunderhorn 2016. Ausstellungskatalog, Stiftung Reichspräsident Friedrich Ebert Gedenkstätte, Heidelberg, 14. Mai bis 17. Juli 2016. Mit Beiträgen von Dmitrij Bak, Ralph Dutli, Urs Heftrich, Wladimir Mikuschewitsch, Sebastia Moranta, Pavel Nerler.
Manger, Klaus (Hrsg.): Die Wirklichkeit der Kunst und das Abenteuer der Interpretation. Festschrift für Horst-Jürgen Gerigk. Heidelberg: Universitätsverlag Winter 1999 (= Beiträge zur neueren Literaturgeschichte; Bd. 164).

Marcuse, Herbert: Die Gesellschaftslehre des sowjetischen Marxismus. Aus dem Englischen von Alfred Schmidt. Darmstadt und Neuwied: Hermann Luchterhand Verlag 1974 (= Sammlung Luchterhand; Bd.182). Zuerst unter dem Titel: Soviet-Marxism. A Critical Analysis. New York: Columbia University Press.

Maslenikov, Oleg A.: The Frenzied Poets. Andrey Biely and the Russian Symbolists. New York: Greenwood Press 1988.

Mathewson, Rufus M.: The Positive Hero in Russian Literature. Stanford, California: Stanford University Press 1975.

McConkey, James (ed.): Chekhov and Our Age. Responses to Chekhov in American Writers and Scholars. Ithaca, New York: Cornell University Center for International Studies 1985.

McReynolds, Susan: Redemption and the Merchand God. Dostoevsky's Economy of Salvation and Antisemitism. Evanston, Illinois: Northwestern University Press 2008 (= Studies in Russian Literature and Theory).

Mediger, Walther: Moskaus Weg nach Europa. Der Aufstieg Russlands zum europäischen Machtstaat im Zeitalter Friedrichs des Großen. Braunschweig: Georg Westermann Verlag 1952.

Mehnert, Klaus: Die Jugend in Sowjetrussland. Berlin: S. Fischer Verlag 1932.

Mehnert, Klaus: Der Sowjetmensch. Versuch eines Porträts nach zwölf Reisen in die Sowjetunion 1929–1957. Dritte, auf den neuesten Stand gebrachte Auflage. Stuttgart: Deutsche Verlags-Anstalt 1959.

Mejlach, B. (Hrsg.): Russkie pisateli o literaturnom trude (XVIII–XX vv.). Sbornik v četyrech tomach. Leningrad: Sovetskij pisatel' 1954–1956.

Menzel, Birgit: Bürgerkrieg um Worte. Die russische Literaturkritik der Perestrojka. Köln, Weimar, Wien: Böhlau Verlag 2001.

Mereschkowski, Dmitri: Ewige Gefährten. Deutsch von Alexander Eliasberg. München: R. Piper & Co. Verlag 1915. Darin: Turgenjew, Dostojewskij, Gontscharow, Puschkin, S. 217–372.

Merežkovskij, Dmitrij S.: O pričinach upadka i o novych tečenijach sovremennoj russkoj literatury (1892). In: Merežkovskij, Werke (russisch). Bd. 18. Moskva 1914, S. 175–275.

Meyer-Fraatz, Andrea: Die slavische Moderne und Heinrich von Kleist. Zur zeitbedingten Rezeption eines Unzeitgemäßen in Rußland, Polen und Kroatien. Wiesbaden: Harrassowitz Verlag 2002 (= Opera Slavica. Begründet von Maximilian Braun und Alois Schmaus. Neue Folge. Herausgegeben von Reinhard Lauer; Bd. 39). S. 31–148: Kleist in Rußland.

Mierau, Fritz (Hrsg.): Russen in Berlin 1918–1933. Eine kulturelle Begegnung. Weinheim und Berlin: Quadriga-Verlag 1988.

Miller, Arthur: In Russia. New York: Viking 1969. (With Inge Morath.)

Mirsky, D. S.: A History of Russian Literature. *Comprising* A History of Russian Literature *and* Contemporary Russian Literature. Edited and abridged by Francis J. Whitfield. New York: Alfred A. Knopf 1949.

Mirskij, Dmitrij S.: Geschichte der russischen Literatur. Aus dem Englischen von Georg Mayer. München: R. Piper & Co. Verlag 1964.

(Mirsky) Smith, G. S.: D. S. Mirsky: A Russian-English Life, 1890–1939. Oxford: Oxford University Press 2003.
(Mirsky) Frank, Joseph: The Tragedy of Prince Mirsky. In: The New York Review of Books, June 12, 2003: 64–67.
Montefiori, Simon Sebag: Die Romanows. Glanz und Untergang der Zaren-Dynastie 1613–1918. Aus dem Englischen von Gabriele Gockel. Frankfurt am Main: S. Fischer 2017.
Morch, Audun J.: Time and Conflict in Jurij Oleša's »Zavist'«. Oslo: Solum Forlag S. A. 1992 (= Slavica Norvegica VII).
Morson, Gary Saul: The Boundaries of Genre. Dostoevsky's »Diary of a Writer« and the Traditions of Literary Utopia. Austin: University of Texas Press 1981.
Moser, Charles A. (ed.): The Russian Short Story. A Critical History. Boston: Twayne Publishers. A Division of G. K. Hall & Co. 1986.
Moser, Charles A. (ed.): The Cambridge History of Russian Literature. Cambridge: Cambridge University Press 1992.
Moss, Walter G.: Russia In The Age of Alexander II, Tolstoy and Dostoevsky. London: Anthem Press 2002.
Moss, Walter G.: A History of Russia. Second Edition. Volume I: To 1917. London: Anthem Press 2002.
Müller, Ludolf: Dostojewskij. Sein Leben – Sein Werk – Sein Vermächtnis. München: Erich Wewel Verlag 1982 (= Quellen und Studien zur russischen Geistesgeschichte. Herausgeber: Ludolf Müller; Bd. 2).
Müller-Dietz, Heinz und Norbert Reiter (Hrsg.): Aus dreißig Jahren Osteuropa-Forschung. Gedenkschrift für Dr. phil. Georg Kennert (1919–1984). Berlin: Osteuropa-Institut an der Freien Universität Berlin 1984.
Müller-Scholle, Christine: Das russische Drama der Moderne. Eine Einführung. Frankfurt am Main, Bern, New York, Paris: Peter Lang 1992 (= Europäische Hochschulschriften. Reihe XVI: Slawische Sprachen und Literaturen; Bd. 39).
(Mythologie) Slavjanskaja mifologija. Enciklopedičeskij slovar'. Naučnye redaktory: V. Ja. Petruchin, T. A. Agapkina, L. N. Vinogradova, S. M. Tolstaja. Moskva: Izdatel'stvo »Ellis Lak« 1995.
Nabokov, Vladimir: Lectures on Russian Literature. Edited, with an Introduction by Fredson Bowers. London: Weidenfeld and Nicolson 1981.
Nabokov, Vladimir: Speak, Memory. An Autobiography Revisited. New York: Vintage Books. A Division of Random House 1989 (= Vintage International).
Neef, Sigrid: Handbuch der russischen und sowjetischen Oper. Kassel und Basel: Bärenreiter-Verlag Karl Vötterle 1989.
Neuhäuser, Rudolf: Towards the Romantic Age. Essays on sentimental and preromantic literature in Russia. The Hague: Martinus Nijhoff 1974.
Neuhäuser, Rudolf (ed.): The Romantic Age in Russian Literature: Poetic and Esthetic Norms. An Anthology of Original Texts (1800–1850). München: Verlag Otto Sagner 1975 (= Slavistische Beiträge. Begründet von Alois Schmaus. Herausgegeben von Johannes Holthusen und Josef Schrenk. Redaktion Peter Rehder; Bd. 92).

Neuhäuser, Rudolf: Das Frühwerk Dostoevskijs. Literarische Tradition und gesellschaftlicher Anspruch. Heidelberg: Carl Winter Universitätsverlag 1979 (= Beiträge zur neueren Literaturgeschichte. Dritte Folge; Bd. 39).

Neuhäuser, Rudolf: Russische Literatur 1780–2011. Literarische Richtungen – Schriftsteller – kulturpolitisches Umfeld. Wien, Köln, Weimar: Böhlau Verlag 2013.

Neumann-Hoditz, Reinhold: Nikita S. Chruschtschow. Den Anhang besorgte der Autor. Reinbek bei Hamburg: Rowohlt Taschenbuch Verlag 1980 (= Rowohlts Monographien. Herausgegeben von Kurt und Beate Kusenberg; Bd. 289).

Nikoljukin, A. N.: Vzaimosvjazi literatur Rossii i SŠA. Turgenev, Tolstoj, Dostoevskij i Amerika. Moskva: Izdatel'stvo »Nauka« 1987.

Oehmichen, Manfred und Dietrich von Engelhardt (Hrsg.): Schuld und Sühne, Verbrechen und Strafe. Lübeck: Schmidt-Römhild 2005 (= Research in Legal Medicine. Volume 33).

Oleša, Jurij: Zavist'. In: Oleša, Povesti i rasskazy. Moskva: Izdatel'stvo »Chudožestvennaja literatura« 1965, S. 19–120.

Olescha, Jurij: Neid. Roman. Deutsch von Gisela Drohla. Frankfurt am Main: Suhrkamp Verlag 1964 (= Bibliothek Suhrkamp; Bd. 127).

Orwell, George: Nineteen Eighty-four. A Novel. With an Afterword by Erich Fromm. New York: The New American Library 1962 (= A Signet Classic, CP 100). Zuerst 1949.

Ostrovskij, Aleksandr N.: P'esy. Moskva: Olimp 1993 (= Biblioteka »Škola klassiki«). Darin vor allem: »Groza« und »Bespridannica«.

Ostrowskij, Alexander N.: Dramatische Werke. 4 Bde. Herausgegeben und aus dem Russischen übertragen von Johannes von Guenther. Berlin: Aufbau Verlag 1951.

Pachmuss, Temira: F. M. Dostoevsky. Dualism and Synthesis of the Human Soul. With a Preface by Harry T. Moore. Carbondale: Southern Illinois University Press 1963 (= Crosscurrents. Modern Critiques. Harry T. Moore, General Editor).

Pachmuss, Temira: The Influence of Dostoevsky's Literary Themes on Contemporary World Literature. In: Phi Kappa Phi Journal, Vol. LII (Spring, 1972), No. 2, S. 22–35. Über Virginia Woolf, Aldous Huxley, Joseph Conrad, Franz Kafka, Hermann Hesse, Rainer Maria Rilke, Albert Camus, Jean-Paul Sartre, André Gide, William Faulkner, J. D. Salinger, Carson McCullers, William Styron, Saul Bellow.

Pachmuss, Temira (ed.): Thought and Vision: Zinaida Hippius's Letters to Greta Gerell. Compiled, edited, with annotations and introductions by the author. Frankfurt am Main, Berlin, Bern, Bruxelles, New York, Oxford, Wien: Peter Lang 2004 (= Heidelberger Publikationen zur Slavistik. B. Literaturwissenschaftliche Reihe. Herausgeber: Horst-Jürgen Gerigk, Urs Heftrich, Wilfried Potthoff; Bd. 26).

Passage, Charles E.: Dostoevski, the Adapter. A Study in Dostoevski's Use of The Tales of Hoffmann. Chapel Hill: University of North Carolina Press 1954 (= University of North Carolina Studies in Comparative Literature; 10).

Passage, Charles E.: The Russian Hoffmannists. The Hague and Paris: Mouton 1963 (= Slavistic Printings and Reprintings; Vol. 35).

Pereverzev, Valer'jan F.: Literatura Drevnej Rusi. Moskva: Izdatel'stvo »Nauka« 1971.

Pereverzev, Valer'jan F.: U istokov russkogo realizma. Moskva: Izdatel'stvo »Sovremennik« 1989.
Petrova, Alena: Überlegungen zu einer gattungspoetischen Poetik des Raums an Textbeispielen der russischen Literatur des 19. Jahrhunderts. Frankfurt am Main, Berlin, Bern, Bruxelles, New York, Oxford, Wien: Peter Lang 2008 (= Heidelberger Publikationen zur Slavistik. B. Literaturwissenschaftliche Reihe. Bd. 34. Herausgeber: Horst-Jürgen Gerigk, Urs Heftrich, Wilfried Potthoff). Phil. Diss. Universität Heidelberg. Referent: Horst-Jürgen Gerigk.
Pisarevskij, D. S. (Hrsg.): Iskusstvo millionov. Sovetskoe kino 1917–1957. Moskva: Gosudarstvennoe izdatel'stvo »Iskusstvo« 1958. Mit einem Motto von Lenin: »Iz vsech iskusstv dlja nas važnejšim javljaetsja kino.«
Plechanov, Georgij V.: Literatura i estetika. Tom pervyj: Teorija iskusstva i istorija estetičeskoj mysli. Tom vtoroj: Istorija literatury i literaturnaja kritika. Moskva: Gosudarstvennoe izdatel'stvo chudožestvennoj literatury 1958.
Porudominskij, V. I.: Grustnyj soldat, ili Žizn' Vsevoloda Garšina. Moskva: »Kniga« 1986 (= Pisateli o pisateljach).
Potthoff, Wilfried (Hrsg.): Vjačeslav Ivanov. Russischer Dichter – europäischer Kulturphilosoph. Beiträge des IV. Internationalen Vjačeslav-Ivanov-Symposiums. Heidelberg: Universitätsverlag C. Winter 1993 (= Beiträge zur slavischen Philologie. Herausgegeben von Wilfried Potthoff; Bd. 3).
Potthoff, Wilfried (Hrsg.): Osip Mandel'štam und Europa. Heidelberg: Universitätsverlag C. Winter 1998 (= Beiträge zur slavischen Philologie. Herausgegeben von Wilfried Potthoff; Bd. 5).
Propp, Vladimir Ja.: Morfologija skazki. Izdanie 2-e. Moskva: Glavnaja redakcija vostočnoj literatury izdatel'stva »Nauka« 1969 (= Issledovanija po fol'kloru i mifologii Vostoka).
Propp, Vladimir Ja.: Morphologie des Märchens. Übersetzt von Christel Wendt. Herausgegeben von Karl Eimermacher. München: Carl Hanser Verlag 1972 (= Literatur als Kunst).
Propp, Vladimir Ja.: Die historischen Wurzeln des Zaubermärchens. Aus dem Russischen von Martin Pfeiffer. München: Carl Hanser Verlag 1987 (= Literatur als Kunst).
Puschkin. Ein Lesebuch für unsere Zeit. Auswahl und Einleitung von Fritz Mierau. Berlin und Weimar: Aufbau Verlag 1988 (= Lesebücher für unsere Zeit. Begründet von Walther Victor).
(Puschkin) Lange-Brachmann, Ute (Hrsg.): Alexander Puschkin. Baden-Baden: Nomos Verlagsgesellschaft 1998 (= Baden-Badener Beiträge zur russischen Literatur; Bd. 4).
(Puschkin) Arion. Jahrbuch der Deutschen Puschkin-Gesellschaft. Herausgegeben von Rolf-Dietrich Keil. Bonn: Bouvier Verlag 1989 ff.
Puschkin, A. S.: Der Gefangene im Kaukasus (Kavkazskij plennik). Text, Faksimile der deutschen Erstübersetzung (1823), Prosaübersetzung. Herausgegeben von der Deutschen Puschkin-Gesellschaft. Bearbeitet, kommentiert und mit einem Nach-

wort versehen von Andreas Ebbinghaus. München und Berlin: Verlag Otto Sagner 2009.
Puškarev, Sergej G.: Obzor russkoj istorii. New York: Izdatel'stvo imeni Čechova 1953.
Rakov, Jurij: Lestnica Raskol'nikova. Zapiski literaturnogo sledopyta. Leningrad: Izdatel'stvo »Chudožestvennaja literatura«. Leningradskoe otdelenie 1990.
Rakusa, Ilma unter Mitwirkung von Felix Philipp Ingold (Hrsg.): Dostojewskij in der Schweiz. Ein Reader. Frankfurt am Main: Insel Verlag 1981.
Rakusa, Ilma: Nachwort zu Alexander Kuprin: Meistererzählungen. Zürich: Manesse Verlag 1989, S. 523–542.
Rakusa, Ilma: Von Ketzern und Klassikern. Streifzüge durch die russische Literatur. Frankfurt am Main: Suhrkamp Verlag 2003 (= Edition Suhrkamp 2325).
Rauch, Georg von: Geschichte des bolschewistischen Russland. Wiesbaden: Rheinische Verlagsanstalt 1955.
Reber, Natalie: Studien zum Motiv des Doppelgängers bei Dostojevskij und E. T. A. Hoffmann. Gießen: Wilhelm Schmitz 1964 (= Marburger Abhandlungen zur Geschichte und Kultur Osteuropas; Bd. 6).
Redepenning, Dorothea: Geschichte der russischen und sowjetischen Musik. Band I: Das 19. Jahrhundert. Band II: Das 20. Jahrhundert (Teilband 1 und Teilband 2). Laaber: Laaber Verlag 1994–2008.
Redepenning, Dorothea: Dostojevskij auf der Opernbühne. In: Dostoevsky Studies. New Series. Vol. 14 (2010), S. 13–42.
Reeve, F. D.: The Russian Novel. New York, Toronto, London: McGraw-Hill Book Company 1966.
Richter, Horst-Eberhard (Hrsg.): Russen und Deutsche. Alte Feindbilder weichen neuen Hoffnungen. Hamburg: Hoffmann und Campe Verlag 1990.
Rinner, Fridrun und Klaus Zerinschek (Hrsg.): Komparatistik. Theoretische Überlegungen und südosteuropäische Wechselseitigkeit. Festschrift für Zoran Konstantinović. Innsbruck, am 5. Juni 1980. Heidelberg: Carl Winter Universitätsverlag 1981 (= Beiträge zur neueren Literaturgeschichte. Dritte Folge; Bd. 51).
Robinson, Harlow: Russians in Hollywood, Hollywood's Russians. Biography of an Image. Boston: Northeastern University Press 2007.
Romero, Christiane Zehl: Anna Seghers mit Selbstzeugnissen und Bilddokumenten. Reinbek bei Hamburg: Rowohlt Taschenbuch Verlag 1993 (= Rowohlts Monographien. Begründet von Kurt Kusenberg. Herausgegeben von Wolfgang Müller und Uwe Naumann 50464).
Rosanow, Wassili: Dostojewskis Legende vom Großinquisitor. Versuch eines kritischen Kommentars (mit zwei Vorwörtern, einem Nachwort, fünf Beilagen und zwei Etüden »Über Gogol«). Herausgegeben und mit einer Vorbemerkung sowie einem Nachwort von Rainer Grübel. Aus dem Russischen von Rainer und Waltraut Grübel, Sünna Looschen und Alexandra Ramm. Oldenburg: BIS-Verlag der Carl von Ossietzky Universität Oldenburg 2009 (= Studia Slavica Oldenburgensia, hrsg. von Rainer Grübel, Gerd Hentschel und Gun-Britt Kohler; Bd. 18).

Rothe, Hans: N. M. Karamzins europäische Reise. Der Beginn des russischen Romans. Philologische Untersuchungen. Bad Homburg v. d. H.: Gehlen 1968 (= Bausteine zur Geschichte der Literatur bei den Slaven; Bd. 1).

Rothe, Hans: Anton Tschechov oder Die Entartung der Kunst. Opladen: Westdeutscher Verlag 1990 (= Rheinisch-Westfälische Akademie der Wissenschaften. Geisteswissenschaften. Vorträge G 306).

Rothe, Hans: Puškin. Schicksal des Dichters, Wandlungen seiner Dichtung. Nebst zwei Anhängen: 1. Zur russischen Bildungsgeschichte vor Puškin und mit Beziehungen auf ihn. 2. Zu Puškins Verskunst. Paderborn, München, Wien, Zürich: Ferdinand Schöningh 2009 (= Nordrhein-Westfälische Akademie der Wissenschaften und der Künste. Geisteswissenschaften. Vorträge G 422).

Rothe, Hans: Dostojevskijs Stellung in der europäischen Literatur. Paderborn, München, Wien, Zürich: Ferdinand Schöningh 2013 (= Nordrhein-Westfälische Akademie der Wissenschaften und der Künste. Geisteswissenschaften. Vorträge G 441).

Rothe, Hans: Entstehung, Blüte und Niedergang der Osteuropawissenschaft am Beispiel der Slavischen Philologie in deutschsprachigen Lädern. Paderborn: Ferdinand Schöningh 2016 (= Nordrhein-Westfälische Akademie der Wissenschaften und der Künste. Geisteswissenschaften. Vorträge G 448).

Rothberg, Abraham: Aleksandr Solzhenitsyn. The Major Novels. Ithaca and New York: Cornell University Press 1971.

Rothberg, Abraham: The Heirs of Stalin. Dissidence and the Soviet Regime 1953–1970. Ithaca and London: Cornell University Press 1972.

Ruge, Gerd: Russland. München: C. H. Beck 2008 (= Die Deutschen und ihre Nachbarn. Herausgegeben von Helmut Schmidt und Richard von Weizsäcker).

Russkie pisateli 1800–1917. Biografičeskij slovar'. Moskva: Izdatel'stvo »Sovetskaja enciklopedija« 1989 ff. Bislang 5 Bde.

Rybakov, Alexej: »Der abgewiesene Bräutigam« – das grundlegende Mythologem der russischen Literatur des 19. Jahrhunderts? In: Forum für osteuropäische Ideen- und Zeitgeschichte. Herausgegeben von Nikolaus Lobkowicz, Leonid Luks und Alexei Rybakov. 7. Jahrgang (2003), Heft 1, S. 209–225. Köln, Weimar, Wien: Böhlau Verlag.

Ryklin, Michail: Kommunismus als Religion. Die Intellektuellen und die Oktoberrevolution. Aus dem Russischen von Dirk und Elena Uffelmann. Frankfurt am Main und Leipzig: Verlag der Weltreligionen im Insel Verlag 2008.

Sacher-Masoch, Leopold von: Diderot in Petersburg. Herausgegeben von Dieter Bandhauer. Mit Essays von Hans Hinterhäuser, Horst Thomé und Walter Vogl. Mit Abbildungen aus dem Zyklus »Nachmalungen«. Parallele Malaktion mit Schimpansen von Arnulf Rainer. Wien: Sonderzahl Verlagsgesellschaft 1987.

Samjatin, Jewgeni: Werke. 4 Bde. Leipzig und Weimar: Gustav Kiepenheuer Verlag 1991. Bd. 1: Frühe Erzählungen. Bd. 2: Erzählungen 1917–1928. Bd. 3: Wir. Roman. Bd. 4: Aufsätze. Autobiographie. Brief an Stalin. Herausgegeben und mit einem Nachwort (im 4. Band) von Karlheinz Kasper.

Samjatin, Jewgenij: Wir. Roman. Aus dem Russischen von Thomas Reschke. Herausgegeben von Siegfried Heinrichs. Berlin: Oberbaum Verlag 1994.

Savinkov, Boris: Erinnerungen eines Terroristen. Aus dem Russischen übersetzt von Arkadi Maslov. Revidiert und ergänzt von Barbara Conrad. Mit einem Vor- und Nachwort von Hans Magnus Enzensberger. Nördlingen: Verlegt bei Franz Greno 1985 (= Die Andere Bibliothek. Herausgegeben von Hans Magnus Enzensberger).

Schalamow, Warlam: Schocktherapie. Kolymna-Geschichten. Aus dem Russischen von Thomas Reschke. Berlin: Verlag Volk und Welt 1990 (= »Volk und Welt Spektrum«; Bd. 259).

Schapiro, Leonard: Turgenev. His Life and Times. Oxford, Toronto, Melbourne: Oxford University Press 1978.

Ščennikov, Gurij K. (Hrsg.): Dostoevskij: Estetika i poetika. Slovar'-spravočnik. Čeljabinsk: Izdatel'stvo »Metall« 1997.

Ščennikov, Gurij K. / Tichomirov, Boris N. (Hrsg.): Dostoevskij: sočinenija, pis'ma, dokumenty. Slovar'-spravočnik. Sankt-Peterburg: Izdatel'stvo »Puškinskij Dom« 2008.

(Schestow) Šestov, Lev: Dobro v učenii gr. Tolstogo i F. Nitše. Filosofija i propoved'. Paris: YMCA-Press 1971.

Schestow, Lew: Apotheose der Grundlosigkeit und andere Texte. Ausgewählt, übersetzt und herausgegeben von Felix Philipp Ingold. Berlin: Matthes & Seits 2015 (= Batterien NF 025).

Schlögel, Karl (Hrsg.): Der große Exodus. Die russische Emigration und ihre Zentren 1917–1941. München: C. H. Beck 1994.

Schlögel, Karl: Berlin – Ostbahnhof Europas. Russen und Deutsche in ihrem Jahrhundert. Berlin: Siedler 1998.

Schlögel, Karl: Archäologie des Kommunismus oder Russland im 20. Jahrhundert. Ein Bild neu zusammensetzen. München: Carl Friedrich von Siemens Stiftung 2014 (= Themen; Bd. 99).

Schlögel, Karl: Das sowjetische Jahrhundert. Archäologie einer untergegangenen Welt. München: C. H. Beck 2017.

Schmid, Ulrich: Russische Religionsphilosophen des 20. Jahrhunderts. Freiburg i. Br.: Herder 2003.

Schmid, Ulrich und Andreas Guski (Hrsg.): Literatur und Kommerz im Russland des 19. Jahrhunderts. Institutionen, Akteure, Symbole. Zürich: Pano Verlag 2004 (= Basler Studien zur Kulturgeschichte Osteuropas; Bd. 8).

Schmid, Ulrich: Technologien der Seele. Vom Verfertigen der Wahrheit in der russischen Gegenwartskultur. Berlin: Suhrkamp Verlag 2015 (= edition suhrkamp 2702).

Schmid, Wolf: Der Textaufbau in den Erzählungen Dostoevskijs. München: Wilhelm Fink Verlag 1973 (= Beihefte zu Poetica. In Zusammenarbeit mit Hellmut Flashar, Ingrid Strohschneider-Kohrs, Ulrich Suerbaum herausgegeben von Karl Maurer; Heft 10).

Schmid, Wolf: Ornamentales Erzählen in der russischen Moderne. Čechov – Babel – Zamjatin. Frankfurt am Main, Berlin, Bern, New York, Paris, Wien: Peter Lang 1992 (= Slavische Literaturen. Texte und Abhandlungen. Herausgegeben von Wolf Schmid; Bd. 2).

Schmid, Wolf: Mentale Ereignisse. Bewusstseinsveränderungen in europäischen Erzählwerken vom Mittelalter bis zur Moderne. Berlin und Boston: Walter de Gruyter 2017 (= Narratologia. Contributions to Narrative Theory. Edited by Fotis Jannidis, Matias Martinez, John Pier, Wolf Schmid (executive editor). Bd. 58).

Scholle, Christine: Das Duell in der russischen Literatur. Wandlungen und Verfall eines Ritus. München: Verlag Otto Sagner in Kommission 1977 (= Arbeiten und Texte zur Slavistik. Herausgegeben von Wolfgang Kasack; Bd. 14). Phil. Diss. Universität Heidelberg. Referent: Horst-Jürgen Gerigk. Werkanalysen von Puškins »Der Schuß« bis Arcybaševs »Sanin«.

Scholz, Friedrich (Hrsg.): Serapionovy brat'ja. Die Serapionsbrüder. Nachdruck des Sammelbandes Berlin 1922 mit einem Brief Gor'kijs und einer Einleitung von Friedrich Scholz. München: Wilhelm Fink Verlag 1973 (= Centrifuga. Russian Reprintings and Printings. Edited by Karl Eimermacher, Johannes Holthusen, Simon Karlinsky, Reinhard Lauer, Vladimir Markov and Friedrich Scholz. Vol. 32).

Schön, Luise: Die dichterische Symbolik V. M. Garšins. München: Verlag Otto Sagner 1979 (= Slavistische Beiträge. Begründet von Alois Schmaus. Herausgegeben von Johannes Holthusen, Heinrich Kunstmann, Josef Schrenk. Redaktion: Peter Rehder; Bd. 125).

Schult, Maike: Im Banne des Poeten. Die theologische Dostoevskij-Rezeption und ihr Literaturverständnis. Göttingen: Vandenhoeck & Ruprecht 2012 (= Forschungen zur systematischen und ökumenischen Theologie. Herausgegeben von Christine Axt-Piscalar und Gunther Wenz; Bd. 126).

Schulz, Christiane: Aspekte der Schillerschen Kunsttheorie im Literaturkonzept Dostoevskijs. München: Verlag Otto Sagner 1992 (= Vorträge und Abhandlungen zur Slavistik. Herausgegeben von P. Thiergen; Bd. 20).

Seeley, Frank Friedeberg: Turgenev. A Reading of his Fiction. Cambridge, New York, Port Chester, Melbourne, Sydney: Cambridge University Press 1991 (= Cambridge Studies in Russian Literature. General editor: Malcolm Jones).

Seemann, Klaus-Dieter (Hrsg.): Russische Lyrik. Eine Einführung in die literaturwissenschaftliche Textanalyse. München: Wilhelm Fink Verlag 1982 (= Uni-Taschenbücher; Bd. 1156).

Seghers, Anna: Über Tolstoi. Über Dostojewskij. Berlin: Aufbau Verlag 1963. Inhalt: Tolstoi. Zur 125. Wiederkehr seines Geburtstages, S. 5–20; Über die Entstehung von »Krieg und Frieden«. Brief an Jorge Amado, S. 23–44; Die Idee von der napoleonischen Macht in Romanen von Tolstoi und Dostojewskij, S. 47–52; Woher sie kommen, wohin sie gehen. Über den Ursprung und die Weiterentwicklung einiger Romangestalten Dostojewskijs, besonders über ihre Beziehungen zu Gestalten Schillers. Geschrieben auf dem Schiff zwischen Brasilien und Europa, S. 55–122.

Sethe, Paul: Kleine Geschichte Russlands. Frankfurt am Main: Verlag Heinrich Scheffler 1953.

Setschkareff, Vsevolod: Geschichte der russischen Literatur. Stuttgart: Reclam 1962.

Setschkareff, Vsevolod: Alexander Puschkin. Sein Leben und sein Werk. Wiesbaden: Otto Harrassowitz 1963.

Setzer, Heinz / Müller, Ludolf und Rolf-Dieter Kluge (Hrsg.): F. M. Dostojewski. Dichter, Denker, Visionär. Tübingen: Attempto Verlag 1998.

Setzer, Heinz und Regine Nohejl (Hrsg.): Ein Leben für den deutsch-slawischen Dialog der Kulturen. Rolf-Dieter Kluge zum 80. Geburtstag. Erinnerungen und Anekdoten von Kolleginnen, Kollegen, Schülern und Freunden als Beitrag zur slawistischen Literaturgeschichte Baden-Württembergs. Badenweiler: Gemeinde Badenweiler 2017.

Sinjawskij, Andrej: Das Verfahren läuft. Die Werke des Abram Terz bis 1965. Herausgegeben und aus dem Russischen übersetzt von Swetlana Geier. Mit einer Nachbemerkung von Marija Rosanowa-Sinjawskaja und einem Nachwort von Ulrich Schmid. Frankfurt am Main: S. Fischer Verlag 2002.

Shub, David: Lenin. Amerikanische Originalausgabe 1948. Deutsch von Gräfin Margret Zedtwitz und A. de Vries. Wiesbaden: Limes Verlag 1958. Darin heißt es über Lenin: »Turgenjew bewunderte er sehr; er hatte sogar daran gedacht, eine Analyse seiner Werke zu schreiben« (S. 427).

Šklovskij, Viktor: Povesti o proze. Razmyšlenija i razbory. Tom 1: Rasskazyvajuščij glavnym obrazom o zapadnoj proze. Tom 2: V kotorom rasskazyvaetsja o russkoj proze. Moskva: Izdatel'stvo »Chudožestvennaja literatura« 1966.

Slobin, Greta N.: Russians Abroad. Literary and Cultural Politics of Diaspora (1919–1939). Edited by Katerina Clark, Nancy Condee, Dan Slobin, and Mark Slobin. Boston: Academic Studies Press 2013.

Slonim, Marc: Soviet Russian Literature. Writers and Problems 1917–1967. London, Oxford, New York: Oxford University Press 1967.

Smith, Douglas: Und die Erde wird zittern. Rasputin und das Ende der Romanows. Aus dem Englischen von Cornelius Hartz, Martin Richter und Bern Rullkötter. Darmstadt: Theiss 2017. Zuerst: Rasputin. London: Macmillan 2016.

Sokolov, Saša: Škola dlja durakov. Ann Arbor, Michigan: Ardis Publishers 1976.

Sokolow, Sascha: Die Schule der Dummen. Übersetzt von Wolfgang Kasack. Nachwort von Iris Radisch. Frankfurt am Main: Suhrkamp Verlag 1977 (= Bibliothek Suhrkamp). Jubiläumsausgabe Berlin: Suhrkamp Verlag 2011.

Solschenizyn, Alexander: Die Eiche und das Kalb. Skizzen aus dem literarischen Leben. Aus dem Russischen von Swetlana Geier. Der Anhang wurde von Wolfgang Kasack übertragen. Darmstadt und Neuwied: Hermann Luchterhand Verlag 1975. Zuerst: Paris: YMCA-Press 1967: Bodalsja telenok s dubom.

Solschenizyn, Alexander: Politik und Moral am Ende des 20. Jahrhunderts. Rede an der Internationalen Akademie für Philosophie im Fürstentum Liechtenstein anläßlich der Verleihung des Ehrendoktorats am 14. September 1993. Heidelberg: Universitätsverlag C. Winter 1994 (= Reihe: Akademie-Reden / Internationale Akademie für Philosophie im Fürstentum Liechtenstein).

Solschenizyn, Alexander: »Zweihundert Jahre zusammen«. Die russisch-jüdische Geschichte 1795–1916. Aus dem Russischen von Kurt Baudisch und Holger von Rauch. München: F. A. Herbig 2002. Zuerst: Moskva: Russkij put' 2001: Dvesti let vmeste (1795–1995). Čast' I.

Solschenizyn, Alexander »Zweihundert Jahre zusammen«. Die Juden in der Sowjetunion. Aus dem Russischen von Andrea Wöhr und Peter Nordqvist. München: F. A. Herbig 2003. Zuerst: Moskva: Russkij put' 2002: Dvesti let vmeste (1795–1995), Časť II.

Solschenizyn, Alexander: »Meine amerikanischen Jahre«. Aus dem Russischen von Andrea Wöhr und Fedor Poljakov. München: Langen / Müller 2007.

Solženicyn, A.: Archipelag Gulag 1918–1956. Opyt chudožestvennogo issledovanija. I–II und III. Paris: YMCA-Press 1973–1975.

Solschenyzin, Alexander: Der Archipel Gulag. 3 Bde. Reinbek bei Hamburg: Rowohlt 1974–1976.

Spengler, Oswald: Der Untergang des Abendlandes. Umrisse einer Morphologie der Weltgeschichte. München: Verlag C. H. Beck 1979. Ungekürzte Sonderausgabe in einem Band. Zuerst 1923.

Städtke, Klaus (Hrsg.): Russische Literaturgeschichte. Stuttgart und Weimar: Metzler 2002. Darin besonders hervorzuheben Andreas Guski: Die klassische Sowjetliteratur (1934–1953), S. 321–348.

Stanislawskij, Konstantin S.: Theater, Regie und Schauspieler. Hamburg: Rowohlt 1958 (= rowohlts deutsche enzyklopädie. Herausgeber: Ernesto Grassi; Bd. 68).

Stanislawski, Konstantin Sergejewitsch: Die Arbeit des Schauspielers an sich selbst. 3 Bde. Frankfurt am Main: Zweitausendeins 1996. Band 1: Die Arbeit an sich selbst im schöpferischen Prozess des Erlebens. Übersetzung; Ingrid Tintzmann; Band 2: Die Arbeit an sich selbst im schöpferischen Prozess des Verkörperns. Übersetzung: Ruth Elisabeth Riedt; Band 3: Die Arbeit des Schauspielers an der Rolle. Materialien für ein Buch. Übersetzung: Karl Fend, Hans-Joachim Grimm und Dieter Hoffmeier.

Stankiewitz, Karl: Herr Meyer macht Revolution. Vor 100 Jahren stürzt der Russische Zar. 17 Jahre zuvor zieht Lenin nach München – und plant in Schwabing seine Weltrevolution. In: Abendzeitung. München, Montag, 20. März 2017, S. 6.

Steinbeck, John: A Russian Journal. With Pictures by Robert Capa. New York: A Bantam Book 1970. Zuerst 1948.

Steltner, Ulrich (Hrsg.): Literatur und Kunst. Festgabe für Gerhard Schaumann zum 70. Geburtstag. Jena: Institut für Slawistik 1997 (= Schriften und literarische Texte / Friedrich-Schiller-Universität Jena. Institut für Slawistik; Bd. 2).

Steltner, Ulrich (Hrsg.): Auf der Suche nach einer größeren Heimat. Sprachwandel / Kulturwandel in der slawischen Welt. Literaturwissenschaftliches Kolloquium anlässlich der Verleihung des Andreas-Gryphius-Preises 1998 an Milo Dor und Ludvik Kundera. Jena: Collegium Europaeum Jenense 1999 (= Schriften des Collegium Europaeum Jenense; Bd. 20). Darin Horst-Jürgen Gerigk: Zweifache Heimatlosigkeit. Nabokovs »Pnin«, S. 63–70.

Stempel, Wolf-Dieter (Hrsg.): Texte der russischen Formalisten. Band II. Texte zur Theorie des Verses und der poetischen Sprache. München: Wilhelm Fink Verlag 1972 (= Theorie und Geschichte der Literatur und der schönen Künste. Texte und Abhandlungen. Herausgegeben von Max Imdahl, Wolfgang Iser, Hans Robert Jauss, Wolfgang Preisendanz, Jurij Striedter; Bd. 6 / 2. Halbband).

Stender-Petersen, Adolf: Geschichte der russischen Literatur. 2 Bde. Aus dem Dänischen von Wilhelm Krämer. München: C. H. Beck 1957. Zuerst erschienen in dänischer Sprache unter dem Titel: »Den russiske litteratursk historie«. Sämtliche Gedichte sind nach der Prosaübersetzung des Verfassers von Wilhelm Krämer deutsch gestaltet worden.

Stepanjan, Karen: »Soznat' i skazat'«. »Realizm v vyssem smysle« kak tvorčeskij metod F. M. Dostoevskogo. Moskva: Paritet 2005.

Stepun, Fedor Avgustovič: Sočinenija. Sostavlenie, vstupitel'naja stat'ja, primečanija i bibliografija V. K. Kantora. Moskva: Izdatel'stvo »Rossijskaja političeskaja enciklopedija« 2000.

Stökl, Günther: Russische Geschichte. Von den Anfängen bis zur Gegenwart. Stuttgart: Alfred Kröner 1965 (= Kröner Taschenausgabe; Bd. 244).

Strelka, Joseph P.: Literatur und Politik. Beispiele literaturwissenschaftlicher Perspektiven. Frankfurt am Main, Bern, Berlin, New York, Paris, Wien: Peter Lang 1992. Darin: Literatur und KGB, S. 211–229.

Striedter, Jurij (Hrsg.): Texte der russischen Fomalisten. Band I. Texte der allgemeinen Literaturtheorie und der Theorie der Prosa. München: Wihelm Fink Verlag 1969 (= Theorie und Geschichte der Literatur und der schönen Künste. Texte und Abhandlungen. Herausgegeben von Max Imdahl, Wolfgang Iser, Hans Robert Jauss, Wofgang Preisendanz, Jurij Striedter; Bd. 6 / 1. Halbband).

Striedter, Jurij: Momente. Erinnerungen an Kindheit und Jugend (1926–1945). Von Stalins Sowjetrussland zu Hitlers Großdeutschem Reich. Mit einem Nachwort von Karl Eimermacher. Bochum und Freiburg: Projekt Verlag 2010. Mit Schriftenverzeichnis, S. 373–376.

Struve, Gleb: Geschichte der Sowjetliteratur. Vom Verfasser durchgesehene, ergänzte und autorisierte Übersetzung aus dem Englischen und Russischen von Horst Neerfeld und Günter Schäfer. München: Isar Verlag 1957.

Struve, Gleb: Russian Literature under Lenin and Stalin 1917–1953. Norman, Oklahoma: University of Oklahoma Press 1971.

Swiderska, Malgorzata: Theorie und Methode einer literaturwissenschaftlichen Imagologie. Dargestellt am Beispiel Russlands im literarischen Werk Heimito von Doderers. Frankfurt am Main: Peter Lang. Internationaler Verlag der Wissenschaften 2013 (= Warschauer Studien zur Germanistik und zur Angewandten Linguistik. Herausgegeben von Sambor Grucza und Lech Kolago; Bd. 7).

Tebben, Karin: Von der Unsterblichkeit des Eros und den Wirklichkeiten der Liebe. Geschlechterbeziehungen – Realismus – Erzählkunst. Heidelberg: Universitätsverlag Winter 2011 (= Neues Forum für Allgemeine und Vergleichende Literaturwissenschaft. Herausgegeben von Horst-Jürgen Gerigk und Maria Moog-Grünewald; Bd. 45).

Tengemann, Claus Jürgen Heinrich: Das Unheil der Melancholie. Ein Beitrag zum Phänomen des melancholischen Antihelden in der russischen Literatur des neunzehnten Jahrhunderts unter besonderer Berücksichtigung von Saltykov-Šçedrins »Die Herren Golovlev«, Aksakovs »Familienchronik« und »Die Kinderjahre Bagrovs des Enkels«, Tolstojs »Familienglück« und Bunins »Suchodol«. Frankfurt am

Main, Berlin, Bern, Bruxelles, New York, Oxford, Wien: Peter Lang 2002 (= Heidelberger Publikationen zur Slavistik. B. Literaturwissenschaftliche Reihe. Herausgegeben von Horst-Jürgen Gerigk, Urs Heftrich und Wilfried Potthoff; Bd. 30). Phil. Diss. Universität Heidelberg. Referent: Horst-Jürgen Gerigk.

Terras, Victor (ed.): Handbook of Russian Literature. New Haven and London: Yale University Press 1985.

Terras, Victor: A History of Russian Literature. New Haven and London: Yale University Press 1991.

Terras, Victor: Poetry of the Silver Age. The Various Voices of Russian Modernism. With Translations by Alexander Landman and a Preface by Horst-Jürgen Gerigk. Dresden und München: Dresden University Press 1998 (= Artes liberales. Beiträge zu Theorie und Praxis der Interpretation. Herausgegeben von Horst-Jürgen Gerigk; Bd. 8).

Terz, Abram: V teni Gogolja. London: Overseas Publications Interchange in association with Collins 1975.

Terz, Abram (= Andrej Sinjawski): Im Schatten Gogols. Aus dem Russischen von Swetlana Geier. Berlin, Frankfurt / M., Wien: Verlag Ullstein/Propyläen Verlag 1979.

Thaidigsmann, Karoline: Lagererfahrung und Identität. Literarische Spiegelungen sowjetischer Lagerhaft in Texten von Varlam Šalamov, Lev Konson, Naum Nim und Andrej Sinjavskij. Heidelberg: Universitätsverlag Winter 2009 (= Beiträge zur slavischen Philologie. Herausgegeben von Edith W. Clowes, Horst-Jürgen Gerigk, Urs Heftrich, Jens Herlth, Adrian Wanner; Bd. 15).

Thiergen, Peter (Hrsg.): I. A. Gončarov. Beiträge zu Werk und Wirkung. Köln und Wien: Böhlau Verlag 1989 (= Bausteine zur Geschichte der Literatur bei den Slaven. Herausgegeben von H.-B. Harder und H. Rothe in Verbindung mit R. Olesch; Bd. 33).

Thiergen, Peter (Hrsg.): Ivan A. Gončarov. Leben, Werk und Wirkung. Beiträge der I. Internationalen Gončarov-Konferenz, Bamberg, 8.–10. Oktober 1993. Köln, Weimar, Wien: Böhlau Verlag 1994 (= Bausteine zur Slavischen Philologie und Kulturgeschichte. Reihe A. Slavistische Forschungen. Begründet von Reinhold Olesch. Herausgegeben von Karl Gutschmidt, Hans-Bernd Harder und Hans Rothe. Neue Folge; Bd. 12/72).

Thiergen, Peter (Hrsg.): Scholae et symposium. Festschrift für Hans Rothe zum 75. Geburtstag. Köln, Weimar, Wien: Böhlau Verlag 2003 (= Bausteine zur Slavischen Philologie und Kulturgeschichte. Neue Folge. Begründet von Hans-Bernd Harder und Hans Rothe. Herausgegeben von Karl Gutschmidt, Roland Marti, Peter Thiergen, Ludger Udolph und Bodo Zelinsky. Reihe A: Slavistische Forschungen. Begründet von Reinhold Olesch; Bd. 44).

Time, Galina A.: Nemeckaja literaturno-filosofskaja mysl' XVIII–XIX vekov v kontekste tvorčestva I. S. Turgeneva (genetičeskie i tipologičeskie aspekty). München: Verlag Otto Sagner 1997 (= Vorträge und Abhandlungen zur Slavistik. Herausgegeben von P. Thiergen; Bd. 31).

Timofeev, Leonid I. i A. G. Dement'ev (Hrsg.): Russkaja sovetskaja literatura. Sbornik statej. Posobie dlja studentov pedinstitutov. Izdanie vtoroe, ispravlennoe i do-

polnennoe. Moskva: Gosudarstvennoe učebno-pedagogičeskoe izdatel'stvo ministerstva prosveščenija RSFSR 1958.
Tippner, Anja: Alterität, Übersetzung und Kultur. Čechovs Prosa zwischen Rußland und Deutschland. Frankfurt am Main, Berlin, Bern, New York, Paris, Wien: Peter Lang 1997 (= Slavische Literaturen. Texte und Abhandlungen. Herausgegeben von Wolf Schmid; Bd. 13).
Tjutčev, F. I.: Lirika. 2 Bde. Izdanie podgotovil K. V. Pigarev. Moskva: Izdatel'stvo »Nauka« 1965.
(Tjutčev) Gačeva, Anastasija: »Nam ne dano predugadat', Kak slovo naše otzovetsja ...« Dostoevskij i Tjutčev. Moskva: Institut mirovoj literatury / Rossijskaja akademija nauk 2004 (= Komissija po izučeniju tvorčestva F. M. Dostoevskogo).
Todd, William Mills (ed.): Literature and Society in Imperial Russia, 1800–1914. Stanford, California: Stanford University Press 1978.
Tolstoj, Leo N.: Dramen. Macht der Finsternis, Der lebende Leichnam, Und das Licht scheinet in der Finsternis, Er ist an allem schuld, Bäcker Petrus, Der erste Branntweinbrenner. Übersetzt von August Scholz. Mit einem Essay »Zum Verständnis der Werke« und einer Bibliographie von Georg Mayer. Hamburg: Rowohlt 1966 (= Rowohlts Klassiker der Literatur und der Wissenschaft. Herausgegeben von Ernesto Grassi unter Mitarbeit von Walter Hess. Russische Literatur; Bd. 13).
Trautmann, Reinhold: Turgenjew und Tschechow. Ein Beitrag zum russischen Geistesleben. Leipzig: Volk und Buch Verlag 1948 (= Die Humboldt-Bücherei; Bd. 5).
Tretjakow, Sergej: Feld-Herren. Der Kampf um eine Kollektiv-Wirtschaft. Autorisierte Übersetzung aus dem Russischen von Rudolf Selke. Berlin: Malik-Verlag 1931.
Tretjakow, Sergej M.: Lyrik, Dramatik, Prosa. Aus dem Russischen herausgegeben von Fritz Mierau. Mit 15 Fotobeigaben. Frankfurt am Main: Röderberg-Verlag 1972.
Trotzkij, Leo: Literatur und Revolution (zuerst russisch 1924). Aus dem Russischen von Eugen Schaefer und Hans von Riesen. München: Deutscher Taschenbuch Verlag 1972.
Troyat, Henri: Tschechow. Leben und Werk. Aus dem Französischen übertragen von Christian D. Schmidt. Stuttgart: Deutsche Verlags-Anstalt 1987.
Tschaadajew, Peter: Apologie eines Wahnsinnigen. Geschichtsphilosophische Schriften. Aus dem Russischen von Heinrich Falk und Roswitha Marwin-Buschmann; aus dem Französischen von Elias Hurwitz. Herausgegeben und mit einem Nachwort versehen von Gabriela Lehman-Carli und Ulf Lehmann. Mit 4 Abbildungen und einem Frontispiz. Leipzig: Reclam-Verlag 1992 (= Reclam-Bibliothek; Bd. 1422).
Tschechow, Anton: Dramen. Der Bär, Der Heiratsantrag, Ivanov, Die Möwe, Onkel Vanja, Drei Schwestern, Der Kirschgarten. Deutsch von Johannes von Guenther. Mit einem Essay »Zum Verständnis der Werke« und einer Bibliographie von Svetlana Geier. Hamburg: Rowohlt 1960 (= Rowohlts Klassiker der Literatur und der Wissenschaft. Herausgegeben von Ernesto Grassi unter Mitarbeit von Walter Hess. Russische Literatur; Bd. 4).
Tschernyschewski, N. G.: Ausgewählte philosophische Schriften. Aus dem Russischen übersetzt von Alfred Kurella. Moskau: Verlag für fremdsprachige Literatur 1953.

Tschižewskij, Dmitrij: Über die Eigenart der russischen Sprache. Halle (Saale): Max Niemeyer Verlag 1948.
Tschižewskij, Dmitrij: Geschichte der altrussischen Literatur im 11., 12. und 13. Jahrhundert. Kiever Epoche. Frankfurt am Main: Vittorio Klostermann 1948.
(Tschižewskij) Čiževskij, Dmitrij: On Romanticism in Slavic Literature. Translation by D. S. Worth, Ph. D. The Hague: Mouton & Co. 1957 (= Musagetes. Contributions to the History of Slavic Literature and Culture. Edited by Dmitrij Čiževskij; Vol. 1).
Tschižewskij, Dmitrij (Hrsg.): Formalistische Dichtung bei den Slaven. Wiesbaden: Otto Harrassowitz 1958 (= Heidelberger slavische Texte. Herausgegeben von Dmitrij Tschižewskij und Johann Schröpfer; Bd. 3).
Tschižewskij, Dmitrij und Johann Schröpfer (Hrsg.): Berufung und Bestimmung des Dichters in der slavischen Dichtung. I. Von den Anfängen bis zur Romantik. Wiesbaden: Otto Harrassowitz 1957 (= Heidelberger slavische Texte. Herausgegeben von Dmitrij Tschižewskij und Johann Schröpfer; Bd. 2).
(Tschižewskij) Čiževskij, Dmitrij: History of Russian Literature from the Eleventh Century to the End of the Baroque. The Hague: Mouton & Co. 1960 (= Slavistische Drukken en Herdrukken / Slavistic Printings and Reprintings. Uitgegeven door / edited by C. H. van Schooneveld; XII).
Tschižewskij, Dmitrij (Hrsg.): Hegel bei den Slaven. Zweite verbesserte Auflage. Darmstadt: Wissenschaftliche Buchgesellschaft 1961.
Tschižewskij, Dmitrij (Hrsg.): Anfänge des russischen Futurismus. Wiesbaden: Otto Harrassowitz 1963 (= Heidelberger slavische Texte. Herausgegeben von Dmitrij Tschižewskij und Johann Schröpfer; Bd. 7).
Tschižewskij, Dmitrij: Russische Literaturgeschichte des 19. Jahrhunderts. Bd. I: Die Romantik. München: Eidos Verlag 1964 (= Forum Slavicum; Bd. 1/I). Bd. II: Der Realismus. München: Wilhelm Fink Verlag 1967 (= Forum Slavicum. Herausgegeben von Dmitrij Tschižewskij; Bd. 1 /II).
Tschižewskij, Dmitrij: Gogol'-Studien: I. Der unbekannte Gogol'; II: Gogol': Artist and Thinker; III. Zur Komposition von Gogol's »Mantel«. In: Gogol', Turgenev, Dostoevskij, Tolstoj. Zur russischen Literatur des 19. Jahrhunderts. München: Wilhelm Fink Verlag 1966 (= Forum Slavicum. Herausgegeben von Dmitrij Tschižewskij; Bd. 12), S. 57–125.
Tschižewskij, Dmitrij: Abriss der altrussischen Literaturgeschichte. München: Wilhelm Fink Verlag 1968 (= Forum Slavicum. Herausgegeben von Dmitrij Tschižewskij; Bd. 9).
Tschižewskij, Dmitrij: Vergleichende Geschichte der slavischen Literaturen. 2 Bde. Berlin: Walter de Gruyter 1968 (= Sammlung Göschen; Bd. 1222/1222a und Bd. 1223/1223a).
Tschižewskij, Dmitrij: Das heilige Rußland. Russische Geistesgeschichte I. 10.–17. Jahrhundert. Hamburg: Rowohlt 1959 (= Rowohlts Deutsche Enzyklopädie; Bd. 84).
Tschižewskij, Dmitrij: Rußland zwischen Ost und West. Russische Geistesgeschichte II. 18.–20. Jahrhundert. Reinbek bei Hamburg: Rowohlt 1961 (= Rowohlts Deutsche Enzyklopädie; Bd. 122).

Tschižewskij, Dmitrij und Dieter Groh (Hrsg.): Europa und Rußland. Texte zum Problem des westeuropäischen und russischen Selbstverständnisses. Darmstadt: Wissenschaftliche Buchgesellschaft 1959.
(Tschižewskij) Festschrift für Dmitro Čiževskyj zum 60. Geburtstag am 23. März 1954. Berlin und Wiesbaden: In Kommission bei Otto Harrassowitz 1954 (= Veröffentlichungen der Abteilung für Slavische Sprachen und Literaturen des Osteuropa-Instituts an der Freien Universität Berlin; Bd. 6).
Tschižewskij, Dmitrij: Antrittsrede. In: Jahrbuch der Heidelberger Akademie der Wissenschaften 1962/63, S. 60–63. (Tschižewskij) Orbis Scriptus. Dmitrij Tschižewskij zum 70. Geburtstag. München: Wilhelm Fink Verlag 1966.
(Tschižewskij) Bojko-Blochyn, Jurij: Dmytro Ivanovyč Čyževs'kyj. Heidelberg: Carl Winter Universitätsverlag 1988 (= Beiträge zur ukrainischen Literaturgeschichte. Herausgegeben von Jurij Bojko-Blochyn und Friedrich Scholz; Bd. 1).
(Tschižewskij) Korthaase, Werner: Der Philosophiehistoriker, Literaturwissenschaftler und Comeniusforscher Dmytro Čyževs'kyj (1894–1977) in der Tschechoslowakischen Republik und in der Bundesrepublik Deutschland. Referat, gehalten am 26. Juni 2000 in der Ernst-Moritz-Arndt-Universität Greifswald. Berlin: Deutsche Comenius-Gesellschaft 2000.
(Tschižewskij) Nad'jarnych, Nina Stepanovna: Dmitrij Čiževskij. Edinstvo smysla. Moskva: Izdatel'stvo »Nauka« 2005 (= Rossijskaja Akademija Nauk. Institut mirovoj literatury im. A. M. Gor'kogo).
(Tschižewskij) Richter, Angela und Brigitte Klosterberg (Hrsg.): Dmitrij I. Tschižewskij. Impulse eines Philologen und Philosophen für eine komparative Geistesgeschichte. Berlin: Lit Verlag Dr. W. Hopf 2009 (= Slavica Varia Halensia. Herausgegeben von Angela Richter und Swetlana Mengel; Bd. 9. Martin-Luther-Universität Halle-Wittenberg).
(Tschižewskij) Dmitro Čiževs'kij i evropejs'ka kul'tura. Zbirnik naukovich prac'. Redaktori: Evgen Pšeničnij (Ukraina), Roman Mnich (Pol'ša), Volodimir Jancen (Nimeččina). Drogobič: Vidavnictvo »Kolo« 2011 (= Slavistika. Tom 2). Darin auf Russisch: Horst-Jürgen Gerigk: Dmitrij Tschižewskij (1894–1977), S. 397–406.
Tunimanov, V. A.: F. M. Dostoevskij i russkie pisateli XX veka. Sankt-Peterburg: Izdatel'stvo »Nauka« 2004.
(Turgenjew) I. S. Turgenev und Deutschland. Materialien und Untersuchungen. Herausgegeben von Gerhard Ziegengeist. Bd. 1, mit 14 Abbildungen. Berlin: Akademie-Verlag 1965 (= Deutsche Akademie der Wissenschaften zu Berlin. Veröffentlichungen des Instituts für Slawistik. Herausgegeben von H. H. Bielfeldt; Nr. 34). Hervorzuheben: Turgenevs Briefe an Berthold Auerbach (Klaus Dornacher/Christa Schultze), S. 52–67; Baden im Leben und Schaffen Turgenevs (Gregor Schwirtz), S. 247–269; Turgenev in Karlsruhe (Erich Theodor Hock), S. 270–287; Thomas Mann und Turgenev (Alois Hofman), S. 330–349).
Turgenjew. Ein Lesebuch für unsere Zeit. Herausgegeben von Klaus Dornacher. Berlin und Weimar: Aufbau Verlag 1989 (= Lesebücher für unsere Zeit. Begründet von Walther Victor).

(Turgenjew) Ivan Sergeevič Turgenev und seine Zeit. Katalog anläßlich der Ausstellung »Ivan S. Turgenev und seine Zeit«, die vom 20. August bis 27. September 1993 im Jesuitensaal des Rathaues Baden-Baden stattfand. Baden-Baden: Stadt Baden-Baden / Kulturamt 1993. Darin Galina Time: Turgenev in Baden-Baden, S. 6–24; Peter Brang: Ist Turgenev veraltet?, S. 32–39 und: Zur Darstellung der Nationalcharaktere bei Turgenev. Klischeezertrümmerung oder Trendverstärkung?, S. 52–60.

Turgenev, Ivan: Werther Herr! Turgenevs deutscher Briefwechsel. Ausgewählt ud kommentiert von Peter Urban. Berlin: Friedenauer Presse 2005.

Turgenevskie čtenija. Biblioteka-čital'nja im. I. S. Turgeneva. Vypusk 1–4. Moskva: Russkij put' 2004–2009; Vypusk 5–6. Moskva: Knižnica 2011–2014.

Turgenev i Moskva. Sbornik statej. Sost. T. E. Korobkina, G. N. Muratova. Moskva: Russkij put' 2009.

Unbegaun, B. O.: Russkie familii. Perevod s anglijskogo. Obščaja redakcija B. A. Uspenskogo. Moskva: »Progress« 1989.

Urban, Peter (Hrsg.): Gogols Petersburger Jahre. Gogols Briefwechsel mit Aleksandr Puškin. Eine Geschichte in Briefen, zusammengestellt und herausgegeben von Peter Urban. Berlin: Friedenauer Presse 2003.

Urban, Thomas: Russische Schriftsteller im Berlin der zwanziger Jahre. Berlin: Nikolaische Verlagsbuchhandlung 2003.

Verfassung / Grundgesetz / der Union der Sozialistischen Sowjetrepubliken. Mit den Abänderungen und Ergänzungen, beschlossen auf der siebenten Tagung des Obersten Sowjets der UdSSR (Vierte Legislaturperiode). Moskau: Verlag für fremdsprachige Literatur 1957.

Vietta, Silvio: Ästhetik der Moderne. Literatur und Bild. München: Wilhelm Fink Verlag 2001.

Vietta, Silvio: Europäische Kulturgeschichte. Eine Einführung. Erweiterte Studienausgabe. Paderborn / München: Wilhelm Fink Verlag 2007 (= UTB 8346).

Vietta, Silvio: Rationalität – Eine Weltgeschichte. Europäische Kulturgeschichte und Globalisierung. Paderborn / München: Wilhelm Fink Verlag 2012.

Vinokur, Grigorij O.: Majakovskij – novator jazyka. Majakovskij als Sprachneuerer. Nachdruck der Moskauer Ausgabe von 1943. Mit einer Vorbemerkung von Dmitrij Tschižewskij. München: Wilhelm Fink Verlag 1967 (= Slavische Propyläen. Texte in Neu- und Nachdrucken. Herausgegeben von Dmitrij Tschižewskij in Zusammenarbeit mit Dietrich Gerhardt, Ludolf Müller, Alfred Rammelmeyer und Linda Sadnik-Aitzetmüller; Bd. 34).

Vogüé, Eugène-Melchior: Le Roman Russe (zuerst: Paris 1886). Augmenté d'un article sur Maxime Gorki, précédé d'une étude de Pierre Pascal. Montreux: Editions l'Age d'Homme 1971 (= Collection »Slavica«).

Volgin, Igor': Poslednij god Dostoevskogo. Istoričeskie zapiski. Izdanie vtoroe, dopolnennoe. Moskva: Sovetskij pisatel' 1991.

Volgin, Igor': Kolebljas' nad bezdnoj. Dostoevskij i imperatorskij dom. Moskva: Izdatel'stvo »Centr gumanitarnogo obrazovanija« 1998.

Volgin, Igor': Propavšij zagovor. Dostoevskij i političeskij process 1849 g. Moskva: Izdatel'stvo Libereja 2000.

Wasiolek, Edward: Dostoevsky. The Major Fiction. Cambridge, Massachusetts: The M.I.T. Press 1964.
Wehrmeyer, Andreas: Sergej Rachmaninow. Reinbek bei Hamburg: Rowohlt Taschenbuch Verlag 2000 (= Rowohlts Monographien. Begründet von Kurt Kusenberg. Herausgegeben von Wolfgang Müller und Uwe Naumann; Bd. 50416).
Wellek, René: Russian Criticism: Introductory (Pushkin), Belinsky. In: Wellek, A History of Modern Criticism: 1750–1950. Volume 3: The Age of Transition. New Haven and London: Yale University Press 1965, S. 240–264.
Wellek, René: The Russian Radical Critics (Chernyshevsky, Dobroljubov, Pisarev). The Russian Conservative Critics (Grigorev, Dostoevsky, Strachov, Potebnya, Veselovsky, Tolstoy). In: Wellek, A History of Modern Criticism: 1750–1950. Volume 4: The Later Nineteenth Century. New Haven and London: Yale University Press 1965, S. 238–291.
Wellek, René: Russian Criticism, 1900–1950. In: Wellek, A History of Modern Criticism: 1750–1950. Volume 7: German, Russian, and Eastern European Criticism, 1900–1950. New Haven and London: Yale University Press 1991, S. 247–376.
Wernle, Margrit (Hrsg.): Russische Märchen. Auswahl und deutsche Übertragung von Margrit Wernle. Basel: Benno Schwabe & Co-Verlag 1954.
Wetzler, Birgit: Die Überwindung des traditionellen Frauenbildes im Werk Anton Čechovs (1886–1903). Frankfurt am Main, Bern, New York, Paris: Peter Lang 1992 (= Europäische Hochschulschriften. Reihe 16: Slawische Sprachen und Literaturen. Bd. 49).
Wiegand, Käthe: J. S. Turgenevs Einstellung zum Deutschtum. Phil. Diss. Friedrich Wilhelms Universität zu Berlin. Referent: Max Vasmer 1938. Veröffentlicht Hamburg: A. Preilipper 1938.
Wiehl, Reiner: Zeitwelten. Philosophisches Denken an den Rändern von Natur und Geschichte. Frankfurt am Main: Suhrkamp Verlag 1998 (= Suhrkamp-Taschenbuch-Wissenschaft; 1366).
Willich-Lederbogen, Heide / Nohejl, Regine / Fischer, Michaela und Heinz Setzer (Hrsg.): Itinera slavica. Studien zu Literatur und Kultur der Slaven. Festschrift für Rolf-Dieter Kluge zum 65. Geburtstag. München: Verlag Otto Sagner 2002 (= Die Welt der Slaven. Sammelbände. Herausgegeben von Peter Rehder und Igor Smirnow: Bd. 16).
Wilpert, Gero von (Hrsg.): Lexikon der Weltliteratur. Fremdsprachige Autoren. 2 Bde. Sonderausgabe der vierten, völlig neubearbeiteten Auflage 2004. Stuttgart: Alfred Kröner Verlag 2008.
Young, Sarah and Lesley Milne (eds.): Dostoevsky on the Threshold of Other Worlds. Essays in Honour of Malcolm V. Jones. Ilkeston, Derbyshire: Bramcote Press 2006.
Zabydinyj, M. (Hrsg.): Russkij narod. Ego obyčai, obrjady, predanija, sueverija i poezija. Rostov-na-Donu: Izdatel'stvo »Feniks« 1986.
Zacharov, Vladimir N.: Sistema žanrov Dostoevskogo. Tipologija i poetika. Leningrad: Izdatel'stvo Leningradskogo universiteta 1985 (= Ministerstvo vysšego i srednego special'nogo obrazovanija RSFSR).

Zacharov, Vladimir N.: Problemy istoričeskoj poetiki. Etnologičeskie aspekty. Moskva: Izdatel'stvo »Indrik« 2012.
Zacharov, Vladimir N.: Imja avtora – Dostoevskij. Očerk tvorčestvo. Moskva: Izdatel'stvo »Indrik« 2013.
Zasurskij, Ja. N. (Hrsg.): Literatura SŠA XX veka. Opyt tipologičeskogo issledovanija. Avtorskaja pozicija, konflikt, geroj. Moskva: Izdatel'stvo »Nauka« 1978 (= Akademija nauk SSSR. Institut mirovoj literatury im. A. M. Gor'kogo). Darin: S. 72–73 – Hinweise auf John Reeds »Ten Days That Shook the World«.
Zavalishin, Vyacheslav: Early Soviet Writers. New York: Frederick A. Praeger 1958 (= No. 20 in the series of Studies of the research Program on the U. S. S. R. No. 66 of Praeger Publications in Russian History and World Communism).
Zelinsky, Bodo: Russische Romantik. Köln und Wien: Böhlau Verlag 1975 (= Slavistische Forschungen. Herausgegeben von Reinhold Olesch; Bd. 15).
Zelinsky, Bodo (Hrsg.): Russische Avantgarde 1907–1921. Vom Primitivismus zum Konstruktivismus. Bonn: Bouvier Verlag Herbert Grundmann 1983.
Zelinsky, Bodo (Hrsg.): Russische Avantgarde 1917–1934. Kunst und Literatur nach der Revolution. Bonn: Bouvier Verlag 1991.
Zelinsky, Bodo (Hrsg.): Die russische Novelle. Düsseldorf: Pädagogischer Verlag Schwann-Bagel 1982.
Zelinsky, Bodo unter Mitarbeit von Jens Herlth (Hrsg.): Die russische Lyrik. Köln, Weimar, Wien: Böhlau Verlag 2002.
Zelinsky, Bodo unter Mitarbeit von Jens Herlth (Hrsg.): Der russische Roman. Köln, Weimar, Wien: Böhlau Verlag 2007.
Zelinsky, Bodo unter Mitarbeit von Jens Herlth (Hrsg.): Das russische Drama. Köln, Weimar, Wien: Böhlau Verlag 2012.
Zenkovsky, Serge A. (Hrsg): Aus dem alten Russland. Epen, Chroniken und Geschichten. Ins Deutsche übertragen von Hans Baumann (Gedichte) und Elisabeth Kottmeier (Prosa) unter Mitarbeit von Eaghor G. Kostetzky. München: Carl Hanser Verlag 1968.
Ziegengeist, Gerhard / Kowalski, Edward und Anton Hiersche (Hrsg.): Multinationale Sowjetliteratur. Kulturrevolution, Menschenbild, Weltliterarische Leistung 1917–1972. Berlin und Weimar: Aufbau Verlag 1975 (= Akademie der Wissenschaften der DDR. Zentralinstitut für Literaturgeschichte).
(Živolupova) V napravlenii smysla. Meždunarodnyj sbornik statej pamjati professora Natal'i Vasil'evny Živolupovoj. 1949–2012. Nižnij Novgorod: NGLU 2012.
Živolupova, Natal'ja V.: »Zapiski iz podpol'ja« F. M. Dostoevskogo i subžanr »ispovedi antigeroja« v russkoj literature vtoroj poloviny 19-go-20-go veka. Monografija. Nižnij Novgorod: Izdatel'stvo »Djatlovy gory« 2015.
Živolupova, Natal'ja V.: Dostoevskij i Čechov. Aspekty architektoniki i poetiki. Sbornik statej. Nižnij Novgorod: Izdatel'stvo »Djatlovy gory« 2017.
Zurek, Magdalene: Tolstojs Philosophie der Kunst. Heidelberg: Universitätsverlag C. Winter 1996 (= Neues Forum für Allgemeine und Vergleichende Literaturwissenschaft. Herausgegeben von Horst-Jürgen Gerigk und Maria Moog-Grünewald; Bd. 2).

Dritter Teil: Russische Lyrik in deutscher Übersetzung

Achmatowa, Anna: Ein niedagewesener Herbst. Herausgegeben von Edel Mirowa-Florin. Deutsch von Sarah Kirsch und Rainer Kirsch. Düsseldorf: Brücken-Verlag GmbH 1967.

Achmatowa, Anna: Poem ohne Held. Poeme und Gedichte russisch und deutsch. Herausgegeben von Fritz Mierau. Leipzig: Verlag Philipp Reclam 1989 (= Universal-Bibliothek; Bd. 795).

Annenskij, Innokentij: Die schwarze Silhouette. Gedichte Russisch-Deutsch. Übersetzt von Adrian Wanner. Mit einem Nachwort von Ulrich Schmid. Zürich: Pano Verlag 1998.

Block, Alexander: Ausgewählte Werke. 3 Bde. Herausgegeben von Fritz Mierau. Berlin: Verlag Volk und Welt 1978. Bd. 1: Gedichte, Poeme, Bd. 2: Stücke, Essays, Reden, Bd. 3: Briefe, Tagebücher.

Borowsky, Kay und Ludolf Müller (Hrsg.): Russische Lyrik. Von den Anfängen bis zur Gegenwart. Russisch / Deutsch. Stuttgart: Philipp Reclam 1984 (= Universal-Bibliothek Nr. 7994, 9).

Brjussow, Valerij: Chefs d'œuvre. Gedichte aus neun Bänden. Russisch-Deutsch. Deutsch von Christoph Ferber. Mit einem Nachwort von Ulrich Schmid. Zürich: Pano Verlag 1986.

Brodsky, Joseph: Brief in die Oase. Hundert Gedichte. Übertragen von Ralph Dutli, Felix Philipp Ingold, Alexander Kaempfe, Heinrich Ost, Sylvia List, Raoul Schrott, Birgit Veit. Herausgegeben und mit einem Nachwort von Ralph Dutli. München und Wien: Carl Hanser Verlag 2006.

Celan, Paul: Übertragungen aus dem Russischen. Alexander Blok, Ossip Mandelstam, Sergej Jessenin. Frankfurt am Main: S. Fischer Verlag 1986.

Chodasevič, Vladislav Felicianovič: Europäische Nacht. Ausgewählte Gedichte 1907–1927; russisch / deutsch. Nachgedichtet und mit einem Nachwort herausgegeben von Adrian Wanner. Mit einem Essay von Vladimir Nabokov. Wuppertal: Arco-Verlag 2014.

Dutli, Ralph: Mandelstam, Heidelberg. Gedichte und Briefe 1909–1910. Mit einem Essay über deutsche Echos in Ossip Mandelstams Werk: »Ich war das Buch, das euch im Traum erscheint«. Göttingen: Wallstein Verlag 2016.

Etkind, Efim (Hrsg.): Russische Lyrik. Gedichte aus drei Jahrhunderten. Ausgewählt und eingeleitet von Efim Etkind. München und Zürich: R. Piper & Co. Verlag 1981.

Fet, Afanassi: Gedichte. Russisch / Deutsch. Nachgedichtet von Uwe Grüning. Leipzig: Reclam-Verlag 1990 (= Reclam-Bibliothek Bd. 1358).

Fet, Afanasij: Quasi una fantasia. Gedichte Russisch-Deutsch. Deutsch von Christine Fischer. Mit einem Nachwort von Ulrich Schmid. Zürich: Pano Verlag 1996.

Hippius, Sinaida: Frühe Gedichte. Russisch-Deutsch. Ausgewählt und übersetzt von Christoph Ferber. Mit einem Nachwort von Ulrich Schmid. Zürich: Pano Verlag 1987.

Majakowski, Wladimir: Werke. 3 Bde. Deutsche Nachdichtung von Hugo Huppert. Herausgegeben von Leonhard Kossuth. Frankfurt: Insel Verlag 1973-1974 (= Insel

Taschenbuch 16, 53, 71). Bd. 1: Gedichte, Bd. 2: Poeme, Bd. 3: Stücke, Bühnenwerke und Filmszenarien.

Mandelstam, Ossip: Hufeisenfinder. Gedichte russisch und deutsch. Herausgegeben von Fritz Mierau. Leipzig: Verlag Philipp Reclam 1989 (= Universal-Bibliothek Bd. 612).

Mandelstam, Ossip: Armenien, Armenien! Prosa, Notizbuch, Gedichte. 1930–1933. Aus dem Russischen übertragen und herausgegeben von Ralph Dutli. Zürich: Ammann Verlag 1994.

Mandelstam, Ossip: Tristia. Gedichte 1916–1925. Aus dem Russischen übertragen und herausgegeben von Ralph Dutli. Frankfurt am Main: Fischer Taschenbuch Verlag 2002.

Mandelstam, Ossip: Bahnhofskonzert. Das Ossip-Mandelstam-Lesebuch. Aus dem Russischen übertragen und herausgegeben von Ralph Dutli. Frankfurt am Main: Fischer Taschenbuch Verlag 2015 (= Fischer Klassik).

Pasternak, Boris: Definition der Poesie. Gedichte Russisch-Deutsch. Aus dem Russischen übertragen von Christine Fischer. Mit einem Nachwort von Ulrich Schmid. Zürich: Pano Verlag 2007.

Puschkin, Alexander: Die Gedichte. Aus dem Russischen übertragen von Michael Engelhard. Herausgegeben von Rolf-Dietrich Keil. Frankfurt am Main und Leipzig: Insel Verlag 1999.

Schmid, Ulrich (Hrsg.): Sternensalz. Russische Lyrik. Eine thematische Anthologie. Herausgegeben und kommentiert von Ulrich Schmid. Frankfurt am Main: Fischer Taschenbuch Verlag 2003. Autorenverzeichnis: 77 Namen. Übersetzerverzeichnis: 24 Namen.

Sologub, Fedor: Die Teufelsschaukel. Gedichte Russisch-Deutsch. Deutsch von Christoph Ferber. Mit einem Nachwort von Ulrich Schmid. Zürich: Pano Verlag 1999.

Tjutčev, Fedor I.: Die letzte Liebe. Gedichte auf Leben und Tod von Elena A. Denis'eva. Russisch-Deutsch. Deutsch von Christoph Ferber. Mit einem Nachwort von Ulrich Schmid. Zürich: Pano Verlag 1993.

Tjutčev, Fedor Ivanovič: Im Meeresrauschen klingt ein Lied. Ausgewählte Gedichte. Russisch und Deutsch. Herausgegeben und übersetzt von Ludolf Müller. Dresden: Thelem 2003 (= Kleine Slavische Bibliothek. Herausgegeben von Hans Rothe und Ludger Udolph).

Namenverzeichnis

Afanasjew, Alexander 251
Aksakow, Sergej 271
Alexander I. 131
Anderson, Roger B. 165
Anderson, Sherwood 70
Aristoteles 276
Arp, Hans 272
Artzibaschew, Michail 20
Asadowski, Konstantin 267
Auerbach, Berthold 69
Augustinus 270, 291
Awwakum, Pjotr 270

Babel, Isaak 76
Ball, Hugo 272
Balzac, Honoré de 253
Baumann, Hans 22
Bebel, August 235
Beecher Stowe, Harriet 72
Beethoven, Ludwig van 258, 260
Belknap, Robert L. 165
Belyj, Andrej 31, 82–84, 86, 89–98, 100–104, 106–109, 111–116, 118–123, 208, 231, 251, 265, 266
Benn, Gottfried 29–34, 294
Berberowa, Nina 265, 266
Besant, Annie 108, 110
Bethea, David M. 166
Blake, Elizabeth A. 165
Blawatzkaja, Jelena 108
Bloch, Ernst 41
Block, Alexander 31, 199, 250, 261, 265, 266
Boccaccio, Giovanni 69
Bolt, Robert 23

Borodin, Alexander 21
Brecht, Bert 69
Brjusow, Valerij 31, 266
Brodskij, Josif 250, 251
Bruford, Walter H. 151
Buchstab, B. 290
Bulgakow, Michail 251
Bunin, Iwan 56, 141, 251, 283, 284
Burljuk, David 273
Byron, George Gordon Noel 20

Cervantes, Miguel de 69, 289
Chaplin, Geraldine 23
Chaucer, Geoffrey 70
Chlebnikow, Welimir 273
Chodassewitsch, Wladislaw 265, 266
Christie, Agatha 41
Christie, Julie 23
Christus 106–108
Chrustschow, Nikita 23
Churchill, Winston 162
Cooper, Gary 56

Dante 24, 25, 27, 28, 131, 291
Derschawin, Gawriil 64, 271
Dickens, Charles 57, 253
Doderer, Heimito v. 57
Dos Passos, John 57, 204
Dostojewskij, Fjodor M. 17, 20, 27, 30, 35–60, 63, 70, 103, 131, 141, 192, 207, 211, 234, 250, 251, 253, 263, 268, 294
Doyle, Arthur Conan 41
Dreiser, Theodore 57
Drews, Berta 277
Dumas, Alexandre 253

Namenverzeichnis

Dutli, Ralph 261

Eichenbaum, Boris 129
Emerson, Caryl 166
Erlich, Victor 166

Fanger, Donald 165, 166
Farnum, Dustin 56
Farrell, James T. 166
Faulkner, William 57
Fet, Afanassi 286
Flex, Walter 57
Fonwisin, Denis 271
Frank, Joseph 164
Freud, Sigmund 52, 66, 70
Fülöp-Miller, René 78, 212, 292

Gadamer, Hans-Georg 42, 62
Geier, Swetlana 48, 250, 251
George, Heinrich 276, 277
Giesz, Ludwig 294
Ginsburg, Jewgenija 251
Gitermann, Valentin 119
Glasunow, Alexander 21
Göbler, Frank 265, 266
Goethe, Johann Wolfgang 249, 270, 291
Gogol, Nikolai 65, 67, 76, 125–135, 144, 145, 177, 271
Gorkij, Maxim 201, 250, 275
Gottfried von Strassburg 246, 247
Goya, Francesco 293
Grass, Günter 69
Green, Julien 57
Gribojedow, Alexander 142, 143
Gruenter, Rainer 247, 248
Guinnes, Alec 23
Gumiljow, Nikolaj 266
Guski, Andreas 28
Gut, Taja 252

Hauff, Wilhelm 69
Hauptmannn, Gerhart 57
Hausmann, Raoul 272

Hawthorne, Nathaniel 70
Hegel, Georg Wilhelm Friedrich 294
Heine, Heinrich 161
Hemingway, Ernest 57, 70, 167
Herzen, Alexander 270, 271
Hesse, Hermann 57
Hölderlin, Friedrich 161
Höweler, Casper 258
Hoffmann, E. T. A. 50–52, 69, 129, 253, 257
Hoffmann, Nico 276
Holquist, Michael 165
Holthusen, Johannes 130
Homer 291

Iwanow, Wjatscheslaw 265

Jackson, Robert Louis 163, 164
Jacques, Norbert 108
Jakobson, Roman 30
James, Henry 56, 72
James, William 63
Jarre, Maurice 23
Jaspers, Karl 60
Jean Paul 276
Jendreyko, Vadim 252
Jessenin, Sergej 266
Jodl, Alfred 162
Jussupoff, Felix 79, 108

Kafka, Franz 57
Kant, Immanuel 211, 292
Karamsin, Nikolaj 155
Katajew, Valentin 251
Keller, Gottfried 69
Keyserling, Eduard v. 56
Kiesel, Helmuth 277
Kjetsaa, Geir 255
Klabund (= Alfred Henschke) 79
Klee, Paul 144
Koestler, Arthur 243
Kollontaj, Alexandra 242
Koni, Anatolij 255
Krutschonych, Alexej 273, 274

Namenverzeichnis

Kubrick, Stanley 48
Kuprin, Alexander 20
Kusmina, Jelena 251

Lang, Fritz 108
Lean, David 23
Lenin, Wladimir 30, 76, 116, 240, 242, 265, 284
Lermontow, Michail 17–20, 59, 261
Leskow, Nikolaj 67
Lindlar, Heinrich 280, 282
Lukács, Georg 136, 241–243
Luther, Arthur 22
Luther, Martin 63

Mailer, Norman 57
Majakowskij, Wladimir 273
Makarenko, Anton 275, 276, 278, 292
Mandelstam, Ossip 261, 262
Mann, Thomas 35–55, 108
Marcuse, Herbert 243
Marinetti, Filippo 273
Markov, Vladimir 166, 273, 274
Martinsen, Deborah A. 165
Marx, Karl 73, 265
Matlaw, Ralph E. 165, 166
Maupassant, Guy de 148, 192
McCrea, Joel 56
McReynolds, Susan 165
Mehring, Walter 294
Melville, Herman 70
Michener, James A. 70
Mickiewicz, Adam 196
Miller, Robin Feuer 165
Mörike, Eduard 161, 264
Mommsen, Theodor 119
Morgenstern, Christian 286–289
Morson, Gary Saul 166
Müller, Ludolf 22
Müller-Diez, Heinz 39
Musil, Robert 248
Musorgskij, Modest 156, 157

Nabokov, Vladimir 17–19, 29–34, 48, 49, 53–55, 163, 249, 254, 263, 264, 294
Napoleon 131, 254
Natov, Nadine 165
Navarre, Marguerite de 69
Neef, Sigrid 21
Nekrasow, Nikolaj 286
Nietzsche, Friedrich 41, 63, 78, 85, 87, 89, 96, 106–108, 183, 184, 205, 265, 287, 289
Nikolaus II. 122

Odojewskij, Wladimir 257, 259
Ohlsen, Jürgen 277
Ortega y Gasset, José 253
Orwell, George 201
Ostrowskij, Nikolaj 67, 68
Ovid 70, 291

Pachmuss, Temira 165
Passage, Charles E. 50
Pasternak, Boris 22–28, 249
Pawlowa, Karolina 158, 160, 161
Peter der Große 85, 95, 96, 105, 117–119, 265
Pevear, Richard 166
Pisarjew, Dmitrij 196
Plath, Sylvia 165
Platonow, Andrej 251
Pobjedonostzew, Konstantin 118–120, 197
Poe, Edgar Allan 41, 184
Poggioli, Renato 166
Pound, Ezra 291
Prokofjew, Sergej 266
Proust, Marcel 283
Prutkow, Kosma 286, 288, 289
Puschkin, Alexander 20, 30, 33, 59, 70–72, 104, 155, 157, 189, 245, 250, 251, 274, 283, 294

Raab, Harald 22
Rammelmeyer, Alfred 257, 258
Ramuz, Charles Ferdinand 280, 282

Rasputin, Grigorij 78, 79, 108
Reed, John 79–81, 292
Reeve, F. D. 166
Rehm, Walther 251
Remarque, Erich Maria 57
Rice, James L. 165
Richter, Johann Gottfried 22
Riefenstahl, Leni 276
Rilke, Rainer Maria 22, 269
Rimskij-Korsakow, Nikolaj 21, 69, 157
Rosenberg, Alfred 116
Rougemont, Denis de 248, 249
Rousseau, Jean-Jacques 270, 276, 291
Ryklin, Michail 68

Saar, Ferdinand v. 56
Salinger, Jerome D. 57
Samjatin, Jewgenij 23, 57, 234, 285
Sandoz, Ellis 165
Sartre, Jean-Paul 70
Schelling, Friedrich Wilhelm Joseph 257
Schenzinger, Karl Aloys 277, 278
Schiller, Friedrich 36–38, 47, 289
Schirach, Baldur von 277
Schmid, Ulrich 270, 271
Schmidt, Arno 53
Schnitzler, Arthur 249
Scholle, Christine 20
Schopenhauer, Arthur 142
Schrenck-Notzing, Albert v. 108
Schwitters, Kurt 272, 273
Seduro, Vladimir 165
Shakespeare, William 148, 249
Sharif, Omar 23
Shemtschushnikow, Alexej 289
Shemtschushnikow, Vladimir 289
Sinatra, Frank 21, 22
Sinjawskij, Andrej 250, 251
Skrjabin, Alexander 210
Slobin, Greta 166
Slonim, Marc 275
Sologub, Fedor 266
Solschenizyn, Alexander 23, 251
Spengler, Oswald 115, 116

Spillane, Mickey 41
Stalin, Josef 162
Steiger, Rod 23
Steiner, Rudolf 108
Steinhoff, Hans 276
Stender-Petersen, Adolf 143
Stevenson, Robert Louis 215
Strasser, Nadja 82
Strawinsky, Igor 280–282
Striedter, Jurij 67
Struve, Gleb 68, 163, 201, 275

Taylor, Frederick Winslow 204, 211
Terras, Victor 163
Thurber, James 53
Tjutschew, Fjodor I. 261, 292
Todd, William Mills III 165
Tolstoj, Alexej 20, 27, 30, 56–60, 119, 120, 158, 160, 161, 238, 250, 251, 253, 255, 256, 260, 261, 267, 283, 286, 289
Tolstoj, Lew 27, 57, 238, 260
Trevor, William 56
Trotzkij, Leo 217
Trubetzkoy, Nikolaj S. 114
Tschaikowskij, Pjotr 247, 262, 266
Tschechow, Anton 20, 136–141, 146–154, 283
Tschernyschewskij, Nikolaj 61–62, 207, 292
Tschižewskij, Dmitrij 67, 143, 155, 274, 289, 290
Tschukowskaja, Lydia 251
Turgenjew, Iwan 20, 27, 56–60, 72–76, 107, 259, 283

Volokhonsky, Larissa 166

Wagner, Richard 246
Walter, Reinhold von 22
Warren, Austin 163, 294
Wasiolek, Edward 165
Weber, Max 63
Wellek, René 163, 294
Wiehl, Reiner 284
Williams, Tennessee 146, 154

Wilpert, Gero v.   61, 265, 277, 282
Wister, Owen   56
Witte, Sergej   122
Wojnowitsch, Wladimir   251

Wright, Richard   57

Zola, Emile   253
Zwetajewa, Marina   286

Über den Autor

Horst-Jürgen Gerigk, geboren 1937 in Berlin, ist seit 1974 Professor für Russische Literatur und Allgemeine Literaturwissenschaft an der Universität Heidelberg. Zu seinen zentralen Arbeitsgebieten gehören die russische, die deutsche und die amerikanische Literatur, Musik im Hollywood-Film sowie die Geschichte der Literaturtheorie von Kant bis Heidegger. Von 1998 bis 2004 war er Präsident der Internationalen Dostojewskij-Gesellschaft, die er 1971 in Bad Ems mitgegründet hat, und gehört heute zu deren Ehrenpräsidenten. Seit 2008 ist er korrespondierendes Mitglied der Akademie der Wissenschaften zu Göttingen. Wintersemester 2011 / 2012: Auszeichnung mit der »Humboldt-Professur« der Universität Ulm. Seit 2015 Ehrenpräsident der Deutschen Turgenjew-Gesellschaft in Baden-Baden. Seit 2009 Mitglied des Kuratoriums der Deutschen Tschechow-Gesellschaft in Badenweiler. Bereits 1983, gemeinsam mit dem Medizinhistoriker Dietrich von Engelhardt und dem Psychiater Wolfram Schmitt, Gründung des Arbeitskreises »Psychopathologie, Kunst und Literatur«. Er ist Mitglied der Deutschen Gesellschaft für Allgemeine und Vergleichende Literaturwissenschaft, der Deutschen Thomas-Mann-Gesellschaft und der Martin-Heidegger-Gesellschaft.

Veröffentlichungen (Auswahl): Unterwegs zur Interpretation. Hinweise zu einer Theorie der Literatur in Auseinandersetzung mit Gadamers »Wahrheit und Methode« (1989), Die Russen in Amerika. Dostojewskij, Tolstoj, Turgenjew und Tschechow in ihrer Bedeutung für die Literatur der USA (1995), Lesen und Interpretieren (2002, 3. Aufl. 2013), Staat und Revolution im russischen Roman des 20. Jahrhunderts, 1900–1925. Eine historische und poetologische Studie (2005), Ein Meister aus Russland. Beziehungsfelder der Wirkung Dostojewskijs. Vierzehn Essays (2010), Puschkin und die Welt unserer Träume. Zwölf Essays zur russischen Literatur des 19. und 20. Jahrhunderts (2011, 2. Aufl. 2012), Dichterprofile. Tolstoj, Gottfried Benn, Nabokov (2012), Dostojewskijs Entwicklung als Schriftsteller. Vom »Toten Haus« zu den »Brüdern Karamasow« (2013; die russische Übersetzung erschien 2016 in Petersburg: Literaturnoe masterstvo Dostoevskogo v razvitii. Ot »Zapisok iz Mertvogo doma« do »Brat'ev Karamazovych«), Turgenjew. Eine Einführung für den Leser von heute (2015), Lesendes Bewusstsein. Untersuchungen zur philosophischen Grundlage der Literaturwissenschaft (2016), Turgenjew und die Musik. Ein Vergleich mit Dostojewskij und Tolstoj (2017). Autobiographisches: Die Spur der Endlichkeit. Meine akademischen Lehrer. Vier Porträts: Dmitrij Tschižewskij, Hans-Georg Gadamer, René Wellek, Paul Fussell (2007).

Homepage: http://www.horst-juergen-gerigk.de.